적폐 1호 H아파트를 중심으로

숨겨진 아파트 비리 완전정복

모든 국민이 읽어야 할 필독도서

1천8백만 원을 찾기 위해 지난 10년 동안 싸우며
18억 원을 지출하고서 숨겨진 아파트 비리의 진실을
완전히 찾아낼 수 있었다!

더사모 카페(http://cafe.naver.com/withneighbors)

H아파트 비상대책위원회
위원장 소주영

도서출판 대학서림

머리말

preface

이 책을 손에 든 당신은 자손대대로 소중한 재산을 안전하게 지킬 수 있는 막강한 힘이 생긴 셈이다. 조상이 돌본 것이다. 이 책을 덮는 순간 소름 돋는 대한민국 아파트 비리의 현실에 분노할 수 있다는 것을 필자는 장담한다. 그러니 부디 끝까지 읽고 슬기롭게 음미해 판단하기 바라며 머리말로 들어가기로 한다.

우리 국민은 약 80%가 아파트 등 집단공동주택에서 거주하고 있다. 그러나 고질적이며 악질적인 아파트 비리로 인해 막대한 피해를 당하는 것을 본인들도 모른 채 살아간다. 당신의 적이 놀랍게도 바로 이웃에 함께 더불어 살아가고 있다. 주거문화공간을 관리 보전한다는 명분 아래 대놓고 도둑질을 하는데 우리는 버젓이 당하면서도 당하는 것조차 모르면서 같이 거주한다.

그 이유는 입주자대표 등이 입주자들의 이익을 대변하지 않을 목적으로 불법선거로 승계하면서 아파트의 정보전달수단을 완전히 통제하며 진실을 전혀 알려주지 않았고, 시행사와 시공사의 사기분양, 하자보수, 관리비리를 은폐하였기 때문이다. 이는 악덕폐습 중에서 가장 심각하고 조직적이며 고질적인 적폐이다.

필자는 이 책에서 당신의 재산을 건전하게 지키는 방법을 이해하기 쉽게 알려 주기 위해 기술하였다. H아파트의 비상대책위원장으로서 지난 10년이 넘도록 H아파트에 관해 직접 경험한 '숨겨진 아파트 비리 완전정복'에 관해 낱낱이 설명하고자 한다. 왜냐고? 국민들이 절대로 당하지 않기를 바라기 때문이다.

평생 동안 죽을힘 다해 젊음을 바치고 당신의 재산으로 장만한 아파트, 단 한 푼도 파렴치한 모리배들에게 빼앗기지 말기를 바라고 있다. H건설은 H아파트를 건축한 한원광장의 2대 대주주이면서 시공사이고 공동사업 주체이다. 소름끼치게도 H건설은 H아파트의 사업부지를 2007.11.14. 대한지적공사에서 측량하였는데 토지 161㎡가 사용과 출입을 하지 못하게 펜스를 설치해 불법점유하는 것을 확인하였다. 그런데도 H건설은 2009.10.12. 분양하면서 불법 점유한 토지 161㎡를 원상복구하지 않고, 고의로 토지 636.8㎡까지 사용과 출입을 하지 못하게 빼고 설계, 모형, 카탈로그에 표시해 시공하여 사용검사승인을 받았는데 분양대금 82억 원을 받아가는 악질적인 사기분양을 하였다.

그런 후에 H건설은 토지 636.8㎡ 중에서 203㎡는 분할하여 제척해 한원광장이 편취하거나 매각하였다. 또한 433.8㎡는 한원광장 등이 사용과 출입을 하면서 입주자들이 매년 재산세만 납부하게 끼워 팔기를 하였다. 더구나 입주한 이후에는 H건설, 광진구청, 입주자대표 등이 분양 당시 속이고 만든 설계, 모형, 카탈로그를 보여주면서 그대로 시공하였는데 웬 사기분양이냐고 거짓주장하며 완전범죄로 영원한 은폐를 노렸다.

모든 사실이 단순 실수가 아니고 고의로 계획적인 것이 재판과정에서 낱낱이 명확히 밝혀졌다. 소름 돋는 일은 실수로 누락했거나 실수로 돈을 추가로 받아 간 것이 아니고 조직적으로 사기분양을 한 것이다. 이미 분양 당시부터 서로 그들끼리 짜고 계획적으로 공모해 입주자를 감쪽같이 속이며 고의적으로 불법행위를 자행해왔다는 점에서 피해자들은 경악할 수밖에 없다.

지금 이 글을 읽는 당신이 공동주택에 산다면 유사한 수법으로 사기를 당했는지도 모른다. 궁금하면 한번 직접 그곳의 주변을 살펴보고 비대위원장에게 자세히 설명을 듣고 피해를 막길 바란다. 우리 순진한 입주자들도 이런 조직적인 사기분양을 전혀 모른 채 속으며 꼬박꼬박 피를 뽑히듯 눈먼 돈을 빼앗기었다.

더구나 광진구청은 사기분양을 못하게 관리감독을 철저히 하여야 함에도 고의로 묵인했다. 국민의 입장에서 철저히 관리했어야 할 감독관청이 오히려 저들에게 사기분양을 하도록 사업허가, 제척승인, 사용검사승인을 눈감고 해주었다. 거기에 한 술 더 떠서 입주자대표 등이 불법선거로 승계한 선거인명부를 검증조차 하지 않고 속이며 공정선거라고 흔쾌히 승인해 주었다.

이에 더하여 양의 탈을 쓴 입주자대표 등은 사기분양한 토지 636.8㎡를 못 찾게 방해할 목적으로 불법선거로 계속 승계하면서 정보전달수단을 완전히 통제하고 진실을 전혀 알려주지 않으며 H건설의 거짓 주장만 대변하였다. 그리고 입주한 2012.3.30. 이후로 단 한 번도 사기분양한 토지 636.8 ㎡를 찾아야 한다고 알려주지 않았다. 그들은 우리의 믿음과 기대와 달리 입주자들의 의사와 이익을 대변해 주지 않았고 애당초 그럴 생각이 없었다.

입주자들은 심한 배신감을 느끼고 분노해 2015.9.2. 비상대책위원회를 결성하였고, 저들이 계획적으로 빼앗아간 소중한 재산을 찾기 위해 백방으로 최선을 다했다. 그러나 사기분양한지 10년이 지났는데 억울하게 우리 재산을 되돌려 받지 못했다. 더구나 사기분양한 토지 636.8 ㎡가 명확히 증거로 남은 채 서쪽 경계펜스 밖에 현장보존이 잘 되어 있고 재건축할 때까지 증거인멸을 할 수 없는데도 뻔뻔스럽게 H건설, 광진구청, 입주자대표 등이 서로 공모해 무조건 뭉개고만 있는 천인 공로할 사건이다.

이 글을 쓰는 필자는 비대위원장으로서 고질적이며 조직적인 아파트 비리가 오늘날까지 척결되지 않고 있는 근본적인 원인과 대책을 심층적으로 분석해 정리하였다. 원인은 아주 간단했다. 여기에는 H건설 및 입주자대표 등의 위법행위와 갑질을 암묵적으로 묵인한 정부기관들이 있었다. 그들은 바로 감독관청인 광진구청, 사법당국인 경찰 검찰 법원 등이다. 이들이 저들의 범죄 의도를 정확하게 파악하지 못하고 거짓에 속았거나 묵인하며 오판하고 저들의 손을 들어준 사법농단의 결과에 기인한다.

필자는 이 사실을 강산이 변하도록 고독한 싸움을 하면서 낱낱이 알게 되었다. 이 글을 읽는 당신은 내 말을 믿지 않고 이해하기 어려울 것이다. 필자도 잘 안다. 그 당시에는 조직적이며 악질적인 비리를 믿기 어려웠다. 이 놀라운 사실을 뒤늦게 알게 된 비대위원장은 사기분양한 토지 636.8 ㎡를 찾기 위해 광진구청, 광진경찰서, 서울동부지검, 서울동부지방법원, 국민권익위원회, 청와대 등에 청원을 제출하였다. 수사 10회 및 재판 20회 이상 받았다.

어처구니없는 싸움은 지금까지 끝나지 않았다.

그러나 감독당국 및 사법당국은 그동안 각 사건이 발생할 때마다 공정하게 업무처리만 수행하였으면 사전에 위법행위를 완전히 방지할 수 있었다. 저들이 서로 공모하며 완전범죄를 꿈꾸지 못하게 정부기관에서 얼마든지 원천봉쇄할 수 있었던 고질적이며 악질적인 사건들이다. 그런데도 감독당국 및 사법당국이 한 일은 아무것도 없었고, 보는 관점에 따라서는 오히려 그들 편에 서서 암묵적으로 편의를 봐주고 있었던 것은 아닌지 의심을 할 수밖에 없는 매우 중요한 증거자료들을 수많이 확보하였다.

비대위원장은 이 사건의 분양 초기부터 입주하여 거주하는 현재까지 일어난 아파트 비리에 대한 다양한 수법을 우연한 기회를 통해 밀착 감시하게 되었다. 이러한 악질적이며 고질적인 적폐를 하루빨리 척결할 수 있도록 여기에 발생원인 및 문제점과 대책을 지난 10년 동안 심층적으로 정리하기에 이르렀다. 이것은 필자 개인의 손해만이 절대로 아니고 공공의 이익을 위해 반드시 척결해야만 할 국가차원의 매우 중요한 정책사업인 것이다.

세상은 아는 만큼 보인다고 한다. 모든 국민들이 속지 않으려면 반드시 고질적이며 조직적인 사기분양, 하자보수, 관리비리에 대한 수법들을 정확히 알고 효율적으로 대처하여야 한다. 국민들은 저들의 민낯과 잘못된 죄과를 자세히 알아야 단단히 뭉친 저들에게 농락당하지 않고 소중한 재산권을 무사히 지킬 수 있다.

따라서 실제 발생된 사실을 정확하게 표현하기 위하여 공공의 이익에 반한 것에 관해 기술하였고, 개인에게 명예훼손을 하기 위한 어떤 목적이 전혀 없다는 점을 확실하게 밝혀둔다. 부디 당신은 필자처럼 당하지 말고, 비리 없고 살기 좋은 아파트에서 이웃과 함께 더불어 살아갈 수 있기를 간절히 바라며, 필자가 지난 10년 동안 지옥에서나 겪게 된다고 생각했던 인간 한계를 초월한 피눈물 나는 쓰라린 경험과 효율적인 대처 방법을 공개한다.

목 차

contents

제1부

입주자들에게 봉사를 시작한 동기

1. 사기분양한 요지

H건설[1]은 H아파트를 2009.10.12. 분양하면서 서쪽 경계 펜스 밖의 토지 636.8 ㎡를 사용과 출입을 하지 못하게 빼고 설계, 모형, 카탈로그에 표시해 시공하여 사용검사승인을 받았음에도 토지 636.8 ㎡에 대한 분양대금 82억 원을 받아갔다. 그리고 토지 203 ㎡는 몰래 분할하여 제척한 후, 90 ㎡를 한원광장이 편취하였고, 113 ㎡를 김○석에게 558백만 원에 매각하였다. 또한 433.8 ㎡는 한원광장과 김○석이 사용과 출입을 하도록 203 ㎡를 분할하여 제척한 후의 경계 안쪽 4 m 지점에 펜스를 시공해 입주자들이 사용과 출입을 못하며 매년 재산세만 납부하도록 끼워 팔기의 수법으로 사기분양을 하였다.

이렇게 중요한 사실을 H건설이 분양 당시 고지해 주지 않았기 때문에 입주자들은 2012.3.30. 입주하면서도 토지 636.8 ㎡가 사기분양된 것을 몰랐고, 돌려받지 못한 것조차 모르고 있었다. 그러나 비대위원장은 H건설과 1404동 빌라 뒤를 경계까지 수직옹벽으로 설계하여 시공하기로 분양계약을 체결하였음에도 토지 636.8 ㎡가 사기분양된 것을 은폐하기 위해 경계 안쪽 4 m 지점에 계단과 산책로를 시공한 것을 발견하였다. 이처럼 수직옹벽으로 시공하지 않은 이유를 추적하는 과정에서 비대위원장은 H건설이 분양대금 82억 원을 받아간 토지 636.8 ㎡를 입주자들에게 돌려주지 않은 것을 찾아내었다.

이와 같이 H건설이 사기분양을 한 목적은 2007.11.14. 대한지적공사에서 사업부지를 측량하였는데 161 ㎡를 나○용(48 ㎡)과 김○석(113 ㎡)이 사용과 출입을 하지 못하게 펜스를 설치해 불법 점유하는 것

1) H건설은 H아파트를 건축하고자 설립한 한원광장의 지분 19.9%를 소유한 대주주로서 시공사이고(H그룹은 H자동차그룹이 인수한 2011.3.31. 이전에 계열사인 현○증권의 19%를 포함해 38.9% 소유), 도급계약서에 의거 실질적인 분양, 시공, 지급보증업무를 수행하는 공동사업주체이다. 반면에 한원광장은 H아파트를 건축하고자 일시적인 특정 목적의 Paper Company로서 시행사이다. 따라서 H건설은 한원광장과 공동사업주체이기 때문에 당연히 연대책임을 지어야 한다.

을 확인하였다. 그런데도 H건설은 2009.10.12. 분양하면서 불법 점유한 161 ㎡를 원상복구하지 않고 고의로 636.8 ㎡까지 끼워 팔기의 수법으로 매각하기 위해 사용과 출입을 하지 못하게 빼고 설계, 모형, 카탈로그에 표시해 시공하여 사용검사승인을 받았다.

그리고 H건설, 광진구청, 입주자대표 등[2]은 입주한 이후에도 공조하며 분양 당시 속이고 만든 설계, 모형, 카탈로그를 보여주면서 그대로 시공하였는데 웬 사기분양이냐며 거짓주장만 하였다. 더구나 정보전달수단을 완전히 통제하며 속이고 진실을 전혀 알려주지 않았다(더사모 카페 http://cafe.naver.com/withneighbors 참조).

이러한 조직적이고 교묘한 수법으로 토지 636.8 ㎡에 대한 분양대금 82억 원(1세대 평균 1천8백만 원)[3]을 뻔뻔스럽게 챙겨갔다(이하 '사기분양'이라고 합니다). 이것은 누가 봐도 명백한 불법행위이고 사기분양한 것이 틀림없다. 이처럼 계획적으로 저질러진 비리는 내 집 하나 장만하겠다는 선량한 서민들의 고단한 마음에 깊은 상처를 입히는 조직적이며 악질적인 범죄행위인 것이다.

이와 같이 H건설, 광진구청, 입주자대표 등은 서로 공조하며 토지 636.8 ㎡에 대하여 완전범죄를 노리고 사법농단으로 은폐를 시도한 사기분양이었음이 명확하게 드러난 지금까지도 서쪽 경계 펜스 밖의 토지 636.8 ㎡를 사용과 출입을 하지 못하게 돌려주지 않으면서 아무런 잘못이 없다고 뻔뻔스럽게 뭉개며 안면몰수를 하고 있다. 뒤에서 사기분양한 636.8 ㎡를 H건설, 광진구청, 입주자대표 등, 경찰, 검찰, 법원, 변호사가 어떤 역할을 하며 완전범죄로 은폐하였는지 자세하게 설명한다.

---

2) 입주자대표 등이라고 함은 아파트의 관리업무를 수행하는 입주자대표, 선거관리위원, 봉사회원, 통장, 관리소장과 관리사무소 직원을 말한다. 그러나 이들은 불법선거로 승계하면서 입주자들에게 아파트의 정보전달수단을 완전히 통제하며 속였고, 입주자들의 이익을 전혀 대변하지 않았으며, 사기분양한 서쪽 경계 펜스 밖의 토지 636.8 ㎡를 못 찾게 조직적으로 방해하였다.

3) 분양대금 82억 원(1세대 평균 1천8백만 원)은 각 세대별로 5년 동안 관리비를 전혀 부담하지 않고 무상으로 살아갈 수 있는 막대한 금액이다.

2. H아파트를 청약하게 된 동기

대원외국어고등학교 선생님들은 학생들을 외국 대학교에 보내기 위한 진학상담을 비대위원장에게 받기를 원하고 있었으므로 비대위원장이 대원외국어고등학교와 워커힐호텔에 자주 가게 되었다. 왜냐하면, 비대위원장의 부부가 미국 대학교의 입학전형 등을 잘 알고 있었기 때문이다. 더구나 남매가 당시 대원외국어고등학교에 다니고 있고, 미국의 대학으로 유학을 가기 위한 유학반에서 공부하고 있었다.

비대위원장의 가족은 미국에 살고 있을 때에 관심이 많아서 아이비리그대학교를 자주 방문해 입학전형요강과 선발방법 등에 대하여 필요한 많은 자료들을 수집해 잘 알고 있었다. 따라서 비대위원장은 유학 상담을 위해 대원외국어고등학교와 워커힐호텔을 자주 방문하였는데 아차산과 한강 주변의 경관이 매우 아름답다는 생각이 들었다. 그런 경관을 매일 보고 즐길 수 있는 광장동에서 여생을 보낼 수 있다면 무척 평화롭고 행복할 것 같다는 생각을 갖게 되었다.

그러던 차에 매스컴을 통해 H아파트 12차를 분양한다는 뉴스를 듣게 되어 매우 반갑고 기쁜 소식이었다. 당시 비대위원장은 가족들과 함께 거주하기 위한 50평형의 H아파트를 청약하였다. 그러나 인기가 매우 높아 20:1 이상의 치열한 경쟁률로 인해 당첨에 실패할 수밖에 없었다. 서운한 마음 금할 길이 없었지만 다음에 더 좋은 아파트에 청약할 기회가 있을 것이라고 생각하면서 지속적으로 관심을 갖고 광장동에 관한 분양소식을 계속해서 기다리고 있었다.

그 후 7년 정도의 세월이 흘러 2009.10.12. H건설이 당시 『한국화이자』 건물이 있던 위치에 H아파트(14차)를 분양한다는 신문기사를 보게 되었다. 지난번 청약실패의 여운이 남아 있던 비대위원장은 청약하기로 결심을 하였다. 공고에 표시된 분양대금을 살펴보니 총 분양대금 중 일부가 부족했지만 은행에서 대출을 받으면 입주할 수 있겠다고 생각하였다.

마침 남매가 미국에서 대학교를 조기졸업하고 귀국해 좋은 직장에 다니고 있었다. 남매는 흔쾌히 대출금 상환에 협조하겠다며 아파트 청약을 미루지 말라고 거들었다. 더구나 청약하고자 하는 아파트가 모교 근처에 있다며 좋아하기까지 하였다. 가족회의를 거쳐 미래계획을 마친 비대위원장의 가족은 H아파트에 청약하기로 의견의 일치를 보았다.

비대위원장의 가족은 이번에 분양하는 H아파트 중에서 뒤쪽의 빌라가 앞쪽의 아파트보다는 더 좋은 인기로 인해 높은 경쟁률이 있을 것이라고 예상하였다. 그러므로 부부가 각각 청약예금에 가입해 두었는데 비대위원장이 빌라에 신청하고, 배우자가 아파트에 신청해 그중에서 하나라도 당첨이 되면 좋겠다고 간절히 기도하였다.

만약을 위해 비대위원장의 가족은 두개를 신청해 하나라도 되는 방법을 선택한 것이다. 특히, 빌라(4층)에 당첨되기를 원했지만 만약 당첨이 안 될 경우를 생각해 아파트(25층)라도 당첨이 되기를 원했기 때문에 빌라와 아파트에 모두 신청하였다. 빌라와 아파트에 신청하지만 안 될 수 있다고 생각하면서 하나라도 당첨이 되길 간절한 마음으로 기도하였다. 이와 같이 비대위원장의 가족은 모교 근처이고 아차산과 한강을 산책할 수 있으며, 워커힐호텔, 동서울터미널, 어린이대공원, 광나루역, 강변역을 이용할 수 있는 광장동에서 살 수 있기를 희망하고 있었다.

3. 당첨자발표

고대하던 당첨자 발표일이 되어 당첨자명단을 확인하였다. 그런데 운이 매우 좋게도 비대위원장은 빌라(1층)에 당첨되었고, 배우자는 아파트(14층)에 각각 당첨이 되었다. 혹시나 하는 마음에 신청한 두개가 모두 당첨되어 무척이나 기뻤다. 부부가 그동안 이웃과 봉사하며 더불어 성실하게 열심히 살아온 것에 대한 보답으로 하늘에서 행운의 축복을 내려 주었다고 매우 감사하게 생각하였다.

그렇지만 빌라가 1층에 당첨이 되었기 때문에 저층에서 거주하는 경우 생길 수 있는 다양한 프라이버시 침해를 걱정하지 않을 수 없었다. 그래서 비대위원장은 배우자에게 1층의 빌라를 포기하고 14층의 아파트를 계약해 살자고 권유하였다. 그때 배우자는 계약기한까지 일주일의 여유가 있으므로 모델하우스에 직접 가서 자세히 알아보고 결정하는 것이 더 좋을 것 같다는 의견을 제시하였다.

따라서 비대위원장의 부부는 당첨자를 발표한 다음날부터 계약체결일까지 모델하우스에 세 차례나 방문하면서 주변의 주거조건과 입지환경 등을 구체적으로 확인하였다. 부부가 모델하우스에서 모형과 카탈로그를 보며 안내원에게 빌라의 주변 환경에 관해 여러 가지 질문을 구체적으로 하였다. 그런데 그 안내원은 비대위원장 부부의 자세한 질문에 대하여 원하는 답변을 하지 못하고 당황하였다.

그 때 오십대로 보이는 남자가 CCTV를 보고 있다가 다가와 무엇이 궁금하냐며 도와주겠다고 하였다. 몇 개월이 지난 후에 H아파트의 홈페이지에서 계약금 및 중도금의 납부사항을 확인하며 실린 사진을 보고 그때 모델하우스에서 설명한 분이 H건설의 박○훈 현장소장(이하 '박 소장'이라고 합니다)인 것을 알게 되었다.

비대위원장의 부부는 모형과 카탈로그를 보면서 박 소장과 안내원의 자세한 설명을 들었다. 앞에는 중앙공원과 놀이터, 뒤에는 강○성산교회, 옆에는 어린이집과 필로티 등 빌라의 주변 환경은 프라이버시가 매우 염려되었다. 특히, 빌라 뒤에 수직옹벽을 시공해 출입을 완전히 통제한다는 설명을 들었지만 역시 사생활의 심각한 침해가 걱정되어 빌라를 포기하고 아파트를 계약하겠다고 하였다.

그러자 박 소장은 빌라가 1층에 있지만 바로 앞에 개인화단이 딸려있고, 뒤를 수직옹벽으로 시공하며 주변이 넓은 화단과 공원에 둘러 쌓여있으므로 사생활에 대한 침해를 전혀 걱정할 필요가 없고, 전원주택처럼 아주 조용하며 편안하게 생활을 할 수 있다고 세심하게 설명해 주었다. 더구나 빌라는 4층의 구조로써 전체 25세대만 별도로 구성되어 인기가 매우 높기 때문에 앞으로 프리미엄이 많이 붙게 될 것이므로 당첨을 절대로 포기하지 말라고 덧붙여 강조하였다.

비대위원장 부부는 박 소장에게 수직옹벽을 설치해 출입이 완전히 차단된다는 설명을 듣고 난 후에도 쉽게 결정을 내리지 못했다. 그래서 당첨자 발표한 다음날부터 분양계약을 체결한 날까지(일주일 동안) 모델하우스를 세 차례나 방문하며 빌라 주변의 열악한 환경에 관해 자세히 질문하면서 면밀하게 검토할 수밖에 없었다.

특히, 박 소장은 직원들과 함께 빌라의 주변을 설명해 주면서 넓은 화단으로 시공하고, 설계, 모형, 카탈로그에 표시되어 있는 대로 뒤쪽에는 수직옹벽을 설치해 입주자들의 출입을 완전히 차단하기 때문에 전원주택처럼 매우 조용한 분위기에서 안락한 생활을 행복하게 즐길 수 있다고 거듭해 강조하며 비대위원장 부부를 설득하였다.

이와 같이 비대위원장 부부는 박 소장과 안내원이 자세하게 설명해 안심을 시킨 덕분에 수많은 의문점들이 모두 풀리게 되었다. 더불어 박 소장은 빌라에 관해 자세하게 설명한 뒤, 이곳은 인기가 매우 높아 프리미엄이 많이 붙을 것이므로 입주해 살고, 아파트를 계약하여 분양권 상태로 입주하기 이전에 매각하라고 설명해 주었다.

그러나 비대위원장은 여유자금이 없어 빌라를 포기하고 아파트만 계약을 해야겠다고 망설이자, 박 소장은 중도금대출을 해주고 있으니 걱정하지 말라고 강조하며 말했다. 빌라와 아파트를 모두 계약해 빌라에 거주하고, 아파트는 전매기한(1년)이 지난 후 입주하기 이전에 분양권으로 처분하면 절대로 후회하지 않는다고 강조하면서 분양계약을 체결하라고 비대위원장 부부를 계속 설득하였다. 따라서 비대위원장 부부는 박 소장이 어린이집과 빌라 뒤를 설계도 및 카탈로그에 표시한 대로 수직옹벽으로 설치하고 3면이 화단으로 사용되며, 중앙공원이 있어 전원주택처럼 거주할 수 있고, 중도금 대출을 해준다는 설명에 관심이 끌렸다.

4. 분양계약 체결

박 소장이 모델하우스에서 본사에 연락하며 빌라에 관한 설계도를 알아보고 자세히 설명을 해주자, 비대위원장의 부부는 박 소장을 신뢰하였다. 그리고 박 소장이 조언한대로 2009.11.3. 빌라와 아파트를 모두 계약하였다. 왜냐하면 박 소장이 중도금을 대출해 주기 때문에 빌라에 입주해 살고, 아파트는 박 소장의 설명대로 계약한 후에 전매기한이 경과하면 입주하기 이전까지 분양권을 매각할 생각이었다.

따라서 분양계약을 체결한 이후에 새로운 아파트에 입주하여 행복한 생활을 누릴 부푼 생각을 하면서 현장을 자주 방문해 공사 진행사항을 수시로 살펴보았다. 비대위원장은 모델하우스에서 분양계약을 체결한 후에 가입했던 다음 카페에 자주 들어가서 올라온 글들을 확인하였다. 부실공사를 하는 것은 아닌지, 당초 분양계획을 체결한대로 공사가 제대로 진행되는지 관심을 가지고 주의 깊게 살펴보았다.

박 소장이 분양 당시 설명한대로 전매제한기한이 경과한 후에 비대위원장은 아파트를 분양권 상태로 매각하고 빌라로 이사하여 여생을 보낼 계획이었다. 그래서 비대위원장은 분양한지 1년 6개월 정도 지났을 때 공인중개사무소에 확인하였는데 아파트 분양권의 시세가 분양받은 가격보다도 낮게 거래되고 있다는 것을 알았다. 하는 수 없이 분양권을 손해까지 보면서 매각할 수 없다고 생각하며 입주할 시점을 기다려 보고 매각할 시기를 다시 결정하기로 수정하였다.

5. 다음 카페에 가입

비대위원장 부부는 당첨된 빌라와 아파트를 계약체결하기 위해 2009.11.3. 모델하우스를 방문하였는데 그 곳에서 입주자대표 등(다음 카페의 운영진)을 처음 만났다. 입주자대표 등은 분양계약을 체결하기 위해 방문한 수분양자들에게 커피와 음료수를 나누어 주고 반갑게 맞으며 H건설이 부실공사를 많이 하기 때문에 수분양자들이 똘똘 뭉쳐 막아야 한다고 다음 카페에 가입할 것을 권유하였다.

입주자대표 등이 수분양자들을 위해 유익한 봉사를 한다고 판단한 비대위원장 부부는 주저할 것 없이 즉석에서 다음 카페에 가입신청서를 작성해 주었다. 그 후 비대위원장 부부는 다음 카페의 운영진들과 모임을 통해 자주 만났고, 그때 수분양자들을 위해 수고를 많이 한다며 차와 식사를 정성껏 대접하고 고맙다는 감사의 인사를 전했다.

그러나 입주자대표 등은 수분양자들에게 인적사항을 자세하게 물어 보면서도 자신들의 인적사항에 관해서는 전혀 알려주려 하지 않았다. 겨우 다음 카페의 아이디만 알려주고 이름과 연락처를 알려주지 않아 비대위원장은 그 때부터 의구심이 서서히 들기 시작했다.

H아파트의 공사가 한창 마무리 단계에 있을 무렵(2011. 9월경)에 아파트의 정보전달수단[4]인 다음 카페에 글이 올라왔다. 빌라 뒤로 수직옹벽을 시공하는 대신에 분양계약을 위반해서라도 계단과 산책로를 설치해 달라는 황당한 글이었다. 더구나 그 글에 대해 입주자대표 회장 전○수(다음 카페의 운영진)는 댓글로 입주자들의 제안을 받아들여 계단과 산책로를 설치하겠다고 답변하였다. 이것은 사기분양한 토지 636.8 ㎡를 은폐하기 위한 일종의 술수인데도 이때는 비대위원장이 정확하게 알지를 못했다.

그러나 상황이 너무 이상했던 비대위원장은 다음 카페에 댓글을 달았다. 아파트의 분양계약을 체결할 당시에 자세히 확인한 바에 따르면, 설계, 모형, 카탈로그에 수직옹벽을 설치하기로 되어 있는데도 분양계약을 위반해 계단과 산책로를 설치하면 1404동 입주자들의 프라이버시가 심각하게 침해되고, 빌라의 가치도 현격하게 떨어지기 때문에 반대한다는 자

4) 정보전달수단이라고 함은 입주자들이 아파트에서 생활하면서 꼭 알아야 할 생활정보를 다음 카페, 게시판, 엘리베이터 공지, 안내방송, 유인물, 개인정보(성명, 동 · 호수, 휴대폰번호, e메일), 관리비부과 내역서 등을 통해 전달받거나 안내를 받아 아파트의 필요한 각종 정보를 전달하는 수단을 말한다.

신의 의견을 확실하게 밝혔다.

그러나 한 달 후에 현장을 방문해 확인한 비대위원장은 자신의 의견을 완전히 무시하고, 분양계약을 위반해 빌라 뒤로 계단과 산책로를 설치한 것을 목격하였다. 입주자들이 계단과 산책로를 이용해 밤낮으로 지나다니면 비대위원장이 살고 있는 빌라(1층)의 내부가 훤히 보일 것이 확실했다. 이는 분양계약을 위반해 프라이버시가 심각하게 침해되는 것이고, 재산적 가치가 현격히 하락할 것이 분명했다. 이후 비대위원장은 매우 걱정되어 밤잠을 이룰 수가 없었다.

박 소장이 서쪽 경계 펜스 밖의 사기분양한 토지 636.8 ㎡를 은폐하기 위해 빌라 뒤쪽에 계단과 산책로를 설치하려고 사전에 입주자대표 등과 계획한 것이 분명했다. 그런데도 입주예정자들이 계단과 산책로를 개설해 달라고 요구하는 것처럼 다음 카페에 글을 올리도록 미리 각본을 짜서 실행하였다고 생각할 수밖에 없었다.

왜냐하면 H건설은 2012.1.31. H아파트의 서쪽 경계 사업부지 203 ㎡를 분할하여 제척하였고, 2012.3.28. 사용검사승인을 받았다. 그러나 2011.9월 이전에 이미 203 ㎡를 분할하려고 계획적으로 경계 안쪽 4 m 지점에 펜스를 시공해 433.8 ㎡를 불용토지로 만들었다. 이 불용토지 433.8 ㎡는 한원광장이 90 ㎡를 편취한 곳, 김○석에게 113 ㎡를 매각한 곳, 강○성산교회가 기존 건물과 연결해 가건물을 설치하여 수직옹벽이 아닌 2단 산벽을 시공한 곳과 연결되어 있다.

특히, 한원광장이 90 ㎡를 편취한 곳은 나○용이 48 ㎡만 불법 점유하여 펜스가 수직으로 설치되어 있는데 추가로 42 ㎡를 헐어 내고 90 ㎡까지 분할하여 제척해 몰래 편취하였고, 이것과 연결된 불용토지를 한원광장이 사용과 출입을 하도록 고의적으로 시공하였다. 또한 김○석에게 113 ㎡를 매각한 곳은 불법 점유한 113 ㎡만 빼고 기존 담장이 설치되어 있는데 담장의 안쪽으로 최대 11 m 지점에 펜스를 시공해 불용토지를 고의적으로 사용과 출입을 하도록 시공하였다.

더구나 분양계약을 위반해 수직옹벽이 아닌 2단 산벽을 시공한 곳은 강○성산교회가 불법으로 빌라의 경계와 일치해 가건물을 세우고 지붕을 1 m 정도 침범하도록 시공해 가건물의 빗물이 빌라의 토지에 떨어지게 하였다. 이것은 명백한 분양계약 위반이다. 따라서 박 소장은 토지 636.8 ㎡에 대한 분양계약을 위반한 것을 은폐할 목적으로 서쪽 경계 안쪽 4 m 지점에 펜스를 시공하였고, 펜스의 안쪽으로 계단과 산책로를 설치하였는데 입주자대표 등이 요구해 부득이 분양계약을 위반하였다며 비대위원장의 불만을 잠재우려고 꼼수를 부렸다.

그런데도 입주자대표 등은 입주한 2012.3.30. 이후에도 강○성산교회의 가건물이 경계를 1 m나 침범해 설치된 것을 알면서 가건물의 철거를 요구하거나 항의하지 않았다. 비대위원장은 박 소장, 광진구청, 입주자대표 등과 사전에 사기분양한 토지 636.8 ㎡를 은폐할 목적으로 636.8 ㎡를 빼고 펜스를 설치한 후에 펜스 안쪽에 계단과 산책로를 시공해 빌라의 앞과 옆, 뒤의 화단면적이 대폭 축소되게끔 모의한 것으로 생각하였다.

비대위원장 부부는 박 소장과 입주자대표 등을 만나 분양계약을 명백하게 위반한 것에 대하여 강력히 항의하면서 불법으로 시공한 계단과 산책로를 즉시 철거해 달라고 요구하였다. 그러나 박 소장과 입주자대표 등은 시정하지 않고 계속적으로 뭉개면서 끝내 버티다가 2012.3.28. 사용검사승인을 받기 직전에 계단을 2단 산벽[5]으로 변경하고 산책로를 그대로 놓아둔 채 사용검사승인을 받았다.

비대위원장 부부는 분양계약을 위반한 2단 산벽과 산책로가 철거되지 않았기 때문에 시정하라고 내용증명을 통보한 뒤에 빌라에 입주하지 않았다. 이후에도 비대위원장은 2단 산벽과 산책로를 철거하라고 계속 요구하였지만 박 소장과 입주자대표 등은 꿈쩍도 하지 않았다. 분양계약을 위

5) 경사진 곳을 건축하기 위한 공법은 콘크리트 시공, 조경석 쌓기, 산벽 시공 등이 있다. 이곳은 분양 당시 설계, 모형, 카탈로그에 수직의 콘크리트를 시공하기로 설계하고 표시해 공지하였다. 그러나 분양계약을 위반해 2단 산벽으로 시공하여 불용토지 12.6 ㎡가 발생하게 되었다.

반한 것도 모자라 시정조차 하지 않아서 빌라에 살 수 없다고 생각하였다. 비대위원장은 2012.3.30. 빌라에 입주해 거주하려고 하였는데 하는 수 없이 당초 계획을 포기하고 2012.5.1. 분양권 상태로 매각하려던 아파트(14층)로 입주할 수밖에 없었다.

그리고 H건설에서 분양계약을 고의로 위반해 2단 산벽과 산책로를 설치한 것이므로 2단 산벽과 산책로를 철거하던지 아니면 분양계약을 해지해 달라는 내용증명을 보냈다. 비대위원장이 분양계약 위반에 관해 H건설과 내용증명을 여러 차례 주고받는 동안 2012.3.28. 사용검사승인을 받고 5개월이 지난 2012. 8월경에 이번에는 산책로만 철거를 하였다. 그러나 설계도에 표시한 것과 같이 수직옹벽으로 시정되어야 할 2단 산벽은 여전히 시정해 주지 않고 버텼다.

박 소장은 입주자대표 등이 계단과 산책로를 개설해 달라고 요구한 것을 들어준 것이라며 핑계를 댔지만 펜스 밖의 사기분양한 토지 636.8 ㎡를 은폐할 목적으로 박 소장, 광진구청, 입주자대표 등이 사전에 공모하였다. 이곳은 분양 당시 설계, 모형, 카탈로그에 표시한 대로 수직옹벽으로 시공하여야 정당한 것임에도 박 소장이 분양계약을 위반하면서 일방적으로 계단과 산책로를 설치한 것이다.

그런 후에 입주자대표 등은 H건설이 분양계약을 위반한 것을 인정하고 2012. 8월경에 산책로를 철거하였다. 분양계약을 위반해 시공했던 계단은 2012.3.28. 사용검사승인 이전에 2단 산벽으로 변경을 하였다. 그런데도 불구하고 입주자대표 등은 2018.9.21. 위법행위를 저지르며 기존에 잘못 시공했던 2단 산벽 위에다가 또다시 계단과 산책로를 설치하였다. 이런 것을 보더라도 입주자대표 등과 H건설은 사기분양한 토지 636.8 ㎡를 은폐할 목적으로 서로 공모해 사용검사승인 이전에 계단과 산책로를 설치했던 것이 확실하게 증명되었다.

6. 분양계약 위반을 발견

비대위원장 부부는 H아파트의 빌라가 당첨되어 모델하우스를 세 차례나 방문하면서 앞과 뒤, 양옆의 주변 환경에 대해 설계, 모형, 카탈로그를 자세히 살펴보고 구체적인 설명을 들은 후에 분양계약을 체결하였다. 특히, 비대위원장은 분양 당시 사생활의 심각한 침해가 매우 우려되어 1404동 빌라의 당첨을 포기하려고 했다.

그러나 모델하우스를 방문해 박 소장에게 빌라 뒤로 설계, 모형, 카탈로그에 표시한대로 수직옹벽을 시공하기 때문에 입주자들의 출입이 완전히 차단된다는 설명을 확실히 들었다. 따라서 사생활 침해를 전혀 걱정할 필요가 없고 전원주택처럼 아주 조용히 거주할 수 있다는 자세한 설명을 굳게 믿고 분양계약을 체결하였다.

그런데도 비대위원장은 H건설이 2011. 9월경 1404동 빌라 뒤에 수직옹벽을 시공하지 않고 분양계약을 위반해 계단과 산책로를 시공한 것을 발견하였다. 이는 고의로 분양계약을 명백하게 위반한 것이며, 심각한 사생활 침해와 재산적 가치 하락을 야기하는 것에 기인한다. 그렇기 때문에 비대위원장 부부는 현장사무소를 여러 차례 찾아가 박 소장에게 계단과 산책로를 철거하고 설계, 모형, 카탈로그에 표시한 대로 수직옹벽으로 시정할 것을 강력하게 요구하였다.

하지만 박 소장은 입주자대표 등(당시 입주예정자 모임)이 요구해 설치한 것이라는 핑계만 대면서 요리조리 빠져 나갔다. 비대위원장은 박 소장에게 분양계약을 위반한 것을 자세히 설명하기 위해 입주자대표 등의 연락처를 알려달라고 하였다. 그러나 박 소장은 입주자대표 등이 직접 전화를 걸도록 하겠다며 연락처를 알려주지 않았다. 한 달 이상을 기다려도 입주자대표 등에게 연락이 전혀 오지 않았다.

다시 비대위원장은 박 소장을 찾아가서 아무리 기다려도 연락이 오지 않는다며 입주자대표 등의 연락처를 알려달라고 항의하였지만 계속해서 알려주지 않았다. 그때 입주자대표 이○욱(다음 카페지기)이 입주예정자 모임을 개최한다는 안내의 글을 다음 카페에 올린 것을 확인하였다. 따라서 비대위원장 부부는 입주자대표 등을 만나기 위해 다른 모든 일정을 뒤로 미루고 그날 입주예정자 모임에 참석하였다.

입주자대표 등을 만난 비대위원장은 그 자리에서 박 소장에게 분양계약을 위반하면서 계단과 산책로를 설치해 달라고 요구하였냐고 물어보았다. 비대위원장의 물음에 입주자대표 등은 머뭇거리며 답변을 회피하였다. 당시 비대위원장은 입주자대표 등이 박 소장과 공모해 토지 636.8 ㎡에 대하여 사기분양한 것을 전혀 모르고 있었다.

비대위원장은 입주자대표 등에게 분양계약을 위반해 계단과 산책로를 설치하였기 때문에 사생활 침해가 매우 심각하고 빌라의 가격하락이 예상되니 즉시 철거하라고 강력하게 요구하였다. 그리고 만약 철거하지 않을 경우에는 H건설과 공동책임을 물어 부득이 손해배상금을 청구할 수밖에 없다고 통보하였다. 그리고 얼마 후에 비대위원장은 H건설이 계단과 산책로를 설치한 것 이외에도 분양 당시 설명했던 것과 다르게 분양계약을 위반한 많은 사실을 추가로 발견하였다.

비대위원장 부부는 빌라에 당첨된 후에 분양계약을 체결할 때까지 3차례나 모델하우스를 방문해 박 소장에게 설명을 듣고 설계, 모형, 카탈로그를 자세히 보면서 확인한 후에 계약을 체결하였기 때문에 설명을 들은 것과 비교하면 분양계약을 위반한 사항을 쉽게 발견할 수 있었다. 예를 들면, 이런 것들이다. 빌라 뒤에 수직옹벽을 설치하기로 되어 있는데 계단과 산책로를 설치한 것, 거실 앞 화단거리가 10 m라고 설명하였는데 6 m로 시공된 것, 뒤쪽에 강○성산교회까지 화단거리가 10 m라고 하였는데 6 m로 시공된 것, 양진초교앞 도로가 왕복 2차선이라고 설명하였는데 1차선 도로를 시공한 것, 정문 앞 도로가 4차선이라고 하였는데 3차선으로 시공된 것 등이다. 이는 사기분양한 서쪽 경계 펜스 밖의 토지 636.8 ㎡를 사용과 출입을 하지 못하게 펜스를 경계 안쪽에 설치한 것, 수직옹벽이 아닌 계단과 산책로를 시공하여 분양계약을 위반한 것과 매우 밀접하게 연관되어 잘못 시공된 것에 기인한다.

박 소장은 분양 당시 속이고 만든 설계, 모형, 카탈로그에 표시한대로 시공하였기 때문에 분양계약을 전혀 위반한 것이 아니라고 발뺌하며 완강히 부인했다. 그러나 H건설은 2009.10.12. 분양하면서 서쪽 경계의 사업부지 636.8 ㎡를 사용과 출입을 하지 못하게 빼고 설계, 모형, 카탈로그에 표시하였고, 636.8 ㎡를 사용과 출입을 하지 못하게 시공하여 사용검사승인을 받았는데 분양대금 82억 원(1세대 평균 1천8백만 원)을 받아갔기 때문에 명명백백히 사기분양을 한 것이 확실하다.

그런 후에 636.8 ㎡ 중에서 203 ㎡는 분할하여 제척해 90 ㎡를 한원광장이 편취하였고, 113 ㎡를 김○석에게 558백만 원에 매각하였다. 또한 433.8 ㎡는 한원광장과 김○석이 사용과 출입을 하면서도 입주자들이 매년 재산세만 납부하게 끼워 팔기의 수법으로 사기분양을 하여 완전범죄로 영원히 은폐하려고 하였다.

이는 H건설이 2007.11.14. H아파트의 사업부지를 대한지적공사에서 측량하였는데 161 ㎡를 나○용(427번지 중 48 ㎡)과 김○석(427-8번지 중 113 ㎡)이 불법 점유하였음에도 161 ㎡를 사업부지로 원상복구하지 않고, 오히려 636.8 ㎡까지 사용과 출입을 하지 못하게 빼고 설계, 모형, 카탈로그에 표시해 시공한데 기인한 것이다.

이와 같이 H건설은 2007.11.14. 사업부지에 161 ㎡가 불법 점유된 것을 알면서도 2009.10.12. 분양하면서 고의로 161 ㎡를 포함한 636.8 ㎡까지 사용과 출입을 하지 못하게 빼고 설계해 시공하였음에도 입주자들에게 636.8 ㎡를 사용과 출입을 한다고 속이고 분양대금 82억 원을 챙겨간 것이다. 이것이 사기분양이 아니라면 무엇이란 말인가? 이는 악질적인 사기행각이고, 명백한 불법행위를 저지른 것이다.

이것은 평생 내 집 하나 장만해 보겠다며 허리끈을 조이고 성실히 살아온 선량한 서민들을 울리는 그악스런 횡포이다. 그런데도 인면수심 H건설은 분양 당시 속이고 만든 설계, 모형, 카탈로그를 보여주면서 그대로 시공하였으므로 사기분양이 아니라고 뻔뻔스럽게 부인하며 입주자대표 등을 앞세워 토지 636.8 ㎡를 못 찾게 방해하였다.

7. 내용증명 통보 및 회신

비대위원장은 H건설에게 1404동 빌라 뒤에 시공한 계단과 산책로를 철거하고 분양계약대로 수직옹벽을 경계까지 시정할 것과 사기분양한 토지 636.8 ㎡를 사용과 출입을 하도록 돌려 달라는 내용증명을 13회에 걸쳐 통보하였다. 그러나 H건설은 광진구청 및 입주자대표 등과 서로 공모하여 사기분양한지 10년이 지나도록 서쪽 경계 펜스 밖의 토지 636.8 ㎡를 돌려주지 않고 무조건 뭉개고 있다.

하는 수 없이 비대위원장은 공공의 이익을 위하여 사기분양한 것을 증명하고자 개인적으로 소송을 제기할 수밖에 없었다. 앞으로 이런 일이 발생하면 누구든지 피해를 입지 않도록 하기 위한 조치인 것이다. 그리고 2015.2.10. 서울고등법원에서 203 ㎡를 인정받았다(대법원에서 2015.6.23. 확정). 그리고 이를 근거로 대한지적공사에서 203 ㎡를 분할해 제척한 후의 경계부터 펜스까지 측량하여 불용토지 433.8 ㎡가 아파트의 소유라는 것을 확인함으로써 분양대금 82억 원을 납부한 636.8 ㎡가 사기분양된 것을 확실히 증명하였다.

이와 같이 사기분양한 것을 명확히 증명하였음에도 불구하고, 입주자대표 등은 사기분양한 토지 636.8 ㎡를 못 찾게 조직적으로 방해하였다. 입주초기에 비대위원장이 등기면적이 분양면적보다 69.3 ㎡가 적다고 밝혀내자 입주자대표 등은 세대별로 보면 소수점 이하이므로 정산하지 않는다고 속였다. 더구나 비대위원장이 사업부지에서 203 ㎡를 몰래 분할하여 제척한 후에 매각한 것을 찾아내자 입주자대표 등은 차일피일 미루며 636.8 ㎡를 못 찾게 조직적으로 방해하였다.

이처럼 입주자대표 등은 분양 당시 속이고 만든 설계, 모형, 카탈로그를 보여주면서 그대로 시공하였는데 사기분양이 웬 말이냐며 H건설의 거짓주장만 앵무새처럼 대변하였고, 불법 매각한 토지를 찾는 것을 조직적으로 방해하였다. 따라서 비대위원장은 636.8 ㎡가 사기분양된 것을 증명하기 위해 개인적으로 소송을 제기하였다.

설상가상으로 서울중앙지방법원은 한원광장에게 토지 69.3 ㎡에 대한 손해해상책임만 있고 H건설에는 손해배상책임이 전혀 없다고 잘못 판결하였다. 이는 중대하게 오판한 판결이다. 따라서 비대위원장은 진실을 밝히고자 서울고등법원에 항소하였다.

그러나 서울고등법원은 한원광장에게 203 ㎡만 손해배상책임이 있고, H건설에는 손해배상책임이 전혀 없다고 잘못 판결하였다. 이는 서울중앙지방법원에서 H건설에게 손해배상을 할 책임이 전혀 없다고 판결한 것을 오인한데 기인한다. 그렇지만 203 ㎡가 한원광장에게 손해배상책임이 있다고 판결한 것은 입주자들에게 203 ㎡까지 아파트의 경계라는 것을 확실히 증명해 주는 매우 중요한 판결이다.

더구나 203 ㎡는 한원광장이 편취한 90 ㎡(427−21번지)와 김○석에게 매각한 113 ㎡(427−22번지)의 위치를 정확히 지정하여 주었기 때문에 203 ㎡가 입주자들의 소유인 것으로 확실히 증명해 주는 소중한 판결인 것이다. 이를 근거로 대한지적공사에서 203 ㎡를 분할하여 제척한 후의 경계부터 펜스까지 측량하여 불용토지 433.8 ㎡가 입주자들의 소유라는 것을 명확하게 밝혀냈다. 따라서 한원광장과 김○석이 433.8 ㎡를 사용과 출입을 하고 있는 반면에 입주자들이 매년 재산세만 납부하면서 사용과 출입을 전혀 못하는 것을 확인하였다.

이와 같이 H건설은 636.8 ㎡를 사용과 출입을 하지 못하게 시공하고 사용검사승인을 받았는데 분양대금 82억 원을 부당하게 받아간 위법행위를 저질렀다. 더구나 H건설은 한원광장의 대주주(자본금의 19.9% 소유)이며 시공사이고, 실질적인 공동사업주체임으로 사기분양한 636.8 ㎡

에 대해 한원광장과 연대책임을 지어야 한다.

비대위원장이 사기분양한 토지 636.8 ㎡를 찾아야 한다고 강력하게 요구하자 입주자대표 등은 단체소송을 하여 손해배상금을 받자며 입주자들에게 모든 권한을 위임받고 나서 서울동부지방법원에 형식적으로 소송을 제기하였다. 그런 후에는 법정에 출석하지 않았고, 중대한 위법사항을 소극적으로 대처하였다. 그 결과 서울동부지방법원에서는 한원광장에게 636.8 ㎡ 중에서 69.3 ㎡만 손해배상책임이 있고, H건설에는 손해배상책임이 전혀 없다고 잘못 판결을 하였다.

그러나 이에 승복할 수 없었던 비대위원장은 항소를 하면 몰래 분할하여 제척한 후에 매각한 203 ㎡은 물론 불용토지 433.8 ㎡까지 손해배상금을 받을 수 있다고 강력하게 조언하였다. 그런데도 불구하고 입주자대표 등은 기다렸다는 듯이 박수부대를 동원해 입주자들을 선동하고 고의적으로 636.8 ㎡를 못 찾게 조직적으로 방해하며 항소를 포기하였다. 이는 처음부터 입주자대표 등이 사기분양한 636.8 ㎡를 입주자들에게 찾아줄 의사가 전혀 없었던 것을 증명한다. 더구나 비대위원장이 지속적으로 찾아야 한다는 강력한 요구에 못 견디어 할 수 없이 형식적인 소송을 제기하였다는 것을 확실히 확인하였다.

그 뿐만이 아니다. 입주자대표 등은 소송한 입주자들에게 636.8 ㎡ 중에서 69.3 ㎡만 찾아주고 나머지 567.5 ㎡를 못 찾게 막대한 손해를 끼쳤다. 반면에 소송하지 않은 입주자들에게는 203 ㎡만 찾아주면서 민 · 형사 책임을 묻지 않겠다는 포기각서를 써주게 하고 433.8 ㎡에 대하여 못 찾게 손해를 끼쳤다. 이처럼 입주자대표 등은 비대위원장이 636.8 ㎡가 사기분양된 것을 증명하기 위해 개인적으로 서울고등법원에 항소한 것을 알고 있었음에도 입주자들을 선동하여 고의로 항소를 포기하도록 속였다.

만약 입주자대표 등이 입주자들의 이익을 위해 사기분양한 토지 636.8 ㎡를 찾아 줄 생각이 있었다면 사실대로 진실을 정확히 알려주고 일단 항소장을 제출한 뒤에 개별적으로 항소 여부를 물어보거나 비대위원장의 항소결과를 지켜본 후에 결정할 수도 있었을 것이다. 또한 고의로 토지 636.8 ㎡를 빼고 설계하고 시공함으로써 챙긴 분양대금 82억 원을 집중적으로 항의했다면 H건설이 계획적으로 위법행위를 저질렀다는 것을 인정하였고, 서쪽 경계 펜스 밖의 사기분양한 토지 636.8 ㎡를 돌려줄 수밖에 없었던 악질적인 사건이다.

비대위원장은 개인적으로 소송한 서울고등법원의 항소심에서 한원광장에게 토지 203 ㎡에 대해 손해배상을 하라는 판결을 받았다. 이는 아파트의 경계가 203 ㎡까지라는 것을 의미하는 것이기 때문에 사업부지 중에서 203 ㎡를 빼돌려 매각한 사실을 인정한 판결이다. 따라서 203 ㎡를 분할하여 제척한 후의 경계부터 펜스까지 433.8 ㎡가 불용토지로써 입주자들의 소유임에도 한원광장과 김○석이 불법으로 사용과 출입을 하면서 입주자들이 매년 재산세만 납부하는 것을 정확히 증명하였다.

비대위원장은 H건설에게 13회에 걸쳐 내용증명을 통보해 사기분양한 서쪽 경계 펜스 밖의 토지 636.8 ㎡를 돌려달라고 강력히 요구하였다. 그러나 H건설은 분양 당시 서쪽 경계 펜스 밖의 토지 636.8 ㎡를 사용과 출입을 한다며 속이고 만든 설계, 모형, 카탈로그를 보여주면서 사기분양한 것이 아니라고 거짓주장만 하였다.

비대위원장은 거짓으로 일관하려는 H건설의 회신에 대하여 "그동안 진행 경과"를 첨부해 지속적으로 내용증명을 보내면서 답신을 받았다. 반복적인 거짓말을 계속해 유도함으로써 스스로 서쪽 경계 펜스 밖의 636.8 ㎡가 사기분양된 잘못을 증명하도록 만들었다. 내용증명을 주고받는 횟수가 늘어날수록 "그동안 진행 경과"에 대한 거짓의 답변이 추가적으로 계속 늘어났다. 또한 내용증명의 오고 간 횟수가 증가할수록 질문과 답변이 서로 일치하지 않게 모순되는 등 "그동안 진행 경과"에 대한 내용이 증거로서 636.8 ㎡가 사기분양된 것을 확실하게 입증할 수 있었다.

비대위원장은 13회에 걸쳐 주고받은 내용증명으로 사기분양한 서쪽 경계 펜스 밖의 토지 636.8 ㎡를 입증하는 중요한 증거자료로 확보하였다.

그런데도 H건설은 사기분양을 하지 않았다고 계속 거짓주장을 하였다. 비대위원장은 일단 빌라에 대한 계약을 해지하겠다고 통보한 후에 계획을 바꾸어 2012.5.1. 아파트(14층)로 이사를 하였다. 그러나 H건설은 비대위원장의 빌라 계약을 해지해 주지 않았고 고의로 시간만 끌며 피해가 증가하도록 유도하였다. 참는 것도 한계가 있다고 생각한 비대위원장은 더 이상 기다릴 수 없다고 판단하여 공공의 이익을 위해 사기분양을 증명하고자 서울중앙지방법원에 소송을 제기할 수밖에 없었다.

입주자대표 등은 사기분양한 서쪽 경계 펜스 밖의 636.8 ㎡가 공유부지임으로 찾아주어야 마땅하고 입주자들의 이익을 위해 앞장서야 함에도 비대위원장이 636.8 ㎡를 찾기 위해 개인적으로 소송한 재판에 전혀 협조하지 않았다. 오히려 불법선거로 승계하고 사기분양을 안했다면서 H건설의 거짓주장만 대변하였다. 그리고 다음 카페 등의 정보전달수단을 완전히 통제하며 진실을 감쪽같이 속이고 서쪽 경계 펜스 밖의 636.8 ㎡를 못 찾게 조직적으로 방해하는데 급급하였다.

8. 사용검사승인

H건설은 1404동 빌라 뒤를 분양계약대로 수직옹벽으로 설치하여야 하고, 서쪽 경계 펜스 밖의 토지 636.8 ㎡를 입주자들에게 돌려주어야 함에도 불구하고 분양계약을 위반한 것에 대해 입주자대표 등과 서로 공조하면서 입주자들을 감쪽같이 속였다. 더구나 H건설은 분양 당시 636.8 ㎡를 사용과 출입을 하지 못하게 속이고 만든 설계, 모형, 카탈로그를 보여주면서 사기분양한 것이 아니라고 거짓주장만 하였지만 서쪽 경계 펜스 밖의 636.8 ㎡에 대한 분양대금 82억 원을 입주자들에게 받아가면 절대로 안 되는 사기분양을 한 것이다.

또한 광진구청은 사기분양을 하지 못하도록 관리감독을 철저히 하여야 함에도 H건설이 서쪽 경계 펜스 밖의 636.8 ㎡를 사용과 출입을 하지 못하게 빼고 표시해 시공하였는데 묵인하며 사업허가, 제척승인,[6] 사용검사승인을 해 주었다. 이것은 H건설, 설계, 감리, 광진구청, 입주자대표 등이 서로 공모하며 사기분양한 636.8 ㎡를 은밀하게 은폐한 것이다.

그런데도 입주자대표 등은 입주자들의 이익을 전혀 대변하지 않으면서 H건설의 이익만 대변하였고, 오히려 정보전달수단을 완전히 통제하며 감쪽같이 속이고 사기분양을 전혀 하지 않았다며 거짓주장만 하였다. 이미 입주자대표 등은 H건설이 사기분양을 하였고, 광진구청이 이를 묵인하며 사업허가, 제척승인, 사용검사승인을 해 준 것을 알면서도 완전범죄를 노리고 입주자들이 사기분양한 토지 636.8 ㎡를 찾지 못하도록 조직적으로 방해하며 막대한 피해를 입혔다.

따라서 비대위원장은 공공의 이익을 위하여 개인적으로 소송을 제기해 2015. 2.10. 서울고등법원에서 203 ㎡를 인정하는 판결을 받았고(대법원에서 2015.6.23. 확정), 대한지적공사에서 측량하여 불용토지 433.8 ㎡가 아파트의 소유인 것을 확실히 증명하였다. 또한 사기분양한 636.8 ㎡를 은폐할 목적으로 수직옹벽을 경계까지 시공하지 않고 분양계약을 위반해 계단과 산책로를 시공한 것을 증명하였다.

그러자 입주자대표 등은 사기분양한 서쪽 경계 펜스 밖의 토지 636.8 ㎡를 못 찾게 방해할 목적으로 2015.7.18. 다음 카페에서 진실을 알려주지 못하게 비대위원장을 강제로 퇴출시켰다. 그리고 비대위원장에 대한 인신공격과 날조된 유언비어를 퍼트리며 명예훼손을 서슴지 않았다. 그 뿐만이 아니었다. 다음 카페 등 정보전달수단을 완전히 통제하고, 입주한 2012.3.30. 이후로 단 한 번도 사기분양한 토지 636.8 ㎡를 찾아야 한다며 알려주는 어떠한 글을 올린 적이 없다.

6) 제척승인은 사업부지에서 제외 또는 배제하는 것을 말한다. 광진구청은 H건설이 사업부지 2필지에서 불법 점유한 161 ㎡에다가 42 ㎡를 추가한 203 ㎡를 분할하여 제척(제외)하도록 승인하였다. 이로 인해 한원광장이 90 ㎡를 편취하였고, 김○석에게 113 ㎡를 매각할 수 있었다.

9. 공공의 이익을 위하여 봉사할 것을 다짐

H건설은 분양 당시 서쪽 경계 펜스 밖의 토지 636.8㎡를 사용과 출입을 하지 못하게 빼고 설계, 모형, 카탈로그에 표시해 시공하였는데 분양대금 82억 원을 받아가는 사기분양을 하고는 2012.3.30. 입주하면서 입주자들에게 토지 636.8㎡를 돌려주지 않았다. 또한 사기분양한 것을 완전범죄로 영원히 은폐할 목적으로 1404동 빌라 뒤를 설계, 모형, 카탈로그에 표시한 대로 수직옹벽을 시공하지 않고 분양계약을 위반해 계단과 산책로를 시공하였는데 시정해 주지 않았다.

이와 같이 H건설이 토지 636.8㎡를 사기분양하지 않았다며 발뺌하였고, 광진구청은 사기분양을 묵인하며 사업허가, 제척승인, 사용검사승인을 해 주었다. 마땅히 입주자들의 이익을 성실하게 대변해 주어야 할 입주자대표 등은 오히려 정보전달수단을 완전히 통제하며 감쪽같이 속이고 사기분양한 토지 636.8㎡를 못 찾게 저들과 합세하여 방해공작만 하였다. 이와 같은 수법으로 H건설, 광진구청, 입주자대표 등은 서로 공모해 입주자들의 입과 귀와 눈을 막고 완전범죄를 노리며 악질적으로 사기분양한 것을 영원히 은폐하려고 하였다.

그래서 비대위원장은 공공의 이익을 위하여 입주자들이 억울하게 사기당한 서쪽 경계 펜스 밖의 토지 636.8㎡를 찾고자 굳게 결심하였다. 또한 1404동 빌라 뒤는 분양계약대로 반드시 수직옹벽으로 시정하여야 하고, 부실 시공한 것에 대하여 공정하게 하자보수를 받아야 하며, 고질적이고 악질적인 아파트 비리에 대한 적폐를 기필코 척결하여야 한다는 마음을 확고히 가질 수밖에 없었다.

인정 있는 이웃과 함께 더불어 사는 사회, 다 같이 행복하고 화목하게 살 수 있는 세상을 만들겠다고 각오를 하였다. 그렇게 되어야 곧 정의롭고 공정한 사회로 도약하는 것이다. 비대위원장은 입주자대표 등이 입주자들의 이익을 전혀 대변하지 않고 불법선거로 계속 승계하면서 정보전달수단을 완전히 통제하며 진실을 은폐하였고, H건설과 광진구청이 선량한 서민들을 거짓으로 우롱하고 기만하였으며, 사법당국이 악질적인 비리를 근본적으로 척결하지 않고 교묘하게 회피하였다.

비대위원장은 과거 박사과정을 밟기 위해 대학교로 파견되었을 때 재개발아파트의 잔여분을 일반분양 받아 입주하였다. 그런데 지하주차장에 세워둔 자동차의 카스테레오를 집단적으로 도난을 당했다. 도난 당한 입주자들은 CCTV가 작동하지 않은 것에 관해 손해배상을 하라고 관리소장과 조합장에게 항의하였는데 책임회피를 하였다. 따라서 비대위원장이 논리적으로 설득해 배상을 받게 되었다. 그로 인해 입주자들은 아파트 등기 및 조합청산의 지연에 관한 하소연을 하였다. 그리고 비대위원장에게 입주자대표회장을 맡아 도와달라고 부탁하였다. 학업을 위해 거절을 하였는데 막무가내로 봉사를 부탁해 허락할 수밖에 없었다. 그런 후에 아파트 등기를 해주었고, 조합청산을 하도록 유도하였으며, 금융기관에서 대출을 받게 해주었고, 관리업무를 체계적으로 잡아주었다.

이러는 과정에서 조합장은 자신의 이익을 위해 청산을 지연시킬 목적으로 비대위원장이 명예훼손을 하였다고 위장해 고소하여 약식기소되었다. 이때 비대위원장은 공공의 이익을 위한 것이므로 정정당당히 정식 재판을 청구하였는데 무죄가 아닌 선고유예(벌금 1백만 원)로 억울하게 판결을 받았다. 과거 조합장과 끝까지 싸웠던 것처럼 이번에도 입주자대표 등과 공공의 이익을 위해 반드시 성공할 수밖에 없는 길고 지루한 앞으로 전개될 공방전이 본격적으로 시작되었다.

제2부

토지 636.8 ㎡가 사기분양된 것을 증명한 민사판결

1. 한원광장과 H건설의 관계

한원광장은 H아파트를 건축할 목적으로 일시적인 특정 업무를 수행하기 위한 Paper Company이며 시행사이다. 그리고 (주)한원 56.1%, H그룹 38.9%(H건설 19.9% 및 H증권 19%), 한원건설 5%를 각각 출자하여 참여하였다. H건설은 H아파트를 건축하기 위한 시공사이면서 계열사인 H증권과 공동으로 출자하여 한원광장의 38.9% 지분을 소유하고 있는 2대 대주주이다. 그리고 아파트의 분양업무, 자금관리, 분양광고, 홍보업무, 지급보증, 청산업무, 공사이익금의 배당 등 총체적인 핵심 업무를 수행한 실질적인 공동사업주체이다.[7]

따라서 입주자들은 일시적으로 설립한 한원광장을 믿고 H아파트를 계약한 것이 아니라 H건설을 신뢰하였기 때문에 계약한 것이다. 더구나 H건설은 아파트를 분양하면서 건설부문 도급순위 1위 업체이며 H그룹이 한원광장의 대주주(지분 38.9% 소유)라는 것을 홍보하였다. 이와 같이 H건설이 H아파트를 단순히 시공업무만 수행한 것이 아니고, 분양업무, 분양광고, 자금관리, 지급보증, 청산업무, 예금계좌 공동관리 등 실질적인 중요한 업무를 수행하였다.

따라서 입주자들은 H건설이 최고의 입지조건과 주변 환경에 걸맞게 명품 아파트를 건축한다며 홍보하고 분양가상한제의 조건으로 분양하였다. 그리고 모델하우스에서 안내원이 모형, 카탈로그를 보며 상세히 설명한 것을 신뢰해 분양계약을 체결한 것이기 때문에 한원광장에게 책임이 있으면 H건설에도 당연히 연대책임이 있다.

7) H건설은 한원광장과 체결한 공사도급계약서 제15조(분양업무)에 의하면 분양 및 분양계약업무 일체, 분양대금 수금 및 관리, 분양광고 및 홍보 관련 업무, 청산업무를 위임받아 수행한다고 규정되어 있다. 또한 한원광장은 분양관련 홍보물, 분양계약서, 분양대금수납영수증 등 제반서식의 조건 내용 등을 H건설의 동의 없이 제작, 배포할 수 없다고 규정되어 있다. 따라서 수분양자들은 H건설의 명성을 신뢰하고 분양계약을 체결한 것이며, 한시적인 한원광장을 신뢰해 분양계약을 체결한 것이 결코 아니다.

2. 사기분양한 것에 대한 고찰

H건설은 H아파트의 사업부지를 2007.11.14. 대한지적공사에서 측량하였는데 서쪽 경계 2필지의 토지 161㎡가 사용과 출입을 하지 못하게 펜스를 설치해 타인이 불법 점유한 것을 확인하였다. 그런데도 2009.10.12. 분양하면서 불법 점유한 토지 161㎡를 원상복구하지 않고, 고의로 토지 636.8㎡까지 사용과 출입을 하지 못하게 빼고 설계, 모형, 카탈로그에 표시하여 시공해 사용검사승인을 받았는데 분양대금 82억 원을 받아간 사기분양을 하였다.

그런 후에 H건설은 토지 636.8㎡ 중에서 203㎡는 분할하여 제척해 한원광장이 편취하거나 매각하였다. 또한 433.8㎡는 한원광장 등이 사용과 출입을 하면서도 입주자들이 매년 재산세만 납부하게 하였다. 더구나 입주한 이후에는 입주자들이 636.8㎡를 사용과 출입을 못하는데도 H건설, 광진구청, 입주자대표 등은 분양 당시 속이고 만든 설계, 모형, 카탈로그를 보여주면서 그대로 시공하였는데 웬 사기분양이냐며 거짓주장하고 완전범죄로 은폐하였다. 이와 같이 H건설은 토지 636.8㎡에 대한 분양대금 82억 원(1세대 평균 1천8백만 원)을 받아가고 돌려주지 않았다.

광진구청은 토지 636.8㎡에 대하여 사기분양을 하도록 사업허가, 제척승인, 사용검사승인을 해주었다. 더구나 입주자대표 등은 입주자들의 이익을 전혀 대변하지 않고 완전범죄로 은폐할 목적으로 불필요한 고소, 고발, 수사, 재판을 유도하고, 변호사를 앞세워 거짓의 진술, 준비서면, 증거자료, 탄원서를 제출해 경찰, 검찰, 법원이 속아서 오판하도록 사법농단을 저지르며 사기분양한 토지 636.8㎡를 못 찾게 방해하였다.

그렇지만 비대위원장은 감사전문가로서 공공의 이익을 위해 10년이 지나도록 H건설, 광진구청, 입주자대표 등이 서로 공모해 사기분양을 한 것과 못 찾게 방해하는 것을 끈질기게 추적한 끝에 사기분양을 하여 완전범죄로 은폐한 수법을 모두 찾아냈다. 따라서 지금부터 조직적이며 악질적으로 은폐한 수법을 자세히 설명하고자 한다.

3. 조정 신청

비대위원장은 H건설이 토지 636.8 ㎡까지 포함하여 사용과 출입을 하도록 설계, 모형, 카탈로그에 표시해 분양하였는데, 그 토지 636.8 ㎡ 중에서 203 ㎡를 분할하여 제척해 한원광장이 편취하거나 매각한 것으로 알았다. 그리고 분양계약을 위반한 것을 은폐하기 위해 수직옹벽이 아닌 계단과 산책로를 시공한 것으로 알고서 조정신청을 하였다.

따라서 사업부지에서 203 ㎡를 분할하여 제척해 한원광장이 편취하거나 매각해 돌려주지 않은 것, 1404동 빌라의 뒤를 수직옹벽으로 시공하지 않은 것, 앞과 뒤의 화단거리가 10 m라며 설명하고 6 m로 시공한 것, 양진초교 앞을 2차선도로라며 설명하고 1차선으로 시공한 것, 정문 앞을 4차선도로라며 설명하고 3차선으로 시공한 것에 관해 조정신청을 하였다.

이에 앞서 비대위원장은 H건설이 분양계약을 위반해 입주자들에게 막대한 피해를 입힌 것임으로 찾아달라고 요구하였는데 입주자대표 등이 잘못이 없다며 차일피일 미루고 찾아주지 않았다. 하는 수 없이 비대위원장은 공공의 이익을 위해 개인적으로 대륙아주 조 대표변호사님(법원행정처장)에게 변론을 부탁해 2012.8.23. H건설과 한원광장을 상대로 서울중앙지방법원에 조정신청서를 제출하였다.

이때 비대위원장은 분양대금을 납부한 토지 203 ㎡를 불법으로 분할하여 제척해 한원광장이 편취하거나 매각된 것을 증명하면 이와 연계된 서쪽 펜스 밖의 경계까지 수직옹벽을 시공하지 않은 것, 화단면적 축소 시공, 도로축소 시공 등이 증명되기 때문에 조정신청을 하였다.

분양 당시 모델하우스에서 만난 박 소장은 비대위원장의 부부에게 모형과 카탈로그를 보여주면서 빌라의 주변 환경과 입지조건에 관해 질문한 것을 자세하게 답변해 주었다. 그런데도 의문이 풀리지 않으면 본사에 보관한 설계도까지 알아보고 상세히 답변해 주었기 때문에 비대위원장 부부에게 깊은 신뢰감을 심어 주었다.

그러나 박 소장은 분양 당시 설명했던 것과는 판이하게 달리 분양계약을 위반하여 빌라 뒤의 경계까지 수직옹벽을 시공하지 않고 경계 안쪽 4 m 지점에 계단과 산책로를 시공하였다. 또한 분양계약을 위반해 화단 면적을 현저하게 축소해 시공하였다. 따라서 비대위원장은 H건설에게 분양계약대로 수직옹벽으로 시정하고 불법 매각한 토지 203 ㎡를 돌려달라고 강력하게 요구하였다.

더구나 비대위원장은 분양계약을 위반해 서쪽 경계의 안쪽에 계단과 산책로를 시공한 것에 대하여 H건설에게 내용증명을 13회에 걸쳐 보냈다. 그리고 분양계약대로 수직옹벽으로 시정하고 산책로를 철거하라며 강력하게 요구하였는데 시정해 주지 않았다.

그런데도 박 소장은 2012.3.28. 사용검사승인 당시 계단을 2단 산벽으로 변경하고 산책로를 시정하지 않으며 그대로 방치하였다. 따라서 비대위원장은 H건설에게 분양계약대로 2단 산벽을 수직옹벽으로 시정하고 산책로를 철거하라며 내용증명을 지속적으로 보냈다. 그 후 H건설은 2012. 8월경 산책로만 철거하였고, 2단 산벽을 그대로 두면서 수직옹벽으로 시정하지 않으며 방치하였다.

그러나 H건설은 분양계약을 전혀 위반하지 않았다고 조정을 거부하였다. 당시 비대위원장은 203 ㎡를 분할하여 제척한 후에 경계로부터 펜스까지 433.8 ㎡가 불용토지로써 사용과 출입을 못하는 것을 몰랐기 때문에 2단 산벽을 서쪽 펜스 밖의 경계까지 수직옹벽으로 시정해 주었으면 서울중앙지방법원에 정식재판을 청구하지 않았다.

4. 민사재판을 청구

비대위원장은 분양계약 당시 박 소장이 모델하우스에서 강력히 권유한 대로 아파트는 입주하기 이전에 분양권 상태로 매각하고, 빌라는 입주하여 거주할 계획으로 2009.11.3. 빌라와 아파트에 대한 분양계약을 모두 체결하였다. 그러나 H건설은 1404동 빌라의 뒤쪽을 수직옹벽이 아닌 계단과 산책로로 시공하는 등 분양계획을 위반하여 누가 보아도 공정하지 못하게 확실히 사기분양을 하였다.

분양 당시 비대위원장은 빌라(1층)에 입주하면 발생할 프라이버시 침해 등의 사생활 방해를 우려하였기 때문에 당첨을 포기하려고 망설였다. 그때 나타난 박 소장은 그토록 확실하고 강력하게 빌라 주변에 관한 설계, 모형, 카탈로그를 보여주면서 1404동 빌라 뒤를 수직옹벽으로 시공할 것을 확언하며 장담하지 않았더라면 그 당시에 생각했던 대로 빌라의 당첨을 포기하고 아파트만 계약을 하였다.

그러나 박 소장은 당첨을 포기하려고 망설이는 비대위원장의 부부에게 온갖 감언이설로 설득하면서 분양계약을 체결하도록 만들어 놓았다. 그러나 입주 시기가 가까올 무렵부터 분양대금을 받아간 것과는 생판 다른 시공을 하고는 분양 당시 속이고 만든 설계, 모형, 카탈로그를 보여주면서 그대로 시공하였는데 웬 사기분양이냐며 거짓주장을 하는 것은 천인공노할 노릇이 아니고 무엇이겠는가?

비대위원장은 분양계약을 체결한 대로 서쪽 펜스 밖의 경계까지 수직옹벽을 시공하고, 분할해 제척한 토지 203 ㎡에 대한 손해배상을 하라고 강력하게 요구하면서 H건설, 광진구청, 입주자대표 등에게 수없이 내용증명을 보냈다. 그러나 모두 한통속이 되어 분양계약을 전혀 위반한 사실이 없다며 시정을 해주기는커녕 아무것도 책임지려고 하지 않고 회피하였다. 오히려 입주자대표 등(당시 입주예정자 모임)은 수직옹벽대신 계단과 산책로를 자신들이 시공해 달라고 요구하였다는 회피성 핑계를 대면서 눈 하나 깜짝이지 않고 거짓말을 늘어놓았다.

저들이 무엇으로 보나 분양계약을 명백하게 위반한 불법행위를 하면서 수직옹벽으로 시정해 주지 않았기 때문에 비대위원장은 빌라에 들어가 거주할 마음이 전혀 들지 않았다. 비대위원장은 빌라에 대한 분양계약을 해지하겠다는 뜻을 내용증명으로 H건설에게 통보하였고, 입주하기 이전에 분양권 상태로 매각하려고 계획했던 아파트(14층)로 2012.5.1. 이사하였다.

그러나 H건설은 비대위원장에게 분양계약의 해지통보를 받고 나서도 빌라에 대한 중도금을 이미 납부하였기 때문에 해지가 불가능하다는 핑계를 대면서 조정신청을 거부하였다. 비대위원장은 공공의 이익을 위해 하는 수 없이 서울중앙지방법원에 정식재판을 청구할 수밖에 없었다.

① 서울중앙지방법원 판결

비대위원장은 공공의 이익을 위하여 서쪽 펜스 밖의 경계까지 수직옹벽 미시공, 토지 203 ㎡를 분할하여 제척해 한원광장이 편취하거나 매각하는 등 사기분양한 것을 증명하기 위해 개인적으로 소송을 제기하여 서울중앙지방법원 민사 제19부에 배정되었다. 이때 비대위원장은 불용토지 433.8 ㎡를 끼워 팔기로 사기분양한 것에 관해 전혀 알지 못했다. 다만, H건설이 203 ㎡를 몰래 분할하여 제척한 후에 한원광장이 90 ㎡(427-21번지)를 편취하였고, 김○석에게 113 ㎡(427-22번지)를 558백만 원에 매각한 것만 알고 있었다.

따라서 H건설은 잘못을 솔직히 인정하고 1404동 빌라 뒤를 수직옹벽으로 시정하고 토지 203 ㎡를 사용과 출입을 할 수 있도록 해결하던지 또는 분양대금 27억 원을 돌려주어야 한다. 그래서 비대위원장은 203 ㎡가 사기분양된 것, 분양계약을 위반해 수직옹벽을 시공한 것을 증명하려고 하였다.

그러나 어찌된 일인지 서울중앙지방법원은 한원광장에게 203 ㎡ 중에서 69.3 ㎡만 손해배상책임이 있고, 1404동 빌라 뒤의 수직옹벽에 대하여는 손해배상책임을 인정하지 않고 잘못 판결하였다. 더구나 H건설에게는 손해배상책임이 전혀 없다고 잘못 판결하였다. 왜냐하면 서울중앙지방법원은 단순히 분양면적에서 등기면적을 차감한 69.3 ㎡만 한원광장에게 손해배상책임이 있다고 잘못 판결하였다. 이는 한원광장이 편취하거나 김○석에게 매각한 203 ㎡ 중에서 공부정리절차로 증가한 133.7 ㎡를 차감한 69.3 ㎡만 손해배상책임이 있다고 오판해 잘못 판결한 것이다.

그렇지만 비대위원장은 공부정리절차로 증가한 133.7 ㎡에다가 등기면적이 분양면적에 비해 부족한 69.3 ㎡를 더한 203 ㎡까지 한원광장과 H건설에게 공동으로 손해배상책임을 물어야만 정당하다고 판단하였다. 이와 같이 서울중앙지방법원은 203 ㎡를 선고하여야 정당함에도 69.3 ㎡만 선고함으로써 펜스가 경계에 올바로 시공하였다고 인정해 주었다. 따라서 비대위원장은 불법으로 매각한 203 ㎡를 인정받기 위해 서울고등법원에 항소를 제기할 수밖에 없었다.

② 서울고등법원 판결

서울고등법원은 H건설이 사업부지에서 분할하여 제척한 토지 203 ㎡ 중에서 한원광장이 편취한 90 ㎡(427-21번지)와 김○석에게 558백만원에 매각한 113 ㎡(427-22번지)를 집중적으로 심리하였다. 왜냐하면 입주자들이 분양대금 27억 원을 납부하였음에도 H건설은 203 ㎡를 분할하여 제척한 매각채무를 전혀 이행하지 않았기 때문이다.

그런데도 서울고등법원은 2015.2.10. 한원광장에게 토지 203 ㎡에 대하여 손해배상책임이 있지만, H건설에는 손해배상책임이 전혀 없다고 또다시 잘못 판결을 하였다. 그러나 서울중앙지방법원이 69.3 ㎡만 인정한 판결에 비하면 203 ㎡를 인정한 것만으로도 입주자들에게 매우 중요한 의미를 제공한 판결인 것이다.

왜냐하면 서울고등법원은 203 ㎡에 대하여 손해배상책임이 있다고 판결한 근거가 203 ㎡에 대한 위치를 정확하게 지적해 준 것이다. 즉 203 ㎡는 한원광장이 편취한 90 ㎡(427-21번지)와 김○석에게 558백만원에 매각한 113 ㎡(427-22번지)라고 확실히 명시해 주었기 때문에 아파트의 경계가 203 ㎡까지 명확하게 증명해 주었다.

이 판결로 인해 203 ㎡를 분할하여 제척한 후의 경계로부터 펜스까지 불용토지 433.8 ㎡가 한원광장과 김○석이 사용과 출입을 하도록 경계 안쪽 4 m 지점에 펜스를 시공함으로써 입주자들은 사용과 출입을 못하면서 매년 재산세만 납부하는 것을 명확히 확인하였기 때문에 636.8 ㎡가 사기분양된 것을 증명할 수 있게 되었다.

이와 같이 서울고등법원의 판결로 인해 H건설은 분양 당시 고의로 636.8 ㎡를 사용과 출입을 하지 못하게 빼고 펜스를 시공하도록 설계, 모형, 카탈로그에 표시해 공지하였고, 그대로 시공하여 사용검사승인을 받았음에도 분양대금 82억 원을 받아가는 사기분양을 하였다. 이는 H건설이 2009.10.12. H아파트를 분양하고자 2007.11.14. 대한지적공사에서 측량하였는데 161 ㎡를 나○용(427번지 20,594 ㎡ 중 48 ㎡) 및 김○석(427-8번지 1,867 ㎡ 중 113 ㎡)이 불법 점유한 것을 확인하였다. 그런데도 161 ㎡를 원상복구하지 않고, 고의로 636.8 ㎡까지 사용과 출입을 하지 못하게 빼고 설계해 시공한 후에 끼워 팔기로 매각할 계획을 하면서 분양대금 82억 원을 받아가는 사기분양을 한데 기인한다.

이와 같이 H건설은 2007.11.14. 사업부지 2필지에서 161 ㎡가 사용과 출입을 하지 못하게 빼고 펜스를 설치해 불법 점유한 것을 알고 있었다. 그런데도 2009.10.12. 분양하면서 161 ㎡를 원상복구하지 않고, 고의로 472.8 ㎡를 추가한 636.8 ㎡까지 사용과 출입을 하지 못하게 빼고 설계, 모형, 카탈로그에 표시하여 시공하고 사용검사승인을 받은 것이다. 이러한 수법으로 입주자들에게 토지 636.8 ㎡에 대한 분양대금 82억 원을 받아간 것이다.

더구나 사기분양한 636.8 ㎡ 중에서 203 ㎡는 한원광장이 편취하거나 김○석에게 매각하였고, 433.8 ㎡는 한원광장과 김○석이 사용과 출입을 하도록 203 ㎡를 분할하여 제척한 후의 경계 안쪽 4 m 지점에 펜스를 시공하는 끼워 팔기의 수법으로 사기분양을 하여 완전범죄로 영원히 은폐하려고 한 것을 확실히 증명하였다.

③ 대법원 판결

비대위원장은 입주자대표 등이 불법선거로 승계하고 정보전달수단을 완전히 통제하며 분양대금 82억 원을 납부한 토지 636.8 ㎡를 찾아주지 않았기 때문에 공공의 이익을 위하여 사기분양한 것을 증명하고자 개인적으로 소송을 제기하였다. 그리고 서울고등법원은 2015.2.10. 203 ㎡에 대하여 사기분양을 하였다고 판결하였다.

이를 근거로 대한지적공사에서 측량하여 203 ㎡를 분할하여 제척한 후의 경계부터 펜스까지 불용토지 433.8 ㎡가 입주자들의 소유라는 것을 확인하였다. 이와 같이 비대위원장은 분양대금 82억 원을 납부한 서쪽 경계 펜스 밖의 토지 636.8 ㎡를 사용과 출입을 못하는 것을 확실히 증명하였다.

그런데도 한원광장은 서울고등법원이 203 ㎡에 대해 손해배상을 하라는 판결을 인정하지 않고 대법원에 상고하였다. 왜냐하면 한원광장은 대표이사 고○현이 배임죄로 형사재판을 받고 있었으므로 상고하여 재판을 유리하게 이끌려는 꼼수를 부렸기 때문이다. 서울중앙지방법원에서 69.3 ㎡만 손해배상책임이 있다고 인정한 것을 서울고등법원에서 203 ㎡를 인정하였기 때문에 형사재판에서 고의가 아니라고 서울고등법원의 판결을 부인하며 주장해 무죄를 선고받고자 상고하였다.

그러나 대법원은 2015.6.23. 서울고등법원에서 203 ㎡에 대한 손해배상책임을 인정한 판결이 정당하다고 기각하였다. 따라서 서울고등법원은 H건설에 대하여도 203 ㎡에 대한 손해배상책임을 인정하는 판결을 하였어야 한다. 왜냐하면 H건설은 분양 당시 토지 623.8 ㎡를 사용과 출입을 하지 못하게 빼고 설계, 모형, 카탈로그에 표시하여 시공하고 사용검사 승인을 받았는데도 분양대금 82억 원을 받아갔다. 그리고 토지 623.8 ㎡ 중에서 203 ㎡를 분할하여 제척한 후에 한원광장이 편취하거나 매각하였고, 433.8 ㎡를 한원광장 등이 사용과 출입을 하도록 끼워 팔기의 수법으로 사기분양을 하였기 때문이다.

이에 반해 입주자대표 등은 형식적으로 H건설과 한원광장을 고소한 후에 경찰과 검찰의 수사과정에서 분양 당시 고의로 사기분양한 토지 636.8 ㎡를 사용과 출입을 하지 못하게 빼고 설계하여 시공하였는데 분양대금 82억 원을 받아간 중대한 위법행위에 관해 전혀 진술하지 않았고, 법정에도 출석하지 않으며 소극적으로 대처하였다.

이와 같이 입주자대표 등은 사기분양한 토지 636.8 ㎡를 찾는다며 형식적으로 고소한 후에 중대한 위법행위에 대하여 진술하지 않고 입주자들의 이익을 대변하지 않았기 때문에 H건설에게 무혐의 처분을 받게 하였고, 한원광장에게 기소된 형사재판(1심 및 2심)마저도 무죄로 선고받게 하였다.

결론적으로 H건설은 입주자들에게 분양대금 82억 원을 받아간 토지 636.8 ㎡를 돌려주지 않았고, 203 ㎡를 매각하거나 433.8 ㎡를 사용과 출입을 못하면서 매년 재산세만 납부하게 하였다. 따라서 입주자들은 H건설과 한원광장이 악질적인 사기분양을 하고도 사법농단으로 무혐의 및 무죄를 선고받았으므로 사법당국을 전혀 신뢰하지 않는다.

5. 토지 636.8 ㎡가 사기분양된 것을 확실하게 증명

비대위원장은 대륙아주 조 대표변호사님(법원행정처장)의 변론으로 인해 사기분양한 서쪽 경계 펜스 밖의 203 ㎡가 입주자들의 소유라는 것을 2015.2.10. 서울고등법원에서 명확하게 판결을 받았다(대법원에서 2015.6.23. 확정). 이를 근거로 대한지적공사에서 측량하여 203 ㎡를 분할하여 제척한 후의 경계부터 펜스까지 433.8 ㎡가 불용토지인데 아파트의 소유라는 것을 확실히 증명하였다. 따라서 433.8 ㎡를 포함한 서쪽 펜스 밖의 경계까지 사용과 출입을 하도록 수직옹벽을 시공하여야 함에도 분양계약을 위반해 203 ㎡를 분할하여 제척한 후의 경계 안쪽 4 m 지점에 고의로 2단 계단을 시공한 것을 증명하였다.

따라서 H건설은 분양 당시 토지 636.8 ㎡에 대한 분양대금 82억 원을 받아 가면 절대로 안 되는 것이다. 설령 받아 갔으면 펜스를 사용과 출입을 하도록 경계에 시공하여야 한다. 이와 같이 H건설은 악질적인 수법으로 완전범죄를 노리고 사기분양을 한 후에도 입주자들에게 토지 636.8 ㎡를 사용과 출입을 하지 못하도록 돌려주지 않거나 또는 분양대금 82억 원을 환불하지 않으면서 막대한 피해를 입혔다.

비대위원장은 입주 초기에 토지 203 ㎡를 찾고, 1404동 빌라 뒤를 수직옹벽으로 시공하여야 한다고 입주자대표 등에게 강력하게 요구하였다. 그러나 입주자대표 등은 토지 636.8 ㎡를 못 찾게 방해할 목적으로 분양 당시 고의로 속이고 만든 설계, 모형, 카탈로그를 보여주면서 그대로 시공하였는데 웬 사기분양이냐며 H건설의 거짓주장만 대변하였다.

그리고 H건설 및 광진구청과 서로 공조해 못 찾게 방해하면서 정보전달수단을 완전히 통제하며 속이고 입주자들에게 진실을 전혀 알려주지 않았다. 이때 입주자대표 등은 비대위원장이 진솔하게 조언한대로 사기분양한 서쪽 경계 펜스 밖의 토지 636.8 ㎡를 찾아주고 빌라 뒤를 수직옹벽으로 시정하였으면 문제가 해결되어 확대되지 않았다.

더구나 비대위원장은 공공의 이익을 위해 636.8 ㎡가 사기분양된 것을 입증하고자 개인적으로 2015.2.10. 서울고등법원에서 판결을 받고(대법원에서 2015.6.23. 확정), 대한지적공사에서 측량하여 사기분양된 것을 이미 증명하지 않았던가? 또한 1404동 빌라 뒤를 분양계약대로 수직옹벽을 펜스 밖의 경계까지 시공해야 한다는 것을 증명하였음에도 입주자대표 등은 진실이 계속 밝혀질까 두려워 2015.7.18. 비대위원장을 다음카페에서 강제로 퇴출시키고 악질적이며 조직적으로 636.8 ㎡를 못 찾게 방해하였다. 만약, 입주자대표 등은 2015.2.10. 서울고등법원의 판결 이후에라도 잘못을 솔직하게 인정하고 찾아주었으면 어떠한 분쟁도 없었고, 사이좋고 화목한 이웃으로 함께 생활할 수 있었다.

결론적으로 입주자대표 등은 사기분양, 하자보수, 관리비리 등을 은폐할 목적으로 분양 당시부터 다음 카페를 개설하여 입주자들을 감쪽같이 속였다. 서울고등법원의 판결 이후에도 토지 636.8 ㎡를 못 찾게 방해할 목적으로 불법선거로 계속 승계하였고, 정보전달수단을 완전히 통제하며 온갖 위법행위와 갑질을 저질러 입주자들에게 막대한 피해를 입혔다.

이와 같이 입주자대표 등이 사기분양을 전혀 안했다고 속였기 때문에 비대위원장은 2015.2.10. 서울고등법원에서 판결을 받고 대한지적공사에서 측량하여 토지 636.8㎡가 사기분양된 것과 1404동 빌라 뒤를 경계까지 수직옹벽으로 설치해야 하는 것을 확실하게 증명하였다.

그러나 입주자대표 등은 2015.2.10. 이후에 불필요한 고소, 고발, 수사, 재판을 야기하고, 변호사를 앞세워 거짓의 진술, 준비서면, 증거자료, 탄원서를 제출해 경찰, 검찰, 법원을 감쪽같이 속이고 조직적인 사법농단을 저질러 사기분양한 토지 636.8㎡를 완전범죄로 은폐하며 못 찾게 방해한 모든 책임이 입주자대표 등에게 있다.

6. 입주자대표 등이 대법원의 판결 이후에도 못 찾게 방해

비대위원장은 2015.2.10. 서울고등법원에서 판결을 받고(대법원에서 2015.6.23. 확정), 대한지적공사에서 측량하여 토지 636.8㎡가 사기분양된 것을 확실히 증명하였지만 H건설이 사기분양을 하였다는 것을 증명하지 못했다. 왜냐하면 서울고법에서 203㎡를 한원광장에게만 인정하고 H건설에는 중대한 오판으로 인해 인정하지 않았기 때문이다.

H건설은 한원광장의 지분을 19.9% 소유한 2대 대주주(H증권을 포함하면 38.9%임)이며 시공사이고 공동사업주체이다. 더구나 분양 당시 사기분양한 토지 636.8㎡를 사용과 출입을 하지 못하게 빼고 설계, 모형, 카탈로그에 표시하여 공지해 시공하였음에도 분양대금 82억 원을 받아가는 악질적인 사기분양을 하였다.

그런 후에 H건설이 토지 636.8㎡를 사용과 출입을 하지 못하게 펜스를 경계 안쪽 4m 지점에 시공하지 않았으면 한원광장은 203㎡를 분할하여 제척해 90㎡를 편취하거나 113㎡를 김○석에게 558백만 원에 매각할 수 없었다. 또한 433.8㎡를 한원광장과 김○석이 사용과 출입을 하도록 끼워 팔기의 수법으로 사기분양을 할 수 없었다. 그리고 H건설은 김○석에게 토지 113㎡를 매각한 대금을 배당금으로 수령할 수도 없었다. 이와 같이 H건설은 불법으로 토지 636.8 ㎡를 사용과 출입을 하지 못하게 시공하면서 한원광장과 함께 사기분양을 하였기 때문에 한원광장과 연대책임을 반드시 지어야만 한다.

비대위원장은 입주자대표 등에게 토지 636.8 ㎡를 찾아달라고 요구하였음에도 못 찾게 조직적으로 방해하였다. 오히려 위법행위를 저질러 악질적인 사법농단까지 저질렀다. 이러한 사실을 입주자들도 알아야 한다고 생각한 비대위원장은 공공의 이익을 위해 다음 카페에서 사기분양한 토지 636.8 ㎡를 찾아야 한다고 알려주었다.

그 사실을 알게 된 입주자대표 등은 알려주지 못하게 비대위원장을 2016.7.18. 다음 카페에서 강제로 퇴출시켰다. 그리고 온갖 인신공격과 날조된 유언비어를 퍼트리며 명예훼손을 하였다고 몰아 세웠다. 그것도 모자라 정보전달수단을 완전히 통제하고 불법선거로 승계하면서 악질적인 위법행위를 저질러 사기분양한 토지 636.8 ㎡를 못 찾게 다음과 같이 계획적이며 조직적으로 방해까지 하였다.

『비대위원장이 공공의 이익을 위해 사기분양한 토지 636.8 ㎡를 찾기 위한 목적으로 엘리베이터와 게시판에 공지하거나 우편함에 안내문을 넣어두면 경비원이 CCTV를 지켜보고 있다가 즉시 철거하거나 회수당하기 일쑤였다. 입주자대표 등에게 공지문과 안내문을 철거하거나 회수하지 말라고 항의하면 무조건 무시하고 들은 척도 하지 않았다. 관리소장에게 토지 636.8 ㎡를 찾는 안내방송을 해달라고 요청하면 방송장비를 감추거나 고장 났다며 방송을 못하게 하였다. 인터폰으로 입주자들에게 연락하려고 해도 불통되도록 차단하였으며, 커뮤니티센터에서 입주자총회를 하려고 하면 출입문을 잠가 버렸다. 커뮤니티센터의 사용료를 납부하고 입주자총회를 하려고 하여도 연락을 하지 못하게 방해하였고, 어렵게 입주자총회를 개최하여도 집단적인 의사진행발언으로 총회 진행을 어렵게 만들었다. 입주자들에게 사기분양한 636.8 ㎡를 함께 찾자는 현수막을 아파트 단지에 달아놓으면 철거하였고, 헬스장 및 골프연습장 등에서 안내문을 돌리면 집단적으로 달려들어 빼앗아 갔다.』

그리고 『관리소장, 직원, 경비원을 수시로 교체해 사기분양을 알지 못하게 숨겼으며, 사기분양한 636.8㎡를 찾는 것조차 철저히 은폐하였다. 입주자총회를 개최하는 커뮤니티센터의 사용료까지 받았고, 경비원이 CCTV로 비대위원의 동태를 파악하며 단체모임을 못하게 방해하였다. 비대위원이 세대를 방문하기 위해 인터폰을 누르면 작동이 안 되게 차단까지 했다. 입주자대표 등은 다음 카페에서 아이디를 바꾸어 가면서 진실을 거짓으로 은폐하였고, 아파트의 정보전달수단을 완전히 통제하고 사기분양한 636.8㎡를 찾아야 한다는 것을 입주한 2012.3.30. 이후로 단 한 번도 알려주지 않으며 속였다. 입주자들의 편에 서서 입주자들의 이익을 대변할 입주자대표 등이 입주자들 스스로 의사결정을 할 수 없도록 온갖 위법행위와 갑질을 서슴지 않고 악질적으로 방해하였다.』

또한 『입주자대표 등은 비대위원장에게 "밤길 다닐 때 조심하고 가족들 역시 조심시키라"고 공갈 협박하거나 "청량리 정신병원에 가서 치료나 받지 그러느냐"며 막말을 일삼았다. 험악하고 흉물스런 문신사진 등을 문자로 보내면서 위협하였고, 전화를 걸어 말로 담기 어려운 폭언을 해서 겁에 질리게 만들기도 했다. 야밤에 수도 없이 집에 찾아와 얼굴을 손바닥으로 가리고 인터폰에 얼굴을 비추면서 문을 열라며 협박하기도 하였다. 어디 그뿐이었겠는가? 민 · 형사사건과 관련한 재판이 열리는 법정에 집단으로 몰려와서 비대위원장을 위한 증언을 방해하였으며, 법정에서 몰래 녹음하고 소란을 피워 경고와 퇴장명령을 수없이 받는 등 재판을 고의로 방해하였다. 비대위원장의 법정출두를 막기 위해 위협과 협박을 일삼았고, 아무런 잘못이 없는 비대위원장을 광진경찰서에 수없이 고소해 수사와 조사를 받고 법정에 출석하도록 이웃을 악질적으로 괴롭혔다. 그리고 입주자대표 등에게 아파트의 서쪽 경계를 확실히 표시해 달라고 부탁하면 소란을 피우며 업무방해를 한다고 광진경찰서에 신고하였다. 비대위원장이 관리소장에게 사기분양한 토지 636.8㎡를 같이 찾자고 제안하면 뜨거운 물을 뿌리면서 관리사무소 밖으로 밀어내고는 되레 자신을 폭행하였다며 광진경찰서에 고소까지 하였다.』

더구나 『비대위원장이 636.8㎡를 찾기 위해 입주자대표 등의 임기가 2016.6.21. 만료된 직후, 2016.6.26. 게시판과 엘리베이터 공지에 선거홍보물을 부착하자 입주자대표 등이 무단 철거해 방해하고도, 오히려 비대위원장이 협박을 하였다고 광진경찰서에 고소하였다. 비대위원이 불법선거한 선거인명부 등 관리서류를 열람하려고 신청하면 전혀 보여주지 않았고, 비대위원이 636.8㎡를 찾자는 유인물을 배포하면 집단으로 위협하고 포위하면서 돌리지 못하게 방해하였다. 아파트 정보전달수단을 통제하고 입주자들에게 636.8㎡를 찾아야 한다는 것을 입주한 2012.3.30. 이후로 단 한 번도 알려주지 않으며 속였고, 입주자대표회장이 더 이상 거짓으로 입주자들을 속이는 것이 불가능하게 되자 후환이 두려웠던지 몰래 이사를 갔다. 이사한 뒤에도 주소를 숨기고 회사주소로 비대위원장을 고소하며 법정까지 찾아와 괴롭혔고, 법정에서 불법 녹음을 하다가 여러 차례 붙잡혔으며, 관리소장에게 636.8㎡를 찾자고 하면 묵묵부답으로 무조건 뭉갰다. 입주자대표 등에게 수없이 636.8㎡를 찾자며 내용증명을 보냈음에도 수취거절하며 단 한 번의 회신조차 없었고, 비대위원장이 '더사모 카페'에서 사기분양한 636.8㎡를 찾자고 호소하며 회신을 요구하여도 묵묵부답이었다. 입주자대표 등은 함께 더불어 살아갈 이웃 입주자들에게 절대로 해서는 안 될 악질적인 위법행위와 파렴치한 갑질을 일삼았고, 공갈협박을 서슴지 않으며 사기분양한 636.8㎡를 못 찾게 조직적으로 방해하고 완전범죄를 노리며 영원히 은폐하였다.』

제3부

H건설이 못 찾게 방해

1. H건설이 못 찾게 방해

H건설은 H아파트를 건축한 시공사이며 한원광장의 2대 주주로서 분양 업무, 자금관리, 분양광고, 홍보업무, 지급보증, 청산업무 등 실질적인 핵심 업무를 수행하는 공동사업주체이다. 반면에 한원광장은 H아파트를 건축하기 위해 일시적으로 설립된 Paper Company에 불과한 시행사이다.

H그룹은 H건설을 2011.3.31. H자동차그룹에 대주주 지분을 매각하였는데, 이때까지 한원광장의 지분을 H건설이 19.9%, H증권이 19%를 소유해 H아파트를 건축하여 발생한 이익을 배당금으로 회수해 갔다. 따라서 한원광장이 잘못하여 손해배상책임이 발생하면 H건설에도 당연히 연대하여 손해배상책임이 있다.

H건설은 분양 당시 서쪽 경계 펜스 밖의 토지 636.8 ㎡를 사용과 출입을 하지 못하게 빼고 설계, 모형, 카탈로그에 표시하여 시공하고 사용검사승인을 받았는데 분양대금 82억 원을 고스란히 받아갔다. 또한 1404동 빌라 뒤를 수직옹벽으로 시공하여야 함에도 사기분양한 것을 은폐할 목적으로 분양계약을 위반해 계단과 산책로를 시공하였다. 그런데도 분양계약을 전혀 위반하지 않았다고 거짓주장만 하였다.

입주자대표 등(입주예정자 모임)은 분양 당시 모델하우스에서 수분양자를 상대로 커피와 음료수를 대접하면서 똘똘 뭉쳐 부실공사를 막자며 다음 카페의 회원을 모집하였다. 분양계약 당시 다음 카페의 활동을 통해 가입한 회원들의 신분과 연락처, 불만사항 등을 수집하며 관리하면서도 자신의 아이디만 알려주고 성명, 연락처를 알려주지 않았다.

더구나 입주자대표 등은 수분양자들에게 다음 카페에 가입하여 H건설의 부실공사를 방지하자고 제안하며 회원들을 모집한 것이 마치 수분양자들을 위해 성실히 봉사하는 것처럼 위장하면서 열심히 홍보에 주력하였다. 그리고 아파트에 입주한 2012.3.30. 이후에도 입주자대표 등이 수분양자들을 위해 다음 카페 등의 정보전달수단에서 열심히 봉사하는 것처럼 보이도록 함으로써 입주자들은 아무런 의심 없이 그들을 선량한 봉사자로 알고 자연스럽게 선출해 주었다.

그러나 입주자대표 등은 공공의 이익을 위해 사기분양한 서쪽 경계 펜스 밖의 토지 636.8 ㎡를 찾아야 한다는 사실을 입주한 2012.3.30. 이후로 단 한 번도 알려주지 않았다. 그리고 H건설을 찾아가 항의하거나 찾아주려는 어떠한 단체행동을 전혀 실행하지 않았다. 이와 같이 소극적으로 대처한 것만 보더라도 이들이 H건설의 이익을 위해 얼마나 음성적인 방법으로 비리를 은폐하였는지 확실하게 증명한다.

입주자들의 이익을 대변하기 위한 공식기구로 선출된 입주자대표 등은 모든 법적권한과 보호를 받을 수 있다. 그러나 이들은 마치 입주자들의 이익을 위해 적극적으로 대변하는 것처럼 위장하면서 아파트의 정보전달수단을 완전히 통제하고 실제로는 H건설의 사기분양, 부실시공, 관리비리 등[8]을 은폐하는 것에만 열정적이었다.

특히, 입주자대표 등은 분양 당시 속이고 만든 설계, 모형, 카탈로그를 보여주면서 그대로 시공하였는데 웬 사기분양이냐며 거짓주장만 하였다. 더구나 등기면적이 분양면적보다 69.3 ㎡가 적다는 것을 밝혀내자 세대별로 보면 소수점 이하이므로 정산하지 않는다고 속였다. 사업부지에서 203 ㎡를 분할하여 제척해 한원광장이 90 ㎡를 편취하였거나 김○석에게 113 ㎡를 매각한 것을 찾아내자 소송을 제기하여 찾자며 유도하고 입주자들에게 모든 권리를 위임받았다.

그런 후에 소송을 진행하면서 법정에 제대로 참석하지 않았고, 고의로 악질적인 위법행위를 저지른 것을 지적하지 않았다. 이로 인해 서울동부

8) '아파트 비리'라고 함은 아파트의 사기분양, 부실시공, 관리업무를 수행하는 과정에서 발생하는 모든 비리를 말한다. 사기분양은 아파트를 분양할 때 토지 636.8 ㎡를 사용과 출입을 하지 못하게 빼고 설계, 모형, 카탈로그에 표시하여 시공하였는데 분양대금 82억 원을 받아간 것을 말한다. 하자보수는 설계, 모형, 카탈로그에 표시해 놓고 실제로 시공하지 않았거나 생활편의상 시공을 해 주어야 함에도 공사를 하지 않았는데 하자보수를 해 주지 않은 것을 말한다. 관리비리는 입주자대표 등이 입주자들의 이익을 대변하지 않고 불법선거로 계속 승계하면서 정보전달수단을 완전히 통제하고 위법행위와 갑질을 저질러 입주자들에게 막대한 피해를 입히는 것을 말한다.

지방법원은 토지 636.8 ㎡ 중에서 69.3 ㎡만 손해배상책임이 있다고 잘못 판결을 하였음에도 기다렸다는 듯이 박수부대를 동원해 일사천리로 조직적인 방해를 하면서 항소를 포기하였다.

이처럼 H건설은 사기분양한 서쪽 경계 펜스 밖의 토지 636.8 ㎡를 완전범죄로 영원히 은폐하기 위해 진실을 속이고 유리한 재판을 진행한 반면에, 입주자대표 등은 입주자들의 이익을 전혀 대변하지 않고 중대한 위법행위를 지적하지 않으면서 형식적으로 재판을 진행하였다. 더구나 입주자대표 등은 서울동부지방법원이 사기분양한 토지 636.8 ㎡ 중에서 69.3 ㎡만 인정하는 잘못된 판결을 하였음에도 고의로 항소를 포기할 목적으로 입주자들에게 진실을 전혀 알려주지 않고 박수부대를 동원해 일사천리로 통과시켜 막대한 피해를 입혔다.

그리고 입주자대표 등은 입주자들이 스스로 항소를 포기한 것이라고 뻔뻔스럽게 속이며 모든 책임을 전가하였다. 또한 항소 포기를 항의하는 입주자들에게 밤길을 조심하라는 으름장을 놓는 등 공갈협박을 하였다. 이러한 악질적인 수법으로 토지 636.8 ㎡ 중에서 69.3 ㎡만 찾아주었음에도 변호사에게 승소사례금까지 지급하고 자신들의 공로라며 과대 선전한 반면에 사기분양한 토지 636.8 ㎡를 회수하지 못하게 정보전달수단을 완전히 통제하고 진실을 은폐하였다.

이와 같이 입주자대표 등은 H건설의 이익을 적극적으로 대변하며 악질적이고 조직적으로 각자의 역할을 분담하면서 은밀하게 완전범죄를 시도하였다. 이렇기 때문에 입주자들이 사기분양한 것을 발견하기가 매우 어려운 것이 사실이다. 설령 개인적으로 분양계약에 대한 위법사실을 발견하여 다음 카페를 통해 알리더라도 입주자대표 등이 조직적이며 집단적으로 댓글을 달아 사기분양한 것이 아니라고 적극적으로 부인하였다. 그래도 분분한 의견이 가라앉지 않으면 다음 카페에 글과 댓들을 올려 대처하지 못하게 차단하고 강제로 퇴출시켰다.

2. 관리소장이 못 찾게 방해

H건설은 입주자들이 2012.3.30. H아파트에 입주하기 이전부터 이미 위탁관리회사를 국제경보산업(주)[9]으로 선정하여 입주자들이 이사를 올 것을 대비하였다. 그리고 관리소장을 국제경보산업(주)에서 파견을 받아 입주할 모든 준비를 하였다. 관리소장은 H건설의 계열사에서 근무하다가 퇴직하고 국제경보산업(주)에 입사하였다.

따라서 관리소장은 H건설이 분양 당시 설계, 모형, 카탈로그에 토지 636.8 ㎡를 사용과 출입을 하지 못하게 빼고 표시하여 시공하고 사용검사승인을 받았음에도 분양대금 82억 원을 챙겨간 것을 잘 알고 있다. 또한 토지 636.8 ㎡ 중에서 203 ㎡는 분할하여 제척해 90 ㎡를 한원광장이 편취하였고, 113 ㎡를 김○석에게 558백만 원에 매각하였다. 그리고 433.8 ㎡는 한원광장과 김○석이 사용과 출입을 하도록 203 ㎡를 분할하여 제척한 후의 경계 안쪽 4 m 지점에 펜스를 시공해 입주자들이 사용과 출입을 하지 못하면서 매년 재산세만 납부하게 끼워 팔기의 수법으로 악질적인 사기분양을 한 것도 잘 알고 있다.

더구나 광진구청이 636.8 ㎡를 사기분양한 것을 묵인하며 사업허가, 제척승인, 사용검사승인을 해 주었고 입주자들은 사기분양한 것을 모르고 2012.3.30. 입주를 시작하였다. 관리소장은 H건설의 계열사에 근무하였는데 퇴직하고 관리사무소에서 근무하였다. 그리고 관리소장은 입주자들이 입주 시에 작성하여 관리사무소에서 보관하며 관리하고 있는 입주자카드를 보면서 입주자들의 신상정보를 자세하게 파악하였다.

또한 관리소장은 사기분양, 하자보수, 관리비리 등을 은폐할 목적으로 입주자들의 신상정보를 필요하면 언제든지 참고자료로 사용하였다. 더구

9) 국제경보산업(주)은 H건설 및 계열사의 퇴직자로 구성된 아파트 관리용역업체인데 H아파트의 입주 당시부터 관리업무를 수행하였다. 그러나 H건설의 사기분양, 하자보수를 해결하여 주어야 함에도 입주자들의 이익을 전혀 대변하지 않고 H건설의 이익만 대변하였다.

나 입주자들에게 정보 고지의 의무가 있음에도 불구하고 정보전달수단을 완전히 통제하고 사기분양한 서쪽 경계 펜스 밖의 토지 636.8 ㎡를 찾아야 한다는 진실을 전혀 알려주지 않고 은폐하였다.

그리고 관리소장은 입주자들이 2012.3.30. 입주한 이후에 최우선으로 분양 당시 다음 카페에서 열심히 활동한 입주예정자 모임을 중심으로 선거관리위원 3명을 위촉하여 선거관리위원회를 구성하였다. 다음에는 입주예정자 모임을 주축으로 입주자대표 5명을 선출해 입주자대표회의를 구성하였다. 그 이후에는 입주예정자 모임에서 회원을 위촉하여 봉사회를 구성하였다, 그런 다음에 관리소장은 정보전달수단을 완전히 통제하고 입주자대표 등과 함께 사기분양한 서쪽 경계 펜스 밖의 토지 636.8 ㎡를 못 찾게 조직적으로 방해하였다.

더구나 사기분양한 토지 636.8 ㎡를 찾아주려는 비대위원장을 참여하지 못하게 막고 입주자대표 등에게 형식적으로 민 · 형사재판을 유도한 후에 이들을 대신해 재판에 참석하며 H건설의 이익을 대변하는데 앞장섰다. 그리고 담당변호사의 사무실을 수시로 찾아가 재판진행에 관해 협의를 하였다. 법원에 제출할 준비서면작성을 하는데도 비대위원장이 의견조차 낼 수 없게 차단하고 입주자들의 이익을 전혀 대변하지 않았기 때문에 재판에서 패소할 수밖에 없었다.

또한 관리소장은 입주자들에게 관리업무에 관해 투명하게 공개하지 않았다. 중요한 정보열람을 거부하며 진실을 은폐하였고, 불법선거한 선거인명부를 검증해 주지 않았다. 입주자들은 위임장에 55%가 서명해 비대위원장에게 회계감사를 받으라고 명령하였음에도 관리소장이 완강히 거부하며 회계감사를 받지 않았다. 그리고 사기분양한 토지 636.8 ㎡를 찾기 위한 민 · 형사재판과 관련된 모든 관리서류를 전혀 보여주지 않고 636.8 ㎡를 못 찾게 조직적으로 방해하였다.

이에 더하여 관리소장은 입주자대표회의를 밀실에서 몰래 개최해 입주자들이 전혀 알 수 없도록 진실을 완전히 숨겼고, 입주자들이 입주자대표회의에 참관하지 못하도록 커뮤니티센터에서 개최하지 않았다. H건설이 입주초기에 관리규약을 입주자들의 이익을 대변하지 못하도록 잘못 만들었음에도 전혀 개정하지 않았고, 입주자들이 합리적으로 개정하여 달라고 요구하였는데 계속 미루며 회피하고 들어주지 않았다.

또한 관리소장은 주로 직원들이 없는 밀실에서 수시로 입주자대표 등과 H건설에 연락을 취하면서 사기분양한 토지 636.8 ㎡를 못 찾게 방해하는 대책을 강구하였다. 직원들이 알지 못하도록 관리서류를 직접 보관관리하며 챙겼고, 공개해 주지 않았으며, 입주자들이 관리서류에 대한 열람을 요청하면 교묘히 거부하고 보여주지 않았다.

그러나 비대위원장은 금융감독원에서 약 40년간 감사업무를 수행하다 국장으로 정년퇴직한 고도의 감사전문가였다. 따라서 그간의 노하우와 경험을 살려서 합법적이며 효율적인 방법으로 공정하며 능동적으로 대처하여야 한다고 판단하였다. 때문에 사기분양과 관련된 증거자료를 효율적으로 확보하고 입주자들의 이익을 성실히 대변하며 사기분양한 토지 636.8 ㎡를 찾기 위해 적극적으로 대처하였다.

H건설은 H아파트를 제외한 다른 재판에서 모두 승소하였다. 왜냐하면 입주자대표 등과 공조해 관리소장을 수시로 교체하며 잘못한 것을 완전범죄로 영원히 은폐하였고, 관리소장이 입주자대표 등과 서로 협의해 정보전달수단을 완전히 통제하면서 계획적 지능적 조직적으로 입주자들을 감쪽같이 속였기 때문에 가능했다.

이와 같은 수법으로 이들은 관리소장을 14명이나 교체하면서도 악질적이며 조직적인 수법을 동원해 완전범죄로 은폐하려고 실행하였다. 또한 입주자대표 등은 사기분양, 하자보수, 관리비리 등을 완전범죄로 은폐하는데 서로 공조를 하였다. 그중에서 악질적인 위법행위를 저질러 입주자들에게 막대한 피해를 입힌 관리소장 중에는 최○현, 윤○형, 양○윤, 최○철, 임○화 등이 있다. 이들은 입주자들에게 거짓이 더 이상 통하지 않기 때문에 잘못을 계속 속일 수 없고 관리비리에 대한 책임을 물으려는 것을 알고서 스스로 사퇴하였다.

그리고 현재 근무하고 있는 관리소장 서○태는 전임 관리소장들처럼 불법선거로 승계한 입주자대표 등과 서로 공조해 정보전달수단을 완전히 통제하고 관리서류의 열람 및 공개를 적절히 차단하면서 진실을 알려주지 않았다. 또한 사기분양, 하자보수, 관리비리를 사기분양한지 10년이 지나도록 해결하여 주지 않으면서 입주자들의 숙원사업인 현안문제에 관해 질문한 내용증명에 대하여 전혀 답변하지 않았고, 완전범죄로 영원히 은폐하려고 시도하였다(P302 이후의 내용증명 참조).

제4부

입주자대표 등이 못 찾게 방해

1. 다음 카페에서 거짓 정보로 636.8 ㎡를 못 찾게 방해

입주자대표 등은 분양 당시 모델하우스에서 회원을 모집해 다음 카페를 개설하여 입주예정자 모임을 만들었다. 명목상 H건설이 부실공사를 많이 하니까 다함께 힘을 모아 방지하자고 홍보하며 가입을 적극적으로 권유하였다. 그리고 간간이 입주예정자들에게 공사 진행사항을 알려주면서 H건설의 부실공사를 철저하게 견제한다며 선전하였다.

또한 입주자대표 등은 입주예정자들과 친목을 도모하면서 개인정보(성명, 휴대폰번호, 주소, e메일 등)와 불만사항을 수집하는데 치중하였다. 입주예정자들의 이익을 위해 봉사한다고 홍보하여 입주자들의 아무런 거부감이 없이 자연스럽게 입주자대표 등에 선출될 수 있었다.

따라서 입주자들은 입주자대표 등이 사기분양한 토지 636.8 ㎡를 찾아주고, 하자보수를 철저히 받아주며, 관리업무를 성실하게 수행할 것으로 굳게 믿었다. 이와 같이 입주자대표 등을 철석같이 믿었기 때문에 입주자들은 사기분양한 토지 636.8 ㎡를 찾기 위한 민 · 형사 재판과 관련된 일체의 권한을 모두 위임해 주었다.

그러나 서울동부지방법원이 한원광장에게 토지 636.8 ㎡ 중에서 69.3 ㎡만 손해배상책임이 있고, H건설에는 손해배상책임이 전혀 없다고 잘못 판결하였음에도 입주자대표 등은 고의로 기다렸다는 듯이 박수부대를 동원해 일사천리로 항소를 포기하였다. 그리고 사기분양한 636.8 ㎡를 찾지 못한데 대한 일체의 책임을 입주자들에게 모두 전가하였다.

그렇지만 비대위원장은 공공의 이익을 위해 개인적으로 서울고등법원에 소송을 제기해 2015.2.10. 한원광장에게 203 ㎡에 대한 손해배상책임을 인정하는 판결을 받았고(대법원에서 2015.6.23. 확정), 이를 근거로 대한지적공사에서 측량해 불용토지 433.8 ㎡가 아파트의 소유인데 사용과 출입을 못하는 것을 증명하였다. 그런 후에 비대위원장은 사기분양한 토지 636.8 ㎡를 찾아달라고 요구하였는데 입주자대표 등이 비대위원장의 노력과 요구에도 아랑곳하지 않고 서쪽 경계 펜스 밖의 토지 636.8 ㎡를 못 찾게 조직적으로 방해하였다.

따라서 비대위원장은 사기분양한 토지 636.8 ㎡를 못 찾게 방해하는 사태의 심각성을 입주자들이 정확하게 알아야 한다고 판단하고, 2015.7월. 입주자대표 등이 운영하고 있는 다음 카페에서 사기분양한 토지 636.8 ㎡를 반드시 찾아야 한다고 진실을 정확하게 알려주었다.

그러나 비밀이 폭로될까 두려운 입주자대표 등은 비대위원장을 다음 카페에서 2015.7.18. 강제로 퇴출시켰다. 그리고 아이디를 바꾸어 가며 진실을 속이는 거짓의 댓글들을 올렸다. 이처럼 입주자대표 등은 비대위원장이 다음 카페에서 사기분양과 관련한 글을 쓸 수 없도록 완전히 막아놓고 퇴출시킨 뒤에 토지 636.8 ㎡를 못 찾게 인신공격과 날조된 유언비어를 퍼트리며 조직적으로 방해하고 명예훼손을 하였다.

하는 수 없이 비대위원장은 공공의 이익을 위하여 2015.8.24. 네이버에 더사모 카페를 개설해 토지 636.8 ㎡가 사기분양된 진실을 정확하게 알려주기 시작하였다. 그리고 자신은 다음 카페에서 강제로 퇴출을 당해서 들어갈 수 없기 때문에 입주자대표 등에게 언제든지 더사모 카페에 들어와 사기분양한 토지 636.8 ㎡를 찾을 수 있도록 진실의 글과 댓글을 마음껏 써도 좋다고 무제한으로 허용을 하였다.

특히, 비대위원장은 입주자대표 등에게 유언비어와 인신공격을 하려거든 다음 카페에서 하지 말고 더사모 카페에 수시로 들어와 무엇이든지 진실을 말해도 좋다고 일부러 공지해 알려 주었다. 그러나 입주자대표 등은 무엇이 두려운지 더사모 카페에는 들어오지 못하고 다음 카페에서만 위법행위를 하면서 인신공격과 유언비어를 날조하고 명예훼손을 멈추지 않았다. 그 내용은 다음 카페에 게시한 글들을 읽어보면 거짓으로 감쪽같이 속인 것을 아주 쉽게 정확히 알 수 있다.

비대위원장이 더사모 카페를 2015.8.24.부터 개설해 운영하는 목적은 '공공의 이익을 위해 더불어 사는 이웃에게 도움을 주기 위한 것'이다. 그리고 더사모 카페를 통해 분양대금 82억 원을 납부한 서쪽 경계 펜스 밖의 토지 636.8 ㎡를 찾고, 하자보수를 제대로 받으며, 관리업무를 투명하게 수행하고, 살기 좋고 비리 없는 아파트를 만들려는 것이다.

그러므로 비대위원장은 입주자대표 등에게 명예훼손을 할 필요가 전혀 없고, 하지도 않았으며, 그럴만한 하등의 이유조차 없는 것이다. 비대위원장은 오로지 사기분양한 토지 636.8 ㎡를 찾기 위한 목적뿐이 없다. 그 사실은 더사모 카페의 전문을 읽어보면 정확히 알 수 있다고 광진경찰서에서 수사 받는 중에 수사관들에게 수없이 진술하였다.

2. 입주자대표가 못 찾게 방해

H건설은 입주자들이 2012.3.30. H아파트를 입주하기 이전부터 이미 국제경보산업(주)과 위탁관리계약을 체결하고 관리소장을 선임해 입주할 준비를 하였다. H건설에 의해 최초로 선임된 최○현 관리소장은 분양 당시부터 다음 카페에서 활동한 입주자모임을 주축으로 선거관리위원을 관리규약에서 정한 7명이 아닌 3명(정○임, 박○식, 최○정)만 선출해 최초 선거관리위원회를 구성하였다.

선거관리위원회는 분양 당시 다음 카페를 통해 입주예정자 모임에서 활동한 전○수, 이○재, 김○복. 김○섭, 유○운을 입주자대표로 신청을 받았다. 그리고 관리소장은 경비원을 시켜 5개 선거구에서 출마한 단독후보자를 상대로 세대별로 방문투표를 실시해 찬반을 묻고 계획한 대로 자연스럽게 최초 입주자대표를 선출하였다.

이처럼 관리소장은 사기분양한 토지 636.8 ㎡를 못 찾게 방해할 목적으로 다음 카페에서 활동하는 입주자를 주축으로 자연스럽게 제1기 입주자대표회의를 구성한 것이다. 입주자대표는 다음 카페지기, 건설회사 근무, 노동조합 활동, 학생운동을 한 입주자가 선출되었다. 이들은 주택법 등의 법적보호를 받고 있는데 마치 입주자들의 이익을 위해 대변하는 것처럼 위장하면서 사기분양, 하자보수, 관리비리 등을 감쪽같이 은폐하는 데 앞장서기 위해 적극적인 활동을 했다.

또한 관리소장은 입주자대표, 선거관리위원, 봉사회원, 통장 등과 공조해 사기분양한 토지 636.8㎡를 은폐하기 위한 공식 기구를 조직하였다. 이들은 정보전달수단을 완전히 통제하고 조직적이며 집단적으로 진실을 교묘하게 속이면서 서쪽 경계 펜스 밖의 사기분양한 토지 636.8㎡를 못 찾게 악질적인 위법행위를 저질러 방해하였다.

입주자대표 등은 분양 당시 속이고 만든 설계, 모형, 카탈로그를 보여주면서 그대로 시공하였는데 웬 사기분양이냐며 지속적으로 H건설의 거짓주장만 대변하였다. 따라서 비대위원장은 등기면적이 분양면적보다 69.3㎡가 적은 것을 밝혀내자 입주자대표 등이 세대별로 보면 소수점 이하이므로 정산을 하지 않는 것이 정당다고 속였다. 더구나 203㎡를 분할하여 제척해 매각한 것을 찾아내자 입주자들을 선동하며 소송해 찾자면서 그동안의 안면으로 입주자들에게 모든 권리를 위임받고는 정작 재판에 출석하지 않고 위법사항을 소극적으로 대처하였다.

이와 같이 의도적으로 잘못을 은폐한 결과 서울동부지방법원이 한원광장에게 토지 636.8㎡ 중에서 69.3㎡만 손해배상책임이 있고, H건설에는 손해배상책임이 전혀 없다고 판결하였다. 그러나 입주자대표 등은 기다렸다는 듯이 입주자총회를 개최하고 박수부대를 동원해 진실을 알려주지 않고 일사천리로 항소를 포기하였다. 이러한 수법으로 입주자대표 등은 입주자들을 속이고 재판에 적극 참여하지 않으며 향후 법적대응을 하지 못하게 조직적으로 방해를 하였다.

그리고 입주자대표 등은 입주자들이 사기분양한 토지 636.8㎡에 대한 의문이나 진행상황을 묻는 글을 다음 카페에 올리면 집단적으로 댓글을 달아 봉쇄하였다. 그래도 다시 불평하는 글이 올라오면 벌떼처럼 보충하는 반박의 글을 올려서 적극적으로 막았다. 그런데도 다시 불만의 글이 올랐을 땐 집단적으로 집에 찾아가 내용도 잘 알지 못하면서 다음 카페에 잘못 글을 올려 입주자간에 심각한 불화를 조성한다고 공갈 협박까지 하면서 위협적으로 으름장을 놓았다.

이러한 악질적인 수법으로 위법행위를 저질러 입주자들을 억울하도록 강력히 제압하였다. 이 사실은 비대위원장이 운영하는 '더사모 카페의 글'과 입주자대표 등이 운영하는 '다음 카페의 글'을 서로 비교해 읽어보면 입주자대표 등이 사기분양한 사실을 은폐하고자 얼마나 많은 위법행위를 저질렀는지 아주 쉽게 알 수 있다.

입주자들은 서쪽 경계 펜스 밖의 사기분양한 토지 636.8 ㎡에 대한 분양대금 82억 원을 납부하였는데 10년이 지난 지금까지도 돌려받지 못했다. 그렇지만 입주자대표 등은 이 와중에서 소송자에게 항소를 포기하며 69.3 ㎡만 손해배상금을 보상받게 하였고, 오히려 미소송자에게는 203 ㎡에 대한 손해배상금을 보상받게 해 주면서 433.8 ㎡를 못 찾게 포기 각서까지 써주도록 위법행위를 저질렀다.

이와 같이 입주자대표 등은 정보전달수단을 완전히 통제하며 진실을 알려주지 않았고 민 · 형사상의 모든 권리를 위임받은 후에 박수부대를 동원하여 고의로 항소를 포기해 사기분양한 토지 636.8 ㎡를 못 찾게 조직적으로 방해하였다. 또한 현안문제에 대한 내용증명을 보내거나 더사모 카페를 통해 알려주어도 수취거절하거나 회답하지 않으며 사기분양한 636.8 ㎡를 못 찾게 집단적으로 방해하였다.

입주자대표 등이 악질적인 위법행위와 갑질을 저지르며 사기분양한 토지 636.8 ㎡를 못 찾게 조직적으로 방해하였는데 이에 맞서 입주자들은 억울하게 사기당한 권리를 찾기 위하여 2015.9.2. 비상대책위원회를 구성해 정당방위와 정당행위로 적극 대응하였다.

입주자들은 사기분양한 토지 636.8 ㎡를 찾기 위해 2015.10월. 입주자대표 해임안에 75%가 서명하였다. 그러나 입주자대표(전○수, 이○욱, 김○복)는 이를 거부하며 사퇴하지 않고 방해하였다. 따라서 선거관리위원장(정○임)은 해임투표를 시도하였는데, 이 또한 선거관리위원

(박○식, 최○정)이 방해하여 실시하지 못했다. 이때 입주자대표(3명)가 방해만 하지 않고 입주자들의 의사를 존중해 사퇴를 하였거나 선거관리위원(2명)이 해임투표를 실시하였으면 입주자들은 이미 H건설에서 사기분양한 토지 636.8 ㎡를 찾을 수 있었다.

이에 더하여 입주자대표 등은 사기분양한 서쪽 경계 펜스 밖의 토지 636.8 ㎡를 못 찾게 방해할 목적으로 입주한지 4년이 넘도록 경로당을 방치한 채 개방해 주지 않았다. 그러나 어르신들은 비대위원장의 도움을 받아 노인회의 회칙을 제정하고 임원을 선출하여 경로당을 설치하고자 대한노인회 광진구지회에 등록하였고, 광진구청에 신고까지 마쳤다. 그런데도 입주자대표 등은 민원을 제출하면서 경로당의 등록과 신고를 하지 못하게 저돌적으로 방해하였다.

특히, 입주자대표 등은 노인회를 결성하지 못하도록 관리사무소에 비치한 연락처를 열람할 수 없게 방해하였다. 그리고 말도 안 되는 요구를 하면서 노인들이 노인회를 결성하지 못하게 억지 주장하며 괴롭혔다. 즉 노인들이 20명 이상 모집해 경로당의 구성요건이 충족되면 임원을 선출하여 오도록 하였고, 임원을 선출해 가면 회칙을 제정하여 오라고 하였다. 이어 회칙을 제정해 가면 입주자대표의 승인을 받아야 한다면서 노인회를 결성하지 못하게 계속 미루고 방해하였다.

이를 목격한 광진구청의 사회복지과 담당자(김○희)는 H아파트와 같이 입주자대표 등이 경로당을 앞장서서 개방해 주지는 못하더라도 오히려 개방을 하지 못하게 할 목적으로 적극적으로 방해하는 경우가 처음 있는 일이라며 매우 의아해 하였다. 이로 인해 H아파트의 노인들은 억울하게 입주한지 4년이 지났는데도 경로당을 개방하지 못해서 운영비 3천만 원 상당(매월 40만 원과 쌀 1포대)을 정부에서 지원받지 못했고, 경로당의 편의시설도 전혀 이용할 수 없었다.

3. 선거관리위원이 못 찾게 방해

관리소장은 분양 당시부터 다음 카페를 통해 입주예정자 모임에서 활동한 입주자들을 주축으로 하여 선거관리위원 3명을 위촉해 최초 선거관리위원회를 구성하였다. 이어서 선거관리위원회에서는 선거관리위원장에 정○임을 선출하였고, 선거관리위원에 박○식과 최○정을 선출하여 처음으로 입주자대표를 선출할 준비를 하였다.

관리규약에 의하면 선거관리위원회를 7명으로 구성해야 하고, 선거관리위원을 각 단체장(입주자대표회장 1명, 노인회장 2명, 봉사회장 2명, 통장 2명)에게 추천을 받도록 규정하고 있다. 그러나 관리소장은 입주초기라고 핑계를 대면서 고의로 노인회와 봉사회를 구성하지 않고 미루며 우선 3명만 위촉해 구성을 하였다.

더구나 선거관리위원장을 제외한 선거관리위원 2명은 입주자들의 이익을 전혀 대변하지 않았다. 오히려 H건설의 이익만 대변하며 입주자대표와 관리소장의 의견에 공조하면서 사기분양한 토지 636.8㎡를 못 찾게 선거관리업무를 수행하였다. 또한 제1기의 임기가 만료된 후에도 그대로 3명이 제2기에 계속 연임하도록 하였다.

따라서 입주자들은 입주자대표와 선거관리위원이 사기분양한 토지 636.8㎡를 못 찾게 조직적으로 위법행위를 하면서 방해하였기 때문에 해임할 수밖에 없었다. 이들을 해임하기 위한 효율적인 방법으로 입주자들의 75%가 입주자대표 해임안에 서명하였는데 입주자대표(전○수, 이○욱, 김○복)는 사퇴하지 않고 완강히 거부하였다.

이에 더하여 선거관리위원(박○식, 최○정)은 역시 입주자대표의 해임투표를 실시하지 않았다. 관리규약에 의하면 입주자들이 입주자대표 해임안에 10% 이상만 동의하면 해임투표를 실시하도록 규정하고 있다. 그럼에도 불구하고 선거관리위원은 사기분양한 토지 636.8㎡를 못 찾게 방해할 목적으로 해임투표를 실시하지 않았다. 이때 입주자대표가 사퇴를 하였거나 선거관리위원이 해임투표를 실시하였으면 입주자들은 이미 사기분양한 토지 636.8 ㎡를 찾을 수 있었다.

하는 수 없이 비대위원(민○규)은 사기분양한 토지 636.8 ㎡를 찾기 위하여 1403동 입주자대표 보궐선거에 단독후보로 출마하였다. 그러나 입주자대표 등은 토지 636.8 ㎡를 못 찾게 방해할 목적으로 고의로 유권자의 22%만 방문투표를 실시하고는 과반수에 미달하였다며 낙선시켰다. 이때 입주자대표 등이 방문투표를 입주자들에게 과반수 이상만 실시하였으면 당연하게 입주자대표로 당선될 수 있었기 때문에 입주자들은 이미 사기분양한 토지 636.8 ㎡를 찾게 되었다.

이와 같이 입주자대표(전○수, 이○욱, 김○복)와 선거관리위원(박○식, 최○정)은 입주자들의 이익을 전혀 대변하지 않고 H건설의 이익만 대변하는 것에만 급급했다. 특히, 최○정은 사기분양한 636.8 ㎡를 못 찾게 방해할 목적으로 제1기 및 제2기 선거관리위원을 마친한 후에도 남편 김○욱에게 제3기 및 제4기 선거관리위원을 물려주었다. 그리고 자신은 봉사회의 총무를 승계 받아 역할을 바꾼 후에도 사기분양한 토지 636.8 ㎡를 못 찾게 할 목적으로 끈질기도록 방해하였다.

4. 봉사회원이 못 찾게 방해

관리소장은 입주자대표회의와 선거관리위원회를 구성한 후에 분양 당시부터 다음 카페를 통해 입주예정자 모임에서 활동한 입주자들을 주축으로 최초 봉사회를 구성하였다. 봉사회장은 관리규약에 선거관리위원 2명을 추천할 수 있는 권한을 갖고 있다.

그동안 사기분양한 토지 636.8 ㎡를 못 찾게 방해한 입주자로 봉사회장을 선출하였다. 그리고 봉사회장은 아파트가 5층에 당첨되었는데 H건설에서 17층으로 바꾸어 주었다며 입주자들에게 대놓고 자랑하고 다녔다. 그리고 자신의 남편이 과거에 H건설에서 근무했던 경력이 있는데 지금 다른 곳으로 전직하여 근무한다고 하였다.

또한 입주자대표와 관리소장은 봉사회에서 실시하는 불우이웃돕기, 알뜰장터, 노래교실 등 공동체행사에 필요한 운영자금을 관리비에서 적극적으로 지원하였다. 또한 일부 비용은 광진구청과 상가 등에서 후원금 명목으로 협찬을 받기도 하였다. 봉사회장은 입주자대표, 선거관리위원, 관리소장 등이 의도한대로 사기분양한 토지 636.8㎡를 못 찾게 조직적으로 방해하는데 적극적인 공조를 하였다.

봉사회장은 입주자들을 위하여 성실히 봉사활동을 하는 것처럼 위장하면서 사기분양한 토지 636.8㎡를 찾아야 한다는 것을 입주자들에게 입주한 2012.3.30. 이후로 단 한 번도 알려주지 않고 속였다. 또한 봉사회의 운영자금 관리 및 회계업무를 투명하게 집행하지 않았고 총무에게 일임해 맞기지 않으면서 직접 관리하였다.

더구나 봉사회장은 집행한 장부와 영수증을 전혀 보관하지 않았고, 사용한 내역과 결산한 결과를 공개하지 않아서 회원들의 불만과 원성이 크게 고조되기도 하였다. 그러나 입주자대표, 선거관리위원, 관리소장은 봉사회장의 불공정한 행위를 방어하며 적극적으로 감싸주었다. 이와 같이 입주자대표 등은 사기분양한 토지 636.8㎡를 찾아주어야 함에도 불구하고 자신들의 역할과 책임을 전혀 수행하지 않고, 입주자들의 이익에 반하는 악질적이며 고질적인 행위를 하였다.

설상가상으로 봉사회장이 물러난 뒤 부회장 공○미는 불법선거로 제3기 입주자대표회장을 맡아 사기분양한 토지 636.8㎡를 못 찾게 조직적으로 방해하였다. 그리고 남편 오○환은 제3기 입주자대표 선거 직전에 광진구청에서 감사한 결과 보고서(입주자대표 해임안 75% 서명 및 위임장 55% 서명을 확인한 것)를 주택과장 양○승이 비대위원장에게 전달하였는데 관리사무소 앞에서 날치기하여 도망가다가 붙잡힌 일이 있고, 비대위원장이 경영학 박사학위를 표절하여 취득하였다며 허위사실을 유포해 녹취되기도 하였다. 이와 같이 입주자대표 등은 사기분양한 토지 636.8㎡

를 못 찾게 조직적이며 집단적으로 방해하였다.

또한 H건설 간부의 부인인 조○영은 제3기 선거관리위원을 하면서 제3기 입주자대표를 대리투표로 불법선거를 하여 선출하였다. 그리고 제3기 선거관리위원의 임기가 만료된 후에는 봉사회장을 맡아서 사기분양한 토지 636.8 ㎡를 못 찾게 조직적으로 방해하였다. 비대위원장은 조○영에게 사기분양한 토지 636.8 ㎡를 함께 찾자고 제안하였는데도 못 찾게 방해할 목적으로 관심이 전혀 없다며 계속 거절하였다.

5. 통장이 못 찾게 방해

통장은 입주자들에게 광진구청 및 광장동사무소의 업무를 전달하고, 아파트의 사기분양한 토지 636.8 ㎡를 찾는 등 현안문제를 건의하여 해결하는 중요한 역할을 담당한다. 또한 입주자대표를 선출할 선거관리위원 2명을 추천하는 권한이 주어진다. 그래서 입주자대표 등은 입주예정자 모임에 소속된 입주자가 통장이 되도록 하기 위해 광장동사무소에서 모집공고가 나오기를 기다렸다가 지원하게 하였다. 그동안 다음 카페를 통한 입주예정자 모임에서 활동한 L씨, K씨, 2명의 P씨, 다른 입주자 P씨 등 5명이 통장에 지원하였다.

그러나 입주자대표, 선거관리위원, 관리소장은 전혀 예상하지 않았던 다른 입주자 P씨가 통장으로 위촉되자 매우 당황하였다. 왜냐하면 위촉된 통장은 입주예정자 모임에서 전혀 활동하지 않았기 때문에 입주자대표 등이 그동안 안면이 없었던 입주자이기 때문이다. 그래서 통장은 입주자대표 등이 사기분양한 토지 636.8 ㎡를 못 찾게 조직적으로 방해하고 있다는 사실을 전혀 알지 못하고 있었다.

그러다가 통장은 입주자들이 사기분양한 토지 636.8 ㎡를 찾기 위해 75%가 입주자대표 해임안에 서명하였음에도 입주자대표가 사퇴하지 않았고, 선거관리위원이 해임투표를 실시하지 않으며 토지를 못 찾게 방해하는 것을 직접 목격한 후에야 그들이 사기분양한 것과 깊이 연루되어 있다는 사실을 알게 되었다. 입주자대표 등이 사기분양한 것을 은폐한다는 사실을 알게 된 통장은 입주자대표 등이 토지 636.8 ㎡를 못 찾게 방해하는 어떠한 요구에도 협조하지 않았다.

오히려 통장은 사기분양한 서쪽 경계 펜스 밖의 토지 636.8 ㎡를 반드시 찾아야 한다며 입주자들에게 진실을 정확하게 알려주려고 노력하였다. 이와 같이 입주자대표 등은 통장이 크게 걸림돌이 되자 광장동사무소의 동장을 찾아가서 모함해 스스로 사퇴하게 괴롭혔다. 입주자대표 회장은 통장의 추천 및 선출에 대한 심사 권한을 가지고 있다. 따라서 입주자대표 등은 후임 통장을 H건설 간부의 부인(봉사회 부회장)인 성○남으로 전격 교체하였는데, 후임통장은 입주자대표 등과 한통속이 되어 활동하며 사기분양한 토지 636.8 ㎡를 못 찾게 방해하였다.

6. 경비원이 못 찾게 방해

H건설은 H아파트 분양 당시에 KT와 경비용역계약을 체결해 경비원에게 아파트 공사장의 경비업무를 맡겼다. 따라서 경비원은 분양 당시부터 H아파트에 관해 잘 알고 있었다. 입주자들의 인적사항을 파악하고 있는 경비원은 사기분양 및 부실공사 등에 대하여 시정을 요구하는 비대위원들의 동향을 CCTV로 24시간 주시해 입주자대표 등에게 보고하였다.

또한 비대위원들이 사기분양한 서쪽 경계 펜스 밖의 토지 636.8 ㎡를 찾기 위하여 입주자총회를 개최하거나 게시판 및 엘리베이터 등에 안내문을 게시하면 CCTV로 지켜보고 있던 경비원은 입주자총회를 못하게 방해하거나 안내문을 즉시 철거하였다. 또한 경비원은 비대위원들이 각 세대에 배부하려는 유인물의 반입을 아예 허락하지 않았고, 비대위원들이 입주자들의 도움을 받아 출입문을 열고 들어가 우편함에 유인물을 넣어두어도 즉시 회수하여 폐기하였다.

입주자대표 등의 지시를 받고 있는 경비원은 사기분양한 토지 636.8 ㎡를 찾기 위한 비상대책위원회와 관련된 행동에 대하여 수단방법을 가리지 않고 방해하였다. 그리고 입주자대표 등과 공조해 아파트의 정보전달 수단을 완전히 통제하고 입주자들의 눈과 귀를 막았다.

이에 더하여 경비원은 비대위원이 입주자들에게 나쁜 짓을 하고 피해만 준다며 유언비어를 퍼트리고 모함하기도 하였다. 서쪽 경계 펜스 밖의 토지 636.8 ㎡가 사기분양된 것을 전혀 몰랐던 일부 입주자들은 오히려 사기분양한 토지 636.8 ㎡를 찾아주려는 비대위원들에게 허위사실을 유포한다며 비난하고 싸우는 일까지 벌어졌다. 뒤늦게 오해한 것을 알게 된 입주자들은 비대위원들에게 잘못 알고 실수한 것을 사과하는 일이 벌어지는 웃지 못할 상황이 자주 발생하였다.

7. 청소원이 못 찾게 방해

H건설은 입주하기 이전부터 청소용역업체와 계약을 체결하여 아파트를 청소하도록 하였다. 그리고 관리소장은 입주한 이후에도 동일한 청소용역업체와 청소계약을 계속해서 유지하였다. 비대위원장은 사기분양, 하자보수, 관리비리 등에 대하여 공정하게 시정할 것을 요구하였고, H건설에 대한 손해배상을 청구하기 위하여 정보전달수단인 게시판 및 엘리베이터 공지 등에 안내문을 부착하여 정확하게 알려주었다. 그러나 청소원은 입주자대표 등의 지시에 의해 게시판 및 엘리베이터 공지의 안내문을 부착하기 무섭게 무단으로 떼어 내어졌고, 각 세대의 출입문 앞에 배포한 유인물마저 즉시 회수하여 폐기하였다.

또한 청소원은 입주자대표 등의 지시와 공조로 비대위원장이 우편함에 넣어둔 유인물을 무단으로 회수해 사기분양한 토지 636.8 ㎡를 못 찾게 방해하였고, 게시판 및 엘리베이터 공지 등에 부착한 안내문을 입주자들의 의사에 반해 마음대로 철거하였다. 뿐만 아니라, 비대위원장이 각 세대별로 배부한 전단지를 모두 회수하여 폐기하였다. 입주자대표 등은 조직적이며 집단적으로 합세하여 비대위원장이 사기분양한 서쪽 경계 펜스 밖의 토지 636.8 ㎡를 찾지 못하도록 위법행위와 갑질을 저지르며 방해공작을 지속적으로 하였다.

8. 노인회원이 찾으려고 대처

노인들은 사기분양한 서쪽 경계 펜스 밖의 토지 636.8 ㎡를 찾으려고 적극적으로 대처하자 입주자대표 등이 못 찾게 방해할 목적으로 4년 동안 노인회를 결성하지 못하게 방해하였다. 그렇지만 노인들은 비대위원장의 도움을 받아서 노인회의 창립총회를 개최하였다. 그리고 회칙을 제정하고 회장을 선출하여 임원진을 구성해 노인회를 결성하였다. 이어서 노인회 결성과 경로당 개방을 대한노인회 광진구지회에 신고를 하였고, 개방하기 위해 광진구청에 등록을 완료하였다.

그런데도 불구하고 입주자대표 등은 경로당 개방을 방해할 목적으로 광진구청에 신고필증을 내주지 말라고 민원까지 제출하자 이에 대하여 광진구청이 직접 경로당을 실사하였다. 발기총회 개최, 회원 33명 가입, 회칙을 제정하고, 임원진 직접 선출 등을 한 것을 확실하게 규명한 후에 광진구청은 신고필증을 교부하였다.

입주자대표 등은 신고필증을 받은 후에도 경로당의 열쇠를 감추고 주지 않는 패륜아적 행위를 저지르자 노인들은 관리사무소에 직접 찾아가 집단적으로 항의하며 반강제로 열쇠를 수령하기도 하였다. 더구나 입주자대표 등은 마땅히 경로당에 지원해 주어야 할 냉장고, TV, 주방용품, 소모품을 지원하지 않았고, 주말엔 난방을 전혀 넣어주지도 않았으며, 필요한 비품조차 마련해 주지 않았다.

이와 같이 입주자대표 등은 경로당을 4년간 방치하며 개설할 수 없도록 조직적으로 방해하였기 때문에 노인들이 억울하게 경로당을 이용하지 못하고 피해를 입은 손실은 최소한 3천만 원(매월 40만 원과 쌀 1포대) 이상 된다며 불만을 토로하고 있다. 또한 입주자대표 등은 노인들이 사기분양한 서쪽 경계 펜스 밖의 토지 636.8 ㎡를 찾기 위하여 적극적으로 비상대책위원회의 활동을 지원하자 경로당을 개방하지 못하게 방해할 목적으로 봉사회에서 단독으로 경로당을 사용하도록 추진하였지만 노인들의 강력한 항의에 포기한 일도 있었다.

제5부

광진구청이 못 찾게 방해

1. 광진구청이 사기분양한 636.8 ㎡를 묵인 및 공모

H건설은 H아파트를 건축하기 위한 사업부지를 2007.11.14. 대한지적공사에 의뢰하여 측량하였다. 이때 서쪽 경계 펜스 밖의 토지 161 ㎡가 나○용(427번지 중 48 ㎡) 및 김○석(427-8번지 중 113 ㎡)에게 불법 점유된 것을 명확하게 확인하였다.

그러나 H건설은 2009.10.12. 분양하면서 불법 점유된 161 ㎡를 원상복구하지 않고, 고의로 636.8 ㎡까지 사용과 출입을 하지 못하도록 빼고 설계, 모형, 카탈로그에 표시하여 공지하였고, 그대로 시공하여 사용검사승인을 받은 후에 매각할 계획으로 분양대금 82억 원(1세대 평균 1천8백만 원)을 눈 한번 깜빡이지 않고 챙겨갔다. 더구나 이런 중요한 사실을 공지하지 않고 계획적으로 완전범죄를 노리며 악질적인 사기분양을 하였다.

이와 같이 H건설이 의도적인 수법으로 서쪽 경계 펜스 밖의 토지 636.8 ㎡를 사용과 출입을 하지 못하게 빼고 설계하여 그대로 시공함으로써 한원광장은 203 ㎡를 사업부지에서 분할하여 제척해 90 ㎡를 편취하였고, 113 ㎡를 김○석에게 558백만 원에 매각할 수 있었다. 또한 433.8 ㎡를 한원광장과 김○석이 사용과 출입을 하도록 203 ㎡를 분할하여 제척한 후의 경계 안쪽 4 m 지점에 펜스를 시공해 입주자들이 매년 재산세만 납부하게 끼워 팔기의 수법으로 사기분양을 할 수 있었다.

광진구청은 H아파트를 건축하면서 철저하게 관리감독을 하지 않았다. H건설이 고의로 서쪽 경계 펜스 밖의 토지 636.8 ㎡를 사용과 출입을 하지 못하게 빼고 설계하여 공지하며 시공하도록 사업허가, 제척승인, 사용검사승인을 해 주었다. 만약, 광진구청이 원칙대로 공정한 감독업무를 단 한 번이라도 수행하였으면 사전에 사기분양을 못하게 불법행위를 완전히 차단하였고, 부실공사를 못하게 시정조치를 강구하였다.

그러나 광진구청은 간과 처리하며 모든 위법행위를 묵인하였다. 오히려 H건설과 결탁하지 않았다면 어떻게 불법적이며 조직적인 사업허가,

제척승인, 사용검사승인을 해 줄 수 있었겠는가? 이에 더하여 사업부지에서 203 ㎡를 분할하여 제척해 한원광장이 90 ㎡를 편취하였고, 113 ㎡를 김○석에게 558백만 원에 매각하였다. 또한 433.8 ㎡를 한원광장과 김○석이 사용과 출입을 하도록 203 ㎡를 분할하여 제척한 후의 경계 안쪽 4 m 지점에 펜스를 시공해 입주자들은 분양대금을 납부한 433.8 ㎡에 대하여 사용과 출입을 하지도 못하면서 매년 재산세만 납부하고 있다.

이와 같이 광진구청은 철저하게 관리감독을 하지 않고 H건설이 완전범죄로 영원히 은폐할 수 있도록 고의로 사업허가, 제척승인, 사용검사승인을 아무렇지 않게 허용해 준 것이다. 이때 광진구청이 원칙에 근거해 공정한 업무수행을 한 번이라도 하였으면 사전에 토지 636.8 ㎡를 사기분양하지 못하도록 충분히 방지할 수 있었다.

2. 광진구청이 불법선거를 공정선거로 인정

가. 입주자대표 불법선거(1403동 보궐)

비대위원장은 공공의 이익을 위하여 사기분양한 토지 636.8 ㎡를 증명하고자 개인적으로 소송을 제기하였다. 그리고 2015.2.10. 서울고등법원에서 서쪽 경계 펜스 밖의 토지 203 ㎡를 불법 매각한 것을 인정받았다(대법원에서 2015.6.23. 확정). 이에 근거해 대한지적공사에서 203 ㎡를 분할하여 제척한 후의 경계부터 펜스까지 측량하여 불용토지 433.8 ㎡가 아파트의 소유라는 것을 확실히 증명하였다.

그런 후에 비대위원장은 사기분양한 토지 636.8 ㎡를 찾아달라고 호소하였는데 입주자대표 등은 정보전달수단을 완전히 통제하며 속이고 비대위원장의 의견을 수수방관하면서 사기분양한 636.8 ㎡를 못 찾게 조직적으로 방해하였다. 이때 입주자들은 비대위원장이 찾아주려고 한다는 사실을 뒤늦게 알고 서쪽 경계 펜스 밖의 사기분양한 토지 636.8 ㎡를 찾기 위하여 2015.9.2. 비상대책위원회를 결성하였다.

입주자들은 비대위원을 2015.9.9. 1403동 입주자대표 보궐선거에 단독후보로 내세워 사기분양한 636.8㎡를 찾고자 시도하였다. 그러나 입주자대표 등은 고의로 유권자의 22%만 방문투표를 실시하고는 과반수에 미달되었다며 낙선시켰다. 이때 선거관리위원장은 22%만 방문투표를 실시한 것이 명백한 불법선거이므로 재투표를 하기로 결정하고 과반수 이상 방문투표를 실시한 후에 그 결과에 의거 당락을 확정하기로 하였다. 그러나 이것조차 입주자대표 등의 조직적인 방해로 이루어지지 못했다.

이는 입주자대표 등이 사기분양한 토지 636.8㎡를 못 찾게 조직적으로 방해할 목적으로 불법선거를 실시해 고의로 비대위원을 낙선시킨 것이다. 만약 서쪽 경계 펜스 밖의 토지 636.8㎡를 찾아줄 생각이 있었다면 공정하게 과반수 이상 방문투표를 실시해 당연히 당선시켰을 것이다.

더구나 광진구청은 입주자대표 등이 사기분양한 토지 636.8㎡를 못 찾게 방해할 목적으로 불법선거를 실시해 의도적으로 낙선시킨 것을 잘 알고 있었음에도 오히려 입주자대표 등이 공정선거를 하였다며 눈감아주고 사기분양한 636.8㎡를 못 찾게 공조하며 방해하였다. 이때 광진구청은 선거관리위원장이 결정한대로 방문투표를 계속 실시해 단독후보를 당선시켜 토지 636.8㎡를 찾도록 하여야 한다.

나. 입주자대표 불법선거(3기 및 4기)

입주자들은 2016.4월. 위임장에 55%가 서명해 제2기 입주자대표, 선거관리위원, 관리소장에게 선거관리업무에 일체 관여하지 말라고 통보하였다. 그리고 비대위원장에게 관리규약과 상관없이 선거관리업무 일체를 수행해 달라고 위임하였다. 이는 입주자들이 제2기 입주자대표, 선거관리위원, 관리소장에게 불법선거를 하지 못하게 선거관리업무의 권한을 중지시킨 강력한 조치를 취한 것이다.

그런 후에 제2기 입주자대표와 선거관리위원은 2016.6.21. 임기가 만료되어 모든 권한이 완전히 상실되었다. 따라서 입주자들은 사기분양한 서쪽 경계 펜스 밖의 토지 636.8㎡를 찾기 위한 목적으로 입주자총회를 개최하여 선거관리위원을 선출하였고, 제3기 선거관리위원회(위원장 신○휴)를 합법적인 방법으로 구성하였다.

그리고 제3기 선거관리위원회는 2016.6.26. 입주자들의 52%가 참여한 비밀투표로 제3기 입주자대표를 선출하여 제3기 입주자대표회의(회장 소○영)를 합법적인 방법으로 구성하였다. 그런데도 제2기 입주자대표 등은 임기가 2016.6.21. 만료되어 권한이 완전히 상실되었는데 불법으로 제3기 입주자대표회의에 업무를 인계하지 않았다. 이는 사기분양한 636.8㎡를 못 찾게 조직적으로 방해한 위법행위인 것이다.

더구나 제2기 입주자대표 등은 임기 만료된 후 불법으로 2016.7.14. 선거관리위원을 다시 지명하여 제3기 선거관리위원회(위원장 최○호)를 구성하였다. 그리고 제3기 선거관리위원회는 2016.8.11. 대리투표로 불법선거를 하여 입주자대표(유○운, 공○미, 임○익)를 다시 선출해 제3기 입주자대표회의(회장 유○운)를 구성하였다.

이때 제2기 입주자대표 등이 입주자들의 의사에 따라서 합법적인 방법으로 공정하게 선출한 제3기 입주자대표회의(회장 소○영)에 업무를 인계하였으면 입주자들은 이미 사기분양한 토지 636.8㎡를 찾았다.

이와 같은 위법행위를 저지른 제2기 입주자대표 등은 임기가 2016.6.21. 만료되어 권한이 완전히 상실되었음에도, 대리투표로 불법선거를 하여 제3기 입주자대표(유○운, 공○미, 임○익, 민○은) 및 제4기 입주자대표(임○익, 김○연, 이○근, 김○재)를 선출하였다.

이에 대하여 광진구청 주택과 김○혁 팀장은 입주자들이 2016.6.26. 공정하게 선출한 제3기 입주자대표회의 구성신고서를 접수해 주지 않고 반려한 반면, 제2기 입주자대표 등이 임기 만료되어 권한이 상실되었음에도 불법선거로 2016.8.11. 선출한 제3기 입주자대표회의 구성신고서를 승인해 주었다. 이는 김○혁 팀장이 사기분양한 토지 636.8㎡를 못 찾게 방해한 것이므로 명백히 직권남용권리행사방해를 한 것이다.

3. 광진구청이 아파트 관리비리를 묵인하고 방조

광진구청은 아파트의 관리업무를 철저히 감독할 책임과 의무가 있다. 그러나 사기분양, 하자보수, 관리비리 등에 관한 관리감독을 사전에 게을리 하였고, 사후에도 관리감독을 전혀 하지 않았다. 특히, H아파트의 경우 사기분양, 하자보수, 관리비리가 발생하였기 때문에 입주자들이 수없이 많은 민원을 제출하여 공정하게 해결해 달라고 강력하게 요구하였는데 광진구청은 계속 묵인하며 방조하였다.

더구나 광진구청은 입주자들이 감사를 실시하여 달라고 지속적으로 민원을 제출하며 요구하자 박○아 반장 등 5명이 감사팀을 구성해 2016.7.27.부터 2016.7.29.까지(3일간) 불법선거 등 H아파트에서 발생한 비리와 관련된 것을 감사하였다. 이들은 입주자들이 사기분양한 토지 636.8 ㎡를 찾기 위한 목적으로 입주자대표 해임안(75%) 및 위임장(55%)에 서명을 하였고, 제2기 입주자대표 등의 임기가 2016.6.21. 만료되어 2016.6.26. 제3기 입주자대표회의를 합법적으로 선출한 것을 확인하였다.

그런데도 광진구청은 제2기 입주자대표와 선거관리위원이 2016.6.21. 임기 만료된 후 불법선거로 2016.8.11. 제3기 입주자대표회의를 다시 선출하여 승계한 것을 확실하게 확인하였음에도 오히려 공정선거를 하였다고 승인해 주었다. 이때 광진구청은 제2기 입주자대표 등이 불법선거를 한 것을 승인해 주지 않고 공정하게 업무처리만 하였으면 입주자들은 이미 사기분양한 토지 636.8 ㎡를 찾았다.

4. 광진구청이 봉사단체를 지원하며 비리를 은폐

광진구청은 H아파트의 봉사회가 주관하여 행사하는 알뜰시장, 노래교실, 교양강좌 등에 적극적인 지원을 해 주었다. 이와 같이 광진구청이 알뜰시장 개최 등을 하는데 찬조해 주는 것은 입주자들에게 실질적인 도움을 주기 위한 목적에 부합하여야 한다. 또한 입주자들의 정서함양과 친목에 도움을 주기 위해 무료강사를 노래교실에 파견하고, 다양한 교양강좌를 실시해 지적 향상과 일상생활에 전반적인 도움을 주기 위한 목적이다.

그러나 이런 순수한 목적을 하려는 지원이 아니었다. 진정으로 입주자들을 위한 순수한 목적의 지원이라면 입주자들에게 더 많은 혜택이 돌아갔어야 한다. 왜냐하면 봉사회의 회장과 총무 등은 토지 636.8 ㎡에 대한 사기분양, 하자보수, 관리비리 등의 검은 속내를 감쪽같이 은폐하기 위한 목적으로 유도하며 악용하였을 뿐이다.

광진구청이 그동안 서쪽 경계 펜스 밖의 토지 636.8 ㎡를 사기분양하도록 묵인하며 고의적으로 해 주었던 사업허가, 제척승인, 사용검사승인 등에 관한 위법행위를 저질러 완전범죄로 영원히 은폐하기 위해 입주자들의 환심을 사기 위한 편법수단에 불과한 것이다.

특히, 광진구청은 한국관리사무소장협회 회장(강○만)을 민원처리담당관으로 위촉하고, H아파트의 관리소장과 아파트 등에서 은밀하게 접촉하면서 동태를 파악해 현안문제를 잠재우기 위해 앞장섰다. 왜냐하면 강회장은 비대위원장의 고등학교 선배인데 사전에 비대위원장에 관한 많은 정보를 수집하여 잘 알고 있었다. 이를 뒤늦게 알게 된 비대위원장은 강회장을 만나서 광진구청이 사기분양한 것에 깊숙이 관여된 심각한 문제점을 설명해 주면서 비리를 은폐하지 말라며 권고하고 앞으로 사기분양한 토지 636.8 ㎡를 못 찾게 방해를 계속하면 강력한 조치를 강구할 수밖에 없다며 통보하고 나쁜 짓에 손을 떼라며 조언하였다.

이와 같이 광진구청은 자신들이 고의적으로 저지른 H아파트와 관련된 토지 636.8 ㎡에 대한 악질적인 사기분양을 한 것뿐만 아니라 불법선거 등 관리비리를 공모해 완전범죄로 수면 밑에 묻어 두려고 얄팍한 꼼수를 부리며 지속적으로 획책을 하였던 것이 모두 밝혀졌다.

제6부

입주자들이 토지 636.8 ㎡를 찾기 위해 적극 대처

1. 일반적 대처

비대위원장은 공공의 이익을 위하여 사기분양한 서쪽 경계 펜스 밖의 토지 636.8㎡를 찾아 주고, 1404동 빌라 뒤를 분양계약대로 경계까지 수직옹벽을 시공해 달라며 강력히 요구하였다. 그러나 입주자대표 등은 636.8㎡를 못 찾게 방해할 목적으로 정보전달수단을 완전히 통제하고 진실을 전혀 알려주지 않았다. 그리고 H건설의 이익만 대변하며 636.8㎡를 못 찾게 조직적으로 방해하였다.

입주자대표 등은 아파트 지하주차장에 심각한 크랙이 발생하고, 빗물이 새어 자동차가 녹이 슬고 부식되는가 하면 고사목이 화단에 오랫동안 방치되어 있어도 교체하지 않았다. 그리고 H건설에서 부실공사에 대한 하자보수를 해 주지 않는다면서 시간을 끌다가 독촉하는 척하며 차일피일 미루기만 하였다. 이들은 입주자들이 납부한 관리비에서 급여, 수당, 판공비, 회의비, 업무추진비, 격려금을 받으면서도 자신들이 당연히 처리해 주어야 할 일들을 하지 않고 방치하였다.

더구나 입주자대표 등은 입주초기에 사기분양을 전혀 안했다며 감쪽같이 속이고 발뺌을 하였다. 등기면적이 분양면적보다 69.3㎡가 적은 것을 밝혀내자 세대별로 보면 소수점 이하이므로 정산하지 않는 것이라고 속였다. 또한 사업부지 203㎡를 분할하여 제척해 매각한 것을 찾아내자 소송해 손해배상을 받자고 입주자들을 유인하였다.

그런 후에 소송과 관련된 모든 권한을 입주자들에게 위임받고는 서울동부지방법원에서 사기분양한 토지 636.8㎡ 중에서 69.3㎡만 인정한 잘못된 판결을 하였는데도 기다렸다는 듯이 입주자총회를 개최하여 박수부대를 동원해 고의로 항소를 포기하여 못 찾게 방해하였다.

입주자대표 등은 민 · 형사 소송에서 적극적으로 대처하지 않았고 법정에도 제대로 출석하지 않았다. 그렇기 때문에 서울동부지방법원은 한원광장에게 토지 636.8㎡ 중에 69.3㎡만 손해배상책임이 있고, H건설에는 손해배상책임이 전혀 없다고 잘못 판결을 하였다.

그런데도 입주자대표 등은 입주자들에게 개별적으로 항소하면 사기분양한 토지 636.8 ㎡를 찾을 수 있다고 알려주지 않았고, 비대위원장이 공공의 이익을 위해 개인적으로 항소하여 재판을 진행하는데도 결과를 보지 않고 기다렸다는 듯이 박수부대를 동원해 일사천리로 항소를 포기해 사기분양한 636.8 ㎡를 못 찾게 방해하였다.

이와 같이 입주자대표 등은 H건설의 위법행위에 적극적으로 대처하지 않았고, 69.3 ㎡만 인정한 잘못된 재판결과라는 것을 잘 알면서도 못 찾게 의도적으로 항소를 포기해 막대한 피해를 입혔다. 반면에 완전범죄를 노린 H건설은 사기분양한 토지 636.8 ㎡를 교묘하게 속이고, 악질적인 수법으로 능란하게 대처할 수 있었다. 이처럼 H건설은 모든 재판에서 이와같은 교묘한 수법으로 패소한 경우가 한 건도 없다.

그래서 비대위원장은 H아파트의 재판을 철저히 준비하였다. 또한 대륙아주 조 대표변호사님께서는 토지 636.8 ㎡를 사기분양한 것과 비대위원장이 명예훼손을 안했다는 것을 공정하게 변론해 준 덕분에 승소할 수 있었다. 이는 비대위원장이 입주자대표 등에 의해 다음 카페에서 강제로 퇴출을 당한 후에 2015.8.24. 더사모 카페를 개설하여 진실을 정확하게 알려준 헌신적인 노력의 결과이다.

H건설은 입주자대표 등과 공조하면서 계획적이고 조직적이며 지능적인 다양한 수법을 동원해 사기분양, 하자보수, 관리비리 등을 감쪽같이 속이면서 완전범죄로 영원히 은폐하려고 적극적인 방어를 하였다. 이와 같이 사기분양한 토지 636.8 ㎡가 서쪽 경계 펜스 밖에 현장보존이 잘 되어 있고 재건축할 때까지 증거인멸이 불가능한데도 입주자들의 눈과 귀와 입을 막고 완전범죄로 은폐하기 위해 악질적인 방해 공작을 서슴지 않았다. 그럼에도 불구하고 이 사건은 입주자들이 H건설을 상대로 벌인 재판 중에서 처음으로 승소한 것이다.

2. 세부적 대처

H건설은 사기분양, 하자보수, 관리비리 등에 대하여 교묘한 수법을 동원해 감쪽같이 속이면서 은밀하게 대처하는 방법을 잘 알고 있다. 따라서 입주자들이 H건설을 상대로 효율적이며 능동적으로 대처하기 위해서는 반드시 철저하고 적극적인 준비가 필요하다.

먼저 분양단계부터 모형, 카탈로그, 설계도를 확보하여 면밀히 검토하여야 한다. 주변 환경에 맞게 효율적인 설계가 되었는지 조사하고 설계대로 시공을 하였는지 점검하여야 한다. 그리고 분양계약을 위반한 것에 대해 내용증명을 보내 답변을 받아야 한다. 위반사항에 대하여 시정을 해주지 않을 경우에는 재시정을 요구하는 내용증명을 보내고 책임소재의 범위를 명확하게 구분해야 한다. 필요에 따라서는 지적도 및 등기부등본 등을 확인하고 전문가와 상의하여 증거자료를 꼼꼼히 확보해 다양한 법적인 문제에 철저하게 대비하여야 한다.

소송을 제기할 때에는 해당분야의 전문변호사와 상세히 상담하고, 어느 법원에 소송을 제기할 것인지 면밀하게 고려해야 한다. 전문변호사에게 소송을 의뢰하였다고 할지라도 전적으로 변호사만 의존하지 말고 준비서면과 증거자료를 직접 챙기는 것이 좋다. 법정에 증인신청을 할 때도 담당변호사의 조언을 참고하여 사전에 쟁점사항을 미리미리 챙겨두어야 효율적이며 능동적으로 대처할 수 있다.

특히, 변호사가 요구하는 대로 무조건 따라 하지 말고 조언을 참고하여 효율적이고 유리한 방법을 모색하며 적극 대처하여야 한다. 그리고 법정에 반드시 출석하여 재판진행과정을 면밀히 살펴보고 적극적으로 대처하여야 승소할 수 있다. 사건을 맡은 담당변호사가 충분한 시간을 할애하지 못할 경우도 있고, 다른 사건을 수임하는 경우도 예상하여 문제점과 대책을 직접 챙기고 세심하게 관리하며 효율적으로 대처하여야 목표했던 만족할 정도의 재판결과를 기대할 수 있다.

이와 같이 입주자들은 입주자대표 등으로 하여금 공공의 이익을 위하여 성실하게 대변하도록 유도하고, 복합적인 다양한 수법으로 아파트의 정보전달수단을 완전히 통제하며 진실을 감추지 못하도록 철저하게 감시하여야 한다. 또한 관리규약과 선거관리규정, 회계규정 등을 투명하고 공정하게 제정 및 개정하여 집행하도록 지대한 관심을 가져야 한다. 그리고 입주자대표 등이 입주자들의 이익을 적극적으로 대변하기 위하여 성실하게 업무를 수행할 수 있는지와 관리업무를 효율적이며 공정하게 이행하는지를 철저하게 관리하고 감독하여야 한다.

① H건설과 한원광장에 대한 대처

H건설은 분양 당시 토지 636.8 ㎡를 사용과 출입을 하지 못하게 빼고 설계, 모형, 카탈로그에 표시하여 시공하고 사용검사승인을 받았는데 분양대금 82억 원을 받아갔다. 그리고 203 ㎡는 분할하여 제척해 한원광장이 편취하거나 매각하였다. 또한 433.8 ㎡는 한원광장 등이 사용과 출입을 하도록 203 ㎡를 분할하여 제척한 후의 경계 안쪽 4 m 지점에 펜스를 시공해 입주자들이 사용과 출입을 못하면서 매년 재산세만 납부하게 끼워 팔기의 사기분양을 하였다. 그리고 사기분양한 636.8 ㎡를 은폐할 목적으로 1404동 빌라 뒤를 경계까지 수직옹벽을 시공하지 않고 분양계약을 위반해 경계 안쪽에 계단과 산책로를 시공하였다.

더구나 H건설은 지하 주차장에 심각한 크랙이 발생하고, 빗물이 새어 녹물이 주차된 자동차에 떨어지는 등 심각한 하자가 발생하였는데도 하자보수를 제대로 처리하여 주지 않고 미루기만 하였다. 그리고 고사목이 화단에 오랫동안 방치하고 있어도 전혀 교체해 주지 않았다. 그런데도 입주자대표 등은 입주자들의 이익을 위해 전혀 대변하지 않았고, 오히려 사기분양, 하자보수, 관리비리 등을 감쪽같이 속이면서 H건설의 이익만을 챙기기며 대변하기에 급급하였다.

그러나 비대위원장은 H건설의 악질적인 위법행위를 찾아내어 손해배상을 받기 위해서 설계, 모형, 카탈로그, 지적도, 등기부등본, 허가 신청 서류, 사용검사승인도면, 최초 설계도 및 설계변경서류 등을 면밀히 비교 · 검토하였다. 또한 현장을 꼼꼼하게 직접 확인해 분양계약을 위반한 것이 있는지 자세하게 점검하였다.

H건설은 전문건설업체이므로 사기분양, 하자보수, 관리비리 등에 대한 대처능력과 증거인멸을 위한 노하우가 다양한 반면 입주자들은 주의를 기울이지 않으면 쉽게 발견할 수가 없다. 그러므로 입주자들은 보다 적극적이고 철거하게 준비하여야 효율적으로 대처할 수 있다.

② 관리소장에 대한 대처

H건설은 입주자들이 H아파트에 입주하기 이전부터 국제경보산업(주)을 위탁관리회사로 지정하였고, 그곳에서 관리소장을 파견 받아 근무하게 하였다. 그런데 국제경보산업(주)은 H건설 및 계열사에서 근무한 퇴직자들로 구성된 관리용역업체이다. 초대 최○현 관리소장도 H그룹의 계열사에서 근무하다가 퇴직을 하였다.

따라서 관리소장은 H건설의 이익을 대변하며 서쪽 경계 펜스 밖의 토지 636.8 ㎡가 사기분양된 것을 감쪽같이 속이고 은폐하는데 앞장을 섰다. 또한 관리소장은 처음부터 입주자대표 등과 공조하며 아파트의 정보전달수단을 완전히 통제하면서 속였고 사기분양, 하자보수, 관리비리 등을 은밀하게 은폐하기 위해 전념을 다했다.

그렇지만 비대위원장은 관리소장이 위법행위를 하지 못하게 사전적으로 차단하였다. 사기분양, 하자보수, 관리비리 등을 철저하게 시정하기 위해 관리소장과 위탁관리회사, H건설, 한원광장간의 이해관계를 자세히 살펴보았다. 특히, 관리소장이 H건설의 이익을 대변하는지, 입주자들의 이익을 위해 성실하게 대변할 수 있는지, 불법선거로 승계하지 않는지, 정직하게 근무할 사람인지 알아보았다. 또한 정보전달수단을 통해 진실한 정보를 알려주며 입주자들의 이익을 대변할 수 있는지 대처하였다.

③ 입주자대표에 대한 대처

입주자대표는 입주자들의 이익을 대변하기 위한 최고 의결기구인 입주자대표회의를 구성해 운영한다. 반면에 관리소장은 집행기구로서 관리규약, 회계규정, 선거관리규정 등 제 규정에 의거 관리업무를 수행하고, 중요한 업무를 입주자대표회의에서 결정하여 처리한다. 따라서 입주자들은 자신들의 의사와 이익을 위해 대변하며 성실히 봉사를 할 수 있는 사람으로 입주자대표를 선출하여야 한다.

그러나 관리소장은 다음 카페를 통해 활동한 입주예정자 모임에서 5명을 입주자대표로 선출하여 최초로 입주자대표회의를 구성하였다. 입주예정자 모임은 분양 초기부터 다음 카페를 개설하여 모델하우스에서 당첨자를 모집해 활동하였다. 그리고 수분양자를 상대로 H건설이 부실공사를 많이 하기 때문에 함께 똘똘 뭉쳐 사전에 철저하게 체크하고 대응하자며 다음 카페에 가입시켜 적극적으로 친목을 도모하였다.

이와 같이 입주자대표는 분양 초기부터 입주자들을 다음 카페에 가입시켜 친목활동을 하였고, 그것을 미끼로 입주예정자 모임에서 활동한 입주자들의 지원으로 입주자대표에 선출될 수 있었다. 이렇게 선출된 입주자대표는 헌신적으로 봉사하는 것처럼 위장하며 사기분양, 하자보수, 관리비리 등을 감쪽같이 속이고 은폐하였다.

입주자대표는 바쁜 일상에 쫓기는 입주자들을 회유하여 주택법령과 관리규약에서 규정한 모든 권한을 위임받았다. 이렇게 입주자들로부터 권한을 전부 위임받은 입주자대표는 입주자들의 이익을 위한 업무수행을 하여야 함에도 불구하고 H건설의 사기분양, 하자보수를 못 받게 방해하기 위해 조직적으로 총력을 기울였다.

입주자들이 다음 카페를 통해 문제를 제기하고 시정을 요구하여도 입주자대표는 진실을 감쪽같이 감추고 속이며 차단하려고만 몰두하였다. 그럼에도 불구하고 차단과 은폐가 어려우면 무조건 다음 카페에서 강제로 퇴출시켰다. 나아가 인신공격과 유언비어를 퍼트리며 실토를 하지 못하게 매도하였다. 차후에라도 다음 카페에 들어와서 억울함을 호소할 것을 영원히 차단하기 위해 강제로 퇴출시킨 회원에게 다음 카페의 회원 자격을 완전히 상실하도록 강력히 조치하였다.

이와 같이 입주자대표가 온갖 위법행위와 갑질을 못하게 방지하기 위해 비대위원장은 입주자들이 아파트의 관리업무에 많은 관심을 갖고 적극적으로 참여하도록 더사모 카페를 통해 진실을 사실대로 정확하게 알려주었다. 또한 공정하고 투명하게 관리업무를 수행하도록 철저히 감시하였다. 이러한 방법으로 입주자들의 의사와 이익을 대변해 그나마 보호할 수 있었고, 입주자들이 살기 좋고 비리 없는 아파트로 만들 수 있도록 적극적이며 효율적으로 대처하였다.

④ 선거관리위원에 대한 대처

관리소장은 분양 당시부터 다음 카페에서 활동한 입주예정자 모임을 주축으로 선거관리위원 3명을 위촉해 최초 선거관리위원회를 구성하였다. 관리소장과 선거관리위원회는 입주자들의 이익을 위하여 사기분양, 하자보수, 관리비리 등을 효율적으로 해결하기 위한 입주자대표를 선출하려는 것이라고 홍보하며 위장해 공고하였다.

또한 관리소장과 선거관리위원회는 다음 카페를 통해 활동한 입주예정자 모임에서 선거구별로 복수가 아닌 단독후보가 출마하도록 자연스럽게 조정하며 유도하였다. 그리고 선거구별로 출마한 단독후보자를 상대로 입주자들에게 방문투표를 실시하여 과반수 이상 찬반을 묻고 입주자대표로 선출해 입주자대표회의를 구성하였다.

이때 입주자들은 관리소장이 최초 선거관리위원을 위촉할 경우 입주자들의 이익을 위하여 진정으로 대변할 수 있는 선거관리위원을 위촉해 선거관리위원회를 구성하도록 각별히 신경을 써야 한다. 그러나 입주자들은 자신들의 생업에 바쁘다 보면 다른 입주자들이 알아서 선출해 줄 것으로 생각하고 미처 관심을 갖지 않았다.

이러한 무관심한 틈새를 최대한 이용해 관리소장은 사기분양, 하자보수, 관리비리 등을 은폐하기 위해 입주자들의 이익에 반하고 H건설과 한원광장의 이익을 대변할 수 있는 선거관리위원으로 선출하였다. 따라서 입주자들은 자신의 의사와 이익을 대변하지 않는 선거관리위원으로 선출하지 못하도록 많은 관심을 가져야 함은 물론 진정으로 봉사할 수 있는 선거관리위원이 선출되게 각별히 신경을 써야 한다. 입주자들은 성실하게 최선을 다하는 선거관리위원을 선출하는 것이 살기 좋고 비리 없는 아파트를 만들 수 있는 현명하고 효율적인 대처방법인 것이다.

⑤ 봉사회원에 대한 대처

봉사회원은 입주자들의 이익을 대변하고 아파트의 건전한 발전을 위해 헌신적으로 봉사하고자 봉사회를 구성하였다. 봉사회장은 입주자대표를 선출할 선거관리위원 2명을 추천하는 권한을 갖는다. 관리소장은 입주예정자 모임에서 활동한 입주자들로 선거관리위원을 위촉해 최초로 선거관리위원회를 구성하였다. 선거관리위원회는 입주자대표를 선출해 최초로 입주자대표회의를 구성하였다. 이어서 관리소장은 봉사회원을 위촉하여 최초로 봉사회를 구성하였다.

따라서 관리소장은 분양 초기에 다음 카페를 통해 활동한 입주예정자 모임의 입주자들을 주축으로 하여 봉사회원을 위촉해 최초 봉사회를 구성한 것이다. 이와 같이 관리소장은 봉사회를 조직하여 사기분양, 하자보수, 관리비리를 감쪽같이 은폐할 목적으로 운영하였다.

봉사회장은 분양 당시 아파트가 5층에 당첨되었는데 H건설에서 17층으로 바꾸어 주었다고 자랑하였다. 좋은 층으로 변경해 준 것은 모종의 대가인 것이 분명했다. 또한 봉사회의 자금을 집행 관리하며 장부와 영수증을 보관하고 집행한 결과를 보고하는 책임이 있는데 집행과정 및 결과를 공개하지 않았다. 이에 봉사회원들이 공개하라는 불만이 증폭되었지만 입주자대표 등이 나서서 수습하였다.

이러한 봉사회의 잘못된 업무처리를 방지하기 위해 비대위원장은 봉사회에 각별한 관심을 가지고 지켜보았다. 그리고 입주자대표, 선거관리위원, 관리소장이 봉사회의 임원을 입주자들에게 이익이 되도록 봉사할 수 있는 사람이 위촉되게 수시로 감시하였다. 또한 입주자들이 봉사회에 많이 참여해 입주자들의 이익을 성실히 대변할 수 있게 유도하였고, 공정하고 체계적인 관리시스템을 만들도록 하였다. 봉사회의 회비를 집행하기 위한 통장, 장부, 서류를 투명하며 효율적으로 관리하도록 유도하였다.

⑥ 통장에 대한 대처

통장은 광진구청과 광장동사무소에서 알리는 사항을 전달하고, 현안문제를 건의하며 아파트 발전에 기여하는 업무를 담당한다. 또한 통장은 입주자대표를 선출하는 선거관리위원 2명을 추천할 권한을 갖는다. 관리소장은 분양 당시 입주예정자 모임에서 적극적으로 활동한 입주자를 통장에 지원하도록 독려하며 추진하였다.

그러나 H아파트의 경우 통장이 입주예정자 모임에서 적극적으로 활동한 입주자가 선임되지 않고 다른 입주자가 선임되었다. 새롭게 위촉된 통장은 입주자대표 등이 사기분양, 하자보수, 관리비리 등을 은밀하게 은폐하는 것에 전혀 공조하지 않았고 아파트의 발전을 위하여 입주자들에게 모든 진실을 공정하고 정확하게 알려주면서 잘못한 것을 바르게 시정하기 위해 올바른 행동을 하였다.

더구나 통장은 사기분양한 서쪽 경계 펜스 밖의 토지 636.8㎡를 찾기 위해 헌신하는 비대위원장의 정의로운 행동에 적극적으로 동조하며 입주자들에게 진실을 정확히 알리기 위해 노력하였다. 그러자 입주자대표 등은 광장동사무소의 동장을 찾아가 통장을 모함하는 민원을 제출해 괴롭히며 사퇴하도록 유도하였다.

이때 입주자대표 등은 유언비어를 퍼트리고 인신공격을 하면서 억지주장과 모함을 일삼았다. 그러자 통장은 입주자들을 위해 열심히 봉사를 하면서 더 이상 억울하게 욕을 먹기 싫다며 사퇴하였다. 그런 후에 입주자대표 등은 통장을 H건설에 근무하는 간부의 부인이며 봉사회에서 636.8 ㎡를 못 찾게 부회장으로 활동한 성○남을 추천해 선임하였다.

그러나 비대위원장은 입주자들의 의사와 이익을 위해 성실하게 대변한 통장을 마음대로 교체하지 못하게 하고자 불의에 맞서 입주자들과 합심해 소신껏 일할 수 있도록 적극적으로 협조하며 힘을 보태주었지만 입주자대표 등의 저돌적인 방해공작으로 인해 실패하였다. 이러한 경우 입주자들은 공정하게 선임된 통장이 진정으로 입주자들의 이익을 위하여 열심히 대변할 수 있고, 아파트 발전을 위해 성실히 업무를 수행할 수 있도록 적극적으로 대처해 보호하여야 한다.

⑦ 노인회에 대한 대처

노인회는 아파트에 거주하는 입주자로서 친목모임을 위해 65세 이상의 어르신들로 구성한다. 노인회는 아파트의 최고 연장자들의 모임으로서 도덕과 윤리를 모범적으로 실천하며 입주자들의 화합과 친목을 도모하고 입주자들을 위해 봉사하여야 한다. 노인회 회장은 입주자대표를 선출하는 선거관리위원 2명을 추천할 권한을 갖는다. 따라서 관리소장은 사기분양, 하자보수, 관리비리 등을 은폐하는데 동조할 수 있는 입주자를 주축으로 노인회의 임원을 구성하려고 하였다.

노인회는 경로당에서 친목을 통해 우정을 나누고 그동안 살아온 소중한 경험을 바탕으로 더불어 함께 살아가는 입주자들에게 귀감이 되며, 보람 있는 봉사활동을 통해 활기찬 노후를 보내는데 목적이 있다. 그리고 H아파트의 경로당은 할아버지 방, 할머니 방, 화장실 2개, 부엌, 마루, 온 · 냉방시설이 최신식으로 아주 잘 갖추어져 있다.

그런데도 입주자대표 등은 노인회를 구성하지 못하게 조직적으로 방해하면서 입주한지 4년 동안 경로당을 개방하지 않고 방치하였다. 왜냐하면 노인들이 사기분양, 하자보수, 관리비리 등에 대하여 강력하게 시정을 요구하였기 때문이다. 이와 같이 입주자대표 등은 고의로 노인회를 구성하지 못하게 관리소장과 함께 방해하였다. 하지만, 노인들은 비대위원장의 도움을 받아 33명으로 노인회를 결성해 경로당 설치를 대한노인회에 신고하였고, 광진구청에 등록하였다.

이때 입주자대표 등은 광진구청에 신고필증을 내주지 말라고 민원까지 제출해 조직적으로 방해하였다. 이에 대하여 광진구청은 직접 실사하여 민원내용과 전혀 다른 것을 정확하게 확인하고 신고필증을 발급하여 주었다. 노인들은 입주자대표 등이 경로당을 4년 동안 열지 않고 방치해 편리한 시설을 이용하지 못하였음은 물론 약 3천만 원 상당(매월 40만 원과 쌀 1포대)의 지원금을 받을 수 없었다.

더구나 노인들은 경로당을 어렵게 개방하였지만 입주자대표 등이 취사도구와 냉장고, 에어컨 등 긴급하게 필요한 필수품조차 마련하여 주지 않았다. 따라서 비대위원장은 입주자들에게 긴급히 도움을 호소하여 경로당에 반드시 필요한 필수품을 우선 구입해 드렸다. 입주자들이 아파트에 입주가 시작되면 모든 커뮤니티 시설의 완전한 개방은 당연하다. 4년간이나 경로당 시설의 폐쇄는 자원의 낭비이며 딱히 오갈 데가 없는 노인들의 안위를 위협하는 부당한 행위이다.

이러한 악질적인 수법으로 입주자대표 등은 경로당의 개방을 미루는 위법행위와 갑질을 저질렀는데 이에 대처하기 위하여 입주자들의 적극적인 관심과 행동이 뒤따라야 한다. 입주자들은 일치단결해 합리적이며 적법한 절차에 의거 입주하는 즉시 경로당이 개설되어 운영되도록 지대한 관심을 가져야 한다. 경로당의 개방은 갈 곳 없는 노인들의 안락한 휴식처가 되는 곳이지만, 지난 세월의 풍부한 경험과 지식을 바탕으로 귀감이 되는 윤리교육의 현장학습소이기도 하다. 어른을 올바로 공경하는 것은 그 무엇보다 가장 우선시 되어야 하는 매우 중요한 일이고, 기초적이며 참된 교육의 밑바탕이기 때문이다.

⑧ 경비원에 대한 대처

H건설은 H아파트를 건축하면서 경비용역업체로 KT를 선정해 업무를 위탁하였고, 입주한 후에도 계약을 계속 유지하였다. 경비원은 아파트에 설치되어 있는 CCTV를 보면서 외부인의 출입을 관찰하고 보안업무를 수행한다. 그러나 H아파트의 경우에는 다른 아파트와 달리 사기분양, 하자보수, 관리비리의 진실을 정확하게 파헤쳐 올바로 시정하기 위해 고군분투하는 비대위원의 동태를 지속적으로 파악하여 감시하였다.

경비원들은 비대위원이 사기분양된 토지 636.8㎡를 찾기 위한 안내문을 게시판과 엘리베이터 공지에 부착하면 즉시 떼어냈다. 그리고 우편함에 유인물과 전달사항을 배부하면 CCTV로 지켜보고 있다가 즉시 회수하였다. 이처럼 입주자대표 등은 사기분양한 것에 관한 모든 진실을 알려주지 못하게 은폐하며 조직적으로 방해하였다.

이에 더하여 입주자대표 등은 대리투표로 승계하였는데도 불법선거한 선거인명부를 검증해 주지 않았고, 관리 서류의 열람을 거부하며 투명하게 공개하지 않았다. 더구나 경비업체를 KT에서 에스원으로 교체한 후에도 경비원을 시켜 모든 정보를 완전히 차단하고 입주자들에게 진실을 정확하게 알려주지 않고 감쪽같이 속이며 은폐하였다.

그러나 비대위원장은 경비원이 입주자대표 등의 지시를 무조건 따르며 위법행위와 갑질을 못하도록 방지하기 위하여 H건설과 한원광장이 경비업체와 밀월관계가 있는지 자세히 점검하였다. 또한 경비업체가 입주자들의 의사와 이익을 위해 아파트에 관한 진실된 정보를 숨김없이 정확히 전달할 수 있는지 확인하였다.

이와 같이 입주자들은 입주자대표 등이 경비용역계약을 체결한 이후에도 경비원들이 진정으로 입주자들을 위해 올바른 업무수행을 하는지 수시로 관리감독을 철저히 하여야 한다. 또한 경비원들이 입주자들의 이익을 위해 일을 스스로 찾아서 하도록 관심을 가져야 한다.

⑨ 청소원에 대한 대처

청소원은 아파트를 청결하게 유지 관리하도록 업무를 수행하여야 한다. 그러나 H아파트의 경우에는 비대위원장이 설치한 게시물과 배부한 유인물 등을 입주자대표 등의 지시에 따라서 입주자들이 받기도 전에 수거해 은폐하는 위법행위와 갑질을 저질렀다.

이처럼 청소원이 입주자대표 등의 지시를 따르는 것은 어쩔 수 없는 명령에 의한 업무의 일환일지 모른다. 그러나 청소원들은 입주자들이 납부한 관리비에 의해 급여, 수당, 격려금을 받고 있기 때문에 입주자들의 이익을 위하여 성실히 대변할 막중한 책임과 의무가 있다. 따라서 입주자들은 청소용역업체를 선정할 때 입주자대표 등과 이해관계가 얽힌 업체는 아닌지, 입주자들의 이익을 위해 성실하게 대변할 수 있는지, 정보전달 수단을 완전히 통제하며 정확한 정보를 전달하지 않을지 면밀히 따져 보고 적극적이며 효율적으로 대처하여야 한다.

제7부

입주자대표 등이 더사모 카페를 폐쇄하고자 모함

1. 네이버에 더사모 카페를 폐쇄해 달라고 민원제출

비대위원장은 2015.2.10. 서울고등법원에서 판결을 받고, 대한지적공사에서 측량하여 서쪽 경계 펜스 밖의 토지 636.8㎡가 사기분양된 것을 증명하였다. 그리고 사기분양한 636.8㎡를 은폐하기 위해 수직옹벽을 시공하지 않고 분양계약을 위반해 경계 안쪽에 계단과 산책로를 시공한 것을 확인한 후에 시정해 달라고 요구하였다. 그러나 입주자대표 등은 토지 636.8㎡를 못 찾게 방해할 목적으로 입주자들에게 알려주지 못하도록 비대위원장을 다음 카페에서 2015.7.18. 강제로 퇴출시켰다.

하는 수 없이 비대위원장은 공공의 이익을 위해 2015.8.24. 더사모 카페를 개설하여 입주자들에게 사기분양한 토지 636.8㎡를 찾아야 한다고 알려주기 시작하였다. 그런데 입주자대표 등은 사기분양한 636.8㎡에 대한 진실이 모두 드러날까 두려워하면서 더사모 카페를 폐쇄해 달라고 변호사를 앞세워 네이버에 민원을 제출하였다. 이는 비대위원장이 더사모 카페에서 사기분양한 토지 636.8㎡에 관한 진실을 정확하게 알려 주었기 때문에 아파트의 정보전달수단을 완전히 차단하고 감쪽같이 속이기 위한 목적으로 네이버에 폐쇄를 요구한 것이다.

입주자대표 등은 2016.6.21. 임기가 만료되었고, 관리규약, 입주자대표 해임안(75%서명), 위임장(55%서명)에 의거, 입주자들에게 위임을 받았던 모든 권한이 완전히 상실되었다. 따라서 입주자들은 2016.6.26. 52%가 비밀투표에 직접 참여해 입주자대표를 선출하여 제3기 입주자대표회의(회장 소○영)를 합법적인 방법으로 구성하였다. 그러나 입주자대표 등은 제3기 입주자대표회의에 업무를 인계하지 않고 사기분양한 토지 636.8㎡를 못 찾게 조직적으로 방해하였다.

더구나 입주자대표 등은 입주자들이 제3기 입주자대표회의를 구성하였음에도 불구하고 오히려 입주자들의 의사에 반해 불법으로 선거관리업무에 관여하며 2016.7.14. 제3기 선거관리위원회(위원장 최○호)를 지명하였다. 또한 입주자대표 등은 전자투표를 악용한 대리투표로 불법 선거를 하여 2016.8.11. 제3기 입주자대표(유○운, 공○미, 임○익)를 선출해 제3기 입주자대표회의를 구성하였다. 그런데도 불법선거한 선거인명부를 입주자들에게 검증해 주지 않았다. 이는 입주자대표 등이 2016.6.21. 임기 만료된 후에 업무를 인계하지 않고 불법으로 사기분양한 토지 636.8㎡를 못 찾게 선거관리업무를 수행한 것이다.

그런데도 입주자대표 등은 비대위원장이 더사모 카페에 글을 올려 자신들의 명예훼손을 하였다며 사기분양한 토지 636.8㎡를 찾기 위한 26편의 글을 삭제해 달라고 민원을 제출하였다. 이에 대해 네이버는 정확한 원인조사도 하지 않고 삭제해 주었다. 이어서 입주자대표 등은 네이버에 더사모 카페를 완전히 폐쇄하여 달라고 민원을 제출하였다.

그러나 비대위원장은 공공의 이익을 위하여 2015.7.18. 다음 카페에서 강제로 퇴출을 당한 후에 2015.8.24. 더사모 카페를 개설해 사기분양한 토지 636.8㎡를 찾아야 한다고 진실을 알려 주었다고 통보하였다. 또한 사기분양한 636.8㎡를 찾고자 서울중앙지방법원에 2017.2.28. 소송을 제기해 진행 중이며, 입주자들에게 재판진행사항을 수시로 알려줄 책임이 있기 때문에 더사모 카페를 폐쇄하지 말라고 통보하였다.

그리고 비대위원장은 입주자대표 등이 다음 카페에서 비대위원장을 강제로 퇴출시킨 후에 날조된 유언비어로 인신공격하며 명예훼손을 하였는데 이에 더하여 더사모 카페까지 폐쇄시켜 사기분양한 토지 636.8㎡를 못 찾게 방해하는 것이라고 설명해 주었다. 아울러 입주자들은 비대위원장이 더사모 카페에서 게시한 글을 읽고 난후에 서쪽 경계 펜스 밖의 636.8㎡가 사기분양된 것을 정확히 알게 되었기 때문에 네이버에 대해 매우 고맙게 생각한다고 진실을 명확하게 통보하였다.

비대위원장은 입주자대표 등에게 다음 카페에서 강제로 퇴출을 당해 더 이상 게시의 글을 쓸 수 없으므로 언제든지 더사모 카페에 들어와 마음껏 글을 써도 좋고 비대위원장을 비난해도 좋다고 허용하였는데 입주자대표 등은 다음 카페에서만 거짓의 글을 쓰며 유언비어를 퍼트리고 더사모 카페에는 전혀 들어오지 못하고 있다.

또한 비대위원장은 입주자대표 등에게 입주자들의 이익에 반하는 것이 있다면 사실대로 정확하게 지적해 달라고 통보하며 입주자대표 등이 토지 636.8 ㎡를 못 찾게 다음 카페에서 강제로 퇴출시켰으므로 진실을 알리기 위해서 더사모 카페를 개설한 것이며, 공공의 이익을 위해 당연한 결정이라고 사실대로 정확히 통보하였다.

따라서 네이버는 더사모 카페를 폐쇄하는 것이 정보전달매체의 근본 목적에 반하는 행위이며, 입주자들이 사기분양한 서쪽 경계 펜스 밖의 토지 636.8 ㎡를 찾기 위한 정보공유에 심각하게 방해가 될 수 있다면서 더사모 카페의 폐쇄 요청을 단호하게 거절하였다.

2. 방송통신심의위원회에 더사모 카페를 폐쇄해 달라고 민원제출

입주자대표 등은 네이버에서 더사모 카페의 폐쇄를 거부당하자 이번에는 또다시 변호사를 앞세워 방송통신심의위원회에 더사모 카페를 폐쇄해 달라고 민원을 제출하였다. 이는 비대위원장이 마치 잘못해 입주자대표 등의 명예훼손을 심각하게 저지른 것처럼 위장하며 감쪽같이 속이고 더사모 카페를 폐쇄하여 달라고 요구한 것이다.

그러나 비대위원장은 방송통신심의위원회에 입주자대표 등이 사기분양한 토지 636.8 ㎡를 못 찾게 방해할 목적으로 오히려 불법선거로 승계하면서 정보전달수단을 완전히 통제하고 위법행위를 저지르며 방해하였기 때문에 입주자들이 사기분양을 당한지 10년이 지나도록 서쪽 경계 펜스 밖의 토지 636.8 ㎡를 못 찾고 있다고 통보하였다.

더구나 입주자대표 등은 고소, 고발, 수사, 재판을 야기하고, 변호사를 앞세워 거짓의 진술, 준비서면, 증거자료, 탄원서를 제출해 광진경찰서,

서울동부지검, 서울고검, 서울동부지방법원, 서울중앙지방법원, 서울고등법원, 대법원이 속아서 오판하도록 사법농단을 저질렀다. 그래서 비대위원장은 사기분양한 토지 636.8㎡를 찾아주려고 하였음에도 선량한 피해자에서 악질적인 가해자로 뒤바꿔 놓았다고 통보하였다.

따라서 방송통신심의위원회는 비대위원장이 더사모 카페에 공지한 전체의 글들을 면밀히 검증하고 조사하였다. 그리고 2019.4.12. 심의위원회에 안건을 상정해 의결하였다. 그 결과 더사모 카페가 입주자들의 공공의 이익을 위해 사기분양한 토지 636.8㎡를 찾고자 진실을 알려주려고 했다는 것이 확실히 인정되었기 때문에 입주자대표 등에게 공공의 이익을 위해 더사모 카페를 폐쇄할 수 없다고 거부하였다.

이는 비대위원장이 대법원에서 이미 확정판결을 받았기 때문에 더사모 카페가 공공의 이익을 위한 정보전달수단의 역할을 인정받았고, 이번에도 방송통신심의위원회에서 같은 이유로 더사모 카페가 공공의 이익을 위한 것이라고 또다시 확실하게 인정받게 되었다.

3. 광진경찰서에 명예훼손을 하였다고 위장해 비대위원장을 계속해서 고소

입주자대표 등은 비대위원장이 명예훼손을 하였다고 위장해 더사모 카페를 폐쇄하려고 2016.3.14. 광진경찰서에 고소하였다. 그러나 서울동부지방법원에서 공공의 이익을 위하여 알려준 것을 인정하였고 대법원에서 확정하였기 때문에 더사모 카페의 폐쇄에 실패하였다. 이어 입주자대표 등은 네이버와 방송통신심의위원회에 민원을 계속 제출하였는데 비대위원장의 진실을 알고 거부해 폐쇄에 실패하였다.

왜냐하면 입주자대표 등이 명예훼손을 하였다며 위장해 광진경찰서에 고소하였지만 비대위원장은 공공의 이익을 위해 사기분양한 토지 636.8㎡를 찾으려고 했을 뿐이며, 누구의 명예훼손을 하거나 명예훼손을 할 필요가 전혀 없었다는 것을 증명하기 위해 서울동부지방법원에 정식재판을 청구하였다. 그러나 진실이 왜곡되어 무죄가 아닌 선고유예로 판결을 받았고 대법원에서 확정되었다. 또한 방송통신심의위원회에서 더사모 카페에 게시한 글의 전부를 검증하고 조사하여 심의회의를 개최한 결과 공공의 이익을 위해 진실을 알려준 것이 증명되었기 때문이다.

더구나 서울동부지방법원은 비대위원장이 공공의 이익을 위하여 진실을 정확하게 알려주면서 헌신적으로 봉사한 것을 인정하면서도 2016.8.22. 무죄가 아닌 선고유예로 잘못 판결(2016고정1717)하였다. 그리고 대법원에서 2018.3.9. 그대로 확정되었는데도 입주자대표 등은 사기분양한 토지 636.8 ㎡를 못 찾게 방해할 목적으로 진실을 더 이상 알려주지 못하도록 더사모 카페를 폐쇄할 목적으로 변호사를 앞세워 비대위원장이 명예훼손을 하였다고 위장하며 감쪽같이 속이고 광진경찰서에 2018.10.8. 및 2019.3.14. 또다시 고소를 하였다.

따라서 비대위원장은 광진경찰서의 사이버수사팀 박○현 경사에게 고소장을 열람하고, 입주자대표 등이 종전과 같이 사기분양한 토지 636.8 ㎡를 못 찾게 방해할 목적으로 명예훼손을 하였다고 운운하며 위장하여 고소를 한 것이기 때문에 담당변호사님과 협의해 수사에 적극적으로 협조하여 진실을 명확히 밝히겠다고 설명하였다.

하지만 박○현 경사는 무조건 수사를 하여야 한다며 비대위원장에게 출석할 것을 요구하였다. 그러나 비대위원장은 2016.3.14. 명예훼손을 하였다며 고소해 이미 대법원에서 확정판결을 받은 것과 같은 내용이고, 입주자대표 등이 사기분양한 토지 636.8 ㎡를 못 찾게 방해할 목적으로 위장해 고소한 것이 확실하다고 자세히 설명하였다.

그러면서 비대위원장은 박○현 경사에게 사기분양한 서쪽 경계 펜스 밖의 토지 636.8 ㎡가 현장보존이 잘 되어 있고, 재건축할 때까지 증거인멸을 할 수도 없기 때문에 직접 현장검증을 실시하면 입주자대표 등이 토지 636.8 ㎡를 못 찾게 방해할 목적으로 위장해 고소한 이유를 정확하게 알 수 있다고 자세히 설명해 주었다. 그리고 현장검증을 실시한 후에 출석해 수사에 적극적으로 협조하겠다고 통보하였다.

그런데도 박○현 경사는 수사하기 이전에 비대위원장이 현장검증을 해달라고 요구한 것을 하지도 않으면서 무조건 출석만 하라고 독촉하였다. 그러나 비대위원장은 수사에 앞서 먼저 현장검증을 하여야 공공의 이익을 위해 공정하게 수사할 수 있다고 강력히 설득하였다. 그리고 비대위원장은 박○현 경사와 2019.2.13. 만나서 이야기를 하기로 협의하였고, 비대위원장은 그날 현장검증을 실시하기로 약속을 받아냈다.

그런 후에 비대위원장은 담당변호사님과 함께 스타벅스에서 박○현 경사를 만났다. 이때 박○현 경사는 이○현 경위, 김○준 경사와 함께 왔다. 같이 와서 예감이 이상했지만 비대위원장은 담당변호사님이 입회한 가운데 수사관 3명에게 서쪽 경계 펜스 밖의 토지 636.8 ㎡에 대한 현장을 직접 안내하면서 분양대금 82억 원을 납부하였는데 10년이 지나도록 사용과 출입을 못하고 있어 막대한 피해를 입었다며 설명해 주었다.

처음에 수사관들은 서쪽 경계 펜스 밖의 사기분양한 토지 636.8 ㎡에 대한 현장검증을 탐탁하지 않게 여기며 보지 않으려고 하였다. 그러나 비대위원장은 사기분양한 토지 636.8 ㎡를 보자고 강력히 요구하는 바람에 수사관들이 어쩔 수 없이 현장을 둘러 볼 수밖에 없었다. 비대위원장은 현장보존이 잘 되어 있고, 증거인멸을 할 수 없는데도 계속 찾아주지 않고 속이는 것을 정확히 확인시켜 주었다. 담당변호사님은 현장검증이 끝날 무렵에 사무실로 돌아갔고, 비대위원장은 정문 앞의 도로가 분양 당시 4차선으로 계획되었는데 분양계약을 위반해 3차선으로 시공한 것까지 수사관 3명에게 자세히 설명하고 현장검증을 마쳤다.

변호사님이 돌아간 뒤에 현장검증이 끝나자마자 박○현 경사는 이○현 경위, 김○준 경사와 같이 비대위원장에게 수사를 하여야 한다며 광진경찰서로 함께 가자고 요구하였다. 그러나 비대위원장은 사기분양한 서쪽 경계 펜스 밖의 토지 636.8 ㎡에 대한 현장검증을 하였고 문제점도 직접 확인했기 때문에 빠른 시일 내에 담당변호사님과 일정을 협의한 후에 함께 출석해 수사를 성실하게 받겠다며 사정하였다.

그러나 박○현 경사는 무조건 광진경찰서로 갈 것을 요구했고, 비대위원장은 담당변호사님이 있어야 수사를 받겠다고 설득하였다. 그런데도 박○현 경사는 비대위원장이 현장검증을 실시한 후에 수사를 받겠다고 말하지 않았냐고 하고는 서울동부지방법원에서 발부한 체포영장을 비대위원장에게 제시하였다. 그러나 비대위원장은 현장검증을 하게 되면 공정한 수사를 할 수 있다고 계속 설명해 준 것을 박○현 경사가 자진 출석하여 수사를 받아야 하는 것을 3회 이상 고의로 거부한 악질적인 피해자라고 보고하여 서울동부지방법원에서 체포영장을 발부받은 후에 소지하고 다녔다는 것을 뒤늦게 알게 되었다.

체포영장을 가지고 현장검증을 하였으면서도 변호사님이 돌아가고 나서야 할지도 모를 행위에 대한 체포영장을 내미는 것은 엄연히 선량한 국민을 위협한 강압적인 수사이다. 체포영장을 확인한 비대위원장은 별도리 없이 박○현 경사에 의해 광진경찰서로 끌려갈 수밖에 없었다. 비대위원장은 서둘러 담당변호사님에게 연락해 광진경찰서에서 수사를 받고 있으니 돌아와서 입회해 달라고 부탁하였다. 담당변호사님은 조금 전까지 본인이 있을 때 수사관들이 체포영장에 관해 전혀 얘기가 없었고 체포영장을 발부할 사건도 전혀 아니라며 의아해 하였다.

이와 같이 비대위원장은 억울하게 2019.2.13. 저녁 20시 30분부터 박○현 경사에게 체포되어 담당 변호사님과 김○준 경사의 입회하에 수사를 받았고, 2019.2.14. 새벽 04시 30분경에 수사를 마쳤다. 수사를 시작하기 전에 비대위원장은 공정한 수사를 증명하고자 수사 과정을 녹취와 녹화를 해달라고 요청해 모든 증거를 남겨 놓았다. 이와 같이 비대위원장은 어처구니없게도 유치장에 갇혀서 다음날 저녁 21시까지 억울한 감정을 참으면서 검사의 현명한 결정을 기다릴 수밖에 없었다.

비대위원장은 공공의 이익을 위하여 사기분양한 토지 636.8㎡를 찾고자 공명정대하게 봉사활동을 하면서도 입주자대표 등의 끊임없는 사법농단으로 인해 애꿎게 악질적인 가해자로 몰려 유치장 신세까지 져야 하는 괴로움을 겪어야만 했다. 사기를 당한 636.8㎡를 찾아주려고 최선을 다한 선량한 봉사자에서 명예훼손을 하였다며 악질적인 가해자로 뒤바꿔 놓고 고소해 유치장 신세까지 경험하는 억울함을 당했다.

그렇지만 비대위원장은 공공의 이익을 위하여 진실을 알려주는 것을 절대로 포기하지 않았고, 어느 누구의 명예훼손을 할 필요도 없으며, 명예훼손을 하지도 않았다고 솔직하게 진술하였다. 그리고 수사과정에서 정직하게 답변을 하였고, 적극적으로 협조하였기 때문에 검사가 올바른 판단을 내릴 것이라고 확신을 할 수밖에 없었다.

이와 같이 비대위원장은 본의 아니게 누명을 쓰고 유치장에 들어왔지만 시설을 자세하게 살펴보면서 경찰들이 다른 피의자들을 어떻게 대우하는지 유심히 관찰하였다. 수용시설과 샤워실, 소지품 보관함, 경찰의 강압적인 태도 등 모두 주의 깊게 둘러보았다. 유치장에 들어오고 나서 이틀만에야 검사의 지휘에 따라서 다음날 21시경에 석방이 결정되어 억울함을 되새기며 집으로 돌아올 수 있었다.

비대위원장은 돌아와 가족과 함께 새벽까지 과거 미국에 함께 살 때 주청사에서 근무했던 선진국의 소중한 경험을 얘기하며 잘못한 일이 전혀 없는데도 사법농단으로 인해 억울하게 유치장에 들어간 많은 피해자들의 심정에 관한 심도 있는 대화를 나누었다.

그리고 사기분양한 토지 636.8㎡를 못 찾게 방해할 목적으로 하지도 않은 명예훼손을 한 것처럼 위장하며 고소하고 강압적인 수사를 받는 것에 대해 논의하였다. 비대위원장의 가족들은 미국에서 함께 생활하며 얻은 선진국의 관점에서 입주자대표 등이 비대위원장을 고소해 억울하게 피해자를 가해자로 만든 것에 대하여 매우 큰 충격을 받았다.

비대위원장은 그 뒤 사이버수사팀 김○환 팀장에게 사기분양한 서쪽 경계 펜스 밖의 토지 636.8㎡에 대한 현장을 직접 방문해 확인할 것을 간곡히 부탁하였다. 그리고 김○환 팀장과 박○현 경사와 함께 2019.3.12. 직접 현장을 답사하면서 사기분양한 현장의 심각성을 다시 자세히 설명해 주었다. 이때 박○현 경사는 현장을 지난번에도 이○현 경위와 김○준 경사와 같이 둘러보았기 때문에 악질적으로 사기분양한 토지 636.8 ㎡에 대한 문제점을 정확하게 파악하고 있었다.

입주자들은 H건설이 계획적으로 잘못해 토지 636.8 ㎡에 대한 분양대금 82억 원을 억울하게 사기분양을 당한지 10년이 지나도록 돌려받지 못하고 있다. 더구나 사건의 중심이 된 현장은 보존이 잘 되어 있고, 증거인멸의 우려도 전혀 없기 때문에 반드시 찾을 수밖에 없다는 설명도 덧붙여 하였다. 또한 입주자들은 서쪽 경계 펜스 밖의 사기분양한 토지 636.8 ㎡를 수시로 감시하고 있지만, 입주자대표 등이 불법선거로 계속 승계하면서 악질적인 위법행위와 갑질을 저지르며 조직적으로 방해하기 때문에 찾는데 많은 걸림돌이 된다는 것도 설명해 주었다.

비대위원장은 혹시 입주자대표 등이 사기분양한 토지 636.8 ㎡에 대한 현장을 증거 인멸한 후에 감쪽같이 속일 수만 있다면 입주자들이 그 거짓말에 어쩔 수 없이 속을지도 모르겠다고 김○환 팀장과 박○현 경사에게 조크를 건네기도 하였다. 또한 비대위원장은 입주자대표 등이 사기분양한 토지 636.8 ㎡를 찾아주면 자신들 뿐만 아니라 모든 입주자들에게도 막대한 이익이 돌아가는데 왜 못 찾게 악질적으로 방해하는지를 도저히 이해할 수 없으며, 이것이야말로 H건설의 이익을 대변하는 확실하고 정확한 증거라고 구체적으로 설명해 주었다.

입주자들은 입주자대표 등이 불법선거로 승계하면서 정보전달수단을 완전히 통제하며 속이고, 온갖 악질적인 위법행위를 저질러 사기분양한 서쪽 경계 펜스 밖의 토지 636.8 ㎡를 못 찾게 조직적으로 방해하며 막대한 재산적 피해를 주는 것을 전혀 이해할 수 없다고 생각한다. 그렇지만 박○현 경사는 비대위원장이 공공의 이익을 위하여 개인적으로 소송까지 하며 옳은 일을 하고 있는 것을 잘 알고 있으면서도 명예훼손을 하였다고 주장하는 입주자대표 등의 편에 서서 비대위원장을 기소의견으로 송치하였다. 이것은 누가 봐도 부당한 처사이고 한쪽으로만 치우친 부실 및 편파수사, 표적 및 별건수사라고 아니할 수 없다.

사건이 접수된 서울동부지검에서는 2019.6.4. 형사1부 양○필 부부장 검사에게 배정되었다. 비대위원장은 입주자대표 등이 입주자들의 이익을 전혀 대변하지 않고 사기분양한 서쪽 경계 펜스 밖의 토지 636.8 ㎡를 못 찾게 조직적으로 방해하기 위한 고소라며 사건경위를 자세히 설명하는 진정서를 제출해 소명하였다. 또한 '숨겨진 아파트 비리 완전정복'을 정리한 책자를 첨부해 진정서와 함께 제출하고, 여러 차례 면담을 시도하였으나 계속 진술할 기회마저 거절당했다.

더구나 담당변호사님은 비대위원장이 사기분양한 서쪽 경계 펜스 밖의 토지 636.8 ㎡를 찾기 위하여 더사모 카페의 회원들에게 사실대로 정보를 정확하게 전달한 것이라는 의견서를 광진경찰서와 서울동부지검에 제출하였다. 그러나 광진경찰서와 서울동부지검은 변호사님의 진실을 전혀 받아들이지 않았다. 그리고 입주자대표 등의 손을 들어주면서 2019.7.29. 비대위원장이 명예훼손을 하였다며 약식기소(벌금 5백만 원)하였다. 이어 서울동부지방법원은 2019.11.1. 그대로 약식명령을 하였다(2019고약6764). 하는 수 없이 비대위원장은 억울하게 뒤집어씌운 누명을 정확하게 밝히기 위해 또다시 2019.11.7. 서울동부지방법원에 정식재판을 청구할 수밖에 없었다(2019고정1168).

이와 같이 입주자대표 등은 악질적인 수법으로 그동안 진실을 감쪽같이 속여 비대위원장을 곤경에 빠뜨리기 위해 고소, 고발, 수사, 재판을 서슴지 않고 수없이 저질렀다. 그리고 변호사를 앞세워 거짓의 진술, 준비서면, 증거자료, 탄원서를 제출해 광진경찰서, 서울동부지검, 서울고검, 서울동부지방법원, 서울중앙지방법원, 서울고등법원, 대법원이 감쪽같이 속아서 오판하도록 선량한 피해자에게 위법행위와 갑질을 하면서 비인간적인 사법농단을 저지른 가장 악질적인 사건이다.

입주자들은 분양대금 82억 원을 납부한 서쪽 경계 펜스 밖의 토지 636.8 ㎡를 사기분양을 당한지 10년이 지나도록 억울하게 찾지 못하고 있다. 왜냐하면 입주자대표 등이 H건설, 광진구청과 계획적이며 조직적이고 치밀하게 방해공작을 하면서 완전범죄로 음해하였기 때문이다. 그러나 사기분양한 토지 636.8 ㎡는 서쪽 경계 펜스 밖에 현장보존이 잘 되어 있고, 재건축할 때까지 증거인멸을 할 수도 없으며, 입주자들이 636.8 ㎡를 찾기 위해 수시로 감시하고 있다.

또한 일부 입주자들은 비대위원장의 도움을 받아 2017.2.28. 서울중앙지방법원에 소송을 제기하여 2019.12.19. 선고하였다. 그러나 이번에도 203 ㎡만 인정하고 203 ㎡를 분할하여 제척한 후의 경계부터 펜스까지 불용토지 433.8 ㎡를 인정하지 않았다. 이는 입주자들이 재판장님께 433.8 ㎡에 대한 현장검증을 해달라고 강력히 요구하였는데 하지 않고 심각성을 간과하였기 때문이다. 이처럼 중대한 오판으로 인해 판결이 완전히 잘못된 것이다. 이에 대하여 광진경찰서의 수사관들은 현장검증을 해서 심각한 문제점을 이미 잘 알고 있다. 따라서 입주자들은 사기분양한 433.8 ㎡를 한원광장과 김○석이 사용과 출입을 하는데도 억울하게 매년 재산세만 납부하면서 출입조차 못하고 있기 때문에 정당하게 되찾기 위해 서울고등법원에 2020.1.3. 항소하였다. 이번에 서울고등법원에서 현장검증을 하여 심각한 문제점을 확인하면 인정할 수밖에 없다.

이와 같이 입주자들은 분양대금 82억 원을 납부하였는데 H건설이 사용과 출입을 하지 못하게 빼고 설계하여 시공을 하였기 때문에 사기분양한 토지 636.8 ㎡를 이미 찾았어야 하고 반드시 찾을 수밖에 없다. 그것이 정의롭고 공정한 법치국가에 사는 우리 국민이 마땅히 누려야 할 정당한 권리이다. 그러기 위해서는 입주자대표 등이 불법선거로 승계하고 감쪽같이 속이며 저지른 악질적인 사법농단의 적폐가 하루빨리 척결되어야 한다. 그것이 선진적인 법치국가로 가는 올바른 지름길인 것이다.

제8부

입주자대표 등이 불법선거로 업무방해를 하여 고소

1. 불법선거를 한 이유

제2기 입주자대표 등은 제1기부터 연임해 사기분양한 토지 636.8 ㎡를 못 찾게 방해하였는데 2016.6.21. 임기가 만료되어 권한이 완전히 상실되었다. 따라서 입주자들은 2016.6.26. 관리규약, 입주자대표 해임안, 위임장에 의거 52%가 참여한 비밀투표로 제3기 입주자대표회의(회장 소○영)를 선출[10]하였는데 업무를 인계받지 못했다.

왜냐하면 제2기 입주자대표 등은 사기분양한 토지 636.8 ㎡를 못 찾게 방해할 목적으로 임기 만료되어 자격이 상실되었음에도 H건설이 사기분양을 하도록 사업허가, 제척승인, 사용검사승인을 해 주었던 광진구청과 공모해 대리투표로 불법선거를 하여 승계하였기 때문이다.

제2기 입주자대표 등은 불법으로 2016.7.14. 제3기 선거관리위원회(위원장 최○호)를 지명하였고, 2016.8.11. 제3기 입주자대표회의(회장 유○운)를 선출하였다. 이후에도 불법으로 제4기 입주자대표회의(회장 김○연)를 선출해 사기분양한 636.8 ㎡를 못 찾게 방해하였다.

H건설은 분양 당시 토지 636.8 ㎡를 사용과 출입을 하지 못하게 빼고 설계, 모형. 카탈로그에 표시해 시공하고 사용검사승인을 받았는데 분양대금 82억 원을 받아갔다. 그리고 203 ㎡는 분할하여 제척해 한원광장이 편취하거나 매각하였고, 433.8 ㎡는 한원광장과 김○석이 사용과 출입을 하도록 펜스를 경계 안쪽 4 m 지점에 시공해 입주자들이 재산세만 납부한다.

---

10) 입주자들은 사기분양한 토지 636.8 ㎡를 찾기 위하여 2015.9.2. 비상대책위원회를 결성하였다. 그리고 비대위원을 2015.9.9. 1403동 입주자대표 보궐선거에 단독후보로 출마시켰는데 제2기 입주자대표 등이 고의로 유권자의 22%만 방문투표를 실시하고는 과반수 미만이라며 낙선시켰다. 하는 수 없이 2015.10월. 입주자대표 해임안에 75%가 서명하여 사퇴하라고 통보하였는데 제2기 입주자대표가 사퇴하지 않았고 선거관리위원이 해임투표를 실시하지 않았다. 어쩔 수 없이 2016.4월. 위임장에 55%가 서명하여 입주자대표 등에게 선거관리업무에 일체 관여하지 말라고 통보하고 입주자대표 등이 불법선거를 못하게 권한을 중지시켰다. 그리고 입주자대표 등의 임기가 2016.6.21. 만료되어 권한이 완전히 상실되었기 때문에 관리규약, 입주자대표 해임안, 위임장에 의거 입주자총회를 개최해 제3기 선거관리위회(위원장 신○휴)를 선출하였다. 그리고 제3기 선거관리위원회는 입주자들의 의사에 따라 2016.6.26. 입주자들의 52%가 참여한 비밀투표로 제3기 입주자대표회의(회장 소○영)를 합법적인 방법으로 선출하였다.

광진구청은 H건설이 서쪽 경계 펜스 밖의 토지 636.8 ㎡를 사기분양하도록 사업허가, 제척승인, 사용검사승인을 해주었다. 더구나 입주자대표 등은 사기분양한 636.8 ㎡를 못 찾게 방해할 목적으로 불법선거를 하여 승계하면서 정보전달수단을 완전히 통제하고 입주한 2012.3.30. 이후로 단 한 번도 636.8 ㎡를 찾아야 한다고 알려주지 않았다.

그렇지만 비대위원장은 공공의 이익을 위해 636.8 ㎡를 찾고자 개인적으로 소송을 제기하였고, 2015.2.10. 서울고등법원에서 203 ㎡를 인정받았다(대법원에서 2015.6.23. 확정). 이를 근거로 대한지적공사에서 측량하여 433.8 ㎡가 불용토지인데 아파트의 소유라는 것을 증명한 후에 입주자대표 등에게 636.8 ㎡를 찾아달라고 요구하였다.

그런데도 입주자대표 등이 광진구청과 공모하며 악질적인 사법농단을 저질러 사기분양한 636.8 ㎡를 못 찾게 조직적으로 방해하였기 때문에 입주자들은 찾기 위해 합법적인 방법으로 정당방위와 정당행위를 하며 대처할 목적으로 2015.9.2. 비상대책위원회를 결성하였다.

그리고 입주자들은 사기분양한 토지 636.8 ㎡를 찾기 위하여 다각도로 시도하였는데 입주자대표 등의 위법행위와 갑질로 인해 실패하였다. 즉 입주자들은 비대위원을 입주자대표 보궐선거에 단독후보로 출마시켰는데 불법선거로 낙선되었고, 입주자대표 해임안에 75%가 서명해 통보하였는데 사퇴하지 않았다. 그래서 위임장에 55%가 서명해 선거관리업무에 일체 관여하지 말라고 통보해 권한을 완전히 중지시켰다.

그런 후에 입주자들은 사기분양한 토지 636.8 ㎡를 찾기 위해 관리규약, 입주자대표 해임안, 위임장에 의거, 2016.6.26. 52%가 참여한 비밀투표로 제3기 입주자대표회의를 합법적인 방법으로 선출하였다. 그러나 입주자대표 등은 불법으로 업무를 인계하지 않았고, 사기분양한 636.8 ㎡를 못 찾게 방해할 목적으로 2016.7.14. 최○호를 선거관리위원장으로 지명하였고, 2016.8.11. 전자투표를 악용해 대리투표로 불법선거를 하여 제3기 입주자대표회의(회장 유○운)를 선출하였다.

2. 불법선거를 하기 이전의 업무방해

H건설은 2009.10.12. H아파트를 분양하면서 636.8㎡를 사용과 출입을 하지 못하게 빼고 설계, 모형. 카탈로그에 표시하여 시공하고 사용검사승인을 받았는데 분양대금 82억 원을 받아가는 사기분양을 하였다. 광진구청은 사기분양을 못하게 관리감독을 철저히 하여야 함에도 H건설이 636.8㎡에 대한 사기분양을 하도록 묵인하며 사업허가, 제척승인, 사용검사승인을 해주었다.

더구나 입주자대표 등은 사기분양한 토지 636.8㎡를 찾아주기는커녕 못 찾게 방해할 목적으로 아파트의 정보전달수단을 완전히 통제하고 입주한 2012.3.30. 이후로 단 한 번도 사기분양한 토지 636.8㎡를 찾아야 한다는 것을 알려주지 않으면서 진실을 감쪽같이 속였다.

이와 같이 H건설, 광진구청, 입주자대표 등은 서쪽 경계 펜스 밖의 사기분양한 토지 636.8㎡를 못 찾게 방해할 목적으로 서로 공모하면서 은밀하게 속였고, 악질적이며 비도덕적인 방법으로 위법행위를 저질러 완전범죄로 영원히 은폐하려고 계획적으로 사기분양한 사건이다.

특히, 입주자대표 등은 입주초기에 분양 당시 속여 만든 설계, 모형, 카탈로그를 보여주면서 그대로 시공하였는데 웬 사기분양이냐고 거짓주장을 하였다. 또한 등기면적이 분양면적보다 69.3㎡가 적은 것을 밝혀내자 세대별로 소수점 이하이므로 정산하지 않는다고 속였다. 더구나 203㎡를 분할하여 매각한 것을 찾아내자 분양계약을 위반한 것을 찾자며 입주자들에게 소송을 유도해 민 · 형사상 모든 권한을 위임받았다.

그런 후에 입주자대표 등은 재판과정에서 위법사항을 지적하지 않고 비대위원장의 조언을 거부하며 소극적으로 대처한 결과, 서울동부지방법원이 사기분양한 636.8㎡ 중에서 69.3㎡만 한원광장에게 손해배상책임이 있고, H건설에는 손해배상책임이 없다고 잘못 판결하였다. 그런데도 입주자대표 등은 기다렸다는 듯이 입주자총회를 개최하고 박수부대를 동원해 69.3㎡만 받고 고의로 항소를 포기해 못 찾게 방해하였다.

그러나 비대위원장은 공공의 이익을 위하여 토지 636.8 ㎡가 사기분양된 것을 증명하고자 단체소송에 앞서 먼저 개인적으로 소송을 제기하였다. 그리고 2015.2.10. 서울고등법원에서 203 ㎡를 인정받았고(대법원에서 2015.6.23. 확정), 이를 근거로 대한지적공사에서 측량하여 토지 636.8 ㎡가 사기분양된 것을 확실히 증명하였다.

이처럼 비대위원장은 사기분양한 토지 636.8 ㎡를 찾고자 적극적으로 대처한 반면에 입주자대표 등은 항소를 포기하며 못 찾게 방해하였다. 하는 수없이 비대위원장은 다음 카페에서 분양대금 82억 원을 납부한 토지 636.8 ㎡를 찾아야 한다고 진실을 정확하게 알려주었다.

그러자 입주자대표 등은 알려주지 못하게 2015.7.18. 비대위원장을 다음 카페에서 회원자격을 박탈하고 강제로 퇴출시켰다. 그것도 모자라 다음 카페를 통해 날조된 유언비어를 퍼트리며 인신공격하고 명예훼손을 하면서 사기분양한 토지 636.8 ㎡를 못 찾게 방해하였다.

그렇지만 비대위원장은 토지 636.8 ㎡를 찾기 위해 2015.8.24. 더사모 카페를 개설하여 사기분양한 진실을 정확히 공지해 입주자들의 눈과 귀를 열게 하려고 노력하였다. 그런데도 입주자대표 등은 정보전달수단을 완전히 통제하고 토지 636.8 ㎡를 못 찾게 방해하였다.

하는 수 없이 입주자들은 사기분양한 토지 636.8 ㎡를 찾기 위하여 2015.9.2. 비상대책위원회를 결성해 합법적인 방법으로 대처하였다. 그리고 비대위원을 1403동 입주자대표 보궐선거에 단독후보로 출마시켰는데 입주자대표 등은 고의로 22%만 방문투표를 실시하고는 과반수에 미달하였다며 불법선거로 낙선시켰다.

어쩔 수 없이 입주자들은 2015.10월. 제2기 입주자대표 해임안에 75%가 서명해 사퇴하라고 통보하였는데 제2기 입주자대표(전○수, 이○욱, 김○복)가 사퇴하지 않았고, 제2기 선거관리위원(박○식, 최○정)은 해임투표를 하지 않으며 사기분양한 636.8 ㎡를 못 찾게 방해하였다.

이처럼 제2기 입주자대표 등이 사퇴하지 않고 거부하면서 해임투표를 실시하지 않았기 때문에 입주자들은 2016.4월. 위임장에 55%가 서명해 입주자대표 등에게 선거관리업무에 일체 관여하지 말라고 통보하였다. 그리고 비대위원장에게 관리규약과 상관없이 선거관리업무 일체를 수행해 달라고 위임하면서 입주자대표 등의 권한을 중지시켰다.

이때 제2기 선거관리위원장(정○임)은 제2기 입주자대표 등에게 입주자들이 사기분양한 토지 636.8 ㎡를 찾을 수 있도록 더 이상 방해하지 말고 입주자대표 해임안 및 위임장에 의거 사퇴할 것을 강력하게 권고하였다. 그리고 입주자총회를 개최해 입주자들의 의견을 수렴하여 전자투표 도입 등 관리규약을 개정해 제3기 입주자대표 등을 공정하게 선출할 것을 강력히 통보하였다. 그러나 제2기 입주자대표 등은 선거관리위원장의 권고를 거부하고 토지 636.8 ㎡를 못 찾게 계속 방해하였다.

더구나 비대위원장과 제2기 선거관리위원장이 입주자대표 해임안 및 위임장에 의거 사퇴할 것을 계속해서 강력하게 권고하였음에도 오히려 제2기 입주자대표와 선거관리위원은 거부하며 불법으로 선거관리업무에 관여해 제3기 선거관리위원을 선출하는 절차를 강행하였다.

그리고 제2기 입주자대표와 선거관리위원은 각 단체장 및 입주자들에게 선거관리위원을 추천하라고 3회에 걸쳐 공지하였는데 모두 거부하였다. 이어 광진구청에 선거관리위원을 선출하여 달라고 요구하였는데 입주자들 중에서 선출하라며 거부하였다. 이와 같이 선거관리업무의 권한을 위임받지 못한 입주자대표 등은 제3기 선거관리위원을 선출하지 못하고 2016.6.21. 임기가 만료되어 권한이 완전히 상실되었다.[11)]

---

11) 제2기 입주자대표는 관리규약에 의거 각 단체장(입주자대표회장 1명, 봉사회장 2명, 노인회장 2명, 통장 2명을 각각 추천)에게 선거관리위원을 추천해 달라고 요청하였는데 불법선거라는 것을 알고 거부하였다. 그런 후에도 입주자들에게 선거관리위원에 신청하라고 공지하였지만 거부하였다. 다시 입주자들에게 선거관리위원에 신청하라고 재공지하였는데 거부하였다. 이어서 광진구청에 선거관리위원을 선출해 달라고 요청하였는데 입주자들이 스스로 선출하라고 거부하였다. 결국 제2기 입주자대표와 선거관리위원은 사기분양한 토지 636.8 ㎡를 못 찾게 방해할 목적으로 제3기 선거관리위원을 선출하려고 불법으로 시도하였지만 입주자들과 광진구청의 거부로 제3기 선거관리위원을 선출하지 못하고 2016.6.21. 임기가 만료되어 권한이 완전히 상실되었다.

따라서 입주자들은 토지 636.8 ㎡를 찾고자 관리규약, 입주자대표 해임안, 위임장에 의거 입주자총회를 개최해 선거관리위원을 선출하였고, 제3기 선거관리위원회(위원장 신○휴)를 합법적으로 구성하였다.

제3기 선거관리위원회는 2016.6.26. 입주자들의 52%가 참여한 비밀투표로 제3기 입주자대표를 선출해 제3기 입주자대표회의(회장 소○영)를 합법적인 방법으로 구성[12)]하였는데 제2기 입주자대표 등이 불법으로 제3기 입주자대표회의에 업무를 인계하지 않았다.

더구나 입주자대표 등은 관리규약, 입주자대표 해임안, 위임장에 의거 선거관리업무에 일체 관여할 수 없음에도 불구하고 불법으로 2016.7.14. 제3기 선거관리위원회(위원장 최○호)를 지명하였다. 이는 입주자들이 합법적으로 이미 제3기 입주자대표회의를 선출하였음에도 제2기 입주자대표 등이 2016.6.21. 임기 만료되어 권한이 완전히 상실되었는데 제3기 선거관리위원회를 불법으로 지명한 것이다.

이와 같이 입주자들은 합법적인 방법으로 입주자들의 의사에 따라 제3기 입주자대표회의를 선출하였음에도, 제2기 입주자대표 등이 임기 만료 된 이후에 권한이 완전히 상실되었음에도 불법으로 선거관리업무에 관여하였고, 불법으로 제3기 선거관리위원회(위원장 최○호)를 지명하였으며, 불법으로 제3기 입주자대표회의(회장 유○운)를 선출하였다. 그러면서 사기분양한 토지 636.8 ㎡를 못 찾게 방해하였다.

3. 불법선거를 한 근거

가. 불법선거를 한 근거

① 제2기 입주자대표는 2016.6.21. 임기 만료되어 권한이 완전히 상실

12) 전주지방법원 군산지원 2007카합9 2017.4.3. 선고에 의하면 비상대책위원회가 전체 입주자 세대의 80%로부터 입주자대표회의 해산에 대한 불신임 서면 동의를 받은 후에 선거관리위원회를 구성하고 차기 입주자대표회의를 구성한 경우에 동별 대표자 선거의 효력을 인정하였다.

되었고, 관리규약, 입주자대표 해임안, 위임장에 의거 선거관리업무에 일체 관여할 수 없다. 더구나 입주자들은 2016.6.26. 52%가 참여한 비밀투표로 입주자대표를 선출해 제3기 입주자대표회의(회장 소○영)를 합법적으로 구성하였다. 그런데도 제2기 입주자대표(전○수, 이○욱, 김○복)는 불법으로 제3기 입주자대표회의에 업무를 인계하지 않았고, 2016.7.14. 불법으로 선거관리업무에 관여해 제3기 선거관리위원회(위원장 최○호)를 지명한 점.[13)]

② 제3기 선거관리위원회(위원장 최○호)는 2016.6.21. 임기 만료되어 권한이 완전히 상실된 제2기 입주자대표에 의해 불법으로 2016.7.14. 지명되었다. 그러나 입주자들은 이미 2016.4월. 위임장에 55%가 서명해 제2기 입주자대표 등에게 선거관리업무에 일체 관여하지 말라고 통보하였고, 2016.6.26. 52%가 참여한 비밀투표로 제3기 입주자대표회의를 합법적인 방법으로 선출하였으며, 광진구청이 제3기 선거관리위원회에 2016.7.29. '제3기 입주자대표 선거에 따른 선거사무중지'를 명령하였음에도, 제3기 선거관리위원회(위원장 최○호)가 불법으로 선거관리업무를 계속 수행한 점.[14)]

③ 입주자들이 불법선거를 우려해 전자투표 실시를 강력히 반대하였음에도, 제2기 입주자대표회의는 총 5명 중에서 2명(김○섭, 전○정)이 사퇴해 3명(전○수, 이○욱, 김○복)만 남았기 때문에 최소 구성인원이 4명 이상으로 충원되지 않았음에도, 2016.3.18. 불법으로 입주자대표회의에서 전자투표로 관리규약 개정을 의결한 점.

---

13) 최○호는 H건설의 계열사인 H자동차(주)에 간부 직원으로 근무하다가 사퇴하고 대리점을 개설하였다. 그러나 제2기 입주자대표(전○수, 이○욱, 김○복)는 사기분양한 토지 636.8 ㎡를 못 찾게 방해할 목적으로 2016.6.21. 임기 만료되어 권한이 완전히 상실되었는데 2016.7.14. 불법으로 제3기 입주자대표를 선출하고자 선거관리위원장에 최○호를 지명하였다.

14) 광진구청은 H아파트에 대한 실태조사(조사반장 박○아 등 5명, 2016.7.27.~7.29.)를 하였는데, 입주자들이 사기분양한 토지 636.8 ㎡를 찾기 위해 입주자대표 해임안에 75%서명, 위임장에 55%서명, 제3기 입주자대표 선거에 52%가 비밀투표로 선출한 것을 확인하고, 최○호에게 제3기 입주자대표선거를 중지하라고 통보하였는데 강행하였다. 이때 최○호가 불법선거를 중지했으면 입주자들이 사기분양한 토지 636.8 ㎡를 이미 찾았다.

④ 제3기 선거관리위원회(위원장 최○호)는 입주자들이 불법선거를 우려해 전자투표를 강력히 반대하였는데 2016.8.11. 전자투표를 악용해 대리투표로 제3기 입주자대표 선거를 실시한 점.

⑤ 제2기 입주자대표가 전자투표를 하기 위해 2016.3.18. 관리규약 개정을 입주자대표회의에서 의결하였는데, 제2기 선거관리위원장(정○임)은 반대하며 주민총회에서 입주자들의 의견을 수렴한 후에 개정하라고 하였고, 비대위원장은 부정선거를 우려해 전자투표가 아닌 종전의 기명식투표로 하라고 내용증명으로 통보한 점.

⑥ 제2기 입주자대표는 입주자들이 불법선거를 우려해 전자투표 도입을 강력히 반대하였음에도 2016.3.18. 입주자대표회의에서 관리규약을 개정하기로 의결을 하였고, 그 이후 동의서에 입주자들의 과반수 이상 서명을 받지 못했다. 더구나 제2기 입주자대표는 서명을 받지 못했는데도 2015.6.1. 개정하였다고 속였다. 이와 같이 입주자대표회의가 2016.3.18. 의결한 이후로 동의서에 서명을 받지 못한 점.

⑦ 제2기 입주자대표회의는 전자투표에 대한 관리규약 개정을 의결한 2016.3.18. 이후로 동의서에 입주자들의 과반수 이상 서명을 받지 못했음에도 관리규약 개정을 한 점.

나. 부정선거를 한 근거

① 입주자들은 사기분양한 토지 636.8㎡를 찾기 위해 제2기 입주자대표 등의 임기가 2016.6.21. 만료되어 권한이 완전히 상실된 이후, 2016.6.26. 관리규약에 의거 52%가 참여한 비밀투표로 제3기 입주자대표회의를 합법적으로 선출하였다. 그러나 제2기 입주자대표 등은 임기가 2016.6.21. 만료되어 권한이 완전히 상실되었음에도, 사기분양한 토지 636.8㎡를 못 찾게 방해하기 위해 불법으로 선거관리업무에 관여해 2016.8.11. 제3기 입주자대표회의(유○운, 공○미, 임○익)를 선출하였다. 이와 같이 제2기 입주자대표 등이

입주자들의 이익을 전혀 대변하지 않고 불법선거로 승계할 목적으로 과정, 절차, 결과가 불공정하며 검증할 수도 없는 전자투표(K-voting시스템)로 실시해 입주자들이 공정선거를 보장받을 수 없고, 불법선거를 하지 못하도록 방지할 수도 없는 점.

② 전자투표(K-voting시스템)는 선거인명부의 휴대폰번호를 쉽게 수정해 마감시간까지 투표할 수 있고, 공인인증절차 없이 동 · 호수만 기입해 투표를 하며, 휴대폰번호를 정확히 기재 했어도 투표하지 않은 세대의 휴대폰번호를 변경해 쉽게 대리투표할 수 있다. 또한 연장자들이 현장투표를 할 때 보조자가 옆에서 투표권자의 의사에 반해 투표할 수 있고, 투표율을 마음대로 조작할 수 있다. 더구나 투표과정, 절차, 결과를 검증할 수 없고, 투표마감시각 직전에 투표율이 갑자기 급증한 것 등을 실제로 지켜보고 목격을 하여도 불법선거를 못하게 방지할 방법이 없는 점.

③ 입주자들은 KBS에서 전자투표로 불법선거를 한 사례를 취재하여 보도한 것을 시청한 후에 불법선거를 우려해 전자투표를 강력히 거부하고 종전의 기명식투표로 계속할 것을 요구하였다. 그러나 불법으로 지명된 제3기 선거관리위원장(최○호)은 불법선거를 할 목적으로 전자투표를 악용해 제3기 입주자대표회의를 다시 선출하였다. 이후에도 제4기 입주자대표회의 선출, 관리규약개정 동의, 불법 계단과 산책로 설치 등을 전자투표를 악용해 대리투표로 입주자들의 의사에 반한 결과가 나오게 계속 속인 점.

④ 제2기 입주자대표 등은 불법선거를 하기 위해 전자투표를 도입하는 관리규약 개정을 2016.3.18. 의결하였다. 이에 대하여 입주자들은 크게 반발하고 강력히 반대하며 동의서에 서명하지 않았다. 그런데도 제2기 입주자대표 등은 2015.6.1. 전자투표를 도입하기 위한 관리규약 개정 동의서에 53.6%가 서명을 하였다고 속였다. 그러나 입주자대표들이 2016.3.18. 전자투표를 도입할 관리규약 개정을 의결

한 이후로 입주자들은 동의서에 일체 서명하지 않은 점.

⑤ 제3기 선거관리위원회(위원장 최○호)는 제2기 입주자대표가 2016.6.21. 임기 만료되어 권한이 완전히 상실되었고, 입주자들이 2016.6.26. 이미 제3기 입주자대표회의를 선출하였음에도 불법으로 2016.7.14. 지명되어 선거관리업무를 수행한 점.

⑥ 불법으로 지명된 제3기 선거관리위원회(위원장 최○호)와 선거관리 전담요원(관리과장 김○용)은 입주자들이 강력히 반대한 전자투표로 2016.8.11. 제3기 입주자대표 선거를 실시하였고, 중앙선거관리위원회(광진구지부)와 KT에 선거인명부의 휴대폰번호를 과반수에도 훨씬 미달한 20%만 확인해 통보하여 대리투표를 한 점.[15)]

⑦ 입주자들은 불법선거를 증명하기 위해 선거관리위원장이 선거인명부의 휴대폰번호를 확인하라고 공지하였을 때에 확인하지 않았지만, 투표하라는 문자를 받았을 때에는 비대위원에게 모두 투표를 하였다. 그러한 방법으로 선거 후에 대리투표를 규명하려고 한 점.

⑧ 제3기 선거관리위원장과 선거관리전담요원은 선거인명부의 휴대폰번호를 20%만 확인하였는데 61.86%가 투표에 참여하였고, 제3기 입주자대표(유○운, 공○미, 임○익)가 근소한 차이로 당선된 반면에, 비대위원 측의 단독후보 2명(염○영, 황○숙)이 높은 지지율로 당선되었다고 발표하였다. 따라서 입주자들은 41.86%가 대리투표를 한 것이 확실하기 때문에 선거관련서류를 선거관리위원장(최○호)에게 증거보전신청과 검증을 요구하였는데 선거인명부(USB), 세대별 투

15) 입주자들은 입주자대표 해임안에 2015.10월. 75%가 서명하였고, 위임장에 2016.4월. 55%가 서명한 것을 근거로 제2기 입주자대표와 선거관리위원에게 선거관리업무에 일체 관여하지 말라고 통보하였고, 비대위원장에게 관리규약에 상관없이 선거관리업무 일체를 수행해 달라고 위임하였다. 따라서 입주자들은 제2기 입주자대표와 선거관리위원의 임기가 2016.6.21. 만료되어 권한이 완전히 상실되었기 때문에, 2016.6.26. 52%가 비밀투표에 참여해 제3기 입주자대표회의를 선출하였다. 그런데도 제2기 입주자대표와 선거관리위원은 불법으로 업무를 인계하지 않았고, 불법으로 2016.8.11. 제3기 입주자대표 선거를 다시하면서 선거인명부의 휴대폰번호를 확인해 달라고 하였기 때문에 입주자들이 확인해 주지 않고 거부하였는데 과반수에 훨씬 미달한 20%만 확인하고 나머지 허위 80%로 대리투표를 하여 불법선거를 실시하였다.

표현황, 관리규약개정 동의서 등을 검증해 주지 않은 점.

⑨ 불법으로 선출된 제3기 선거관리위원회는 2016.8.11. 제3기 입주자대표 선거를 실시하였는데, 비대위원 측의 단독후보 2명이 높은 지지율로 당선되었고, 입주자대표 측의 경쟁후보 3명이 근소한 차이로 당선되었다. 따라서 선거인명부의 휴대폰번호를 검증하면 대리투표를 한 것이 확실히 규명되는데도 검증을 거부한 점.

⑩ 제3기 선거관리위원장(최○호)과 선거관리전담요원(관리과장 김○용)은 선거인명부(USB), 관리규약개정 동의서, 세대별 투표현황에 대한 검증을 완강히 거부하였다. 이에 분개한 입주자들은 검증을 하기 위해 서울동부지방법원, 서울고등법원, 대법원에 선거무효확인소송을 제기하였음에도 선거관리위원장이 선거인명부 등을 법원에 제출하지도 않았고, 법원에서 검증해 주지도 않고 기각한 점.

⑪ 입주자들이 투표하라는 문자를 받은 경우에 사기분양한 토지 636.8㎡를 찾아 줄 비대위원에게 모두 투표하였는데 선거관리위원장은 못 찾게 방해한 자신의 측근들(유○운, 공○미, 임○익)이 당선되었다고 발표해 선거인명부의 검증을 요구하였다. 그러나 제3기 선거관리위원장은 피신하였고, 선거관리전담요원은 추후에 검증해 주겠다는 확인서와 USB(선거인명부와 입주자카드의 원본과 동일)를 비대위원장에게 제출한 후에 검증해 주지 않은 점.

⑫ 비대위원장은 법정에서도 선거관리전담요원이 제출한 선거인명부(USB)의 검증을 요구하였는데, 제3기 선거관리위원장은 자신이 보관한 선거인명부만 검증하자고 주장하였다. 따라서 비대위원장은 선거한 이후에 몰래 수정해 놓았기 때문에 원본과 USB를 같이 검증하여야 한다고 요구하였는데 선거관리위원장이 거부하였다. 그래서 비대위원장은 선거관리위원장이 보관한 원본과 USB를 동시에 검증해 주지 않으면 사법당국에 고소해 USB를 검증하겠다고 통보하였다. 그런데도 선거관리위원장은 불법선거를 규명하기 위해 비대위원장

에게 제출했던 USB를 검증해 주지 않은 점.

⑬ 제3기 선거관리위원장이 법정에서 USB을 검증해 주지 않아서 기각판결을 받았기 때문에 비대위원장은 불법선거를 한 선거인명부(USB), 관리규약개정 동의서, 세대별 투표현황을 정확하게 검증하기 위해 2019.3.22. 광진경찰서에 업무방해로 선거관리위원장과 선거관리전담요원을 고소하였다. 그러나 경찰청의 사이버디지털포렌식센터에 선거인명부(USB)의 비밀번호를 확인하려고 시도하였지만, 선거관리전담요원이 비밀번호를 12자리 이상 설정하였고 기억이 나지 않는다고 통보를 받았다는 이유만으로 광진경찰서와 서울동부지검은 불법선거를 한 다른 많은 증거자료를 제출한 것에 대하여 수사하지 않고 무혐의로 불기소처분한 점.

⑭ 제3기 선거관리위원장과 입주자대표회장은 민사소송법 제344조 제1항 및 제2항, 개인정보보호법 제18조 제2항, 대법원 2008.6.12.자 2006무82 결정, 대법원 2008.4.14.자 2007마725 결정, 대법원 2016.7.1.자 2014마2239 결정에 의하면 당사자가 소송에서 인용한 문서를 가지고 있는 때에 문서소지자는 그 제출을 거부하지 못하게 되어 있다. 또한 제출대상문서에 기재된 입주자들의 신상기록 등이 개인정보보호법상 개인정보에 해당하더라도 이를 이유로 문서소지인이 문서의 제출을 거부할 수 없다. 그런데도 선거관리위원장은 추후에 불법선거를 검증해 주겠다고 약속하며 확인서와 같이 제출한 USB(선거인명부의 원본과 동일) 등을 검증해 주지 않았는데, 이는 불법선거를 완전범죄로 영원히 은폐하려고 한 점.

⑮ 비대위원장은 전자투표가 중앙선거관리위원회에서 관리감독을 하는 것이 아니고 단순히 KT의 시스템을 임차하기 때문에 불법선거를 우려해 선거 실시 직전과 직후의 선거인명부를 밀봉하여 비대위원장과 선거관리위원장이 서명해 보관한 후, 검증할 필요가 있을 때 개봉하자고 요구하였는데 제3기 선거관리위원장(최○호)이 강력히

거부하였다. 이는 제3기 선거관리위원장 및 선거관리전담요원이 사기분양한 토지 636.8㎡를 완전범죄로 영원히 못 찾게 방해할 목적으로 전자투표의 허점을 악용해 USB의 검증을 안 해 주면서 불법선거를 완전범죄로 은폐하려고 한 점.

4. 불법선거를 한 이후에도 계속 업무방해

비대위원장은 개인적으로 2015.2.10. 서울고등법원에서 판결을 받고(대법원에서 2015.6.23. 확정), 대한지적공사에서 측량하여 서쪽 경계 펜스 밖의 토지 636.8㎡가 사기분양된 것을 확실히 증명하였다. 그런데도 제2기 입주자대표 등은 정보전달수단을 완전히 통제하며 못 찾게 방해하였고, 입주한 2012.3.30. 이후로 단 한 번도 사기분양한 토지 636.8㎡를 찾아야 한다는 것을 알려주지 않고 속였다.

따라서 입주자들은 사기분양한 토지 636.8㎡를 찾기 위하여 합법적인 방법으로 정당행위와 정당방위를 하고자 2015.9.2. 비상대책위원회를 구성하였다. 그리고 비대위원을 1403동 입주자대표 보궐선거에 단독후보자로 출마시켰는데 제2기 입주자대표가 고의로 유권자의 22%만 방문투표를 하고는 과반수에 미달되었다며 낙선시켰다. 하는 수 없이 입주자들은 2015.10월. 입주자대표 해임안에 75%가 서명해 사퇴하라며 통보하였고, 2016.4월. 위임장에 55%가 서명해 입주자대표 등의 선거관리업무의 권한을 모두 중지시켰다. 더구나 입주자들은 52%가 참여한 비밀투표로 2016.6.26. 제3기 입주자대표회의를 선출하였는데도 제2기 입주자대표 등이 2016.6.21. 임기 만료되어 권한이 완전히 상실된 후에도 제3기 입주자대표회의에 업무를 인계하지 않았다.

오히려 제2기 입주자대표 등은 2016.7.14. 불법으로 제3기 선거관리위원회(위원장 최○호)를 지명하였다. 그리고 제2기 입주자대표가 전자투표를 도입하기 위한 관리규약 개정을 2016.3.18. 입주자대표회의에서 의결하였지만 입주자들이 동의서에 서명을 하지 않았기 때문에 관리규약을 개정하지 못했다. 그런데도 개정을 한 것이라고 속였고, 불법으로 전자투표를 악용해 2016.8.11. 제3기 입주자대표회의를 선출하였다.[16)]

또한 제2기 입주자대표 등은 그 이후에도 전자투표로 불법선거를 하여 제4기 입주자대표회의를 승계하였다. 이와 같이 선거인명부(USB), 관리규약개정 동의서, 세대별 투표현황에 대한 검증을 거부하였기 때문에 비대위원장이 2019.3.22. 광진경찰서에 선거관리위원장과 선거관리전담요원을 업무방해로 고소할 수밖에 없었다.

그러나 광진경찰서는 최○호와 김○용이 선거인명부(USB)의 비밀번호를 12자리 이상 설정하였고, 기억나지 않는다고 하였으며, 경찰청의 사이버디지털포렌식센터에서 비밀번호를 찾아낼 수 없다는 통보를 받았다는 이유만으로 제출된 수많은 다른 증거자료를 수사하지 않고 무혐의 의견으로 서울동부지검에 송치하였다.

더구나 서울동부지검은 광진경찰서가 부실 및 편파수사, 표적 및 별건 수사를 한 것을 비대위원장이 조○웅 검사를 면담하면서 자세히 설명하며 진술서를 작성하였고, 녹화와 녹취를 해 달라고 요청해 보관하였다. 또한 '숨겨진 아파트 비리 완전정복'을 제출하였기 때문에 고질적이고 악질적인 비리를 이해하며 인지하였다. 그런데도 최○호와 김○용이 무자격자로서 전자투표를 악용해 대리투표로 불법선거한 것에 대해 증거 불충분으로 혐의가 없다고 처리하여 입주자대표 등이 불법선거로 계속 승계하면서 비리를 저지르고 있는 반면에 입주자들은 사기분양한 토지 636.8 ㎡를 완전범죄로 영원히 못 찾게 만들었다.

---

16) 제2기 입주자대표 3명은 최소 정원 4명에 미달함에도 불구하고 입주자들이 불법선거를 우려해 강력히 반대한 전자투표를 도입하기 위하여 입주자대표회의에서 2016.3.18. 의결하였다. 더구나 입주자들은 전자투표를 강력히 거부하였기 때문에 관리규약 개정 동의서에 서명하지 않았다. 그런데도 제2기 입주자대표는 입주자들이 동의서에 53.6%가 서명해 2015.6.1. 관리규약을 개정한 것이라고 속였다. 이는 전자투표를 도입하기 위해서 2016.3.18. 입주자대표회의가 의결한 것은 사실이다. 그러나 그 이후에는 입주자들이 동의서에 서명한 일이 전혀 없다. 그런데도 2016.8.11. 제3기 입주자대표 선거를 전자투표로 실시한 것은 입주자들의 의사에 반하는 명백한 불법선거인 것이다.

5. 위법행위로 업무방해를 한 자

가. 제2기 입주자대표(전○수, 이○욱, 김○복)와 선거관리위원(박○식, 최○정)은 사기분양한 토지 636.8 ㎡를 못 찾게 방해할 목적으로 다음과 같이 업무방해를 하였다.

① 입주자들은 2016.6.21. 제2기 입주자대표와 선거관리위원의 임기가 만료되었기 때문에 관리규약, 입주자대표 해임안(75%서명), 위임장(55%서명)에 의거, 2016.6.26. 입주자들의 52%가 참여한 비밀투표로 제3기 입주자대표회의를 합법적인 방법으로 선출하였음에도, 제2기 입주자대표와 선거관리위원이 사기분양한 토지 636.8 ㎡를 못 찾게 방해할 목적으로 업무를 인계하지 않은 점.

② 제2기 입주자대표와 선거관리위원은 사기분양한 토지 636.8 ㎡를 못 찾게 방해할 목적으로 2016.6.21. 임기 만료되어 권한이 완전히 상실되었음에도 불법으로 2016.7.14. 제3기 선거관리위원회(위원장 최○호)를 지명하였고, 불법으로 지명된 제3기 선거관리위원회는 전자투표를 도입할 관리규약이 개정되었다면서 2016.8.11. 불법선거로 제3기 입주자대표회의를 선출한 점.

③ 입주자들이 불법선거를 우려해 전자투표 실시를 강력히 반대하였음에도, 제2기 입주자대표 3명(전○수, 이○욱, 김○복)은 총 5명 중에서 2명(김○섭, 전○정)이 사퇴하였기 때문에 최소 구성인원이 4명 이상으로 충원되지 않았음에도, 2016.3.18. 전자투표를 할 관리규약 개정을 의결하였고, 그 이후로 동의서에 입주자들의 과반수 이상 서명을 받지 않았는데 2015.6.1. 이전에 받았다고 속인 점.

나. 제3기 선거관리위원장(최○호)과 선거관리전담요원(김○용)은 사기분양한 토지 636.8 ㎡를 못 찾게 방해할 목적으로 다음과 같이 업무를 불법적으로 방해하였다.

① 입주자들은 사기분양한 토지 636.8 ㎡를 찾기 위해 제2기 입주자대표의 임기가 2016.6.21. 만료되어 권한이 완전히 상실되었기 때문에 2016.6.26. 52%가 참여한 비밀투표로 제3기 입주자대표회의를 선출하였다. 그런데도 제2기 입주자대표는 제3기 입주자대표회의에 업무를 인계하지 않았다. 더구나 제3기 선거관리위원장(최○호)과 선거관리전담요원(김○용)은 2016.6.21. 임기가 만료되어 권한이 상실된 제2기 입주자대표에 의해 불법으로 지명되었다. 그런데도 불구하고 제3기 선거관리위원장과 선거관리전담요원은 불법으로 2016.8.11. 제3기 입주자대표 선거를 실시하여 제3기 입주자대표회의(유○운, 공○미, 임○익)를 선출한 점.

② 제3기 선거관리위원장(최○호)과 선거관리전담요원(김○용)은 입주자들이 불법선거를 우려해 전자투표 실시를 반대하며 2016.3.16. 관리규약 개정을 의결한 이후로 동의서에 서명하지 않았음에도 불법으로 전자투표를 악용한 대리투표로 제3기 입주자대표 선거를 실시하여 제3기 입주자대표회의를 선출한 점.

③ 제3기 선거관리위원장(최○호)은 불법으로 전자투표를 악용해 제4기 입주자대표 선출, 관리규약 개정 동의, 불법 계단 및 산책로 설치 등에 관해 입주자들의 동의를 받았다며 속였다. 그러나 불법선거한 선거인명부, 세대별 투표현황, 관리규약 개정 동의서 등 관련서류를 검증해 주지 않고 입주자대표를 승계시킨 점.

④ 선거관리위원장과 선거관리전담요원이 불법선거를 실시한 선거인명부 등 선거관련서류, 관리규약개정 동의서, 입주자들의 공정한 여론조사결과 등을 검증해 주지 않고 입주자대표를 계속 승계하면서 사기분양한 토지 636.8 ㎡를 못 찾게 방해하면 선량한 입주자들은 토지 636.8 ㎡가 완전범죄로 은폐되어 영원히 찾을 수 없는 점.

6. 소 결

비대위원장은 공공의 이익을 위해 금융감독원에서 감사업무를 약 40년간 수행하며 국장으로 정년퇴직한 경험으로 토지 636.8 ㎡가 사기분양된 것을 증명하기 위해 개인적으로 소송을 제기하였다. 그리고 2015.2.10. 서울고등법원에서 판결을 받고 대한지적공사에서 측량하여 토지 636.8 ㎡가 사기분양된 것을 확실하게 증명하였다.

그러나 입주자대표 등은 뒤가 켕기는지 아파트의 정보전달수단을 완전히 통제하며 속이고 H건설, 광진구청과 공모해 고소, 고발, 수사, 재판을 야기하며 비대위원장을 교묘하게 괴롭히고 토지 636.8 ㎡를 못 찾게 방해하였다. 더구나 변호사를 앞세워 거짓의 진술, 준비서면, 증거자료, 탄원서를 제출해 경찰, 검찰, 법원이 감쪽같이 속아서 오판하도록 악질적인 사법농단을 저질러 완전범죄로 영원히 숨기려고 하였다.

비대위원장은 분양 당시 입주자대표 등이 운영한 다음 카페에서 강제로 퇴출을 당했기 때문에 2015.8.24. 더사모 카페를 개설해 진실을 정확히 알려 주었다. 또한 입주자대표 등이 지난 10년 동안 다음 카페 등 정보전달수단에 공지한 것을 밀착 감시하였고, 수많은 증거자료를 수집하여 위법행위와 갑질을 체계적으로 정리하였다.

더구나 비대위원장이 사기분양한 토지 636.8 ㎡를 발견하지 못했거나, 더사모 카페를 개설해 사기분양한 토지 636.8 ㎡에 관한 진실을 알려주지 않았거나, 비상대책위원회를 결성해 합법적인 방법으로 정당방위와 정당행위로 대처하면서 찾아주려고 하지 않았다면 입주자대표 등이 불법선거로 계속 승계하며 정보전단수단을 완전히 통제하고 악질적인 사법농단을 저질러 경찰, 검찰, 법원이 감쪽같이 속아서 오판하였기 때문에 완전범죄로 영원히 은폐될 수밖에 없는 악질적인 사건이다.

따라서 입주자들은 제2기 입주자대표 등의 임기가 2016.6.21. 만료되었기 때문에 2016.6.26. 제3기 입주자대표회의를 선출하였다. 그러나 제

2기 입주자대표 등은 사기분양한 토지 636.8 ㎡를 못 찾게 방해할 목적으로 업무를 인계하지 않았고, 명예훼손을 하였다며 속여 비대위원장을 선량한 피해자에서 악질적인 가해자로 뒤바꿔 놓았다.

더구나 제2기 입주자대표 등은 2016.8.11. 불법으로 제3기 입주자대표회의를 선출해 승계하면서 선거인명부(USB), 세대별 투표현황, 관리규약개정 동의서를 검증해 주지 않고 계속 업무를 수행하고 있다. 또한 명예훼손을 하였다고 위장해 고소한 비대위원장의 재판이 선고유예를 받았으므로 1억 원의 손해배상을 하라고 소송하였다.

그러나 서울동부지방법원은 비대위원장이 입주자대표 등에게 8백만 원을 지급하고, 입주자대표 등이 소송비용의 9/10를 지급하라고 판결하였고, 대법원에서 확정되었다. 이는 비대위원장이 공공의 이익을 위하여 진실을 알려주었다고 증명한 것이다. 더구나 이 사건의 진실은 사기분양한 토지 636.8 ㎡가 현장보존이 잘 되어 있고, 재건축할 때까지 증거인멸을 할 수도 없다. 그러므로 입주자들은 사기분양한 636.8 ㎡를 찾기 위하여 2017.2.28. 서울중앙지방법원에 소송을 제기하였는데 간악한 무리들의 방해로 오랫동안 지연되어 2019.12.19. 선고하였다.

그러나 이번에도 사기분양한 토지 636.8 ㎡ 중에서 203 ㎡만 인정하고 433.8 ㎡를 이해할 수 없는 불명확한 이유로 인정하지 않았다. 이는 입주자들이 변호사님을 통해 재판장님께 현장검증을 실시해 달라고 간곡히 요청하였는데도 현장검증을 하지 않아서 사기분양한 수법의 심각성을 파악하지 못한데 기인한다. 따라서 선량한 국민들에게 악질적이며 조직적인 수법으로 막대한 피해를 입힌 아파트 비리의 적폐를 청산하고 사기분양한 433.8 ㎡를 찾기 위하여 2020.1.3. 서울고등법원에 항소를 하였다. 서울고등법원의 재판장님께서 현장을 검증해 사기분양한 문제의 심각성을 정확히 확인하면 인정할 수밖에 없다.

또한 비대위원장은 제3기 선거관리위원장(최○호)과 선거관리전담요원(김○용)이 불법선거로 업무를 방해한 것을 고소하였다. 따라서 경찰청의 사이버디지털포렌식센터(디지털저장매체분석계) 조○기 수사관은 선거인명부(USB)의 비밀번호를 찾기 위해 2019.6.12. 10시부터 2019.9.19. 16시까지 비밀번호를 찾아내고자 수사하였다. 그러나 최○호와 김○용이 선거인명부(USB)의 비밀번호를 12자리 이상 설정하였고 기억할 수 없다고 하였으며, 약 3개월간 비밀번호를 찾기 위해 포렌식으로 수사를 하였는데 찾을 수 없다고 하였다.

더구나 광진경찰서 경계5팀 김○희 경사는 USB의 비밀번호를 찾을 수 없다는 이유만으로 수많은 다른 증거자료를 수사하지 않고 무혐의 의견으로 2019.9.24. 서울동부지검에 송치하였다. 이는 광진경찰서가 부실 및 편파수사, 표적 및 별건수사를 하면서 636.8㎡가 사기분양된 것을 못 찾게 방해한 것이 명백하다. 왜냐하면 USB을 열지 못했다고 하더라고 불법선거를 한 다른 수많은 증거자료들을 이미 제출하였기 때문이다. 뿐만아니라 입주자대표 등은 비대위원장이 더사모 카페에서 진실을 알려주지 못하게 네이버와 방송통신심의위원회에 민원을 제출해 폐쇄요청을 하였다. 또한 비대위원장에게 사기분양한 토지 636.8㎡를 못 찾게 괴롭힐 목적으로 고소, 고발, 수사, 재판을 야기하고, 변호사를 앞세워 거짓의 진술, 준비서면, 증거자료, 탄원서를 제출해 경찰, 검찰, 법원이 속아서 오판하도록 악질적인 사법농단을 저질렀다.

불법선거로 업무 방해한 고소사건은 광진경찰서 김○희 경사가 2019. 9. 24. 무혐의 의견으로 송치해 서울동부지검 형사4부 조○웅 검사에게 배정되었다. 따라서 비대위원장은 2019.10.2. 오후 2시에 611호실에서 조○웅 검사를 만나 위법행위에 관해 자세히 설명하였다. 이때 입주자대표 등이 사기분양한 토지 636.8㎡를 못 찾게 정보전달수단을 완전히 통제하고 불법선거를 한 것, 악질적인 사법농단을 저질러 선량한 피해자를 악질적인 가해자로 뒤바꿔 놓은 것, 광진경찰서가 부실 및 편파수사, 표적 및 별건수사를 한 것, 아파트 비리의 고질적인 적폐에 대한 척결 등에 관해 진술하며 녹화와 녹취의 기록을 남겨놓았다.

이후에도 조○웅 검사는 이 사건과 관련해 몇 차례 더 만나서 진술과 설명을 듣겠다고 하며 헤어졌는데 비대위원장이 그 뒤로 면담을 계속 요청해도 전혀 연락이 없이 거절당했다. 그런 후에 조○웅 검사는 비대위원장이 불법선거로 업무방해를 하였다고 최○호와 김○용을 2019.3.22. 광진경찰서에 고소(2019년 형제38396)한 사건이 증거불충분의 이유로 2020.1.31. 혐의 없음의 불기소처분을 하였다.

그러나 비대위원장은 대리투표로 불법선거를 실시한 증거자료를 이미 수없이 많이 제출하였기 때문에 공정한 수사만 한다면 밝혀질 수 있어 서울고검에 2020.2.27. 항고장을 접수하여 재기수사를 요청하였다(2020년 고불항2443). 그런데도 서울고검은 서울동부지검의 의견이 옳다며 기각하였다. 따라서 2020.4.14. 서울고등법원에 불법선거로 업무방해한 것을 인정 받기 위해 재정신청서를 제출하였다(2020년 초재1530). 서울고등법원의 재판장님께서 제출된 증거자료를 공정하게 검토해 주시면 불법선거로 업무방해한 것을 인정받을 수밖에 없다. 그러나 어찌된 일인지 서울고등법원에서도 기각되었다. 따라서 최○호와 김○용이 무자격자임에도 불법으로 선거인명부(USB)를 작성해 대리투표로 불법선거를 한 것을 증명하고자 2020.6.2. 대법원에 재항고를 하였다(2020모1798).

제9부

입주자대표 등이 저지른 위법행위와 갑질

1. 입주자대표 등이 사기분양한 636.8 ㎡를 은폐

입주자대표 등은 입주예정자들이 당첨된 H아파트의 분양계약을 2009.11.3.부터 2009.11.4.까지(2일 동안) 모델하우스에서 체결할 때 H건설이 부실공사를 매우 많이 하기 때문에 함께 단결하여 사전에 방지하자며 홍보해 다음 카페의 회원들을 모집하였다.

그리고 입주예정자들의 이익을 위한다며 다음 카페에서 공사 진행사항에 관해 보고하듯 수시로 공지해 주었다. 마치 부실공사를 막기 위해 열심히 노력하는 것처럼 홍보하였다. 따라서 입주자들은 2012.3.30. 입주한 후에도 입주자대표 등이 입주자들의 이익을 위하여 최선을 다해 대변할 것으로 굳게 믿고 의심 없이 봉사자로 선출하였다.

이와 같이 입주자들의 한 치도 의심 없는 믿음을 바탕으로 입주자대표 등은 주택법 및 관리규약 등에 의거 입주자들의 이익을 대변하는 법적권한을 자연스럽게 모두 확보할 수 있었다. 그러나 입주자대표 등은 2012.6.22. 선출된 이후부터 사기분양, 하자보수, 관리비리 등을 감쪽같이 은폐하고 입주자들의 이익을 완전히 외면하였다.

또한 입주자대표 등은 입주자들의 편에 서지 않았고 그들의 이익을 위해 전혀 대변하지 않았다. 오히려 정보전달수단을 완전히 통제하며 속였고, 입주한 2012.3.30. 이후로 서쪽 경계 펜스 밖의 토지 636.8 ㎡가 사기분양된 것을 단 한 번도 알려주지 않았으며, 수단과 방법을 가리지 않고 636.8 ㎡를 못 찾게 조직적으로 방해하였다.

이에 반해 비대위원장은 공공의 이익을 위해 개인적으로 소송을 제기하여 2015.2.10. 서울고등법원에서 판결을 받고, 대한지적공사에서 측량하여 토지 636.8 ㎡가 사기분양된 것을 확실히 증명한 후에 찾아 달라고 요구하였음에도 입주자대표 등이 진실을 완전히 은폐하기 위해 비대위원장을 다음 카페에서 2015.7.18. 강제로 퇴출시켰다.

하는 수 없이 비대위원장은 2015.8.24. 더사모 카페를 개설해 서쪽 경계 펜스 밖의 토지 636.8 ㎡가 사기분양된 것을 찾아야 한다고 알려 주었는데 오히려 명예훼손을 하였다며 입주자대표 등이 광진경찰서에 2016.3.14. 고소하였다. 그런데도 광진경찰서의 사이버수사팀장 박○환 경위는 부실 및 편파수사, 표적 및 별건수사를 하면서 공공의 이익을 위해 한 것이 아니라며 잘못 수사해 기소의견으로 송치하였다.

더구나 서울동부지검 최○석 검사는 광진경찰서에서 부실 및 편파수사, 표적 및 별건수사를 한 것을 확인하지 않았고, 비대위원장이 공공의 이익을 위해 사기분양한 636.8 ㎡를 찾고자 알려준 것이라는 진정서를 수사하지 않으며 중대한 오판으로 약식기소(벌금 5백만 원)하였다.

하는 수 없이 비대위원장은 억울한 누명을 벗기 위하여 객관적이고 공정한 판단을 받고자 정식재판을 청구할 수밖에 없었다. 그러나 서울동부지방법원에서는 비대위원장이 공공의 이익을 위하여 진실을 알려주었다고 인정하면서도 무죄를 선고하지 않고 선고유예(벌금 3백만 원)로 판결하였고, 대법원에서도 그대로 확정해 괴로움을 당했다.

더구나 잘못된 판결인 것을 잘 알면서도 입주자대표 등은 선고유예를 받았다면서 비대위원장에게 1억 원의 손해배상을 하라고 소송하며 괴롭혔다. 그러나 서울동부지방법원은 입주자대표 등이 고의로 괴롭히기 위한 소송인 것을 인지하면서 기각 판결하지 않았다. 그리고 비대위원장은 입주자대표 등에게 8백만 원을 지급하고, 입주자대표 등이 비대위원장에게 소송비용의 9/10을 지급하라며 정산하도록 판결하였다.

이에 대하여 입주자대표 등은 1억 원의 손해배상을 하라고 항소한 반면, 비대위원장은 원심을 기각해 달라고 항소하였다. 서울동부지방법원(항소부)은 모두 기각하고 원고인 입주자대표 등에게 항소 비용의 50%를 부담하라며 선고하였다. 따라서 비대위원장은 사기분양한 636.8 ㎡를 못 찾게 방해할 목적으로 입주자대표 등이 소송을 제기한 것이므로 기각해 달라고 상고하였다. 그러나 대법원은 원심의 판단이 옳다고 기각해 확정되었다(2019다247521 2019.10.31. 선고).

이는 기각 판결을 하지 않았지만 비대위원장이 더사모 카페에서 공공의 이익을 위해 진실을 알려준 것이며, 입주자대표 등의 위법행위에 대한 정당방위와 정당행위를 하였다고 간접적으로 인정한 것이다. 그동안 입주자대표 등은 입주자들의 이익을 전혀 대변하지 않고 불법선거로 승계하면서 정보전달수단을 완전히 통제하고 사기분양한 토지 636.8 ㎡를 못 찾게 조직적으로 방해하였으며, 비대위원장에게 토지 636.8 ㎡를 못 찾게 비인간적인 위법행위를 저질러 음해한 것을 증명해 준 것이다.

2. 입주자대표 등이 H건설과 한원광장의 이익만 대변

H건설은 2009.10.12. H아파트를 분양하면서 나○용과 김○석이 불법 점유한 토지 161 ㎡를 원상복구하지 않았고, 오히려 토지 636.8 ㎡를 사용과 출입을 하지 못하게 빼고 설계, 모형, 카탈로그에 표시하여 모델하우스에서 공지한 후에 그대로 시공하고 사용검사승인을 받았는데 분양대금 82억 원을 받아가는 사기분양을 하였다.

그리고 토지 636.8 ㎡ 중에서 203 ㎡는 분할하여 제척해 한원광장이 편취하거나 매각하였고, 433.8 ㎡는 한원광장 등이 사용과 출입을 하도록 203 ㎡를 분할하여 제척한 후의 경계 안쪽 4 m 지점에 펜스를 시공해 입주자들이 사용과 출입을 못하면서 매년 재산세만 납부하게 끼워 팔기의 사기분양을 하였다. 더구나 입주자대표 등은 사기분양한 636.8 ㎡를 은폐하기 위해 1404동의 빌라 뒤를 수직옹벽으로 경계까지 시공하지 않고 분양계약을 위반해 계단과 산책로를 시공하였다.

이와 관련해 비대위원장은 입주초기에 등기면적이 분양면적에 비해 69.3 ㎡가 적다고 밝혀내자 입주자대표 등이 세대별로 보면 소수점 이하이므로 정산하지 않는다며 속였다. 또한 비대위원장은 203 ㎡를 사업부지에서 분할해 매각하였다고 찾아내자 입주자대표 등이 소송을 제기해 찾자고 유도하며 입주자들에게 모든 권리를 위임받았다. 그런 후에 법정에서 중대한 위법행위를 진술하지 않고 소극적으로 대처함으로써 서울동부지방법원은 사기분양한 토지 636.8 ㎡ 중에서 69.3 ㎡만 한원광장에게 손해배상책임이 있고, H건설에는 손해배상책임이 전혀 없다며 잘못 판결하였다. 그런데도 입주자대표 등은 기다렸다는 듯이 입주자총회를 개최하여 박수부대를 동원해 일사천리로 항소를 포기하였다.

이에 반하여 비대위원장은 공공의 이익을 위해 개인적으로 소송을 제기하였는데 서울고등법원에서 2015.2.10. 한원광장에게 203 ㎡에 대한 손해배상을 하라며 판결하였고, H건설에는 손해배상책임이 전혀 없다고 잘못 판결하였다(대법원에서 2015.6.23. 확정). 왜냐하면 H건설은 분양 당시 서쪽 경계 펜스 밖의 토지 636.8 ㎡를 사용과 출입을 하지 못하게 빼고 설계, 모형, 카탈로그에 표시하여 시공해 사용검사승인을 받았는데 분양대금 82억 원을 받아갔다. 그리고 636.8 ㎡ 중에서 203 ㎡를 분할하여 제척해 한원광장이 편취하거나 매각하였고, 203 ㎡를 분할하여 제척한 후의 경계부터 펜스까지 433.8 ㎡가 아파트의 소유인데 한원광장 등이 사용과 출입을 하는 것을 증명하였다.

이와 같이 비대위원장은 분양 당시 H건설이 토지 636.8 ㎡에 대하여 분양대금 82억 원을 받아갔는데 돌려주지 않았다고 확실하게 증명하였다. 그런데도 입주자대표 등은 불법선거로 승계하면서 정보전달수단을 완전히 통제하고 비대위원장을 모함하며 음해하고 사기분양한지 10년이 지나도록 토지 636.8 ㎡를 못 찾게 조직적으로 방해하였다.

더구나 입주대표 등은 사기분양한 토지 636.8 ㎡를 찾아주려는 비대위원장이 명예훼손을 하였다고 위장하며 고소, 고발, 수사, 재판을 야기하고, 변호사를 앞세워 거짓의 진술, 준비서면, 증거자료, 탄원서를 제출해 경찰, 검찰, 법원이 속아서 오판하도록 사법농단을 저질러 선량한 피해자에서 악질적인 가해자로 뒤바뀌 놓았다. 이처럼 입주자대표 등은 사기분양한 토지 636.8 ㎡를 못 찾게 조직적으로 방해하며 H건설과 한원광장의 이익만 대변하기에 급급하였다.

3. 입주자대표 등이 광진구청과 공모

H건설은 토지 636.8 ㎡를 사용과 출입을 하지 못하게 빼고 설계, 모형, 카탈로그에 표시해 시공하고 사용검사승인을 받았는데 분양대금 82억 원을 받아가는 사기분양을 하였다. 그런데도 광진구청은 토지 636.8 ㎡를 사기분양하도록 묵인하며 사업허가, 제척승인, 사용검사승인을 해주었다. 더구나 입주자대표 등은 636.8 ㎡를 못 찾게 방해할 목적으로 불법선거로 승계하며 정보전달수단을 완전히 통제하고 진실을 알려주지 않았다.

따라서 입주자들은 사기분양한 토지 636.8 ㎡를 찾기 위해 2015.9.2. 비상대책위원회를 결성하였다. 그리고 비대위원을 1403동 입주자대표 보궐선거에 단독후보로 출마시켰는데 입주자대표 등이 고의로 유권자의 22%만 방문하여 찬반투표를 하고는 과반수에 미달되었다며 낙선시켰다. 그러나 광진구청은 불법선거를 한 것이 명백한데도 공정선거라고 입주자대표 등의 편을 들어주며 묵인해 조치하지 않았다.

하는 수 없이 입주자들은 2015.10월. 입주자대표 해임안에 75%가 서명해 사퇴하라고 통보하였는데 입주자대표 등이 사퇴하지 않았고, 선거관리위원이 해임투표를 실시하지 않았다. 어쩔 수 없이 입주자들은 2016.4월. 위임장에 55%가 서명해 입주자대표 등에게 선거관리업무에 일체 관여하지 말라고 통보하였다. 이는 입주자대표 등이 선거관리업무를 하지 못하게 권한을 완전히 중지시킨 것이다.

그런 후에 입주자들은 입주자대표 등이 2016.6.21. 임기 만료되어 권한이 완전히 상실되었기 때문에 입주자총회를 개최하여 선거관리위원을 선출해 제3기 선거관리위원회(위원장 신○휴)를 구성하였다. 또한 제3기 선거관리위원회는 2016.6.26. 입주자들의 52%가 참여한 비밀투표로 입주자대표를 선출해 제3기 입주자대표회의(회장 소○영)를 구성하였다. 그러나 제2기 입주자대표는 사기분양한 토지 636.8 ㎡를 못 찾게 방해할 목적으로 제3기 입주자대표회의에 업무를 인계하지 않았다.

이에 더하여 제2기 입주자대표 등은 제3기 입주자대표회의 구성신고서를 접수해 주지 말라고 민원을 제출하였고, 광진구청은 사기분양한 토지 636.8㎡를 못 찾게 방해할 목적으로 구성신고서를 접수해 주지 않았다. 더구나 제2기 입주자대표 등은 임기 만료되었는데 불법으로 2016.7.14. 제3기 선거관리위원회(위원장 최○호)를 지명하였고, 제3기 선거관리위원회는 2016.8.11. 불법선거로 제3기 입주자대표회의(회장 유○운)를 선출해 구성하였는데 광진구청이 묵인하며 공정선거로 승인해 주었다. 이는 입주자대표 등이 광진구청 및 H건설과 공모하여 사기분양한 토지 636.8㎡를 못 찾게 조직적으로 방해한 것을 증명한다.

4. 입주자대표 등이 거짓으로 변호사를 속임

가. 입주자대표 등은 분양대금 82억 원을 납부한 토지 636.8㎡를 돌려받지 못했는데 사기분양이 아니라고 변호사를 속였음.

H건설은 분양 당시 토지 636.8㎡를 사용과 출입을 하지 못하게 빼고 설계, 모형, 카탈로그에 표시하여 시공하고 사용검사승인을 받았는데 분양대금 82억 원을 받아갔다. 그리고 토지 636.8㎡ 중에서 203㎡는 분할하여 제척해 한원광장이 편취하거나 매각하였다. 또한 433.8㎡는 한원광장 등이 사용과 출입을 하도록 203㎡를 분할하여 제척한 후의 경계 안쪽 4m 지점에 펜스를 시공해 입주자들이 사용과 출입을 못하면서 매년 재산세만 납부하게 끼워 팔기의 수법으로 사기분양을 하였다.

그런데도 입주자대표 등은 분양 당시 고의로 속이고 만든 설계, 모형, 카탈로그를 보여주면서 그대로 시공하였으므로 사기분양이 아니라고 H건설의 거짓주장만 대변하였다. 하는 수 없이 비대위원장은 공공의 이익을 위해 사기분양한 것을 확실하게 증명하고자 개인적으로 소송을 제기할 수밖에 없었다. 서울고등법원은 2015.2.10. 203㎡를 인정하였고(대법원에서 2015.6.23. 확정), 이를 근거로 대한지적공사에서 203㎡를 분할하여 제척한 후의 경계부터 펜스까지 측량해 불용토지 433.8㎡가 아파트의 소유라는 것을 명확히 증명하였다.

그런데도 입주자대표 등이 사기분양한 토지 636.8㎡를 못 찾게 조직적으로 방해하였기 때문에 입주자들은 합법적인 방법으로 찾고자 2015.9.2. 비상대책위원회를 결성하였다. 그리고 입주자들은 비대위원을 1403동 입주자대표 보궐선거에 단독후보로 출마시켜 당선을 확보하였는데 입주자대표 등이 고의로 유권자의 22%만 방문해 찬반투표를 하고는 과반수에 미달되었다며 낙선시켰다. 하는 수 없이 입주자들은 입주자대표 해임안에 75%가 서명해 사퇴하라고 통보하였는데 입주자대표가 거부하였고, 선거관리위원이 해임투표를 실시하지 않았다.

어쩔 수 없이 입주자들은 위임장에 55%가 서명해 입주자대표 등에게 선거관리업무에 일체 관여하지 말라고 통보하였고, 비대위원장에게 관리규약에 상관없이 선거관리업무 일체를 수행해 달라고 위임하였다. 이는 입주자들이 입주자대표 등에게 불법선거를 하지 말라고 선거관리업무에 관여하지 못하게 중지시킨 강력한 조치이다.

그런데도 입주자대표 등은 사기분양한 토지 636.8㎡를 못 찾게 방해할 목적으로 선거관리업무에 관여하였고, 불법선거를 실시하면서 서쪽 경계 펜스 밖의 636.8㎡를 못 찾게 조직적으로 방해하였다. 이와 같이 입주자대표 등은 위법행위를 저질러 사기분양한 토지 636.8㎡를 못 찾게 방해하였음에도 잘못을 전혀 반성하지 않고 오히려 위임한 변호사를 통해 거짓의 진술, 준비서면, 증거자료, 탄원서를 제출해 경찰, 검찰, 법원이 속아서 오판하도록 악질적인 사법농단을 저질렀다.

더구나 입주자대표 등은 사기분양한 토지 636.8㎡를 찾자며 서울동부지방법원에 단체소송을 제기하고는 소극적으로 대처해 69.3㎡만 인정받았다. 그런데도 입주자총회에서 박수부대까지 동원해 일사천리로 항소를 포기하였다. 또한 636.8㎡를 찾자며 H건설과 한원광장을 형식적으로 광진경찰서에 고소하였는데 강남경찰서로 이첩되었다. 그 후에 소극적으로 대처하여 서울중앙지검이 무혐의 처분을 하였다.

이에 더하여 비대위원장이 개인적으로 항소해 서울고등법원에서 203㎡를 선고할 것이 확실하게 증명되자 형식적으로 H건설과 한원광장을 재수사하여 달라고 요구하였다. 이에 서울중앙지검은 H건설을 무혐의 처분하고 한원광장(대표이사 고○현)을 특가법 위반으로 기소하였는데 서울중앙지방법원이 무죄 판결하였다. 이는 입주자대표 등이 사기분양한 636.8㎡를 못 찾게 위임한 변호사를 속이고 방해한데 기인한다.

나. 입주자대표 등은 비대위원장이 더사모 카페에서 자신들에게 명예훼손을 하였다고 변호사를 속였음.

비대위원장은 공공의 이익을 위해 사기분양한 토지 636.8㎡를 찾아야 한다고 다음 카페에서 알려주었는데 입주자대표 등이 못 찾게 방해할 목적으로 비대위원장을 2015.7.18. 강제로 퇴출시켰다. 하는 수 없이 비대위원장은 2015.8.24. 더사모 카페를 개설해 토지 636.8㎡를 찾아야 한다고 진실을 정확하게 알려주었다. 그런데도 입주자대표 등은 고소, 고발, 수사, 재판을 야기하고, 변호사를 앞세워 거짓의 진술, 준비서면, 증거자료, 탄원서를 제출해 경찰, 검찰, 법원이 속아서 비대위원장이 명예훼손을 하였다고 오판하도록 사법농단을 저질렀다.

광진경찰서에 출두한 비대위원장은 자신이 입주자대표 등의 명예훼손을 하지 않았고, 명예훼손을 할 필요조차 없으며, 더사모 카페에 올린 모든 글들에 대한 목적과 의미를 정확하게 확인하면 공공의 이익을 위해 진실을 솔직하게 알려 준 것을 잘 알 수 있다고 진술하였다.

더구나 비대위원장은 입주자대표 등의 거짓주장처럼 설령 비대위원장이 명예훼손을 하였다고 하더라도 그것은 공공의 이익을 위하여 사기분양한 토지 636.8㎡를 찾고자 진실을 솔직하게 알려주는 과정에서 생긴 불협화음 같은 것뿐이라고 상세히 설명하였다.

또한 비대위원장이 명예훼손을 하였다고 할지라도 일단 비대위원장으로 하여금 사기분양한 토지 636.8㎡를 찾게 한 이후에 고소를 하여도 전혀 늦지 않다고 진술하였다. 그것은 입주자들이나 입주자대표 등에게 훨씬 더 좋은 것인데 반대로 행동하는 것이 사기분양한 토지 636.8㎡를 못 찾게 방해할 목적으로 고소한 것을 증명한다고 진술하였다.

그러나 광진경찰서 박○환 경위는 비대위원장의 솔직한 진술을 전혀 인정하지 않고 부실 및 편파수사, 표적 및 별건수사로 일관하면서 명예훼손을 한 것이라며 기소의견으로 송치하였다. 또한 서울동부지검 최○석 검사는 광진경찰서에서 통보한 불실하기 짝이 없는 수사보고서만 믿고, 명예훼손을 하였다며 약식기소(벌금 5백만 원)하였다. 왜냐하면 최○석 검사는 비대위원장의 진술서와 조사보고서를 정확히 파악하고 공정한 수사를 하여야 함에도 비대위원장이 더사모 카페에 게시한 글들을 전혀 수사하지도 않았고, 선량한 피해자에서 억울하게 악질적인 가해자로 뒤바뀐 중대한 잘못을 지적한 진정서를 수사하지 않으며 간과했다.

그 결과 서울동부지방법원은 무죄가 아닌 선고유예(벌금 3백만 원)로 잘못 판결하였고, 잘못된 판결이 그대로 대법원에서 확정되었다. 이처럼 박○환 경위와 최○석 검사는 비대위원장이 공공의 이익을 위해 헌신적으로 봉사하였다는 진술을 전혀 인정하지 않고 부실 및 편파수사, 표적 및 별건수사를 하면서 선량한 피해자에서 악질적인 가해자로 뒤바뀌 억울하다고 실토한 비대위원장의 진정서를 공정하게 수사하지 않은 중대한 잘못에 기인해 무혐의 처분을 하지 않았다.

그렇지만 대륙아주 조 대표변호사님은 비대위원장이 개인적으로 제기한 민사소송을 변론하여 대법원에서 확정판결을 받고 대한지적공사에서 측량하여 636.8㎡가 사기분양된 것을 확실히 증명하였다. 또한 명예훼손사건(1심)를 담당해 공정하고 객관적인 변론에 의거 공공의 이익을 위해 진실을 알려준 것을 확실히 밝혀서 그나마 선고유예로 판결을 받도록 하였기 때문에 입주자들이 억울하게 사기당한 서쪽 경계 펜스 밖의 토지 636.8㎡를 찾는데 걸림돌이 된다는 것을 잘 알고 있다.

이와 같이 비대위원장은 박○환 경위와 최○석 검사가 공정한 수사를 하지 않았기 때문에 선량한 피해자에서 악질적인 가해자로 뒤바뀌었다. 이후에도 입주자대표 등은 변호사를 앞세워 명예훼손을 하였다고 속이며 2018.10.8. 및 2019.3.14. 광진경찰서에 또다시 고소하고 사기분양한 토지 636.8 ㎡를 못 찾게 악질적이며 끈질기게 괴롭혔다.

하는 수 없이 비대위원장은 광진경찰서 사이버수사팀의 박○현 경사에게 조사를 받으며 공공의 이익을 위해 토지 636.8 ㎡를 찾고자 진실을 알려주었고, 명예훼손을 하지 않았으며 명예훼손을 할 필요가 없다는 것을 확실하게 증명하고자 더사모 카페에 올린 전체의 글들을 국민신문고를 통해 제출하여 공정한 수사를 강력히 요구하였다. 그런데도 박○현 경사는 거부하며 비대위원장이 명예훼손을 하였다고 송치하였다.

따라서 서울동부지검은 2019형제21887호(2019.6.4.)로 형사1부 양○필 부부장검사에게 배정되었다. 이번에도 비대위원장은 역시 공공의 이익을 위해 사기분양한 636.8 ㎡를 찾고자 정당방위와 정당행위를 하였다는 진정서를 수없이 제출해 호소하였다. 또한 '숨겨진 아파트 비리 완전정복'을 정리한 책자를 제출하면서 공공의 이익을 위한 것임을 솔직하게 설명하였고, 직접 서울동부지검에 출두하여 의견을 제시하겠다며 여러 차례 연락하였는데 번번이 거절을 당했다.

그런데도 불구하고 양○필 부부장검사는 명예훼손을 한 것이라고 오판하여 2019.7.29. 비대위원장을 약식기소(벌금 5백만 원)하였고, 2019.11.1. 약식명령을 하였다(2019고약6764). 이에 대하여 비대위원장은 억울한 누명을 정정당당히 벗기 위해 2019.11.7. 서울동부지방법원에 정식재판을 또다시 청구할 수밖에 없었다(2019고정1168).

이는 비대위원장이 공공의 이익을 위하여 사기분양한 토지 636.8 ㎡를 찾아주려는데 입주자대표 등은 진실을 속이고 변호사를 앞세워 거짓의 진술, 증거자료를 제출해 박○현 경위와 양○필 부부장검사의 부실 및 편파수사, 표적 및 별건수사로 인해 서울동부지방법원이 오판하도록 악질적인 사법농단을 저질렀다. 이처럼 입주자대표 등은 사기분양한 636.8㎡를 못 찾게 H건설의 이익만 대변하며 변호사를 감쪽같이 속였다.

다. 입주자대표 등은 불법선거를 하지 않고 공정한 선거를 하였다며 변호사를 속였음.

비대위원장은 2015.2.10. 서울고등법원에서 판결을 받고, 대한지적공사에서 측량하여 토지 636.8㎡가 사기분양된 것을 증명한 후에 찾아달라고 요구하였는데 입주자대표 등이 못 찾게 조직적으로 방해하였다. 따라서 다음 카페에서 사기분양한 636.8㎡를 찾아야 한다고 진실을 정확히 알려주었는데 입주자대표 등은 못 찾게 방해할 목적으로 강제로 퇴출시켰다. 하는 수 없이 비대위원장은 공공의 이익을 위해 2015.8.24. 더사모 카페를 개설하여 사기분양한 636.8㎡를 찾아야 한다고 알려주었는데 진실을 알게 된 입주자들은 정당방위와 정당행위를 하며 합법적으로 636.8㎡를 찾고자 2015.9.2. 비상대책위원회를 결성하였다.

그리고 입주자들은 비대위원을 1403동 입주자대표 보궐선거에 단독후보로 출마시켰는데 입주자대표 등이 고의로 유권자의 22%만 방문투표를 하고는 과반수에 미달되었다며 낙선시켰다. 따라서 입주자대표 해임안에 75%가 서명하여 사퇴하라고 통보하였는데 거부하였고, 선거관리위원이 해임투표를 실시하지 않았다. 그래서 입주자들은 위임장에 55%가 서명해 입주자대표 등에게 선거관리업무에 일체 관여하지 말라며 통보하여 입주자대표 등이 선거관리업무를 못하게 권한을 중지시켰다. 그리고 입주자들은 입주자대표 등의 임기가 2016.6.21. 만료되어 권한이 상실되었기 때문에 2016.6.26. 52%가 비밀투표에 참여해 입주자대표를 선출하여 제3기 입주자대표회의(회장 소○영)를 구성하였다.

그런데도 입주자대표 등은 사기분양한 토지 636.8㎡를 못 찾게 방해할 목적으로 업무를 인계하지 않았다. 오히려 2016.8.11. 불법선거를 실시하여 입주자대표(유○운, 공○미, 임○익)를 다시 선출해 제3기 입주자대표회의(회장 유○운)를 불법으로 구성하였는데도 선거인명부를 검증해 주지 않았다. 이후에도 제4기 입주자대표회의(회장 김○연)를 불법선거로 선출해 계속 승계하며 636.8 ㎡를 못 찾게 방해하였다.

따라서 입주자들은 불법선거한 선거인명부의 열람을 요구하였는데 입주자대표 등이 선거인명부를 전혀 검증해 주지 않았다. 하는 수 없이 입주자들은 선거인명부를 검증하기 위하여 소송을 제기할 수밖에 없었다. 그런데도 입주자대표 등이 선거인명부를 검증해 주지 않았고, 서울동부지방법원, 서울고등법원, 대법원은 선거인명부를 제출하라고 명령하지도 검증하지도 않고는 기각 판결을 하였다. 이와 같이 입주자대표 등은 불법선거로 승계하면서 변호사를 감쪽같이 속이고 위법행위와 비인간적인 행위를 저질러 사기분양한 636.8 ㎡를 못 찾게 조직적으로 방해하였다.

5. 입주자대표 등이 거짓으로 경찰과 검찰을 속임

가. 입주자대표 등은 분양대금 82억 원을 납부한 토지 636.8 ㎡를 돌려받지 못했는데 사기분양이 아니라고 경찰과 검찰을 속였음.

H건설은 분양 당시 사업부지에서 토지 636.8 ㎡를 사용과 출입을 하지 못하게 빼고 설계, 모형, 카탈로그에 표시하여 시공하고 사용검사승인을 받았는데 분양대금 82억 원을 받아갔다. 그리고 토지 636.8 ㎡ 중에서 203 ㎡는 분할하여 제척해 한원광장이 편취하거나 매각하였고, 433.8 ㎡는 한원광장 등이 사용과 출입을 하도록 203 ㎡를 분할하여 제척한 후의 경계 안쪽 4 m 지점에 펜스를 시공하여 입주자들이 사용과 출입을 못하면서 매년 재산세만 납부하도록 끼워 팔기의 사기분양을 하였다.

그런데도 입주자대표 등은 분양 당시 속이고 만든 설계, 모형, 카탈로그를 보여주면서 그대로 시공하였는데 사기분양이 웬 말이냐며 H건설의 거짓주장만 대변하였다. 따라서 비대위원장은 636.8 ㎡가 사기분양된 것을 증명하기 위해 개인적으로 소송을 제기할 수밖에 없었다. 서울고등법원은 2015.2.10. 203㎡를 인정하였고(대법원에서 2015.6.23. 확정), 이를 근거로 대한지적공사에서 측량해 203㎡를 분할하여 제척한 후의 경계부터 펜스까지 불용토지 433.8㎡가 아파트의 소유라고 확인함으로써 분양대금 82억 원을 납부한 636.8㎡가 사기분양된 것을 증명하였다. 그런데도 입주자대표 등이 636.8㎡를 못 찾게 조직적으로 방해하였기 때문에 이에 맞서 입주자들은 636.8㎡를 합법적인 방법으로 찾기 위해 2015.9.2. 비상대책위원회를 결성하였다.

그리고 입주자들은 비대위원을 1403동 입주자대표 보궐선거에 단독후보로 출마시켰는데 입주자대표 등이 고의로 유권자의 22%만 방문투표를 하고는 과반수에 미달되었다며 낙선시켰다. 따라서 입주자대표 해임안에 75%가 서명하여 사퇴하라고 통보하였는데 입주자대표 등이 거부하였고, 선거관리위원이 해임투표를 실시하지 않았다. 하는 수 없이 입주자들은 위임장에 55%가 서명해 입주자대표 등에게 선거관리업무에 일체 관여하지 말라고 통보하였고, 비대위원장에게 관리규약에 상관없이 선거관리업무 일체를 수행해 달라고 위임해 선거관리업무에 관여하지 못하게 중지시켰다. 그런데도 입주자대표 등은 선거관리업무에 관여해 불법선거로 승계하면서 636.8㎡를 못 찾게 방해하였다. 이와 같이 입주자대표 등은 사기분양한 636.8㎡를 못 찾게 방해할 목적으로 위법행위를 저지르며 경찰과 검찰을 감쪽같이 속이고 악질적인 사법농단을 저질렀다.

나. 입주자대표 등은 비대위원장이 더사모 카페에서 자신들에게 명예훼손을 하였다고 경찰과 검찰을 속였음.

비대위원장은 공공의 이익을 위해 서울고등법원에서 판결을 받고 대한지적공사에서 측량하여 토지 636.8㎡가 사기분양된 것을 증명한 후에 다음 카페에서 찾아야 한다고 진실을 알려주었는데 입주자대표 등이 못 찾게 방해할 목적으로 비대위원장을 2016.7.18. 강제로 퇴출시켰다.

따라서 비대위원장은 2015.8.24. 더사모 카페를 개설해 토지 636.8㎡

가 사기분양된 것을 찾아야 한다고 진실을 정확하게 알려주었다. 그러나 입주자대표 등은 고소, 고발, 수사, 재판을 야기하고, 변호사를 앞세워 거짓의 진술, 준비서면, 증거자료, 탄원서를 제출해 경찰과 검찰이 감쪽같이 속아서 비대위원장에게 명예훼손을 하였다고 오판하였다.

광진경찰서에 출두한 비대위원장은 자신이 입주자대표 등의 명예훼손을 하지 않았고, 명예훼손을 할 필요가 전혀 없으며, 더사모 카페에 올린 모든 글들에 대한 목적과 의미를 정확히 확인하면 공공의 이익을 위해 진실을 솔직하게 알려 준 것을 아주 쉽게 알 수 있다고 진술하였다.

그리고 비대위원장은 입주자대표 등의 거짓주장처럼 설령 비대위원장이 명예훼손을 하였다고 하더라도 그것은 공공의 이익을 위해 사기분양한 토지 636.8㎡를 찾기 위하여 진실을 솔직히 알려주는 과정에서 생긴 불협화음과 같은 것뿐이라고 상세하게 설명해 주었다.

또한 비대위원장이 명예훼손을 하였다고 할지라도 일단 비대위원장으로 하여금 사기분양한 토지 636.8㎡를 찾게 한 이후에 고소를 하더라도 전혀 늦지 않다고 진술하였다. 그것은 입주자들이나 입주자대표 등에게 더 좋은 것인데도 반대로 행동하는 것은 사기분양한 토지 636.8㎡를 못 찾게 방해하기 위해 고소한 것을 확실히 증명한다고 설명하였다.

그러나 광진경찰서 박○환 경위는 비대위원장의 솔직한 진술을 무시하고 부실 및 편파수사, 표적 및 별건수사를 하면서 명예훼손을 하였다며 기소의견으로 송치하였다. 또한 서울동부지검 최○석 검사는 광진경찰서에서 제출한 중대하게 잘못된 수사보고서를 믿고 명예훼손을 하였다며 약식기소(벌금 5백만 원)하였다. 더구나 최○석 검사는 공정한 수사를 하여야 함에도 더사모 카페에 게시한 전체의 글들을 확인하지 않았고, 비대위원장이 선량한 피해자인데 악질적인 가해자로 억울하게 뒤바뀐 것을 지적한 진정서를 수사하지 않고 오판을 하였다.

그 결과 서울동부지방법원은 무죄가 아닌 선고유예(벌금 3백만 원)로 판결하였고, 잘못된 판결이 그대로 대법원에서 확정되었다. 이는 광진경찰서와 서울동부지검이 비대위원장의 솔직한 진술을 전혀 인정하지 않고 부실 및 편파수사, 표적 및 별건수사로 인해 선량한 피해자에서 악질적인 가해자로 뒤바뀌었다는 진정서를 수사하지 않은데 기인한다.

그렇지만 대륙아주 조 대표변호사님은 비대위원장이 개인적으로 제기한 민사소송을 변론해 대법원에서 확정판결을 받고 대한지적공사에서 측량하여 분양대금 82억 원을 납부한 토지 636.8 ㎡가 사기분양된 것을 확실히 증명하였다. 또한 명예훼손사건(1심)을 담당해 공정한 변론으로 공공의 이익을 위해 진실을 알려준 것을 명확히 밝혀서 그나마 선고유예로 판결을 받았기 때문에 입주자들이 억울하게 사기당한 토지 636.8 ㎡를 찾는데 많은 걸림돌이 된다는 것을 잘 알고 있다.

이와 같이 비대위원장은 광진경찰서 및 서울동부지검에서 잘못 수사한 것에 기인해 선량한 피해자에서 악질적인 가해자로 억울하게 뒤바뀌었고, 이후에도 입주자대표 등은 변호사를 앞세워 명예훼손을 하였다고 감쪽같이 속이며 2018.10.8. 및 2019.3.14. 광진경찰서에 또다시 고소하여 토지 636.8 ㎡를 못 찾도록 악질적이며 끈질기게 괴롭혔다.

하는 수 없이 비대위원장은 광진경찰서 사이버수사팀의 박○현 경사에게 조사를 받으면서 명예훼손을 하지 않았다는 것을 확실히 증명하기 위해 더사모 카페에 올린 전체의 글들을 국민신문고를 통해 제출하며 공정한 수사를 해 달라고 강력히 요구하였다. 그런데도 불구하고 박○현 경사는 중대한 오판으로 명예훼손을 하였다며 송치하였다.

또한 서울동부지검은 2019형제21887호(2019.6.4.)로 형사1부 양○필 부부장검사에게 배정되었다. 이번에도 비대위원장은 역시 공공의 이익을 위해 사기분양한 토지 636.8 ㎡를 찾고자 정당방위와 정당행위를 하였다는 진정서를 수없이 제출하였다. 또한 '숨겨진 아파트 비리 완전정복'을 체계적으로 정리해 제출하면서 공공의 이익을 위한 것을 강조하며 설명하였고, 직접 서울동부지검에 출두하여 의견을 제시하겠다며 여러 차례 연락하였는데 번번이 거절을 당했다.

그럼에도 불구하고 서울동부지검은 명예훼손을 한 것이라며 오판하면서 2019.7.29. 비대위원장을 약식기소(벌금 5백만 원)하였고, 2019.11.1. 약식명령을 하였다(2019고약6764). 이에 대하여 비대위원장은 억울한 누명을 정정당당하게 벗기 위해 2019.11.7. 서울동부지방법원에 정식재판을 청구할 수밖에 없었다(2019고정1168).

이는 비대위원장이 공공의 이익을 위해 사기분양한 토지 636.8 ㎡를 찾고자 하였는데 입주자대표 등은 진실을 속이고 변호사를 앞세워 거짓의 진술, 증거자료, 탄원서를 제출하였고 광진경찰서와 서울동부지검에서는 부실 및 편파수사, 표적 및 별건수사를 함으로써 서울동부지방법원이 오판하도록 사법농단을 저지른 악질적이고 비인간적인 사건이다. 이처럼 입주자대표 등은 사기분양한 토지 636.8 ㎡를 못 찾게 방해할 목적으로 H건설의 이익만 대변하며 경찰과 검찰을 감쪽같이 속였다.

다. 입주자대표 등은 불법선거를 하지 않고 공정한 선거를 하였다며 경찰과 검찰을 속였음.

비대위원장은 2015.2.10. 서울고등법원에서 판결을 받고, 대한지적공사에서 측량하여 토지 636.8 ㎡가 사기분양된 것을 증명한 후에 찾아달라고 요구하였는데 입주자대표 등이 못 찾게 조직적으로 방해하였다. 따라서 비대위원장이 다음 카페에서 사기분양한 토지 636.8 ㎡를 찾아야 한다고 진실을 알려주었는데 입주자대표 등은 못 찾게 방해할 목적으로 2016.7.18. 강제로 퇴출시켰다. 하는 수 없이 비대위원장은 공공의 이익을 위하여 2016.8.24. 더사모 카페를 개설해 사기분양한 토지 636.8 ㎡를 찾아야 한다고 알려주었다. 이 사실을 정확히 알게 된 입주자들은 정당방위와 정당행위를 하면서 합법적인 방법으로 사기분양한 토지 636.8 ㎡를 찾고자 2015.9.2. 비상대책위원회를 결성하였다.

그리고 입주자들은 비대위원을 1403동 입주자대표 보궐선거에 단독후보로 출마시켰는데 입주자대표 등이 고의로 유권자의 22%만 방문투표를 하고는 과반수에 미달되었다며 낙선시켰다. 따라서 입주자들은 입주자대표 해임안에 75%가 서명하여 사퇴하라고 통보하였는데 입주자대표가 거부하였고, 선거관리위원이 해임투표를 실시하지 않았다.

어쩔 수 없이 입주자들은 위임장에 55%가 서명해 입주자대표 등에게 선거관리업무에 일체 관여하지 말라고 통보하였다. 이는 입주자대표 등을 선거관리업무에 관여하지 못하게 강력히 중지시킨 것이다. 그리고 입주들은 입주자대표의 임기가 2016.6.21. 만료된 이후, 2016.6.26. 관리규약, 입주자대표 해임안, 위임장에 의거, 52%가 비밀투표로 제3기 입주자대표회의(회장 소○영)를 합법적인 방법으로 선출하였다.

그런데도 입주자대표 등은 불법으로 제3기 입주자대표회의에 업무를 인계하지 않았다. 오히려 2016.8.11. 불법선거를 실시하여 입주자대표(유○운, 공○미, 임○익)를 다시 선출해 제3기 입주자대표회의(회장 유○운)를 구성하였다. 이후에도 불법선거로 제4기 입주자대표회의(회장 김○연)를 선출해 계속 승계하며 못 찾게 방해하였다.

따라서 입주자들은 불법선거한 선거인명부의 열람을 요구하였는데 입주자대표 등이 선거인명부를 열람해 주지 않았다. 하는 수 없이 입주자들은 선거인명부를 검증하기 위해 소송을 제기할 수밖에 없었다. 그런데도 입주자대표 등은 불법선거한 선거인명부를 검증해 주지 않았고, 서울동부지방법원, 서울고등법원, 대법원은 선거인명부를 제출하라고 명령하지도 검증해 주지도 않으면서 기각 판결을 하였다. 이와 같이 입주자대표 등은 불법선거로 승계하면서 토지 636.8 ㎡를 사기분양한지 10년이 지나도록 위법행위와 비인간적인 행위를 저지르며 서쪽 경계 펜스 밖의 토지 636.8 ㎡를 못 찾게 조직적으로 방해하였다.

그래서 비대위원장은 제3기 선거관리위원장(최○호)와 선거관리전담요원(관리과장 김○용)이 불법선거로 업무 방해한 것을 광진경찰서에 고소하였다. 경찰청 사이버디지털포렌식센터(디지털저장매체분석계) 조○기 수사관은 김○용이 비대위원장에게 제출한 선거인명부(USB)의 비밀번호를 찾고자 2019.6.12. 10시부터 2019.9.19. 16시까지(약 3개월) 수사를 하였다. 그러나 최○호와 김○용은 비밀번호를 12자리 이상 설정하였고, 기억나지 않으며, 찾을 수 없다고 광진경찰서 김○희 경사에게 허위진술하며 협조하지 않았다.

이에 대하여 광진경찰서 경제5팀 김○희 경사는 경찰청에서 선거인명부(USB)의 비밀번호를 찾을 수 없다고 연락을 받았다는 이유만으로 수많은 다른 증거자료들을 수사하지 않고 불법선거를 하지 않았으므로 업무방해를 한 것이 아니라고 중대한 오판을 하여 무혐의 처분의 의견으로 2019.9.24. 서울동부지검에 송치하였다.

이는 광진경찰서가 부실 및 편파수사, 표적 및 별건수사를 하면서 사기분양한 토지 636.8㎡를 못 찾게 방해한 것이 명백한 것이다. 왜냐하면 선거인명부의 비밀번호를 확인하지 못해 USB을 열지 못했다고 하더라도 그 이외에 불법선거를 실시하였다는 다른 수많은 증거자료를 이미 제출하였는데 전혀 수사하지 않았기 때문이다.

불법선거로 업무 방해한 고소사건은 서울동부지검 형사4부 조○웅 검사에게 배정되었다. 따라서 비대위원장은 관련 증거자료를 제출하고 의견을 진술하기 위해 2019.10.2. 오후 2시에 611호실로 조○웅 검사를 방문해 만났다. 이때 입주자대표 등이 불법선거를 하며 승계하고 정보전달수단을 완전히 통제해 사기분양한 토지 636.8㎡를 못 찾게 방해한 것, 사법농단에 의거 선량한 피해자에서 악질적인 가해자로 뒤바꿔 놓은 것, 광진경찰서가 부실 및 편파수사, 표적 및 별건수사를 한 것, 아파트 비리의 고질적이며 악질적인 적폐에 대한 척결 등을 조○웅 검사에게 자세하게 진술하였고 녹화와 녹취를 하여 보관해달라고 요구하였다.

그리고 '숨겨진 아파트 비리 완전정복'을 정리한 책자를 제출하였는데 이후에 이 사건과 관련하여 몇 차례 더 면담해 진술과 설명을 듣겠다고 하며 헤어졌다. 그 이후에는 업무방해로 고소한 사건에 관해 면담을 계속 요청하였는데 전혀 연락이 오지 않고 거절당했다.

그런 후에 조○웅 검사는 비대위원장이 불법선거로 업무방해를 하였다고 최○호와 김○용을 2019.3.22. 광진경찰서에 고소한 사건(2019년 형제38396)을 2020.1.22. 증거불충분의 이유로 혐의 없음의 불기소처분을 하였고, 비대위원장은 진실을 명확하게 밝히기 위해 2020.2.27. 서울고검에 항고하였다. 그러나 서울고검에서는 서울동부지검의 잘못이 없다며 기각하였다(2020년 고불항2443). 따라서 서울고법에 불법선거로 업무방해한 것을 확실히 증명하기 위해 2020.4.14. 재정신청을 하였다(2020년 초재1530). 그러나 서울고등법원에서는 공정한 심리만 한다면 증거가 확실하기 때문에 인정받을 수 있다고 생각하였는데 2020.5.26. 기각하였다. 그래서 대법원에 2020.6.2. 재항고를 하였다(2020모1798).

또한 입주자대표 등은 네이버와 방송통신심의위원회에 비대위원장이 자신들에 대하여 명예훼손을 하였다며 더사모 카페의 폐쇄를 요청하는 민원을 제출하였다. 따라서 네이버와 방송통신심의위원회에서는 더사모 카페에 게시한 모든 글들에 대하여 전수조사를 할 수밖에 없었다. 그 결과 공공의 이익을 위하여 정당방위와 정당행위를 한 것을 인정해 거절당했다.

비대위원장은 광진경찰서 사이버수사팀의 박○현 경사를 비롯해 김○환 팀장, 이○현 경위, 김○준 경사는 물론 불법선거를 수사한 경제5팀의 김○희 경사 등 5명에게 사기분양한 토지 636.8㎡에 대한 현장을 함께 돌아보고 자세히 설명해 주었다. 사기분양한 토지 636.8㎡는 현장보존이 잘 되어 있고, 재건축할 때까지 증거인멸의 우려도 전혀 없으며, 입주자들이 수시로 감시하므로 찾아야 한다고 설명하였다.

사이버수사팀 박○현 경사 및 경제5팀 김○희 경사는 비대위원장이 솔직하게 진술한 것을 받아들여 공정한 수사를 하였다면 사건이 벌써 종결되었다. 그러나 박○현 경사는 비대위원장이 공공의 이익을 위해 알려주었는데도 명예훼손을 하였다는 의견으로 송치하였고, 김○희 경사는 선거관리위원장(최○호)과 선거관리전담요원(관리과장 김○용)이 불법선거로 못 찾게 업무방해를 하였는데도 불구하고 업무방해를 안했다는 의견으로 서울동부지검에 송치하였다.

이와 같이 광진경찰서는 부실 및 편파수사, 표적 및 별건수사를 하면서 사기분양한 토지 636.8 ㎡를 못 찾게 방해할 목적으로 사기분양한 636.8 ㎡에 관하여 전혀 수사하지 않았고, 비대위원장이 공공의 이익을 위해 알려준 것을 명예훼손을 한 것이라고 오판하였으며, 입주자대표 등이 불법선거로 업무방해를 한 것을 업무방해를 안했다고 오판하였다. 이는 입주자대표 등이 경찰과 검찰을 감쪽같이 속인데 기인한다.

6. 입주자대표 등이 거짓으로 법원을 속임

가. 입주자대표 등은 분양대금 82억 원을 납부한 토지 636.8 ㎡를 돌려받지 못했는데 사기분양이 아니라고 법원을 속였음.

H건설은 분양 당시 사업부지에서 토지 636.8 ㎡를 사용과 출입을 하지 못하게 빼고 설계, 모형, 카탈로그에 표시하여 시공하고 사용검사승인을 받았는데 분양대금 82억 원을 받아갔다. 그리고 토지 636.8 ㎡ 중에서 203 ㎡는 분할하여 제척해 한원광장이 편취하거나 매각하였다. 또한 433.8 ㎡는 한원광장 등이 사용과 출입을 하도록 203 ㎡를 분할하여 제척한 후의 경계 안쪽 4 m 지점에 펜스를 시공해 입주자들이 사용과 출입을 못하면서 매년 재산세만 납부하게 끼워 팔기의 사기분양을 하였다.

그런데도 입주자대표 등은 분양 당시 속이고 만든 설계, 모형, 카탈로그를 보여주면서 그대로 시공하였는데 웬 사기분양이냐며 H건설의 거짓주장만 대변하였다. 따라서 비대위원장은 공공의 이익을 위하여 토지 636.8 ㎡가 사기분양된 것을 증명하고자 개인적으로 소송을 제기하였다. 서울고등법원은 2015.2.10. 203 ㎡를 인정하였고(대법원에서 2015.6.23. 확정), 이를 근거로 대한지적공사에서 측량하여 토지 636.8 ㎡가 사기분양된 것을 증명하였다.

그러나 입주자대표 등은 636.8 ㎡를 못 찾게 방해할 목적으로 단체소송을 제기해 손해배상을 받자고 유인하고는 모든 권한을 위임받았다. 그리고 서울동부지방법원이 636.8 ㎡ 중에서 69.3 ㎡만 인정한 잘못된 판결을 하였는데도 입주자대표 등은 기다렸다는 듯이 입주자총회를 개최하여 박수부대까지 동원해 일사천리로 사기분양한 636.8 ㎡를 못 찾게 항소를 포기하였다. 이때 입주자대표 등은 비대위원장이 토지 636.8 ㎡를 찾기 위해 서울고등법원에서 항소를 진행하고 있는 것을 입주자들에게 전달하지 않았고, 개별적으로 항소할 수 있다는 담당변호사의 중요한 의견을 전달하지 않았으며, 소송자 386명 중 84명만 참석해 과반수에 미달되었는데 박수부대를 동원해 일사천리로 항소를 포기하였다.

더구나 비대위원장은 H건설이 토지 636.8 ㎡에 관해 사기분양을 하였으므로 고소하자고 강력하게 권고하였는데 입주자대표 등은 차일피일 미루기만 하였다. 그러다가 독촉해 더 미룰 수 없게 되자 형식적으로 광진경찰서에 고소를 하였는데 강남경찰서로 이첩되었다. 그러나 입주자대표 등은 악질적인 위법행위를 진술하지 않았고 수사가 지연되어도 독촉하지 않으면서 소극적으로 대처하였다. 그 결과 서울동부지방법원은 사기분양한 토지 636.8 ㎡ 중에서 69.3 ㎡만 인정한 잘못된 판결을 하였다. 따라서 서울중앙지검은 서울동부지방법원의 잘못된 판결에 근거하여 사기분양이 아니라며 H건설과 한원광장을 무혐의 처분하였다.

그러나 비대위원장은 개인적으로 소송을 제기하였는데 서울고등법원에서 재판 진행 중에 203 ㎡를 인정하도록 악질적인 위법행위에 대해 확실히 증명되었다. 이때 입주자대표 등은 재빨리 서울고검에 재수사를 요구하였다. 그러나 서울중앙지검에서 다시 수사를 할 때는 역시 악질적인 위법행위를 소극적으로 진술하였다. 따라서 서울중앙지검은 H건설을 무혐의 처분하였고, 한원광장을 특가법의 위반으로 기소하였다.

그런 후에도 역시 입주자대표 등이 법정에 참석하지 않고 위법행위를 소극적으로 대처하였다. 그러나 비대위원장은 매번 법정에 참석해 검사의 증언을 하며 위법행위를 증명하였다. 재판장이 공정하지 못한 재판을 진행할 때에는 공정한 재판을 해 달라고 강력히 요구하였는데 비대위원장은 고소인이 아닌 참고인으로서 한계에 봉착하였다.

그 결과 검사가 한원광장 대표이사 고○현에게 2년 6월을 구형하였지만 재판장은 무죄를 선고하였다. 이에 대하여 검사가 항소하였는데 입주자대표 등이 소극적으로 대처해 악질적인 위법행위에 대한 진실을 확실히 밝히지 못한데 기인해 무죄를 선고하였다. 이처럼 악질적인 사기분양임에도 입주자대표 등은 사기분양한 토지 636.8 ㎡를 못 찾게 방해할 목적으로 한원광장과 H건설을 형식적으로 고소하고는 소극적으로 대처해 악질적인 위법행위가 영원히 묻히도록 은폐하였다.

나. 입주자대표 등은 비대위원장이 더사모 카페에서 자신들에게 명예훼손을 하였다고 법원을 속였음.

비대위원장은 다음 카페에서 사기분양한 토지 636.8 ㎡를 찾아야 한다고 진실을 정확히 알려주었는데 입주자대표 등이 못 찾게 방해할 목적으로 비대위원장을 2015.7.18. 강제로 퇴출시켰다. 하는 수없이 비대위원장은 2015.8.24. 더사모 카페를 개설하여 토지 636.8 ㎡를 찾아야 한다고 진실을 정확히 알려주었다. 그러나 입주자대표 등은 비대위원장이 명예훼손을 하였다며 고소, 고발, 수사, 재판을 야기하고, 변호사를 앞세워 거짓의 진술, 준비서면, 증거자료, 탄원서를 제출해 경찰, 검찰, 법원이 속아서 오판하도록 악질적인 사법농단을 저질렀다.

광진경찰서에 출두한 비대위원장은 자신이 입주자대표 등의 명예훼손을 하지 않았고, 명예훼손을 할 필요가 전혀 없으며, 더사모 카페에 올린 전체의 글들에 대한 목적과 의미를 정확히 확인하면 공공의 이익을 위하여 진실을 솔직히 알려 준 것을 쉽게 알 수 있다고 진술하였다.

비대위원장은 입주자대표 등의 거짓된 주장처럼 설령 비대위원장이 명예훼손을 했다고 하더라도 그것은 공공의 이익을 위해 사기분양한 서쪽 경계 펜스 밖의 토지 636.8 ㎡를 찾고자 진실을 솔직하게 알려주는 과정에서 생긴 불협화음과 같은 것뿐이라고 상세히 설명해 주었다.

또한 비대위원장이 명예훼손을 하였다고 하더라도 일단 비대위원장으로 하여금 사기분양한 토지 636.8 ㎡를 찾게 한 이후에 고소를 하여도 전혀 늦지 않다며 진술하였다. 그것은 입주자들이나 입주자대표 등에게 훨씬 더 이익이 되는데도 반대로 행동하는 것은 사기분양한 사실을 감추기 위해 고소한 것을 확실히 증명한다고 설명하였다.

그러나 광진경찰서 박○환 경위는 비대위원장의 솔직한 진술을 완전히 거부하고 부실 및 편파수사, 표적 및 별건수사로 일관하면서 명예훼손을 한 것이라며 기소의견으로 송치하였다. 또한 서울동부지검 최○석 검사는 광진경찰서에서 제출한 불실하기 짝이 없는 수사보고서만 믿고, 명예훼손을 하였다며 약식기소(벌금 5백만 원)하였다. 이는 더사모 카페에 게시한 글들을 공정하게 수사하지 않았고, 비대위원장이 선량한 피해자임에도 불구하고 악질적인 가해자로 억울하게 뒤바뀐 것을 상세히 지적한 진정서를 수사하지 않은 잘못된 결과에 기인한다.

이와 같이 입주자대표 등이 진실을 거짓으로 위장해 포장하였기 때문에 서울동부지방법원은 무죄가 아닌 선고유예(벌금 3백만 원)로 오판해 판결하였다. 그리고 잘못 판결한 대로 대법원에서 확정되었다. 이는 광진경찰서와 서울동부지검이 부실 및 편파수사, 표적 및 별건수사를 하면서 선량한 피해자에서 악질적인 가해자로 뒤바뀌었다는 진정서를 수사하지 않은데 기인해 무혐의 처분을 하지 않은 것이다.

그렇지만 대륙아주 조 대표변호사님(법원행정처장)은 비대위원장이 개인적으로 제기한 민사소송을 변론해 대법원에서 확정판결을 받았고, 대한지적공사에서 측량하여 토지 636.8 ㎡가 사기분양된 것을 확실히 증명하였다. 또한 명예훼손사건(1심)을 담당해 공공의 이익을 위해 진실을 알려준 것을 명확히 밝혀서 그나마 선고유예로 판결하였기 때문에 입주자들이 억울하게 사기당한 서쪽 경계 펜스 밖의 토지 636.8 ㎡를 찾는데 걸림돌이 된다는 것을 매우 잘 알고 있다.

이처럼 비대위원장은 광진경찰서 및 서울동부지검에서 잘못 수사를 함으로써 선량한 피해자에서 악질적인 가해자로 뒤바뀐 것이고, 이후에도 입주자대표 등이 변호사를 앞세워 명예훼손을 하였다고 속이며 2018.10.8. 및 2019.3.14. 광진경찰서에 또다시 고소해 사기분양한 토지 636.8㎡를 못 찾게 악질적이며 끈질기게 괴롭혔다. 따라서 비대위원장은 광진경찰서 사이버수사팀의 박○현 경사에게 조사를 받으며 명예훼손을 하지 않은 것을 증명하기 위해 더사모 카페에 올린 전체의 글들을 신문고를 통해 제출하며 공정한 수사를 요구하였다. 그런데도 불구하고 박○현 경사는 기소의견으로 송치하였다.

서울동부지검은 형사1부 양○필 부부장검사에게 배정되었다. 그래서 비대위원장은 공공의 이익을 위해 토지 636.8㎡를 찾고자 정당방위와 정당행위를 하였다는 진정서를 수없이 제출하였다. 또한 '숨겨진 아파트 비리 완전정복'을 체계적으로 정리해 제출하면서 공공의 이익을 위한 것을 설명하였고, 직접 서울동부지검에 출두해 진실한 의견을 제시하겠다고 여러 차례 연락하였는데 번번이 거절당했다.

그럼에도 불구하고 서울동부지검은 명예훼손을 한 것이라며 오판해 2019.7.29. 비대위원장을 약식기소(벌금 5백만 원)하였고, 2019.11.1. 약식명령을 하였다(2019고약6764). 이에 대하여 비대위원장은 억울한 진실을 확실히 밝히기 위해 2019.11.7. 서울동부지방법원에 정식재판을 청구할 수밖에 없었다(2019고정1168).

이와 같이 비대위원장이 공공의 이익을 위하여 사기분양한 토지 636.8㎡를 찾으려고 하였는데 입주자대표 등은 진실을 은폐하며 변호사를 앞세워 거짓의 진술, 증거자료를 제출해 속였고 광진경찰서와 서울동부지검에서 부실 및 편파수사, 표적 및 별건수사를 함으로써 서울동부지방법원이 오판하도록 사법농단을 저지른 악질적이고 비인간적인 사건이다. 이는 입주자대표 등이 토지 636.8㎡를 못 찾게 방해할 목적으로 H건설의 이익만 대변하며 법원을 감쪽같이 속인데 기인한다.

더구나 입주자대표 등은 비대위원장이 더사모 카페에서 허위사실의 글을 게시해 선고유예(벌금 3백만 원)로 판결한 형사소송에 대하여 자신들의 명예훼손을 하였다며 1억 원의 손해배상을 하라고 서울동부지방법원에 민사소송을 제기하였다. 이때도 역시 입주자대표 등은 변호사를 앞세워 거짓의 진술, 준비서면, 증거자료, 탄원서를 제출해 법원을 속이고 오판하도록 악질적인 사법농단을 저질렀다.

따라서 비대위원장은 더사모 카페에 게시한 모든 글들을 법원에 제출해 재판장님께서 직접 확인하여 진실을 정확히 알 수 있게 하였고, 입주자대표 등이 사기분양한 토지 636.8㎡에 관한 진실을 알려주지 못하게 할 목적으로 비대위원장을 다음 카페에서 2015.7.18. 강제로 퇴출시켜 하는 수 없이 공공의 이익을 위해 2015.8.24. 더사모 카페를 개설하여 진실을 정확히 알려주었다고 솔직하게 진술하였다.

입주자대표 등이 입주자들의 이익을 대변해 주어야 함에도 불구하고 사기분양한 토지 636.8㎡를 못 찾게 조직적으로 방해한 반면, 비대위원장은 공공의 이익을 위하여 개인적으로 소송비용을 부담하면서 토지 636.8㎡를 찾아주려고 하였다는 것을 상세하게 설명하며 입주자대표 등이 제기한 소송을 기각해 달라고 진술하였다.

그런데도 서울동부지방법원은 기각하지 않고 비대위원장이 입주자대표 등에게 8백만 원을 손해배상하고, 입주자대표 등이 소송비용의 9/10를 부담하라고 서로 정산하도록 잘못 판결하였다. 이에 대하여 입주자대표 등은 1억 원의 손해배상을 하라고 항소한 반면, 비대위원장은 원심을 기각해 달라고 항소하였다. 그러나 서울동부지방법원(항소부)은 기각하면서 입주자대표 등에게 소송비용의 50%을 부담하라고 판결하였다. 이어 대법원은 원심의 판결이 옳다고 기각 판결을 하였다.

이와 같이 입주자대표 등은 사기분양한 서쪽 경계 펜스 밖의 토지 636.8㎡를 찾아주기는커녕 오히려 못 찾게 방해할 목적으로 비대위원장이 공공의 이익을 위해 개인적으로 사기분양한 것을 증명한 후에 찾아주려고 하였는데 민 · 형사상 고소, 고발, 수사, 재판을 야기하고 계획적이며 조직적으로 음해하며 법원을 감쪽같이 속였다.

다. 입주자대표 등은 불법선거를 하지 않고 공정한 선거를 하였다며 법원을 속였음.

비대위원장은 2015.2.10. 서울고등법원에서 판결을 받고 대한지적공사에서 측량하여 토지 636.8 ㎡가 사기분양된 것을 증명한 후에 찾아달라고 하였는데 입주자대표 등이 못 찾게 방해하였다. 따라서 다음 카페에서 사기분양한 토지 636.8 ㎡를 찾아야 한다고 진실을 알려주었는데 입주자대표 등이 찾지 못하게 방해할 목적으로 비대위원장을 2015.7.18. 강제로 퇴출시켰다. 이러한 사실을 알게 된 입주자들은 합법적인 방법으로 정당방위와 정당행위를 하여 사기분양한 토지 636.8 ㎡를 찾고자 2015.9.2. 비상대책위원회를 결성하였다.

그리고 입주자들은 비대위원을 1403동 입주자대표 보궐선거에 단독후보로 출마시켰는데 입주자대표 등이 고의로 유권자의 22%만 방문투표를 하고는 과반수에 미달되었다며 낙선시켰다. 따라서 입주자들은 입주자대표 해임안에 75%가 서명하여 사퇴하라고 통보하였는데 입주자대표가 거부하였고, 선거관리위원이 해임투표를 실시하지 않았다. 하는 수 없이 입주자들은 위임장에 55%가 서명하여 입주자대표 등에게 선거관리업무에 일체 관여하지 말라고 통보하고, 선거관리업무를 관여하지 못하게 중지시켰다. 입주자들은 입주자대표 등의 임기가 2016.6.21. 만료되었기 때문에 2016.6.26. 관리규약, 입주자대표 해임안, 위임장에 의거, 52%가 비밀투표에 참여해 제3기 입주자대표회의(회장 소○영)를 선출하였다.

그런데도 입주자대표 등은 사기분양한 토지 636.8 ㎡를 못 찾게 방해할 목적으로 업무를 인계하지 않았다. 오히려 2016.8.11. 불법선거를 실시하여 입주자대표를 다시 선출해 제3기 입주자대표회의(회장 유○운)를 불법으로 구성하였다. 이후에도 불법으로 제4기 입주자대표회의(회장 김○연)를 선출해 승계하며 못 찾게 방해하였다.

따라서 입주자들은 불법선거한 선거인명부의 검증을 요구하였는데 입주자대표 등이 검증해 주지 않았다. 하는 수 없이 선거인명부를 검증하기 위해 소송을 제기할 수밖에 없었다. 그러나 입주자대표 등은 선거인명부를 검증해 주지 않았고, 서울동부지방법원, 서울고등법원, 대법원이 선거인명부를 제출하라고 명령하지도 검증해 주지도 않고 기각 판결하였다. 이와 같이 입주자대표 등은 불법선거로 승계하면서 분양대금 82억원을 납부한지 10년이 지나도록 위법행위와 비인간적인 행위를 저질러 사기분양한 서쪽 경계 펜스 밖의 토지 636.8 ㎡를 못 찾게 조직적으로 방해하며 법원을 감쪽같이 속였다.

입주자대표 등이 불법선거로 승계한 선거인명부를 검증해 주지 않고 사기분양한 토지 636.8 ㎡를 못 찾게 조직적으로 방해하였기 때문에 비대위원장은 불법선거한 선거인명부, 세대별 투표현황, 관리규약개정 동의서를 검증하기 위해 선거무효소송을 제기하였다. 그러나 입주자대표 등은 선거인명부 등을 법원에 제출하지 않았고, 서울동부지방법원, 서울고등법원, 대법원은 선거인명부를 검증하지도 않고 기각 판결을 하였다. 이렇게 검증하지도 않고 기각 판결하면 완전범죄가 가능해 입주자들이 사기분양한 토지 636.8 ㎡를 영원히 찾을 수 없어 비대위원장은 광진경찰서에 불법선거로 업무방해를 하였다고 고소하였다.

그러나 광진경찰서의 경계5팀 김○희 경사는 경찰청 디지털포렌식사이버분석팀의 조○기 수사관이 최○호와 김○용이 선거인명부의 비밀번호를 12자리 이상 설정하였고, 기억나지 않으며, 비밀번호를 찾을 수 없다고 통보를 받았다는 이유만으로 불법선거로 업무방해를 하지 않았다고 무혐의 의견으로 서울동부지검에 송치하였다. 이에 대하여 비대위원장은 김○희 경사에게 비밀번호를 찾을 수 없다고 하더라도 선거인명부 이외에도 불법선거를 한 수많은 다른 증거자료를 이미 제출하였기 때문에 철저하게 재수사를 해달라고 강력히 요구하였다.

그런데도 불법선거로 고소한 사건이 무혐의 의견으로 서울동부지검의 형사4부 조○웅 검사에게 배정되었다. 따라서 비대위원장은 증거자료를 제출하고 의견을 진술하기 위해 2019.10.2. 오후 2시에 조○웅 검사를 611호실에서 만났다. 이때 입주자대표 등이 불법선거로 승계하면서 정보전달수단을 완전히 통제하고 사기분양한 토지 636.8 ㎡를 못 찾게 방해한 것, 악질적인 사법농단을 저질러 선량한 피해자에서 악질적인 가해자로 뒤바꿔 놓은 것, 광진경찰서가 부실 및 편파수사, 표적 및 별건수사를 한 것, 아파트 비리의 고질적인 적폐에 대한 척결 등을 진술하였고 '숨겨진 아파트 비리 완전정복'의 책자를 제출하였다.

그리고 이후에도 이 사건과 관련하여 몇 차례 더 만나서 진술과 설명을 듣겠다고 하고 헤어졌는데 이후에는 면담을 계속 요청하며 수사사항을 물어보아도 전혀 연락이 없고 번번이 거절을 당했다. 그런 후에 조○웅 검사는 비대위원장이 불법선거로 업무방해를 하였다고 최○호와 김○용을 2019.3.22. 광진경찰서에 고소한 사건(2019년 형제38396)이 증거불충분으로 2020.1.22. 혐의 없음의 불기소처분을 하였는데 비대위원장은 진실을 명확히 밝히기 위해 2020.2.27. 서울고검에 항고하였다. 그러나 서울고검에서 항고가 기각되어 서울고법에 2020.4.14. 재정신청을 하였다(2020년 초재1530). 서울고법에서도 기각되어 대법원에 2020.6.2. 재항고를 하였다(2020모1798). 제출된 증거자료를 공정하게 심리만 한다면 불법선거로 인정받을 수밖에 없는 사건이다.

이와 같이 입주자대표 등은 H건설, 광진구청과 서로 공조하며, 경찰, 검찰, 법원을 감쪽같이 속이고 토지 636.8 ㎡를 못 찾게 조직적으로 방해하였다. 이로 인해 입주자대표 등은 악질적인 사법농단을 저지르며 사기분양한 636.8 ㎡를 못 찾게 완전범죄로 영원히 은폐하려고 시도하였다.

반면에 입주자들과 비대위원장은 입주자대표 등이 악질적인 사법농단을 저질러 속인데 기인하여 어처구니없게도 선량한 피해자에서 악질적인 가해자로 뒤바뀌었고, 분양대금 82억 원을 납부한 636.8 ㎡를 억울하게 찾지 못하고 있다. 우리 입주자 등은 서쪽 경계 펜스 밖의 토지 636.8 ㎡가 현장보존이 잘 되어 있고, 재건축할 때까지 증거인멸이 불가능한데도 못 찾았기 때문에 진정한 법치국가에서 살고 있는지 의심할 수밖에 없다.

8. 소 결

H건설은 분양 당시 토지 636.8 ㎡를 사용과 출입을 하지 못하게 빼고 설계, 모형, 카탈로그에 표시하여 시공하고 사용검사승인을 받았는데 분양대금 82억 원을 받아갔다. 더구나 광진구청은 사기분양을 하지 못하게 철저하게 관리감독을 하여야 함에도 묵인하며 636.8 ㎡에 대한 사업허가, 203 ㎡에 대한 제척승인, 433.8 ㎡에 대한 사용검사승인을 해주었다.

이에 더하여 입주자대표 등은 입주자들의 이익을 대변하기 위하여 사기분양한 토지 636.8 ㎡를 찾아주어야 하고, 하자보수를 철저하게 받아야 하며, 관리비리가 발생하지 않도록 투명하며 공정하게 관리서류를 공개하고 열람할 수 있게 관리업무를 수행하여야 한다.

그러나 사기분양한 토지 636.8 ㎡를 못 찾게 방해할 목적으로 불법선거로 계속 승계하면서 선거인명부를 검증해 주지 않았고, 정보전달수단을 완전히 통제하고 진실을 전혀 알려주지 않았다. 또한 사기분양한지 10년이 지나도록 토지 636.8 ㎡를 찾아야 한다는 것을 입주한 2012.3.30. 이후로 단 한 번도 알려주지 않고 속였다.

더구나 입주자대표 등은 토지 636.8 ㎡를 못 찾게 방해할 목적으로 불필요한 고소, 고발, 수사, 재판을 야기하고, 변호사를 앞세워 거짓의 진술, 준비서면, 증거자료, 탄원서를 제출해 광진경찰서, 서울동부지검, 서울고검, 서울동부지방법원, 서울중앙지방법원, 서울고등법원, 대법원이 감쪽같이 속아서 오판하도록 악질적인 사법농단을 저질렀다.

그러나 입주자들은 토지 636.8 ㎡를 찾기 위해 2017.2.28. 서울중앙지방법원에 소송을 제기하여 토지감정, 건축감정, 임료감정을 완료해

2019.12.19. 선고하였다. 그러나 서울중앙지법은 진실을 정확히 밝히지 못하고 악질적인 사법농단에 속아서 오판하여 636.8㎡ 중에서 203㎡만 인정하였고, 433.8㎡를 이해할 수 없는 불명확한 이유로 인정하지 않았다. 이는 입주자들이 현장검증을 강력히 요구하였음에도 재판장님께서 현장검증을 하지 않았기 때문에 사기분양한 현장의 심각한 문제점을 정확하게 파악하지 못해 중대한 오판을 하였다.

그렇지만 불용토지 433.8㎡가 203㎡를 분할하여 제척한 후의 경계부터 펜스까지 현장보존이 잘 되어 있고, 재건축할 때까지 증거인멸을 할 수 없기 때문에 입주자들이 분양대금 82억 원을 납부한 서쪽 경계 펜스 밖의 토지 636.8㎡를 찾기 위해 2020.1.3. 서울고등법원에 항소하였다(2020나2003046). 서울고등법원의 재판장님께서 현장검증을 실시하여 심각성을 정확히 확인하면 인정할 수밖에 없다.

제10부

사법당국이 거짓에 속아서 오판한 판결

H건설은 H아파트를 건축할 사업부지 6필지를 2007.11.14. 대한지적공사에서 측량하였다. 이때 서쪽 경계 펜스 밖의 토지 161 ㎡가 나○용(427번지 중 48 ㎡) 및 김○석(427-8번지 중 113 ㎡)에 의해 불법 점유된 것을 명확히 확인하였다.

그런데도 H건설은 2009.10.12. H아파트를 분양하면서 불법 점유한 서쪽 경계 펜스 밖의 토지 161 ㎡를 원상복구하지 않고, 고의로 토지 636.8 ㎡까지 사용과 출입을 하지 못하게 빼고 설계, 모형, 카탈로그에 표시해 시공하여 사용검사승인을 받았음에도 분양대금 82억 원을 받아가는 악질적인 사기분양을 하였다.

그런 후에 203 ㎡는 분할하여 제척해 90 ㎡를 한원광장이 편취하였고, 113 ㎡를 김○석에게 558백만 원에 매각하였다. 또한 433.8 ㎡는 한원광장과 김○석이 사용과 출입을 하도록 203 ㎡를 분할하여 제척한 후의 경계 안쪽 4 m 지점에 펜스를 시공해 입주자들이 사용과 출입을 못하면서 매년 재산세만 납부하게 끼워 팔기의 수법으로 사기분양을 하였다.

이는 H건설이 분양 당시 2필지에 불법 점유한 것을 2007.11.14.부터 알고 있었음에도 2009.10.12. 분양하면서 불법 점유한 161 ㎡를 원상복구하지 않고, 고의로 636.8 ㎡까지 사용과 출입을 하지 못하게 빼고 설계해 시공하였음에도 분양대금 82억 원을 받아가고 돌려주지 않기 위해 완전범죄를 노린 악질적인 사건이다.

더구나 광진구청은 철저한 관리감독을 하여야 함에도, H건설이 토지 636.8 ㎡에 대해 사기분양을 하도록 묵인하며 사업허가, 제척승인, 사용검사승인을 해 주었다. 이에 더하여 입주자대표 등은 입주자들의 이익을 전혀 대변하지 않고 불법선거로 승계하면서 정보전달수단을 완전히 통제하며 사기분양한 토지 636.8 ㎡를 못 찾게 조직적으로 방해하였다.

그리고 H건설, 광진구청, 입주자대표 등은 입주한 이후에 서로 공모해 분양 당시 속이고 만든 설계, 모형, 카탈로그를 보여주면서 그대로 시공하였는데 웬 사기분양이냐고 거짓주장을 하였다. 따라서 비대위원장은 공공의 이익을 위해 토지 636.8㎡가 사기분양된 것을 증명하고자 개인적으로 2012.8.23.부터 조정신청 및 소송을 제기할 수밖에 없었다.

서울고등법원은 2015.2.10. 한원광장에게 203㎡에 대한 손해배상책임을 인정하였지만, H건설에게는 손해배상책임이 없다고 잘못 판결하였다. 그러나 비대위원장은 이를 근거로 대한지적공사에서 측량하여 203㎡를 분할하여 제척한 후의 경계부터 펜스까지 불용토지 433.8㎡가 아파트의 소유인데 입주자들이 사용과 출입을 못한다고 증명하였다.

이와 같이 비대위원장은 토지 636.8㎡가 사기분양된 것을 증명한 후에 찾아달라고 하였음에도 입주자대표 등이 H건설 및 광진구청과 서로 공모해 토지 636.8㎡를 못 찾게 조직적으로 은폐하며 방해하였다. 그러나 비대위원장은 사기분양한 토지 636.8㎡를 찾아달라고 지속적으로 호소하자 입주자대표 등이 정보전달수단을 완전히 통제하고 불법선거로 승계한 선거인명부를 검증해 주지 않으면서 못 찾게 방해하였다.

이에 더하여 입주자대표 등은 사기분양한 토지 636.8㎡를 완전범죄로 영원히 못 찾게 방해할 목적으로 2015.2.10. 서울고등법원의 판결 이후에는 불필요한 고소, 고발, 수사, 재판을 야기하고, 변호사를 앞세워 거짓의 진술, 준비서면, 증거자료, 탄원서를 제출해 경찰, 검찰, 법원이 속아서 오판하도록 악질적인 사법농단을 저질렀다.

입주자들이 분양 당시 토지대금 82억 원을 납부하였지만 입주한 2012.3.30. 이후로 사기분양한 토지 636.8㎡에 대하여 사용과 출입을 못하고 있는데도 사법당국은 H건설에게 손해배상책임이 없다고 중대하게 오판하였다. 따라서 독자들의 이해를 돕기 위해 H건설은 한원광장이 분할하여 제척해 매각한 203㎡ 및 끼워 팔기를 한 불용토지 433.8㎡에 대하여 공동불법행위에 대한 책임을 지어야만 하는 이유를 자세히 살펴보고자 한다.

① 입주자들은 H아파트를 계약할 때 H건설이 한원광장의 2대 대주주로서 시공사이며 공동사업주체이기 때문에 신용과 공신력을 믿고 계약하였다. 이와 같이 일시적으로 설립했다가 바로 청산할 시행사

인 한원광장을 믿고 계약한 것이 전혀 아니라는 점(H건설은 한원광장의 지분을 자체 19.9%, 계열사 H증권 19%를 포함하여 총 38.9%를 H그룹에서 소유함).

② H건설은 2007.11.14. 사업부지를 대한지적공사에서 측량하였는데, 이때 2필지에서 토지 161 ㎡가 불법 점유된 것을 확인한 점(나○용 427번지 중 48 ㎡, 김○석 427-8번지 중 113 ㎡).

③ H건설은 2009.10.12. 분양하면서 불법 점유한 토지 161 ㎡를 원상복구하지 않고, 고의로 토지 636.8 ㎡까지 사용과 출입을 하지 못하도록 설계, 모형, 카탈로그에 빼고 표시하여 공지해 시공하고 사용검사승인을 받았는데 분양대금 82억 원을 받아간 점.

④ H건설은 2009.10.12. 분양하기 이전에 토지 161 ㎡만 사용과 출입을 하지 못하게 펜스가 시공되었음에도, 아파트를 공사하며 토지 636.8 ㎡까지 사용과 출입을 하지 못하게 펜스를 시공한 점(양진초교방향은 수직옹벽 위에 펜스를 곧바로 시공함).

⑤ H건설은 나○용이 불법 점유한 토지 48 ㎡에다가 불법 점유하지도 않은 42 ㎡까지 추가해 90 ㎡를 분할하여 제척하도록 시공하였기 때문에 한원광장이 토지 90 ㎡를 편취하는 특혜를 얻게 된 점.

⑥ H건설은 H아파트를 공사하면서 사기분양한 토지 636.8 ㎡를 사용과 출입을 하지 못하게 빼고 설계하여 시공하였기 때문에 불법 점유한 토지 113 ㎡를 분할하여 제척해 김○석에게 558백만 원에 매각할 수 있었고, 이로 인해 자신 및 한원광장이 특혜를 얻게 된 점.

⑦ H건설은 토지 203 ㎡를 분할하여 제척한 후의 경계 안쪽 4 m 지점에 펜스를 시공하였기 때문에 한원광장과 김○석이 203 ㎡에다가 433.8 ㎡까지 사용과 출입을 하도록 끼워 팔기로 매각해 입주자들이 사용과 출입을 하지 못하며 매년 재산세만 납부하고 있는 점.

⑧ 입주자들이 입주초기에 토지 636.8 ㎡를 사용과 출입을 하도록 시정해 달라고 요구하였는데 H건설은 분양 당시 속이고 만든 설계, 모

형, 카탈로그를 보여주면서 그대로 시공하였는데 사기분양이 웬 말이냐고 거짓주장하며 시정해 주지 않았고, 광진구청 및 입주자대표 등도 H건설의 거짓주장만 대변하며 시정하지 않은 점.

⑨ 불용토지 433.8 ㎡ 및 한원광장이 편취한 90 ㎡는 언제든지 펜스를 이동해 경계에 시정할 수 있고, 시정하면 입주자들이 분양계약대로 토지 523.8 ㎡에 대하여 즉시 사용과 출입을 할 수 있는 점.

⑩ H건설은 한원광장이 편취한 토지 90 ㎡와 연결된 양진초교방향에는 사용과 출입을 할 수 있도록 펜스를 수직옹벽의 위에 시공하였음에도, 아파트방향에는 사용과 출입을 할 수 없게 배수로, 비스듬한 조경석 쌓기, 간격 띄우기를 한 후에 펜스를 시공한 점.

⑪ H건설은 사업부지 중 토지 113 ㎡를 분할하여 제척하도록 시공하였기 때문에 한원광장이 김○석에게 558백만 원에 매각할 수 있었고, 한원광장의 2대 대주주로서 이익배당금을 수령해 해택을 받은 점.

⑫ H건설은 도급계약서에 의거 시공업무를 수행함은 물론 분양업무, 홍보업무, 자금관리, 지급보증, 공사이익금 배당, 청산업무, 한원광장과 공동명의로 예금계좌 관리, 분양대금의 입 · 출금 관리 등의 분양과 관련한 전반적인 핵심 업무를 수행한 점.

⑬ 서쪽 경계 펜스 밖에 불법 점유한 토지 161 ㎡, 제척해 매각한 203 ㎡, 불용토지 433.8 ㎡가 현장보존이 잘 되어 있고, 재건축할 때까지 증거인멸을 할 수도 없어 토지 636.8 ㎡를 언제든지 확인할 수 있는 점.

⑭ H건설은 한원광장의 신축 · 분양사업에 대하여 사업비 대여, 금융기관 대출보증, 수분양자의 금융기관 대출보증 등 지급보증을 해준 점(아세아자산신탁주식회사 수익한도금액 3,445억 원)

⑮ 한원광장, H건설, 광진구청이 서로 공모하여 토지 636.8 ㎡를 사기분양하였음에도 H건설이 공동책임을 지지 않는다면 완전범죄로 은폐하기 때문에 입주자들은 손해배상금을 받을 수 없게 되는 점.

1. 단체소송에서 오판해 토지 69.3 ㎡만 인정한 민사판결

H건설은 사업부지를 2007.11.14. 대한지적공사에서 측량하였는데 토지 161 ㎡가 불법 점유하는 것을 확인하였다. 그러나 2009.10.12. 분양하면서 불법 점유한 161 ㎡를 원상복구하지 않고, 고의로 636.8 ㎡까지 사용과 출입을 하지 못하게 빼고 설계, 모형, 카탈로그에 표시하여 시공하고 사용검사승인을 받았음에도 분양대금 82억 원을 받아갔다.

그리고 203 ㎡는 분할하여 제척해 한원광장이 편취하거나 매각하였다. 또한 433.8 ㎡는 한원광장 등이 사용과 출입을 하도록 203 ㎡를 분할하여 제척한 후의 경계 안쪽 4 m 지점에 펜스를 시공해 입주자들이 매년 재산세만 납부하게 끼워 팔기로 사기분양을 하였다. 그런데도 입주자대표 등은 분양 당시 속이고 만든 설계, 모형, 카탈로그를 보여주면서 그대로 시공하였는데 웬 사기분양이냐며 H건설의 거짓주장만 대변하였다.

하는 수 없이 비대위원장은 공공의 이익을 위해 토지 636.8 ㎡가 사기분양된 것을 증명하고자 개인적으로 서울중앙지방법원에 소송을 제기해 진행하고 있었다. 이러한 사실을 알게 된 입주자들은 입주자대표 등이 사기분양한 토지 636.8 ㎡를 찾아주지 않은 것과 분양계약을 위반해 수직옹벽을 시공하지 않은 것에 분개해 불만이 폭주하였다. 입주자대표 등은 불만을 잠재우고자 단체소송을 제기해 손해배상을 받자며 유인하고 생업에 쫓기는 입주자들에게 모든 권리를 위임받았다.

그런 후에 입주자대표 등은 서울동부지방법원의 재판에 출석하지 않았고, 토지 636.8 ㎡를 빼고 설계하여 시공해 매각한 악질적인 위법행위 등에 관해 진술하지 않았다. 또한 비대위원장이 담당변호사를 만나서 중요한 위법행위에 대하여 자세한 설명을 하지 못하도록 차단하였고, 사기분양한 토지 636.8 ㎡에 대하여 고의로 분양계약을 위반한 증거를 법원에 제출하지 못하게 방해하였다.

더구나 H건설에서 선임한 관리소장을 법정에 대신 출석시켜 사기분양한 토지 636.8 ㎡를 못 찾게 조직적으로 방해하였다. 그 결과 서울동부지방법원은 한원광장에게 사기분양한 636.8 ㎡ 중에서 69.3 ㎡만 손해배상 책임이 있고, H건설에는 손해배상책임이 전혀 없다고 잘못 판결을 하였다(2013가합3123 2014.8.22. 선고).

그런데도 입주자대표 등은 항소하면 H건설에게 사기분양한 토지 636.8 ㎡에 대한 손해배상을 받을 수 있고, 1404동 빌라 뒤를 분양계약대로 수직옹벽으로 시정 받을 수 있다는 것을 고의로 입주자들에게 알려주지 않았다. 오히려 한원광장에게 승소해 토지 69.3 ㎡를 찾게 된 공과만 대대적으로 홍보하고 입주자총회를 형식적으로 개최하여 박수부대까지 동원해 일사천리로 항소를 포기하였다.

이때 입주자대표 등은 비대위원장이 항소해 사기분양한 토지 636.8 ㎡를 반드시 찾아야 한다고 조언한 것과 개인적으로 토지 636.8 ㎡를 찾기 위해 서울고등법원에서 항소를 진행하고 있는 것을 입주자들에게 전달해 달라고 하였는데 전달하지 않았다. 또한 담당변호사가 개별적으로 항소할 수 있다는 중요한 의견을 알려주지 않았다.

입주자총회가 소송자 386명 중 84명(1/5)만 참석하여 과반수 충족이 되지 않았고, 참석자 중 4명은 항소하면 반드시 토지 636.8 ㎡를 찾을 수 있다고 강력하게 주장하였다. 그러나 입주자대표 등은 박수부대까지 동원해 조직적으로 못 찾게 방해하고 일사천리로 회의를 진행하였다. 이는 고의로 항소를 하지 못하게 유도해 방해한 것이다.

서울동부지방법원이 사기분양한 서쪽 경계 펜스 밖의 토지 636.8 ㎡ 중에서 69.3 ㎡만 인정한 잘못된 판결이었기 때문에 입주자들이 항소하면 반드시 636.8 ㎡를 찾을 수밖에 없다. 그런데도 입주자대표 등은 H건설에게 면죄부를 주기 위해 형식적으로 단체소송을 제기하여 소극적으로 대처하고 고의로 항소를 포기한 것이다. 비대위원장은 입주자들에게 이익이 돌아가는 사기분양한 토지 636.8 ㎡를 못 찾게 방해한 입주자대표 등의 위법행위에 대하여 이해할 수 없다고 생각하였다.

결론적으로 입주자들은 서울동부지방법원이 ① 사기분양한 토지 636.8 ㎡ 중에서 69.3 ㎡만 손해배상을 하라고 잘못 판결한 것. ② H건설에게 전혀 책임이 없다고 잘못 판결한 것에 대해 전혀 신뢰하지 않는다. 더구나 입주자대표 등이 ① 토지 636.8 ㎡ 중에서 69.3 ㎡만 인정받고 고의로 항소를 포기하도록 방해한 것. ② H건설에게 책임이 전혀 없다고 잘못 판결하였는데 고의로 항소를 포기한 것에 대해 전혀 신뢰하지 않는다.

2. H건설이 무죄라고 오판한 형사판결

가. 입주자대표가 H건설을 형식적으로 형사고소

H건설은 H아파트를 건축할 사업부지를 2007.11.14. 대한지적공사에서 측량하였는데 토지 161 ㎡가 나○용과 김○석에 의해 불법 점유된 것을 확인하였다. 그런데도 2009.10.12. 분양하면서 불법 점유한 161 ㎡를 원상복구하지 않고, 고의로 636.8 ㎡까지 사용과 출입을 하지 못하게 빼고 설계, 모형, 카탈로그에 표시하여 시공해 사용검사승인을 받았음에도 분양대금 82억 원을 받아가는 사기분양을 하였다.

따라서 비대위원장이 636.8 ㎡를 찾아달라고 요구하였는데 입주자대표 등은 정보전달수단을 완전히 통제하고 분양 당시 속이고 만든 설계, 모형, 카탈로그를 보여주면서 그대로 시공하였는데 웬 사기분양이냐고 거짓 주장하는 H건설의 이익만 대변하며 찾아주지 않았다.

하는 수없이 비대위원장은 공공의 이익을 위하여 토지 636.8 ㎡가 사기분양된 것을 증명하기 위해 개인적으로 서울중앙지방법원에 소송을 제기하였다. 그리고 단체소송을 제기해 사기분양한 토지 636.8 ㎡를 찾아야 한다고 호소하였는데 입주자대표 등은 못 찾게 방해하며 차일피일 미루기만 하였다. 그래서 비대위원장은 H건설을 왜 고소하지 않느냐고 추궁하자 입주자대표 5명중 2명(전○수, 유○운)만 형식적으로 H건설과 한원광장을 2013.1.31. 광진경찰서에 고소하였다.

이와 같이 입주자대표 2명만 고소에 참여하였는데 비대위원장은 고소에 꼭 참여하게 해달라고 강력히 요구하였음에도 들어주지 않고 거절하였다. 더구나 고소인들은 불법 점유한 토지 161 ㎡를 원상복구하지 않고, 고의로 636.8 ㎡까지 사용과 출입을 하지 못하게 빼고 설계, 모형, 카탈로그에 표시해 시공하여 사용검사승인을 받았음에도 분양대금 82억 원을 받아간 악질적인 위법행위를 진술하지 않았다. 이처럼 고소인들은 악질적인 위법행위를 소극적으로 대처하며 입주자들의 이익을 전혀 대변하지 않았기 때문에 H건설이 무혐의 처분을 받았다.

더구나 고소인들은 이 사건을 광진경찰서에 접수하였는데 강남경찰서로 이첩되었으며 사건처리가 계속 미루어지고 있었다. 그러는 사이 서울동부지방법원은 토지 636.8 ㎡ 중에서 69.3 ㎡만 한원광장에게 손해배상책임이 있고, H건설에는 손해배상책임이 전혀 없다고 잘못 판결하였다. 이를 근거로 강남경찰서와 서울중앙지검은 H건설과 한원광장에 대하여 잘못이 없다며 2013.12.27. 무혐의 처분을 하였다.

비대위원장이 입주자대표 등에게 형사고소를 하자고 강력하게 요구한 이유는 형사사건을 신속히 처리해 민사재판에서 사기분양한 636.8 ㎡를 찾는데 유리한 판결을 받으려고 서두른 것이다. 그러나 입주자대표 등은 형사사건을 소극적으로 대처함으로써 민사재판이 오히려 형사사건보다 먼저 잘못된 판결을 하게 되었다.

서울동부지방법원은 사기분양한 토지 636.8 ㎡ 중에서 69.3 ㎡만 인정하였고, H건설에는 손해배상책임이 없다고 잘못된 판결을 한데 기인해 형사사건이 무혐의 처분을 받도록 중요한 영향을 끼쳤다. 이는 입주자대표 등이 형식적으로 고소한 후에 중요한 위법행위를 진술하지 않았고, H건설의 교묘한 꼼수로 잘못 판결한 결과이다.

그러나 비대위원장은 개인적으로 소송을 제기해 진행 중인 민사재판이 서울고등법원에서 203 ㎡에 대한 손해배상책임을 인정받을 수밖에 없다는 것을 입주자대표 등이 사전에 알게 되었다. 따라서 입주자대표 등은 서울중앙지검이 무혐의 처분한 것을 서울고등법원에서 203 ㎡를 선고하기 이전에 재빠르게 서울고검에 재수사를 요구하였다. 그리고 서울고검은 사기분양한 토지 636.8 ㎡에 대한 재수사를 지시하였다.

이때 서울중앙지검은 한원광장(대표이사 고○현)을 배임죄로 기소해 형사재판에 회부하였지만, H건설에 대하여는 이번에도 무혐의로 잘못 처분을 하였다. 이는 입주자대표 등이 사기분양한 사건을 형식적으로 고소한 후 중요한 위법행위에 대하여 진술하지 않고 소극적으로 대처해 무혐의 처분을 받았는데 책임을 모면하고자 재수사를 요구하였고, 악질적인 위법사항을 진술하지 않는 꼼수를 부린 데 기인한다.

나. 서울중앙지방법원이 오판한 형사판결

H건설은 H아파트를 건축할 사업부지를 대한지적공사에서 2007.11.14. 측량하였는데 토지 161 ㎡가 불법 점유한 것을 알게 되었다. 그러나 2009.10.12. 분양하면서 불법 점유한 161 ㎡를 원상복구하지 않고, 고의로 636.8 ㎡까지 사용과 출입을 하지 못하게 빼고 설계, 모형, 카탈로그에 표시하여 시공하고 사용검사승인을 받았음에도 분양대금 82억 원을 받아갔다.

그리고 203 ㎡는 분할하여 제척해 한원광장이 편취하거나 매각하였고, 433.8 ㎡는 한원광장 등이 사용과 출입을 하도록 203 ㎡를 분할하여 제척한 후의 경계 안쪽 4 m 지점에 펜스를 시공해 입주자들이 매년 재산세만 납부하게 끼워 팔기의 수법으로 사기분양을 하였다.

그런데도 서울중앙지방법원은 서울중앙지검이 H건설에 대해 잘못한 것이 없다며 기소하지 않았기 때문에, 한원광장(대표이사 고○현)을 특가법(배임)에 해당하는지 심리하였다. 이에 관해 서울중앙지방법원은 민사재판에서 한원광장에게 토지 636.8 ㎡ 중에서 69.3 ㎡만 손해배상책임을 인정한 판결을 인용하면서 진실을 정확히 밝히지도 못하고 사기분양한 것이 아니라며 잘못 판결하였다.

이때 입주자대표 등은 미소송자들에게 토지 636.8 ㎡를 못 찾게 방해할 목적으로 203㎡에 대한 손해배상금만 지급하고 433.8㎡에 대한 민 · 형사상 모든 책임을 묻지 않겠다는 포기각서를 써주게 하였다. 이와 같이 소송자는 69.3㎡만 찾아준 반면, 소송에 참여하지도 않은 미소송자는 203㎡를 찾고 433.8㎡를 못 찾게 방해하였다. 그리고 재판에 출석하지 않고 관리소장만 대신 참석시켜 636.8㎡를 못 찾게 방해하였다.

더구나 입주자대표 등은 2009.11.15. 분양 초기부터 다음 카페를 개설해 입주자들에게 헌신적으로 봉사하는 것처럼 위장하고, 입주한 후에는 정보전달수단을 완전히 통제하고 사기분양을 안했다며 속이면서 토지 636.8㎡를 못 찾게 조직적으로 방해하였다. 그러나 비대위원장은 형사재판에 매번 출석해 검사 측의 증언을 하였고, 사기분양한 토지 636.8㎡에 대한 배임죄를 강력히 주장하였다. 그 결과 검사가 한원광장(대표이사 고○현)에 대해 징역 2년 6월을 구형하였다.

그러나 비대위원장은 고소인이 아니고 참고인으로서 입주자들의 이익을 대변하는데 한계가 있었다. 재판장은 비대위원장이 공정한 재판을 진행해 달라며 강력히 항의하자 전체 입주자들의 의견이 아니라며 무죄를 선고하였다(2014고합1495, 2015.4.24.선고). 이는 입주자대표 등이 입주자들의 이익을 전혀 대변하지 않고 H건설의 이익만 대변하며 중요한 위법행위를 소극적으로 대처한데 기인해 진실이 왜곡된 판결을 하였다.

결론적으로 입주자들은 ① 서울중앙지검이 입주자들의 이익을 완전히 외면한 채 입주자대표 등의 거짓 진술만 믿고 H건설의 잘못이 없다며 무혐의로 처분한 것을 전혀 신뢰하지 않는다. ② 서울중앙지방법원이 사기분양한 토지 636.8㎡ 중에서 69.3㎡만 손해배상 책임을 묻는 오판으로 인해 한원광장을 무죄로 판결한 것을 전혀 신뢰하지 않는다.

다. 서울고등법원이 오판한 형사판결

H건설은 H아파트의 사업부지 6필지를 2007.11.14. 대한지적공사에서 측량하였는데 토지 161㎡가 불법 점유한 것을 알았다. 그러나

2009.10.12. 분양하면서 불법 점유한 161 ㎡를 원상복구하지 않고, 고의로 636.8 ㎡까지 빼고 설계, 모형, 카탈로그에 표시하여 시공해 사용검사 승인을 받았는데 분양대금 82억 원을 받아갔다.

그리고 203 ㎡는 분할하여 제척해 90 ㎡를 한원광장이 편취하거나 매각하였고, 433.8 ㎡는 한원광장 등이 사용과 출입을 하도록 203 ㎡를 분할하여 제척한 후의 경계 안쪽 4 m 지점에 펜스를 시공해 입주자들이 매년 재산세만 납부하게 끼워 팔기의 사기분양을 하였다.

그런데도 서울중앙지방법원은 한원광장을 무죄로 판결을 하였기 때문에 검사가 불복해 즉시 항소하였다. 그러나 서울고등법원(제2형사부)은 서울중앙지방법원에서 한원광장에게 69.3 ㎡만 손해배상을 하라고 판결한 것에 대하여 서울고등법원에서 203 ㎡에 대한 손해배상을 하라고 판결하였음에도 한원광장이 대법원에 상고한 것을 진행하고 있다는 핑계를 대면서 배임죄에 해당하지 않는다며 변론을 미리 종결하였다, 이와 같이 대법원에 상고한 판결 결과가 나오지도 않았는데 변론을 조기 종결하도록 유도하고 진실이 왜곡되게 불공정한 재판을 진행함으로써 기각 판결을 하였다(2015노1289 2015.7.9. 선고).

그런 후에 대법원에서 2015.6.23. 한원광장에게 203 ㎡에 대한 손해배상을 하라며 원심의 판결이 옳다고 확정판결을 하였다. 이와 같이 서울고등법원은 대법원에 상고한 것을 판결한 이후에 형사사건의 변론을 종결하였으면 한원광장(대표이사 고○현)을 배임죄로 확실히 판결할 수 있었다.

더구나 서울중앙지검은 H건설이 사기분양한 토지 636.8 ㎡까지 사용과 출입을 하지 못하게 빼고 설계해 시공하여 한원광장이 203 ㎡를 편취하거나 매각한 토지대금 558백만 원에 대한 배당금을 수령하는 혜택을 보았기 때문에 공동으로 연대책임을 물어야 함에도 H건설에 대하여 무혐의 처분해 기소하지 않은 중대한 잘못이 있다.

이는 강남경찰서 및 서울중앙지검이 부실 및 편파수사, 표적 및 별건 수사를 하여 H건설과 한원광장에서 분양 당시 636.8 ㎡를 빼고 설계, 모형, 카탈로그에 표시해 시공하였는데 입주자들에게 분양대금 82억 원을 받아갔음에도 중대한 오판에 기인해 처벌하지 않은 것이다.

결론적으로 입주자들은 ① 서울중앙지검이 입주자들의 이익을 전혀 대변하지 않고 H건설의 이익만 대변한 입주자대표 등의 소극적인 진술을 믿고 잘못이 없다며 H건설을 무혐의 처분하였고, 한원광장에게도 잘못이 없다며 무죄 판결을 한 것을 전혀 신뢰하지 않는다. ② 서울고등법원이 사기분양한 토지 636.8 ㎡ 중에서 69.3 ㎡만 손해배상을 한 한원광장에게 중대한 오판을 하여 무죄로 판결한 것을 전혀 신뢰하지 않는다.

3. 비대위원장이 명예훼손을 하였다고 오판한 형사판결

H건설은 H아파트를 분양하면서 토지 636.8 ㎡를 빼고 설계, 모형, 카탈로그에 표시하여 공지해 시공하고 사용검사승인을 받았는데 분양대금 82억 원을 받아갔다. 따라서 비대위원장은 사기분양한 토지 636.8 ㎡를 찾아달라고 요구하였는데 입주자대표 등이 분양 당시 속이고 만든 설계, 모형, 카탈로그를 보여주면서 그대로 시공하였는데 웬 사기분양이냐며 H건설의 거짓주장만 대변하였다.

더구나 비대위원장은 입주초기에 등기면적이 분양면적보다 69.3 ㎡가 적은 것을 찾아내자 입주자대표 등이 세대별로 보면 소수점 이하이므로 정산하지 않는다고 속였다. 또한 비대위원장이 203 ㎡를 분할하여 매각한 것을 밝혀내자 입주자대표 등은 정보전달수단을 완전히 통제하고 사기분양한 토지 636.8 ㎡를 못 찾게 조직적으로 방해하였다.

하는 수 없이 비대위원장은 토지 636.8 ㎡가 사기분양된 것을 증명하면 서쪽 펜스 밖의 경계까지 수직옹벽과 펜스를 시공하여야 한다는 것이 자동적으로 증명되기 때문에 공공의 이익을 위하여 개인적으로 소송을 제기하였다. 그리고 서울고등법원에서 판결을 받고 대한지적공사에서 측량하여 토지 636.8 ㎡가 사기분양된 것을 확실하게 증명하였다.

그런 후에 비대위원장이 다음 카페에서 토지 636.8 ㎡를 찾아야 한다고 알려주었는데 입주자대표 등은 진실을 알려주지 못하게 비대위원장을 2015.7.18. 강제로 퇴출시키고 인신공격과 유언비어를 퍼트리며 명예훼손을 하였다. 하는 수 없이 비대위원장은 공공의 이익을 위해 사기분양한 토지 636.8 ㎡를 찾아주고자 2015.8.24. 더사모 카페를 개설하였다. 그리고 더사모 카페에서 사기분양한 636.8 ㎡에 관한 진실을 정확히 게시해 알려주었다. 입주자들은 더사모 카페의 글들을 읽고 입주자대표 등의 악질적인 위법행위와 조직적인 방해공작을 알게 되었다.

따라서 입주자들은 서쪽 경계 펜스 밖의 사기분양한 토지 636.8 ㎡를 찾기 위하여 2015.9.2. 비상대책위원회를 결성해 합법적인 방법으로 정당방위와 정당행위를 하기 시작하였다. 그러나 입주자대표 등은 입주자들의 이익을 전혀 대변하지 않고 악질적인 위법행위를 저지르며 토지 636.8 ㎡를 못 찾게 조직적으로 방해하였다.

입주자들은 2015.10.15. 입주자대표 해임안에 75%가 서명해 제2기 입주자대표(전○수, 이○욱, 김○복)[17]에게 사퇴하라고 통보하였는데 사퇴하지 않고 거부하였다. 이때 선거관리위원장(정○임)이 해임투표를 실시하려고 시도하였는데 제2기 선거관리위원(박○식, 최○정)[18]은 해임투표를 하지 못하게 방해하였다. 하는 수 없이 입주자들은 2016.4월. 위임장에 55%가 서명해 제2기 입주자대표(전○수, 이○욱, 김○복)와 선거관리위원(박○식, 최○정)에게 선거관리업무 일체를 수행하지 말라고 통보하였다. 그리고 비대위원장에게 관리규약에 상관없이 선거관리업무 일체를 수행해 달라고 위임하였다. 이는 입주자들이 제2기 입주자대표 등에게 선거관리

---

17) 관리규약에 의거 선출된 입주자대표가 5명이었는데 입주자들이 입주자대표 해임안을 서명 받는 도중에 전○정은 이사를 갔고, 김○섭은 사퇴를 하여 3명(전○수, 이○욱, 김○복)만 남아서 입주자들의 이익에 반해 계속 사기분양한 토지 636.8 ㎡를 못 찾게 방해하였다.

18) 선거관리위원은 관리규약에 의하면 7명을 선출하도록 되어 있는데 관리소장이 3명만 위촉해 운영하였다. 입주자들이 입주자대표 해임안에 75%를 서명한 후에 정○임 선거관리위원장이 해임투표를 하려고 하였는데 선거관리위원 2명(박○식, 최○정)은 해임투표를 못하게 방해하였다.

업무에 관여하지 못하게 권한을 중지시킨 강력한 조치인 것이다.

입주자들은 제2기 입주자대표와 선거관리위원의 임기가 2016.6.21. 만료되었기 때문에 관리규약, 입주자대표 해임안, 위임장에 의거 2016.6.26. 52%가 참여한 비밀투표로 제3기 입주자대표회의(회장 소○영)를 합법적인 방법으로 선출하였다. 그런데도 제2기 입주자대표(전○수, 이○욱, 김○복)가 업무를 인계하지 않았다. 오히려 광진구청에 제3기 입주자대표회의 구성신고서를 접수해 주지 말라고 민원까지 제출하였다.

더구나 광진구청은 구성신고서를 접수해 주지 않았다. 이는 광진구청이 636.8㎡를 사기분양하도록 묵인하며 사업허가, 제척승인, 사용검사승인을 해주었기 때문에 자신들의 비리를 은폐하고자 입주자대표 등과 공모해 방해한 것이다. 특히, 광진구청 주택과 김○혁 팀장은 주택과장(양○승)이 휴가 중인 사이에 대신 결재하여 제3기 입주자대표회의 구성신고서를 반려하였다. 이는 입주자들의 의사와 이익에 반하는 직권남용 권리행사방해를 한 것이다. 이때 김○혁 팀장이 구성신고서를 접수해 주었으면 입주자들은 이미 사기분양한 토지 636.8㎡를 찾았다.

이와 같이 H건설, 광진구청, 입주자대표 등은 서로 공모해 토지 636.8㎡를 사기분양하였고, 입주한 2012.3.30. 이후에도 사기분양한 토지 636.8㎡를 못 찾게 방해할 목적으로 불법선거로 승계하며 정보전달 수단을 완전히 통제하고 조직적으로 방해한 것이 증명되었다.

또한 입주자대표 등은 비대위원장이 더사모 카페에서 명예훼손을 하였다고 광진경찰서에 고소하였다. 이외에도 비대위가 선거하는 도중에 엘리베이터에서 협박하였다고 고소하였고, 관리사무소에서 폭행을 하였다는 등 5차례를 고소하였다. 따라서 비대위원장은 공공의 이익을 위하여 사기분양한 토지 636.8㎡를 찾기 위해 열심히 봉사만 하였음에도 입주자대표 등에 의해 억울하게 수없이 수사와 재판을 받을 수밖에 없어 괴로움을 겪었다.

그렇지만 비대위원장은 공공의 이익을 위해 토지 636.8㎡를 찾고자 더사모 카페에서 진실만 정확하게 알려주었다. 따라서 누구에게 명예훼손을 할 필요가 없고, 명예훼손을 하지도 않았다. 광진경찰서에서 조사를 받은 진술서에서도 사기분양한 636.8㎡에 대한 현장을 검증하면 진실을 알 수 있다고 박○환 경위에게 수없이 설명하였다. 그런데도 비대위원장이 공공의 이익을 위한 것을 인정하지 않고 명예훼손을 하였다며 진실을 완전히 왜곡해 서울동부지검에 송치하였다.

서울동부지검 최○석 검사는 광진경찰서에서 공공의 이익을 위한 것을 완전히 왜곡해 잘못 수사한 것을 정확하게 확인하지 않았다. 또한 비대위원장이 하소연한 수차례의 진정서조차 수사하지 않고, 명예훼손을 하였다고 오판하며 약식기소(벌금 5백만 원)하였다. 이와 같이 비대위원장은 광진경찰서와 서울동부지검의 부실 및 편파수사, 표적 및 별건수사에 의해 억울하게 누명을 쓴 것이기 때문에 하는 수 없이 누명을 벗기 위해 정식재판을 청구할 수밖에 없었다.

그러나 서울동부지방법원은 비대위원장이 공공의 이익을 위하여 사기분양한 토지 636.8㎡를 찾고자 2015.8.24. 더사모 카페를 개설하여 진실을 정확하게 알려주었음에도 무죄가 아닌 선고유예(벌금 3백만 원)로 잘못 판결을 하였다(2016고정1717 2016.8.22. 선고).

이는 비대위원장이 재판과정에서 공공의 이익을 위하여 더사모 카페에서 사기분양한 토지 636.8㎡를 찾아야 한다고 진실을 알려주었는데 입주자대표 등이 찾지 못하게 조직적으로 방해할 목적으로 감쪽같이 속여서 고소한 것이 명명백백히 밝혀졌음에도 서울동부지방법원은 오판해 무죄가 아닌 선고유예로 잘못 판결하였다.

이때 대륙아주 조 대표변호사님(법원행정처장)께서는 사기분양한 토지 636.8㎡를 확실하게 증명해 주었던 민사재판을 대법원까지 변론하였고, 명예훼손에 대한 형사재판(1심)을 변론해 주셨기 때문에 심각성을 정확히 파악하고 있다. 그런데도 무죄가 아닌 선고유예로 판결하여 진실을 밝히고자 즉시 항소를 할 수밖에 없었다.

이후 조 대표변호사님은 대법관으로 부임하여 다른 변호사가 변론해 주었는데 진실을 정확히 밝히지 못했기 때문에 기각판결을 받았다. 이유는 뒤늦게 알았지만 비대위원장을 변론한 변호사가 고소인(입주자대표회장 전○수)의 고등학교 후배인 것을 뒤늦게 알고 많은 후회를 하였다.

입주자대표 등은 공공의 이익을 위하여 정보전달수단을 통해 사기분양한 토지 636.8㎡를 찾아야 한다고 진실을 정확하게 알려주어야 함에도 입주한 2012.3.30. 이후로 단 한 번도 진실을 알려주지 않고 속였다. 더구나 사기분양한 토지 636.8㎡를 못 찾게 조직적으로 방해할 목적으로 비대위원장이 명예훼손을 하였다며 위장해 고소를 하였다. 이는 악질적인 위법행위와 갑질을 저질러 진실을 거짓으로 속이며 사법농단을 저지른 것을 확실히 증명하는 것이다.

그런데도 서울동부지방법원은 비대위원장에게 무죄가 아닌 선고유예(벌금 3백만 원)로 잘못 판결을 하였다. 더구나 서울동부지방법원의 항소부에서는 비대위원장이 공공의 이익을 위하여 사기분양한 토지 636.8㎡를 찾고자 정당방위와 정당행위를 한 것을 인정하면서도 무죄가 아닌 기각 판결을 하였다(2016노1342 2016.12.22. 선고).

비대위원장이 제일 기가 막히게 생각하는 것은 재판장이 잘못 판결한 것보다도 판결문만 읽었으면 되는데 고소인들과 입주자들이 참관한 법정에서 비대위원장을 세워놓고 앞으로 더사모 카페에서 진실이라도 절대로 알려주지 말라며 강조해 훈계하였다. 그리고 또다시 더사모 카페에 게시해 나쁜 짓을 하면 입주자대표 등이 고소, 고발을 지속적으로 하여 더 큰 처벌이 내려질 것을 알라며 협박성의 통보를 하여 진실을 어느 누구보다 더 정확히 알고 있는 입주자들이 판사로서 잘못된 언행을 해도 되는지 전혀 신뢰할 수 없는 사법농단의 실상을 직접 목격하였다.

또한 비대위원장의 담당변호사가 대법원에 상고하지 말라고 배우자 및 입주자들에게 논리에 맞지 않는 억지주장을 하면서 비대위원장을 설득하라는 어처구니없는 일이 벌어졌다. 그런 후에 비대위원장이 상고이유서를 작성해 달라고 요청하여도 해주지 않고 만류하였다.

하지만 비대위원장은 진실을 정확히 밝히고자 포기할 생각이 전혀 없었다. 이럴 때일수록 진실을 확실히 밝혀 정의롭고 공정한 사회로 세상을 바꾸고 싶었다. 지금까지 올곧게 살아왔고, 미국에서 최고의 금융 감사 기법을 배워 금융감독원의 후배들에게 정도를 가르쳐 주었기 때문에 정의롭게 사는 것이 목숨보다도 더 중요하다고 결심하였다.

따라서 비대위원장은 대법원에 상고장을 제출하였다. 사기분양된 토지 636.8 ㎡는 현장이 잘 보존되어 있고, 재건축할 때까지 증거인멸을 할 수도 없기 때문에 반드시 찾을 수밖에 없다는 확신을 가졌다. 더구나 조 대표변호사님께서 공정하게 변론해 주어 대법원의 확정판결 및 대한지적공사의 측량에 의거 토지 636.8 ㎡가 사기분양된 것을 확실히 증명하였음에도 입주자대표 등이 입주자들의 이익을 전혀 대변하지 않고 못 찾게 조직적으로 방해하는 것을 도저히 이해할 수 없었다.

비대위원장은 입주자대표 등이 조직적으로 방해를 할수록 최고의 감사 기법을 잘 알고 있기 때문에 오로지 증거수집에만 열중하면서 악질적인 비리에 맞서 정당방위와 정당행위를 하였다는 것을 강력히 주장하였는데도 대법원에서 기각판결(2018도1201 2018.3.9. 선고)하였다. 이는 입주자대표 등이 고소, 고발, 수사, 재판을 야기하고 변호사를 앞세워 거짓의 진술, 준비서면, 증거자료, 탄원서를 제출해 대법원이 감쪽같이 속아서 오판하도록 악질적인 사법농단을 저지른데 기인한다.

결론적으로 입주자들은 ① 입주자대표 등이 공공의 이익을 위해 사기분양한 토지 636.8 ㎡를 찾아야 한다고 알려준 비대위원장을 선량한 피해자에서 악질적인 가해자로 뒤바꿔 놓은 것을 신뢰하지 않는다. ② 서울동부지방법원, 서울동부지방법원(항소부), 대법원이 입주자대표 등의 거짓에 속아서 오판하였고, 그로 인해 사기분양한 토지 636.8 ㎡를 못 찾게 방해할 목적으로 비대위원장을 무죄가 아닌 선고유예(벌금 3백만 원)로 잘못 판결한 것을 전혀 신뢰하지 않는다.

4. 비대위원장이 명예훼손을 하였다고 오판한 민사판결

비대위원장은 공공의 이익을 위하여 토지 636.8㎡가 사기분양된 것을 증명하고자 개인적으로 소송을 제기하였다. 그리고 서울고등법원에서 2015.2.10. 203㎡를 인정받았고(대법원에서 2015.6.23. 확정), 이를 근거로 대한지적공사에서 203㎡를 분할하여 제척한 후의 경계부터 펜스까지 측량하여 불용토지 433.8㎡가 입주자들의 소유라는 것을 확실히 증명하였다. 그런 후에 비대위원장이 사기분양한 636.8㎡를 찾아 달라고 하였는데 입주자대표 등은 못 찾게 조직적으로 방해하였다.

따라서 비대위원장은 공공의 이익을 위해 사기분양한 토지 636.8㎡를 찾을 수 있다고 다음 카페에서 진실을 정확히 알려주었는데 입주자대표 등이 알려주지 못하게 방해할 목적으로 비대위원장을 다음 카페에서 2015.7.18. 강제로 퇴출시키고, 인신공격과 유언비어를 퍼트리며 명예훼손을 하였다. 하는 수 없이 비대위원장은 2015.8.24. 더사모 카페를 개설하여 사기분양한 토지 636.8㎡를 찾아야 한다고 진실을 알려주었는데 입주자대표 등이 못 찾게 방해할 목적으로 명예훼손을 하였다며 위장해 2016.3.14. 광진경찰서에 고소하였다.

그러나 비대위원장은 박○환 경위에게 명예훼손을 할 필요가 전혀 없고, 명예훼손을 하지도 않았으며, 공공의 이익을 위하여 사기분양한 토지 636.8㎡를 찾기 위해 알려준 것이라고 솔직하게 진술하였다. 그런데도 박○환 경위는 사기분양한 토지 636.8㎡에 관해 전혀 수사하지 않았고, 더사모 카페에 글을 올린 목적과 의미, 전체의 글들을 수사하지 않았으며, 고의로 일부 문구와 용어에만 국한하여 부실 및 편파수사, 표적 및 별건수사를 하면서 명예훼손을 한 것이라며 진실을 완전히 왜곡해 비대위원장을 기소의견으로 송치하였다.

이에 더하여 서울동부지검 최○석 검사는 비대위원장이 공공의 이익을 위해 진실을 정확히 알려준 것을 전혀 수사하지 않았고, 사기분양한 토지

636.8㎡를 찾기 위해 알려주었다고 제출한 진정서를 진실과 전혀 다르게 수사하였다. 이와 같이 광진경찰서와 서울동부지검은 입주자대표 등이 제출한 의견서만 믿고 약식기소(벌금 5백만 원)를 하였다.

이로 인해 비대위원장은 법치국가에서 상상할 수 없는 선량한 피해자에서 악질적인 가해자로 뒤바뀌어 억울한 누명을 벗기 위해 정식재판을 청구할 수밖에 없었다. 그러나 서울동부지방법원은 비대위원장이 다음 카페에서 강제로 퇴출을 당한 후에 공공의 이익을 위하여 사기분양한 토지 636.8㎡를 찾고자 더사모 카페를 2016.8.24. 개설해 진실을 정확히 알려 주었고, 정당방위와 정당행위를 하였음에도 무죄가 아닌 선고유예(벌금 3백만 원)로 잘못 판결을 하였다.

이에 더하여 입주자대표 등은 기다렸다는 듯이 선고유예로 판결이 잘못 나온 것을 잘 알면서도 명예훼손을 한 것이 확실하게 증명되었다며 1억 원의 손해배상을 하라고 서울동부지방법원에 민사소송까지 제기해 괴롭히며 비대위원장을 사퇴하라고 압박하였다. 그리고 대리투표로 불법선거를 하여 계속 승계하면서 정보전달수단을 완전히 통제하고 사기분양한 토지 636.8㎡를 못 찾게 조직적으로 방해하였다.

그렇지만 비대위원장은 공공의 이익을 위하여 입주자대표 등의 악질적인 방해에도 불구하고 절대로 포기하지 않고 더사모 카페에서 사기분양한 토지 636.8㎡를 찾아야 한다고 변함없이 진실을 정확하게 알려주었다. 그리고 비대위원장은 광진경찰서에서 수사를 받으며 입주자대표 등이 명예훼손을 하였다고 고소한 사건에 대하여 부실 및 편파수사, 표적 및 별건수사로 인해 서울동부지방법원에서 무죄가 아닌 선고유예로 판결을 받았고, 대법원에서 그대로 확정되었다고 설명하였다.

더구나 비대위원장은 입주자대표 등이 저지른 위법행위에 대해 합법적인 방법으로 정당방위와 정당행위를 한 것이라고 솔직히 진술하였다. 그리고 비대위원장은 입주자들이 사기분양한 토지 636.8㎡를 찾고자 입주자대표 해임안에 75%가 서명하였고, 위임장에 55%가 서명하였음에도 입주자대표 등이 2016.6.21. 임기 만료된 이후에도 사퇴하지 않았고, 오히려 토지 636.8㎡를 못 찾게 방해할 목적으로 선거관리업무에 관여해 불법선거로 계속 승계하였다고 설명하였다.

또한 입주자대표 등은 불필요한 고소, 고발, 수사, 재판을 야기하면서 비대위원장을 수없이 괴롭혔고, 선량한 피해자에서 악질적인 가해자로 뒤바꿔 놓았으며, 토지 636.8㎡를 못 찾게 조직적으로 방해하였다고 자세히 진술하며 호소하였다. 그런데도 서울동부지방법원은 기각판결을 하지 않았다. 그리고 비대위원장이 입주자대표 등에게 손해배상금으로 8백만 원을 지급하는 반면, 입주자대표 등이 비대위원장에게 소송비용의 9/10을 지급하라고 판결을 함으로써 서로 정산하도록 판결을 하였다(2016가단136123 2018.8.31. 선고).

이에 대하여 입주자대표 등은 비대위원장이 명예훼손을 하였다며 항소해 1억 원의 손해배상을 하라고 괴롭히면서 토지 636.8㎡를 못 찾게 계속 방해하였다. 더구나 재판진행과정에서 1억 원을 2천1백만 원으로 변경해 손해배상을 하라고 꼼수까지 부렸다. 하지만 비대위원장은 공공의 이익을 위해 사기분양한 토지 636.8㎡를 찾고자 정당방위와 정당행위를 한 것임으로 2018.9.21. 원심을 기각해 달라고 항소하였다.

그런데도 서울동부지방법원(항소부)은 원심을 기각하지 않고 원심의 판단이 옳다며 입주자대표 등과 비대위원장의 항소를 모두 기각하였다. 그리고 입주자대표 등에게 항소에 대한 소송비용의 50%를 부담하라고 판결하였다(2018나28701 2019.6.12. 선고).

이는 비대위원장이 공공의 이익을 위하여 사기분양한 토지 636.8㎡를 찾고자 입주자대표 등의 위법행위에 맞서 정당방위와 정당행위를 하였다고 간접적으로 인정한 판결이다. 또한 입주자대표 등은 고소, 고발, 수사, 재판을 야기하고, 변호사를 앞세워 거짓의 진술, 준비서면, 증거자료, 탄원서를 제출해 경찰, 검찰, 법원이 속아서 오판하도록 악질적인 사법농단을 저질러 진실을 완전히 왜곡한데 기인한 결과인 것이다.

하지만 비대위원장은 공공의 이익을 위해 사기분양한 토지 636.8 ㎡를 찾고자 개인적으로 소송비용을 부담하며 입주자들에게 봉사하였는데 억울하게 진실이 왜곡되었다고 호소하면서 2019.6.27. 대법원에 원심을 기각하여 달라고 상고하였다. 이에 대하여 대법원은 기각판결을 하지 않고 심리불속행의 사유로 원심의 판결을 그대로 확정하였다(대법원 2019다247521 2019.10.31. 선고).

결론적으로 입주자들은 ① 입주자대표 등이 사기분양한 토지 636.8 ㎡를 못 찾게 방해할 목적으로 공공의 이익을 위하여 합법적인 방법으로 찾아주려는 비대위원장을 상대로 악질적인 위법행위를 저지르며 고소한 것을 전혀 신뢰하지 않는다. ② 서울동부지방법원, 서울동부지방법원(항소부), 대법원은 입주자대표 등이 사기분양한 토지 636.8 ㎡를 못 찾게 방해할 목적으로 비대위원장에게 소송을 제기해 손해배상금을 청구하였기 때문에 입주자대표 등의 소송을 기각하여야 함에도, 오판해 잘못 판결한 것과, 이로 인해 입주자들이 사기분양한 토지 636.8 ㎡를 못 찾았기 때문에 법원의 판결을 전혀 신뢰하지 않는다.

5. 불법선거를 공정선거로 오판한 민사판결

비대위원장은 입주자들이 분양대금 82억 원을 납부한 토지 636.8 ㎡를 찾아달라고 요구하였다. 그러나 입주자대표 등은 불법선거로 계속 승계하면서 정보전달수단을 완전히 통제하며 진실을 알려주지 않고 완전범죄로 영원히 은폐해 사기분양한 토지 636.8 ㎡를 못 찾게 방해하였다.

H건설은 사업부지를 2007.11.14. 대한지적공사에서 측량하였는데 토지 161 ㎡가 불법 점유된 것을 확인하였다. 그러나 2009.10.12. 분양하면서 불법 점유한 161 ㎡를 원상복구하지 않고, 고의로 636.8 ㎡까지 사용과 출입을 하지 못하게 빼고 설계, 모형, 카탈로그에 표시하여 공지하고 시공해 사용검사승인을 받았는데 분양대금 82억 원을 받아갔다.

그리고 203㎡는 분할하여 제척해 한원광장이 편취하거나 매각하였고, 433.8㎡는 한원광장 등이 사용과 출입을 하도록 203㎡를 분할하여 제척한 후의 경계 안쪽 4m 지점에 펜스를 시공해 입주자들이 매년 재산세만 납부하게 끼워 팔기의 수법으로 악질적인 사기분양을 하였다.

그런데도 입주자대표 등은 입주한 후에 분당 당시 속이고 만든 설계, 모형, 카탈로그를 보여주면서 그대로 시공하였는데 웬 사기분양이냐며 H건설의 거짓주장만 대변하였다. 그래서 비대위원장은 등기면적이 분양면적보다 69.3㎡가 적다는 것을 밝혀내자 입주자대표 등이 세대별로 보면 소수점 이하이므로 정산하지 않는다고 속였다. 더구나 비대위원장은 203㎡를 분할하여 제척해 한원광장이 편취하거나 매각한 것을 밝혀내자 입주자대표 등이 차일피일 미루며 못 찾게 조직적으로 방해하였다.

이와 같이 입주자대표 등은 사기분양한 토지 636.8㎡를 못 찾게 조직적으로 방해할 목적으로 정보전달수단을 완전히 통제하고 입주한 2012.3.30. 이후로 단 한 번도 찾아야 한다고 알려주지 않았다. 하는 수 없이 비대위원장은 공공의 이익을 위하여 636.8㎡가 사기분양된 것을 증명하고자 개인적으로 소송을 제기하였다. 그리고 서울고등법원에서 판결을 받고 대한지적공사에서 측량하여 636.8㎡가 사기분양된 것을 확실히 증명한 후에 찾아달라고 하였다. 그런데도 입주자대표 등은 H건설, 광진구청과 공모해 못 찾게 조직적으로 방해하였다.

더구나 입주자대표 등은 비대위원장이 다음 카페에서 사기분양한 토지 636.8㎡를 알려주지 못 찾게 2015.7.18. 강제로 퇴출시키고 인신공격과 유언비어를 퍼트리며 명예훼손을 하였다. 그렇지만 비대위원장은 공공의 이익을 위해 거짓에 전혀 대꾸하지 않고 2015.8.24. 더사모 카페를 개설하여 사기분양한 토지 636.8㎡를 반드시 찾아야 한다고 입주자들에게 진실을 정확하게 알려 주었다.

입주자들은 비대위원장이 더사모 카페에서 진실을 알려준 글들을 읽고 분양대금 82억 원을 납부한 서쪽 경계 펜스 밖의 토지 636.8㎡가 사기분양된 것을 확실하게 이해할 수 있었다. 이때부터 입주자들은 사기분양한 토지 636.8 ㎡를 찾기 위하여 합법적인 방법으로 정당방위와 정당행위를 하기 위해 2015.9.2. 비상대책위원회를 결성하였다.

그런 후에 입주자들은 사기분양한 토지 636.8 ㎡를 찾기 위하여 비대위원을 2015.9.9. 1403동 입주자대표 보궐선거에 단독후보로 출마시켜 당선을 확보해 두었다. 그런데도 입주자대표 등은 고의로 유권자의 22%만 방문투표를 하고는 과반수에 미달하였다며 낙선시켰다.

따라서 입주자들은 2015.10월. 입주자대표 해임안에 75%가 서명해 사퇴하라고 통보하였는데 입주자대표(전○수, 이○욱, 김○복)가 사퇴하지 않고 거부하였다. 더구나 선거관리위원장(정○임)은 해임투표를 하려고 시도하였는데 선거관리위원(박○식, 최○정)이 해임투표를 하지 못하도록 강력히 저지하며 방해하였다.

하는 수 없이 입주자들은 제2기 입주자대표와 선거관리위원의 임기가 2016.6.21. 만료되기 때문에, 2016.4월. 위임장에 55%가 서명하여 제2기 입주자대표와 선거관리위원에게 선거관리업무에 일체 관여하지 말라고 통보하였다. 반면에 비대위원장에게 관리규약에 상관없이 선거관리업무 일체를 수행해 달라며 위임하였다. 이는 입주자들이 입주자대표 등에게 선거관리업무를 수행하지 못하게 중지시킨 강력한 조치이다.

그리고 입주자대표 등의 임기가 2016.6.21. 만료된 후, 입주자들은 관리규약, 입주자대표 해임안, 위임장에 의거 2016.6.26. 52%가 참여한 비밀투표로 입주자대표를 선출하여 제3기 입주자대표회의(회장 소○영)를 합법적으로 구성하였다. 그러나 제2기 입주자대표 등은 새로 선출된 제3기 입주자대표회의에 업무를 인계하지 않았다. 이때 제2기 입주자대표 등이 제3기 입주자대표회의에 업무를 인계해 주었으면 입주자들은 이미 사기분양한 토지 636.8 ㎡를 찾았다,

더구나 제2기 입주자대표 등은 불법으로 2016.7.14. 선거관리업무에 관여해 선거관리위원을 지명하여 제3기 선거관리위원회(위원장 최○호)

를 구성하였고, 입주자들이 불법선거를 우려해 강력히 반대한 전자투표를 실시하였다.[19] 이에 더하여 선거인명부의 휴대폰번호를 20%만 확인(80%를 허위 휴대폰번호로 작성)하고 2016.8.11. 전자투표를 악용하여 대리투표로 입주자대표(유○운, 공○미, 임○익)를 다시 선출하여 제3기 입주자대표회의를 구성하였다.

이때 입주자들은 불법선거이지만 토지 636.8 ㎡를 찾아 줄 비대위원에게 모두 투표를 하였는데 선거관리위원장이 자신의 측근들이 당선되었다고 속였다. 어떤 입주자가 바보처럼 못 찾게 방해한 후보자에게 투표를 하였겠습니까? 지나가는 모든 개들이 웃을 거짓말입니다. 따라서 비대위원장은 선거관리전담요원(관리과장 김○용)에게 선거인명부의 휴대폰번호를 20%만 확인한 것과 투표한 61.86% 중 41.86%가 허위로 기재된 휴대폰번호로 작성되었다는 진술을 녹취해 확보하였다.

그리고 입주자들은 불법선거한 선거인명부를 검증해 달라고 강력히 항의하자, 선거관리위원장(최○호)이 피신하였고, 선거관리전담요원(관리과장 김○용)은 USB(선거인명부와 입주자카드의 원본과 동일)와 확인서를 함께 비대위원장에게 제출하면서 추후 검증해 주겠다고 약속하였다. 이와 같은 수법으로 위기를 일단 모면한 이후에 선거관리전담요원은 약속했던 선거인명부를 검증해 주지 않고 사퇴하였으며, 선거관리위원장도 선거인명부를 검증해 주지 않았다.

입주자들은 불법선거한 선거인명부(USB), 세대별 투표현황, 전자투표를 도입한 관리규약 개정 동의서를 검증하면 불법선거를 실시한 것을 확실

19) 제2기 입주자대표회의는 2014.6.22. 선출되었는데, 이때 제1기에서 전○수, 이○욱, 김○복, 김○섭이 연임되었고, 2014.6.22. 전○정만 새로 선출되었다. 그러나 입주자들은 사기분양한 636.8 ㎡를 찾기 위해 입주자대표 해임안에 서명하여 사퇴를 요구하였다. 이때 김○섭이 사퇴하였고, 전○정이 이사하였다. 따라서 제2기 입주자대표는 전○수, 이○욱, 김○복만 남았다. 입주자대표(3명)는 2016.3.18. 전자투표를 도입하기 위한 관리규약 개정을 의결하였다. 그러나 입주자들은 불법선거를 우려해 전자투표 도입을 강력히 반대하며 종전의 기명식투표를 고수하였다. 더구나 2016.3.18. 의결한 이후에 관리규약 개정 동의서에 서명하지 않았다. 그런데도 제2기 입주자대표와 제3기 선거관리위원은 2016.8.11. 전자투표로 제3기 입주자대표 선거를 실시하였으므로 불법선거를 한 것이다.

히 증명할 수 있기 때문에 검증해 달라고 계속 요구했는데 검증해 주지 않았다. 만약 선거관리위원장과 선거관리전담요원이 대리투표로 불법선거를 하지 않았으면 정정당당하게 검증해 주면서 확실히 불법선거를 안했다고 증명해 주었을 것이다.

하는 수 없이 입주자들은 불법선거한 선거인명부 등을 검증하기 위해 선거무효확인소송 및 직무정지가처분 신청을 하였다. 그러나 서울동부지방법원은 선거인명부(USB)를 검증해 주지도 않고 기각판결을 하였다(2016가합107712 2016.7.20. 선고). 이는 서울동부지방법원이 선거인명부(USB), 세대별 투표현황, 관리규약 개정 동의서를 당연히 검증해 불법선거를 규명하여야 함에도 검증을 안 해 주었기 때문에 입주자들이 법원을 전혀 신뢰하지 않는다.

따라서 입주자들은 선거인명부 등을 검증하기 위해 항소를 하였는데 서울고등법원이 세대별 투표현황만 제출받고 선거인명부와 관리규약 개정 동의서를 검증하지도 않으면서 기각 판결하였다(2016나 2043228 2018.7.18. 선고). 더구나 비대위원장은 전체 세대 중에서 75세대만이라도 선거인명부의 휴대폰번호를 검증해 달라고 입주자들에게 동의서를 서명 받아 제출하였는데 이것마저도 검증해 주지 않았다. 이와 같이 서울고등법원은 전혀 검증해 주지도 않고 불공정하게 기각 판결한 것이므로 입주자들이 공정한 재판을 하였다고 인정할 수 없다.

어쩔 수 없이 입주자들은 대법원에서 선거인명부 등을 검증해 줄 것으로 믿고 상고를 하였다. 그러나 대법원에서도 선거인명부를 검증해 주지 않고 불공정하게 기각 판결을 하였다(2018다262837 2018.11.29. 선고). 만약 서울동부지방법원, 서울고등법원, 대법원은 입주자들에게 선거인명부(USB), 세대별 투표현황, 관리규약개정 동의서를 검증해 주었으면 대리투표로 불법선거를 하였다는 것이 확실하게 규명되었고, 입주자들이 이미 사기분양한 토지 636.8 ㎡를 찾았다.

이와 같이 불법선거로 승계한 선거인명부를 검증해 주지도 않은 입주자대표 등은 뻔뻔스럽게도 사기분양한 토지 636.8 ㎡를 못 찾게 조직적으로 방해하였음에도 소송비용 11,804,400원을 달라고 청구하였다. 그러나 비대위원장은 불법선거를 광진경찰서에 고소해 수사 중에 있고, 경찰청의 사이버디지털포렌식센터(디지털저장매체분석계)에서 선거인명부의 비밀번호를 검증하고 있으며, 광진경찰서에서 수사 중이므로 불법선거가 명확하게 규명된 후에 지급하겠다고 통보하였다.

그러나 입주자대표 등은 선거인명부를 검증해 주지 않았는데도 2019.5.9. 서울동부지방법원의 집행관을 시켜 자산을 압류[20]하였다. 비대위원장은 억울하지만 입주자대표 등에게 소송비용을 지급할 수밖에 없었다. 입주자대표 등은 사기분양한 토지 636.8 ㎡를 찾으면 자신들은 물론 입주자들에게 이익이 돌아간다. 그런데도 입주자대표 등은 불법선거로 승계하면서 위법행위로 감쪽같이 진실을 속이고 법원의 판결마저 오판하도록 사법농단을 저질러 토지 636.8 ㎡를 못 찾게 방해하였다.

이와 같이 입주자들은 서울동부지방법원, 서울고등법원, 대법원에서 입주자대표 등이 불법선거로 계속 승계한 선거인명부를 검증해 주지도 않고 기각판결을 하였기 때문에 분양대금 82억 원을 납부한 토지 636.8 ㎡를 사기분양한지 10년이 지나도록 억울하게 못 찾고 있다.

결론적으로 입주자들은 ① 서울동부지방법원, 서울고등법원, 대법원이 선거인명부(USB), 세대별 투표현황, 관리규약 개정 동의서를 검증해 주지 않고 기각 판결한 것에 대해 전혀 신뢰하지 않는다. ② 입주자대표 등이 불법선거를 실시해 승계한 선거인명부(USB), 세대별 투표현황, 관리규약 개정 동의서를 법원에서 검증해 주지 않은 것과 사기분양한 토지 636.8 ㎡를 못 찾게 방해한 것에 대해 전혀 신뢰하지 않는다.

---

20) 서울동부지방법원의 집행관사무소에서 집행관 최○순, 과장 김○호, 계장 오○현, 열쇠기사 이○배, 입회인 김○우와 김○현 등 6명은 2019.5.9. 10시 15분 비대위원장이 1404동 104호 빌라를 비우고 외출한 사이에 문을 열고 들어와서 2,100,000원 상당의 가재도구에 압류를 하였다. 이때 빈집에 갑자기 문을 열고 들이닥친 것이다. 이로 인해 애완견 두둥이가 매우 놀라서 밤새도록 잠을 못자고 극심한 고통을 호소하였다. 입주자대표 등의 불법행위가 애완견까지 고통을 주었다.

6. 사기분양한 토지 636.8 ㎡를 찾기 위한 민사판결

입주자들은 비대위원장이 다음 카페에서 강퇴를 당해 2015.8.24. 더사모 카페를 개설하여 진실을 정확하게 알려준 것을 읽고 나서 분양대금 82억 원을 납부하였는데 사기분양한 토지 636.8 ㎡를 못 찾았고, 분양계약을 위반해 수직옹벽을 펜스 밖의 경계까지 시공하지 않고 경계 안쪽 4m 지점에 계단과 산책로를 시공한 것을 확실히 알게 되었다.

H건설은 H아파트를 건축할 사업부지 6필지를 2007.11.14. 대한지적공사에서 측량하였는데 2필지에서 토지 161 ㎡가 불법 점유된 것을 확인하였다. 그런데도 2009.10.12. H아파트를 분양하면서 불법 점유한 토지 161 ㎡를 원상복구하지 않고, 고의로 토지 636.8 ㎡까지 사용과 출입을 하지 못하게 설계, 모형, 카탈로그에 빼고 표시하여 시공해 사용검사승인을 받았는데 분양대금 82억 원을 받아갔다.

그런 후에 203 ㎡는 분할하여 제척해 한원광장이 편취하거나 매각하였고, 433.8 ㎡는 한원광장 등이 사용과 출입을 하도록 203 ㎡를 분할하여 제척한 후의 경계 안쪽 4 m 지점에 펜스를 시공하여 입주자들이 매년 재산세만 납부하게 끼워 팔기로 사기분양을 하였다.

그런데도 입주자대표 등은 대리투표로 불법선거를 하여 승계하면서 정보전달수단을 완전히 통제하고 입주한 2012.3.30. 이후로 단 한 번도 진실을 알려주지 않으면서 감쪽같이 속이고 사기분양한 토지 636.8 ㎡를 못 찾게 조직적으로 방해하였다. 그렇지만 일부 입주자들은 비대위원장의 도움을 받아서 사기분양한 토지 636.8 ㎡를 찾기 위하여 2017.2.28. 서울중앙지방법원에 민사소송을 제기하였다.

그리고 토지 203 ㎡에 대하여는 비대위원장이 개인적으로 이미 대법원에서 2015.6.23. 확정판결을 받았기 때문에 손해배상을 받는데 전혀 문제가 없다. 이번에는 불용토지 433.8 ㎡에 대하여 판결을 받기 위한 것인데 H건설이 분양 당시 토지 636.8 ㎡를 사용과 출입을 하지 못하도록 빼고 설계, 모형, 카탈로그에 표시하여 공지하고 시공해 사용검사승인을 받았기 때문에 손해배상을 받기 위해 아무런 문제가 없는데도 H건설에서 교묘하게 재판을 지연시키며 방해하였다.

그렇지만 서울중앙지방법원에서 지정한 토지측량, 건축감정, 임료감정(불용토지 433.8 ㎡에 대한 사용료)이 2019.7.31. 이미 완료되었기 때문에 사용검사승인을 받은 이후로 사용하지 못한 임료상당액의 손해배상금을 재판부에 제출하여 청구하였다(2016가합554756).

더구나 사기분양한 토지 636.8 ㎡가 현장보존이 잘 되어 있고, 재건축할 때까지 증거인멸을 할 수도 없기 때문에 입주자들은 반드시 찾을 수밖에 없다. 그러나 입주자대표 등은 입주초기에 비대위원장이 조언한대로 토지 636.8 ㎡를 찾아주려고 시도하지 않았고, 항소포기로 못 찾게 방해하여 입주자들의 불만이 폭발하였다.

H건설은 2009.10.12. 분양 당시 서쪽 경계 펜스 밖에 토지 161 ㎡가 불법 점유되었는데, 이때 161 ㎡만 빼고 사용과 출입을 할 수 있도록 수직옹벽 위에 펜스가 설치되어 있었다. 그러나 H아파트를 공사하면서 토지 636.8 ㎡까지 사용과 출입을 하지 못하게 빼고 펜스를 시공하였다. 따라서 입주자들은 재판장님에게 불법 침범한 토지 161 ㎡, 제척토지 203 ㎡, 불용토지 433.8 ㎡에 대한 현장검증을 해달라고 강력히 요구하였다.

그러나 재판장님께서는 토지, 건축, 임료감정인에게 감정을 의뢰하면서 H건설이 203 ㎡를 분할해 매각한 후의 경계에 펜스를 시공하지 않고 경계 안쪽 4 m 지점에 시공함으로써 한원광장 등이 사용과 출입을 하는 반면, 입주자들이 사용과 출입을 못하면서 매년 재산세만 납부하는 토지 433.8 ㎡를 보고서에 정확히 작성해 달라고 지시하였는데 감정인이 좁게 잘못 산출해 여러 차례 수정을 하였다.

따라서 입주자들은 담당변호사님을 통해 H건설과 토지 감정인이 불공정하게 작성한 감정보고서에 현장을 쉽게 이해하도록 작성해 달라며 3회에 걸쳐 보완요청을 하였다. 그런데도 시간만 끌다가 토지 433.8 ㎡라고 수정된 감정보고서를 서울중앙지방법원에 제출하였다. 또한 토지 측량보고서에 근거한 건축 및 임료 감정보고서도 각각 2회에 걸쳐 수정 요구하였는데 시간을 끌다가 늦게 서울중앙지방법원에 제출하였다.

그리고 H건설은 입주자들이 2017.2.28. 사기분양한 토지 636.8 ㎡에 대하여 소송을 제기하였는데 토지, 건축, 임료 감정보고서를 고의적으로 늦게 제출하도록 변호사의 불필요한 의견제시로 재판을 교묘하게 지연시켜 선고가 너무 많이 지연되었다. 더구나 입주자대표 등은 재판에 협조하지 않고 토지 636.8 ㎡를 못 찾게 조직적으로 방해하였다.

그렇지만 입주자들은 사기분양한 토지 636.8 ㎡에 대한 수차례의 감정을 실시하여 불용토지에 대한 면적을 잘 알고 있고, 이번 서울중앙지방법원의 명령으로 다시 측량해 433.8 ㎡라고 확정되었다. 따라서 2017.2.28. 제기한 소송과 관련하여 토지, 건축, 임료 감정보고서가 제출되었기 때문에 서울중앙지방법원에서 공정한 선고를 할 것으로 확신하고 있다.

그러나 서울중앙지법은 2019.12.19. 토지 203 ㎡만 인정하였고 토지 433.8 ㎡에 대한 임료상당을 인정하지 않는 중대한 오판으로 잘못 판결하였다(2017가합554756). 이는 분양 당시에 펜스가 불법 점유한 토지 161 ㎡만 빼고 사용과 출입을 하도록 설치되어 있었음에도 H건설이 H아파트를 건축하면서 고의로 토지 636.8 ㎡까지 사용과 출입을 하지 못하게 빼고 설계해 시공하였는데 분양대금 82억 원을 받아갔다.

이와 같이 재판장님께서 원고들이 요구한 데로 현장검증만 하였으면 사기분양한 현장의 심각성을 정확하게 확인하여 토지 433.8 ㎡에 대한 손해배상을 인정하는 판결을 할 수밖에 없다. 그러나 현장검증을 안 해서 잘못 판결한 것이 명백하기 때문에 토지 433.8 ㎡를 인정받기 위해 2020.1.3. 서울고등법원에 항소하였다(2020나2003046). 이번에는 입주자들이 사기분양한 토지 636.8 ㎡를 인정받아 찾을 수밖에 없다. 왜냐하면 서울고등법원의 재판장님께서 현장 검증을 실시하면 심각한 문제점을 인정할 수밖에 없기 때문이다.

7. 비대위원장이 명예훼손의 누명을 벗기 위한 형사판결

입주자대표 등은 비대위원장이 2015.8.24. 더사모 카페를 개설해 자신들의 명예훼손을 하였다며 2016.3.14. 광진경찰서에 고소하였다. 그러나 비대위원장은 입주자들이 분양대금 82억 원을 납부하였는데 토지 636.8 ㎡를 돌려받지 못해 공공의 이익을 위하여 개인적으로 소송을 제기해 서울고법에서 판결을 받고 대한지적공사에서 측량하여 토지 636.8 ㎡가 사기분양된 것을 명확히 증명한 후에 더사모 카페에서 진실을 알려주었다고 솔직하게 진술하였다. 그리고 입주자대표 등이 토지 636.8 ㎡를 못 찾게 방해할 목적으로 고소하였다며 설명하였다.

그러나 광진경찰서 사이버수사팀장 박○환 경위는 더사모 카페에 올린 모든 글의 목적과 의미를 전혀 확인조차 하지 않았다. 그리고 단지 일부 용어와 단어만 국한해 확인하는 등 부실 및 편파수사, 표적 및 별건수사를 하였다. 따라서 비대위원장의 진실은 완전히 왜곡되었고, 사실과 전혀 다르게 기소의견으로 송치하였다.

더구나 비대위원장은 공공의 이익을 위하여 진실을 알려주었는데 입주자대표 등이 알려주지 못하게 다음 카페에서 2015.7.18. 강제로 퇴출을 시켰기 때문에 2015.8.24. 더사모 카페를 개설하였다. 그리고 사기분양한 토지 636.8 ㎡를 찾고자 진실을 알려주었다며 수많은 진정서를 제출하였는데 수사하지 않았다. 비대위원장이 직접 출석해 진실을 밝히겠다고 여러 차례 통보하였음에도 서울동부지검 최○석 검사는 거부하고, 부실 및 편파수사, 표적 및 별건수사를 하면서 진실을 왜곡해 명예훼손을 하였다고 약식기소(벌금 5백만 원)하였다.

하는 수 없이 비대위원장은 진실을 정확히 밝히고자 정식재판을 청구할 수밖에 없었다. 서울동부지방법원은 비대위원장이 사기분양한 토지 636.8 ㎡에 관해 진실을 명확하게 알려주었다고 인정하였음에도 무죄가 아닌 선고유예(벌금 3백만 원)로 판결을 하였다. 이때 대륙아주 조 대표

변호사님(법원행정처장)은 토지 636.8 ㎡에 대해 변론을 대법원까지 하였고, 명예훼손에 대한 형사재판(1심)의 변론도 하였기 때문에 사기분양에 관한 진실을 정확히 파악하고 있어 무죄가 아닌 선고유예로 잘못된 판결을 올바로 잡기 위해 항소하였다.

그러나 대법관으로 부임해 다른 변호사가 변론을 하였는데 진실을 정확히 밝히지 못해 서울고등법원과 대법원에서 기각되었다. 뒤늦게 알게 되었지만 담당변호사가 고소인(입주자대표회장 전○수)의 고등학교 후배인 것으로 밝혀져 의뢰한 것을 무척 후회하였다. 비록 비대위원장은 무죄가 아닌 선고유예를 받았지만 공공의 이익을 위해 더사모 카페에서 진실을 알려준 것을 증명해준 판결이었다.

그런데도 입주자대표 등은 진실이 정확히 드러날 것을 염려해 변호사를 앞세워 네이버 및 방송통신심의위원회에 더사모 카페를 폐쇄해 달라고 민원을 제출하였다. 이에 네이버 및 방송통신심의위원회에서는 더사모 카페에 게시한 전체의 글을 전수 조사하였고, 2019.4.12. 심의위원회를 개최하여 정식안건으로 심의한 결과, 비대위원장이 게시한 글들이 공공의 이익을 위해 사기분양한 토지 636.8 ㎡를 찾기 위한 적법한 게시의 글이었음을 확실히 인정하고 더사모 카페를 폐쇄할 수 없다고 거절하였다.

이와 같이 입주자대표 등은 더사모 카페를 폐쇄하는 것이 모두 거부되자 명예훼손을 하였다고 위장해 비대위원장을 광진경찰서에 2016.3.14. 고소한 이후 2018.10.8. 및 2019.3.14. 또다시 고소를 하면서 괴롭혔다. 이외에도 입주자대표 등은 비대위원장이 엘리베이터 안에서 협박을 하였고, 관리사무소에서 폭행을 하였다며 5차례에 걸쳐 비대위원장을 고소하였는데, 진실을 완전히 왜곡하며 사기분양한 토지 636.8 ㎡를 못 찾게 조직적으로 방해하려는 꼼수를 부렸다.

비대위원장은 광진경찰서 사이버수사팀 박○현 경사에게 분양대금 82억 원을 납부한 토지 636.8 ㎡를 찾기 위해 진실을 정확히 알려준 것이라고 진술하였다. 그리고 서울고등법원에서 판결을 받고 대한지적공사에서 측량하여 토지 636.8㎡가 사기분양된 것을 확실히 증명한 후에 2015.8.24. 더사모 카페를 개설하여 알려준 것이라고 솔직히 진술하였다. 그런데도 입주자대표 등은 거짓으로 위장해 자신을 명예훼손 하였다고 고소하였다. 따라서 비대위원장은 명예훼손을 할 필요도 없고, 하지도 않았다며 정직하게 진술하였다.

또한 비대위원장은 박○현 경사에게 사기분양한 서쪽 경계 펜스 밖의 토지 636.8㎡가 현장이 잘 보존되어 있고, 증거인멸의 우려도 없으므로 반드시 찾아야 한다고 설명하면서 박○현 경사에게 현장을 확인하면 사기분양한 것과 입주자대표 등이 사기분양한 토지 636.8㎡를 못 찾게 조직적으로 방해하며 고소하는 이유와 목적을 정확히 알 수 있다고 설명하였다. 그러나 박○현 경사는 현장검증을 하지 않고 비대위원장에게 무조건 출석해 수사를 받으라고 통보하였다.

더구나 박○현 경사는 비대위원장이 현장검증을 한 후에 출석해 수사에 적극적으로 협조하겠다고 설명하였음에도 현장검증을 강력히 거부하였다. 그리고 비대위원장이 출석하지 않고 수사를 거부한다며 악질적인 피고소인이라는 사유로 서울동부지방법원에서 체포영장을 발부받아 휴대폰의 통신조회(2019.1.1.~2019.2.15.)까지 하였다. 이러한 사실을 비대위원장은 정식재판을 준비하고자 서울동부지방법원에서 서류를 복사하는 과정에 뒤늦게 알았다.

이에 앞서 비대위원장은 체포영장이 발부된 것도 모르고 있었던 상황에서 박○현 경사, 이○현 경위, 김○준 경사에게 현장답사를 성실히 안내해 주었다. 그 후에도 박○현 경사는 김○환 팀장과 함께 비대위원장의 안내를 받으며 현장 검증을 또다시 실시하였다. 이와 같이 박○현 경사는 입주자대표 등이 사기분양한 토지 636.8㎡를 못 찾게 조직적으로 방해할 목적으로 고소한 것을 정확히 확인하였음에도 진실을 왜곡해 비대위원장이 명예훼손을 하였다는 기소의견으로 동부지검 형사1부(양○필 부부장검사)에 송치하였다.

따라서 비대위원장은 양○필 부부장검사에게 더사모 카페에 올린 전체의 글과 '숨겨진 아파트 비리 완전정복'을 정리한 책자를 첨부해 진정서를 제출하였고, 수차례에 걸쳐 진실을 밝히기 위해 면담을 요구하였는데 종전과 같이 비대위원장의 진실을 전혀 인정하지 않고 거부당했다.

또한 담당변호사님은 비대위원장이 공공의 이익을 위해 사기분양한 636.8 ㎡를 찾고자 대법원에서 확정판결을 받고, 대한지적공사에서 측량한 것을 근거로 더사모 카페에서 진실을 알려준 것이라고 광진경찰서와 서울동부지검에 의견서를 제출하였음에도 진실을 인정하지 않고 거부당했다. 오히려 서울동부지검은 진실을 확인하지도 않고 종전과 같이 비대위원장이 명예훼손을 하였다며 2019.7.29. 약식기소(벌금 5백만 원)하였다. 그리고 2019.11.1. 약식명령을 하였다(2019고약6764). 하는 수 없이 진실을 명확히 밝히고자 비대위원장은 2019.11.7. 서울동부지방법원에 정식재판을 청구할 수밖에 없었다(2019고정1168).

입주자들은 분양대금 82억 원을 납부한 토지 636.8 ㎡를 사기분양한지 10년이 지나도록 입주자대표 등의 조직적인 방해로 인해 찾지 못하고 있다. 그렇지만 일부 입주자들은 2017.2.28. 서울중앙지방법원에 소송을 제기하였는데, H건설의 교묘한 지연작전으로 인해 2019.12.19. 선고하였다. 더구나 203 ㎡만 인정하였고, 203 ㎡를 분할하여 제척해 매각한 후의 경계부터 펜스까지 불용토지 433.8 ㎡에 대하여 한원광장 등이 사용과 출입을 하도록 끼워 팔기의 수법으로 매각해 입주자들이 매년 재산세만 납부하는데도 인정해 주지 않았으며, H건설에는 책임이 전혀 없다고 진실을 완전히 왜곡해 잘못 판결하였다.

이는 입주자들이 재판장님께 현장검증을 강력히 요구하였는데 받아주지 않고 거부당한 것에 기인한다. 재판장님께서 현장검증을 실시하였다면 심각한 문제점을 아주 쉽게 판단할 수 있었다. 따라서 토지 433.8 ㎡를 인정받기 위해 서울고등법원에 2020.1.3. 항소하였다(2020나2003046).

이와 같이 입주자대표 등은 불법선거로 승계하면서 정보전달수단을 완전히 통제하며 감쪽같이 속이고 위법행위를 저질러 사기분양한 토지 636.8 ㎡를 못 찾게 방해할 목적으로 명예훼손을 하였다며 위장해 비대위원장을 계속 고소하였다. 그런데도 광진경찰서, 서울동부지검, 서울동부지방법원은 비대위원장이 공공의 이익을 위해 대법원에서 확정판결을 받고 대한지적공사에서 측량하여 사기분양한 토지 636.8 ㎡를 찾고자 2015.9.2. 비상대책위원회를 결성하였고, 합법적인 방법으로 정당방위와 정당행위를 한 것을 잘 알고 있다.

더구나 입주자대표 등은 부실 및 편파수사, 표적 및 별건수사를 유도하고, 변호사를 앞세워 거짓의 진술, 준비서면, 증거자료, 탄원서를 제출해 경찰, 검찰, 법원이 감쪽같이 속아서 오판하도록 사법농단을 저질렀고, 진실을 완전히 왜곡해 비대위원장을 선량한 피해자에서 악질적인 가해자로 뒤바꿔 놓았다. 이와 같이 입주자들은 입주자대표 등의 악질적인 사법농단에 의거 사기분양한 토지 636.8 ㎡를 찾지 못했기 때문에 사법당국의 수사와 판결을 전혀 신뢰하지 않는다.

제11부

청와대 국민청원 및 국민권익위원회 신문고 청원

1. 청와대의 국민청원

입주자들은 2009.10.12. 분양 당시 사기분양한 서쪽 경계 펜스 밖의 토지 636.8 ㎡를 사용과 출입을 하지 못하게 빼고 설계, 모형, 카탈로그에 표시하여 시공하는 것도 모르고 분양대금 82억 원을 납부하였다. 어쩌다 그 사실을 비대위원장이 알게 되어 지난 10년 동안 H건설에 부당하게 분양대금을 납부한 토지 636.8 ㎡를 찾고자 소송을 진행하고 있다. 그러나 아직도 사기분양한 토지 636.8 ㎡를 돌려받지 못했다.

더구나 H건설은 사기분양한 토지 636.8 ㎡를 은폐하기 위해 분양 당시 설계한 대로 1404동 빌라 뒤를 수직옹벽으로 시공하지 않고 분양계약을 위반해 경계 안쪽에 계단과 산책로를 시공하였다. 그런데도 입주자대표 등은 비대위원장의 이의 제기에 대해 분양 당시 속이고 만든 설계, 모형, 카탈로그를 보여주면서 그대로 시공하였는데 웬 사기분양이냐고 H건설의 거짓주장만 대변하며 시정하지 않았다.

이것은 입주자들의 권리를 심각하게 침해하는 악질적인 위법행위이며 갑질이다. 그들은 입주자들이 매월 납부한 관리비로 급여, 수당, 판공비, 회의비, 업무추진비, 격려금 등을 받으며 입주자들의 이익을 전혀 대변하지 않고 H건설의 이익을 위해 대변하기로 협잡하였기 때문이다.

비대위원장은 공공의 이익을 위하여 개인적으로 소송을 제기하였는데, 2015.2.10. 서울고등법원에서 판결을 받았고(대법원에서 2015.6.23. 확정), 대한지적공사에서 측량하여 서쪽 경계 펜스 밖의 토지 636.8 ㎡가 사기분양된 것과 이를 은폐하고자 경계까지 수직옹벽을 시공하지 않고 분양계약을 위반해 계단과 산책로를 시공한 것을 확실히 증명하였다.

그러나 입주자대표 등은 사기분양한 서쪽 경계 펜스 밖의 토지 636.8 ㎡를 찾아주기는커녕 조직적으로 방해 공작만 일삼았기 때문에 비대위원장이 2019.1.3. 청와대에 '모든 국민이 피해자인 아파트 비리에 대한 적폐청산을 해주세요.'라고 국민청원을 할 수밖에 없었다(http://www1.

president.go.kr/petitions/485986).

H건설은 분양 당시 고의로 서쪽 경계 펜스 밖의 토지 636.8㎡를 사용과 출입을 하지 못하게 빼고 설계, 모형, 카탈로그에 표시하여 시공하고 사용검사승인을 받았음에도 분양대금 82억 원을 받아가는 악질적인 사기분양을 하였다. 그런데도 H건설은 광진구청, 입주자대표 등과 서로 공모해 선량한 입주자들에게 사기분양을 하지 않았다고 거짓주장을 하면서 감쪽같이 속이고 재산상의 막대한 피해를 입혔다.

광진구청은 H건설이 서쪽 경계 펜스 밖의 토지 636.8㎡에 대하여 사기분양을 하지 못하도록 철저하게 관리감독을 하여야 함에도 불구하고 묵인하며 사업허가, 제척승인, 사용검사승인을 해 주었다. 더구나 입주자대표 등이 불법선거로 계속 승계한 선거인명부를 검증하여 주지 않았음에도 공정한 선거를 하였다고 승인해 주었다.

입주자대표 등은 불법선거로 계속 승계하면서 정보전달수단을 완전히 통제하고 입주한 2012.3.30. 이후로 단 한 번도 사기분양한 토지 636.8㎡를 찾아야 한다는 진실을 알려주지 않았다. 그리고 악질적인 위법행위와 갑질을 조직적으로 저지르며 입주자들의 이익을 전혀 대변하지 않고 H건설의 이익만 대변하였다. 이에 대하여 비대위원장은 공공의 이익을 위하여 사기분양한 토지 636.8㎡를 찾고자 개인적으로 소송을 제기하였다. 그리고 2015.2.10. 서울고등법원에서 판결을 받고, 대한지적공사에서 측량하여 서쪽 경계 펜스 밖의 토지 636.8㎡가 사기분양된 것을 확실하게 증명한 후에 찾아 달라고 하였다.

그런데도 입주자대표 등은 사기분양한 토지 636.8㎡를 못 찾게 방해할 목적으로 불필요한 고소, 고발, 수사, 재판을 야기하고, 변호사를 앞세워 거짓의 진술, 준비서면, 증거자료, 탄원서를 제출해 광진경찰서, 서울동부지검, 서울고검, 서울동부지방법원, 서울고등법원, 대법원이 속아서 오판하도록 악질적인 사법농단을 저질렀다.

그 외에도 입주자대표 등은 비대위원장이 공공의 이익을 위해 사기분양한 토지 636.8 ㎡를 찾고자 더사모 카페에서 알려주었는데 명예훼손을 하였다고 고소까지 하면서 선량한 피해자에서 악질적인 가해자로 뒤바꿔 괴롭히는 수법으로 토지 636.8 ㎡를 못 찾게 조직적으로 방해하였기 때문에 해결하여 달라고 청와대에 청원하였다.

이와 같이 H건설, 광진구청, 입주자대표 등은 서로 공모해 분양대금 82억 원을 납부한 토지 636.8 ㎡를 못 찾게 조직적으로 방해할 목적으로 완전범죄를 저질러 영원히 은폐하려고 하였다. 따라서 대통령님께서 국민들이 정의롭고 공정하며 비리 없는 아파트에서 평화롭고 행복한 삶을 영위할 수 있도록 그들의 악질적이고 비인간적인 아파트 비리에 대한 고질적인 적폐를 척결해 달라고 간곡히 청원하였다.

2. 국민권익위원회의 신문고 청원

비대위원장은 사기분양한 서쪽 경계 펜스 밖의 토지 636.8 ㎡를 찾고, 1404동 빌라 뒤를 경계까지 수직옹벽으로 시공하며, 악질적인 아파트 비리에 대한 적폐를 청산해 달라고 청와대에 국민청원을 하였다. 그런데 입주자대표 등은 비대위원장이 더사모 카페에서 허위사실을 유포하였다고 2016.3.14. 광진경찰서에 고소한 이후에도 또다시 청와대에 국민청원서를 제출하여 자신들의 명예훼손을 한 것이라며 2016.3.14. 고소한 이후 2018.10.8. 및 2019.3.14. 광진경찰서에 또다시 고소하였다.

그러나 비대위원장은 2019.1.23.부터 국민권익위원회의 신문고에 진정서를 계속 제출하면서 공공의 이익을 위하여 분양대금 82억 원을 납부한 서쪽 경계 펜스 밖의 토지 636.8 ㎡를 사기분양한지 10년이 지났는데 억울하게 못 찾고 있기 때문에 사용과 출입을 할 수 있도록 해결하여 달라고 청원을 하였다(https://www.epeople.go.kr).

입주자대표 등은 비대위원장이 더사모 카페에 게시의 글을 올려 자신들의 명예를 훼손하였고, 업무방해를 하였다며 광진경찰서에 고소해 사기분양한 토지 636.8 ㎡를 못 찾게 조직적으로 방해하였다. 이외에도 입주자대표 등은 비대위원장이 엘리베이터 안에서 협박을 하였고, 관리사무소에서 폭행을 하였다고 변호사를 앞세워 고소와 고발을 지속적으로 하면서 수사와 조사를 수없이 받도록 괴롭혔다.

이로 인해 비대위원장은 억울하게 불필요한 수사와 조사를 받으면서 잘못이 없다는 것을 해명하기 위해 울분을 참아야만 했다. 입주자대표 등은 고소, 고발, 수사, 재판을 야기하고, 변호사를 앞세워 거짓의 진술, 준비서면, 증거자료, 탄원서를 제출해 광진경찰서, 서울동부지검, 서울동부지방법원이 속아서 오판하도록 악질적인 사법농단을 저질렀고, 조사과정에서 부실 및 편파수사, 표적 및 별건수사로 인해 진실이 완전히 왜곡되었다. 그 결과 비대위원장은 선량한 피해자에서 악질적인 가해자로 수없이 둔갑하여 2회에 걸쳐 약식기소(벌금 5백만 원)되었다.

비대위원장은 진실이 완전히 왜곡되어 너무나도 억울하였지만 사기분양한 636.8 ㎡를 찾기 위하여 정식재판을 청구할 수밖에 없었다. 그러나 서울동부지방법원은 비대위원장이 공공의 이익을 위하여 사기분양한 토지 636.8 ㎡를 찾고자 더사모 카페에서 진실을 알려 준 것을 인정하면서도 무죄가 아닌 선고유예(벌금 3백만 원)로 판결을 하였다.

이때 비대위원장이 공공의 이익을 위하여 사기분양한 토지 636.8 ㎡를 찾고자 순수한 마음으로 봉사를 하였다는 진술서와 증거자료, 진정서를 정확하게 파악하고 공정한 수사와 재판을 진행하였다면 진실이 명명백백히 밝혀져서 당연히 무혐의 처분 및 무죄 판결을 받았다.

이와 같이 입주자대표 등은 사기분양한 서쪽 경계 펜스 밖의 토지 636.8 ㎡를 못 찾게 방해할 목적으로 비대위원장을 다음 카페에서 강제로 퇴출시킨 후에 인신공격을 하며 유언비어를 퍼트리고 명예훼손을 하면서 막대한 피해를 입혔다. 그럼에도 불구하고 입주자대표 등은 거짓말을 아무렇지도 않게 밥 먹듯 하면서 비대위원장이 더사모 카페에서 자신들에게 명예훼손을 하였다며 감쪽같이 속이고 고소한 것이다.

그러나 비대위원장은 공공의 이익을 위해 개인적으로 토지 636.8㎡가 사기분양된 것을 증명하고자 2015.2.10. 서울고등법원에서 판결을 받고, 대한지적공사에서 측량하여 확실하게 밝혀냈다. 그러나 입주자대표 등이 토지 636.8㎡를 못 찾게 사기분양한지 10년이 지나도록 조직적으로 방해하였다며 솔직히 진술하였다. 그리고 자신은 그런 일을 하면서 누구에게도 명예훼손을 하지 않았고 명예훼손을 할 필요가 전혀 없다며 자세하게 설명하였다. 오직 공공의 이익을 위하여 사기분양한 토지 636.8㎡를 찾기 위해 진실을 정확하게 알려준 것뿐이라고 진술하였다.

비대위원장은 토지 636.8㎡가 사기분양된 것을 확실하게 증명하였고, 사기분양한 토지 636.8㎡가 서쪽 경계 펜스 밖에 현장보존이 잘 되어 있고 증거인멸을 할 수도 없다며 자세히 설명하였다. 따라서 서울고등법원에서 2015.2.10. 판결한 이후에 발생된 불필요한 고소, 고발, 수사, 재판은 입주자대표 등이 사기분양한 토지 636.8㎡를 못 찾게 방해할 목적으로 악질적인 위법행위를 저지르며 고의로 야기한 것이기 때문에 이에 대한 모든 잘못이 입주자대표 등의 귀책사유에 해당한다.

그런데도 입주자대표 등은 자신들의 악질적인 잘못에 대해 전혀 반성하지 않고 오히려 선량한 비대위원장과 입주자들에게 모든 책임을 뒤집어씌우고 교묘한 수법의 위법행위로 사법농단을 저질렀다. 그래서 비대위원장은 공공의 이익을 위해 사기분양한 토지 636.8㎡를 찾고자 입주자대표 등을 엄벌에 처해 달라고 신문고에 청원을 할 수밖에 없었다.

제12부

아파트 비리에 대한 문제점 및 대책

1. 불법선거로 계속 승계

입주자대표 등은 불법선거로 계속 승계하면서 정보전달수단을 완전히 통제하고 사기분양, 하자보수, 관리비리 등을 완전범죄로 영원히 은폐하려고 하였다. 또한 입주자대표, 선거관리위원, 봉사회원, 통장을 하면서 임기가 끝나면 역할을 서로 바꿔가며 수행하고 사기분양한 토지 636.8㎡를 못 찾게 조직적으로 방해하였다. 그리고 다른 입주자가 의문을 가지고 진입하지 못하도록 대리투표로 승계한 선거인명부를 검증해 주지 않고 무조건 거짓으로 불법선거를 완전히 은폐하였다.

입주자대표 등은 전자투표를 도입할 관리규약 개정을 입주자대표회의에서 의결하고 동의서에 입주자들의 과반수 이상 서명을 받지 않았음에도 받았다며 속이고 전자투표를 악용해 불법선거를 하였다. 더구나 선거인명부를 허위로 작성해 대리투표를 하여 입주자대표를 선출하였는데 허위로 휴대폰번호를 작성한 선거인명부, 전자투표를 실시한 휴대폰번호, 세대별로 실제 투표한 휴대폰번호 등을 검증해 주지 않았다.

입주자대표 등은 입주자들의 의사와 반대로 속이고 기만하며, 사기분양, 하자보수, 관리비리 등을 은폐하였다. 수사기관에 불법선거 및 관리비리 등을 수사해 달라고 고소하면 조작된 선거결과, 과정과 절차, 관련서류를 제출해 무혐의 처분을 받아냈다. 법원에 소송을 제기하여도 선거절차와 과정을 철저히 지켰다고 항변하며 승소판결을 받았다. 입주자대표 등이 온갖 불법과 부정선거를 저질러 놓고도 입주자들에게 모든 책임을 떠넘기는 지능적이고 교묘한 수법을 동원해 은폐하였다.

이와 같은 사태를 방지하기 위해서는 입주자들이 지속적으로 지대한 관심을 가지고 불법선거를 하지 못하도록 철저하게 감시하여야 한다. 입주자들은 선거관리위원을 선출할 때 공공의 이익을 위해 입주자들의 권익 보호에 앞장설 수 있는 사람이 선출될 수 있도록 각별히 신경을 써야 한다. 선거를 할 때에도 투표하기 직전과 투표한 직후의 선거인명부를 즉시 검증할 수 있도록 모든 조치를 취해야 한다.

또한 입주자들은 선거관련서류를 빠짐없이 확보하고 검증하여 같은 사람이나 추종자가 승계하지 못하도록 차단하여야 한다. 이와 같이 불법선거한 선거인명부를 신속히 확보하고 검증해 불법선거를 철저하게 차단하지 못하면 계속 승계하면서 비리를 감쪽같이 은폐하기 때문에 입주자들은 속수무책으로 당할 수밖에 없게 된다.

2. 감독관청의 묵인 및 공조

사기분양과 하자보수는 H건설과 한원광장에서 잘못해 발생하였다. 또한 관리비리는 입주자대표 등이 사기분양과 하자보수를 은폐하거나 관리업무를 잘못 수행하는 과정에서 발생하였다. 이러한 사기분양, 하자보수, 관리비리 등에 대하여 관리감독할 권한은 구청과 시청에 있다. 따라서 구청과 시청은 감독권자로서 H건설과 한원광장, 입주자대표 등이 저지른 잘못으로 인해 입주자들에게 막대한 피해를 입히지 않도록 관리업무를 성실하게 관리감독하여야 한다.

그러나 H건설과 한원광장, 구청과 시청, 입주자대표 등이 서로 공모해 비리를 은폐하였기 때문에 입주자들이 찾아내기가 매우 어렵다. 설령 찾아내었다고 하더라도 해결하기가 쉽지 않다. 왜냐하면 아파트 비리를 저지른 잘못이 발견되더라도 감독자인 광진구청이 입주자들의 입장에서 판단하지 않고 처벌하지 않으면 그만이기 때문이다.

더구나 입주자대표, 선거관리위원, 관리소장 등은 입주자들의 이익을 전혀 대변하지 않고 감독자인 광진구청과 지능적으로 공모해 H건설과 한원광장의 이익을 위한 것만 적극적으로 대변하기 때문에 사기분양, 하자보수, 관리비리 등을 찾아내서 시정하는 것이 매우 어렵다.

이를 방지하기 위해서는 최종 소비자인 입주자들이 사기분양, 하자보수, 관리비리 등을 적극적으로 찾아내어야 하고, 입주자대표 등을 선출할 때 입주자들의 이익을 위해 해결할 수 있는 심지 굳고 정직한 봉사자를 선발해 위촉하는 것이 최선의 방법이다.

특히, 입주자들은 입주자대표 등이 입주자들의 이익을 성실히 제대로 대변하고 있는지 수시로 점검하고 확인해 적극적으로 대처하여야 한다. 왜냐하면 입주자대표 등은 정보전달수단을 완전히 통제하고 사건에 대한 비리의 진실을 전혀 알려주지 않으며 감출 수 있다. 또한 H건설과 한원광장의 이익을 대변하기 위해서라면 어떠한 일도 마다하지 않고 강행할 검은 속내를 가진 사람들이기 때문이다.

광진구청과 서울시청은 철저하게 관리하고 감독해야 할 감독관청인데 사기분양을 묵인하며 사업허가, 제척승인, 사용검사승인을 내주었다는 것이 다른 사람의 의견을 듣지 않겠다는 무언의 선언이라고 볼 수 있다. 때문에 입주자대표 등이 입주자들을 속이려고 저지른 위법행위를 올바르게 시정할 수 있는 효율적인 방법이 없다. 따라서 여러 곳으로 분산되어 지도 감독하는 아파트 관리업무를 한 곳에서 총괄적으로 문제점과 개선책을 마련해 효율적으로 지도 감독할 수 있도록 '아파트 감독청'을 설치해 능동적인 방법으로 체계적인 운영을 하여야 한다.

3. 명예훼손 및 업무방해를 하였다고 위장해 고소

입주자들이 사기분양, 하자보수, 관리비리 등을 은폐한 것에 대하여 잘못을 지적하고 의견을 제시하면 오히려 입주자대표 등은 위장하고 속이면서 입주자들에게 명예훼손을 하였다며 쟁점사항을 다른 쪽으로 선회해 광진경찰서에 명예훼손을 하였다며 수없이 고소를 연발하였고, 무조건 괴롭히며 악용하는 수법을 동원하였다.

더구나 입주자대표 등은 입주자들이 관리업무를 잘 알지도 못하면서 잘못된 의견을 제시하였다고 다양한 핑계를 대며 민 · 형사상 고소를 서슴지 않았다. 이처럼 함께 더불어 살아갈 이웃에게 악질적인 사법농단을 저질러 아무런 잘못이 없는 선량한 피해자에서 악질적인 가해자로 뒤바꾸는 것이 입주자대표 등에게 식은 죽 먹기와 같다. 고의로 죄를 들씌워 다른 아파트로 이사를 가든지 잠자코 입을 다물고 있으라며 폭언과 위협을 하면서 악질적이고 조직적으로 괴롭힘을 주었다.

따라서 입주자들은 사전에 입주자대표 등이 명예훼손을 핑계로 고소할 것에 대비하여야 하고, 고소를 당한 경우에는 억울한 누명을 벗을 수 있도록 재판에 철저히 대비할 증거자료를 확보해 두어야 한다. 입주자들은 입주자대표 등이 명예훼손 및 업무방해로 고소하지 못하게 빌미를 제공하지 말아야 한다. 왜냐하면 입주자대표 등은 사기분양, 하자보수, 관리비리 등을 은폐하기 위해 언제든지 명예훼손 및 업무방해를 쟁점화하면서 고소하고 책임을 전가하기 때문이다.

일단 피고소인으로 몰리게 되면 정식재판을 신청하여 정정당당하게 억울한 누명을 벗어야 하고 반드시 대법원의 확정판결까지 재판을 하여야만 향후 저들이 책임을 묻지 않게 된다. 입주자들은 입주자대표 등이 잘못한 것에 대하여 재판하는 경우 금전적, 시간적, 정신적인 낭비를 서로 분담하며 대처하는 것이 효율적인 방법이다.

H건설과 한원광장은 뒤에서 입주자대표 등의 변호사를 선임하는데 많은 도움을 주며 입주자들의 재판과 관련해 불리한 판결을 받도록 적극적으로 유도하기 때문에 입주자들은 항상 조심하여야 한다. 입주자대표 등은 입주자들의 의사와 이익을 대변하지 않고 H건설과 한원광장의 비리를 은폐할 목적으로 관리업무를 수행하기 때문에 언제든지 간교한 수를 쓰고도 남는 사람들임을 절대로 간과해서는 안 된다.

4. 사법당국이 거짓에 속아 계속 오판

사법당국인 경찰, 검찰, 법원은 사기분양, 하자보수, 관리비리 등의 위법행위가 발생했을 때 약자인 입주자들의 이익을 위해 올바르고 효율적인 판단을 내려야 한다. 축구로 치자면 상대방이 공격하며 찬 골을 실수 없이 막아내는 수문장과 같은 역할을 할 수 있어야 한다.

사기분양, 하자보수, 관리비리 등은 H건설과 한원광장, 구청과 시청, 입주자대표 등이 서로 공모해 발생시키는 문제이다. 더구나 사법당국이 비리를 간과하며 지나칠 수 있기 때문에 투철한 사명감을 가지고 전문가가 접근하지 않으면 발견하기가 매우 어렵다.

그리고 입주자대표 등은 H건설과 한원광장의 이익만 대변하므로 설령 뒤늦게 발견하더라도 교묘한 수법으로 지능적인 방해를 하기 때문에 손해배상을 받기가 매우 어렵다. 입주자대표 등은 절차와 과정을 철저하게 지키면서 교묘한 수법으로 반대의 결과를 도출하고, 이에 대한 모든 책임을 입주자들에게 전가시키는 방법을 사용하였다.

따라서 사법당국은 사건을 무조건 강자 편에서 잘못된 증거자료에 입각해 오판하지 않도록 각별히 주의해야 한다. 한발쯤 뒤로 물러나 좀 더 다양한 시각과 관점에서 약자의 주장을 심도 있고 공정하게 검토하여 올바른 결론을 내려야 한다. 그것이 최고의 엘리트들이 모였다는 사법당국이 갖춰야 할 '측은지심'이라는 덕목이다. 산에 갔을 때 숲 전체를 보고 올바로 평가하는 것이 아니라 일부만 보고 산을 잘못 평가한 것과 같다. 이러한 잘못된 시각과 판단이 사기분양, 하자보수, 관리비리 등을 완전히 척결하지 못하는 근본적인 이유인 것이다.

이를 방지하기 위해서는 사법당국이 사기분양, 하자보수, 관리비리가 발생한 근본적인 원인과 문제점을 면밀히 파악하고 검토하는 수사와 재판을 반드시 하여야 한다. 그래야만 향후 같은 사례 또는 유사한 사례가 발생하면 공정하고 올바른 판단으로 근본적이며 효율적인 해결방안을 정확하게 제시할 수 있게 된다. 또한 관리비리가 완전히 근절될 때까지 지속적이고 강력하게 처벌을 하여야 재발을 방지할 수 있게 된다. 죄를 지으면 반드시 엄중한 죗값을 치른다는 인식을 강하게 심어주어야 아파트 비리의 적폐가 재발하지 않고 완벽하게 척결될 수 있는 최선의 대책인 것이다.

5. 분양 당시부터 다음 카페를 운영해 조직적으로 은폐

입주자대표 등은 모델하우스에서 분양 당시부터 다음 카페를 개설하여 운영하였다. H건설이 부실공사를 많이 하기 때문에 입주자들이 똘똘 뭉쳐 미연에 방지하자는 미명하에 유인하며 회원을 모집하였다. 그리고 입주자대표 등은 다음 카페의 활동을 통해 친목을 도모하며 신상기록을 확보하고 향후 친밀을 약속하면서 자연스럽게 신뢰를 얻었다. 또한 입주한 후에는 다음 카페에서 활동한 친분을 이용해 성실한 봉사자로서 홍보하며 자신들을 입주자대표 등으로 선출될 수 있게 유도하였다.

이와 같은 수법으로 봉사자가 된 입주자대표 등은 계속 다음 카페를 통해 순수한 봉사자인 것처럼 위장하며 열심히 홍보하지만 결코 입주자들의 권익을 보호하기 위해 일하지 않는다. 그들은 오로지 H건설과 한원광장의 이익만 대변하면서 사기분양, 하자보수, 관리비리 등을 은폐하기 위한 대변자이고 심부름꾼일 뿐이다.

이러한 참담한 결과를 미리 방지하기 위해서는 입주자대표 등이 다음 카페를 통해 진실을 정확하게 알려주는지 수시로 확인하면서 철저히 점검하여야 한다. 또한 입주자대표 등이 다음 카페 등에서 여론몰이를 하면 입주자들은 그 여론의 진위여부를 면밀하게 점검하고, 잘못한 것이 발견되면 반드시 시정을 요구하여야 하며, 입주자들의 권익을 위하여 성실하게 대변하도록 올바르게 시정하여야 한다.

6. 정보전달수단을 통제하고 진실을 은폐

입주자들은 아파트의 정보전달수단인 게시판, 엘리베이터 공지, 안내방송, 다음 카페, 유인물, 개인정보(성명, 동 · 호수, 휴대폰번호, e메일), 관리비 부과내역서 등을 통해 생활정보를 얻게 된다. 따라서 입주자들은 그러한 정보전달수단을 통해 알게 된 정보를 신뢰하고 생활할 수밖에 없다.

또한 입주자들은 이와 같은 정보전달수단을 통해 모든 생활정보를 얻을 수밖에 없기 때문에 입주자대표 등이 의도한대로 중요한 의사결정이 이루어질 수밖에 없다. 이러한 수법으로 입주자대표 등은 마음먹고 속이려 생각하면 입주자들이 속지 않을 수 없게 된다.

입주자대표 등은 이러한 입주자들의 처지를 잘 알고 있으므로 이를 악용해 처음부터 정보전달수단을 완전히 통제하고 사기분양, 하자보수, 관리비리 등을 속이며 영원히 은폐하려고 시도하였다. 전자투표를 악용한 대리투표로 승계하면서 관리업무를 계속 수행하는 것도 이러한 입주자들의 심리를 이용했기 때문에 가능했던 것이다.

그러므로 입주자들은 입주자대표 등이 저지르는 악질적인 수법에 적극적으로 대처하지 못하고 감쪽같이 속아서 눈뜬 봉사처럼 피해를 당할 수밖에 없었던 것이다. 입주자대표 등은 문제가 발생하면 관리규약을 철저히 지켰다며 오리발을 내밀고 모든 책임을 입주자들에게 전가시키는 수법을 사용하였다. 또한 입주자들이 잘못을 지적하며 불만을 표출하면 명예훼손 및 업무방해를 하였다고 집단적으로 고소해 변호사를 앞세워 선량한 피해자에서 악질적인 가해자로 손쉽게 바꾸어 놓았다.

더구나 입주자대표 등은 교묘한 수법으로 사기분양, 하자보수, 관리비리 등을 감쪽같이 속이며 은폐했기 때문에 중대한 비리를 완전범죄로 영원히 은폐할 수 있었다. 그리고 전자투표를 악용한 대리투표를 하여 비신사적인 불법선거로 승계하면서 선거인명부의 검증을 무조건 거부하였다. 온갖 악질적인 관리비리를 저지르고도 관리서류를 전혀 열람해 주지 않았기 때문에 무엇이 어떻게 잘못 되었는지 전혀 발견할 수 없게 하였다. 설령 발견한다고 하더라도 증거자료를 정확히 확보할 수도 없어 고질적인 비리의 적폐를 척결하기가 매우 어려웠다.

이를 방지하기 위해서는 입주자들이 입주자대표 등에게 정보전달수단을 통제하지 않고 진실을 정확하게 알려 주도록 끊임없이 요구하여야 한다. 그리고 관리서류를 정확하게 공개하며 열람할 수 있도록 철저한 관리감독을 하여야 한다. 가장 중요한 것은 입주자들이 관리업무에 지속적인 관심을 가지고 각종 단체 활동에 적극적으로 참여하는 것이 최선의 방법이다. 수시로 관리서류를 열람하고 잘못을 점검하여 철저히 확인한다면 잘못된 것을 올바로 시정해 효율적으로 대처할 수 있다.

또한 입주자들은 입주자대표 등에게 입주자들의 이익을 진정으로 대변할 수 있도록 지속적으로 유도하여야 하고, 정보전달수단을 통해 수시로 진실을 알릴 책임과 의무를 다할 준비를 갖추도록 효율적으로 감독하여야 한다. 입주자들의 이익을 먼저 생각하며 의사결정을 내리고, 입주자들의 권익보호에 우선적으로 힘써야 한다.

관리업무를 잘못 수행하게 되어 발생한 비리는 언젠가 반드시 꼬리가 밝혀 참담한 결과에 대해 책임질 수 있다는 인식을 깊게 심어주어야 한다. 특히, 입주자들은 입주자대표 등을 선출할 때 공공의 이익을 위해 헌신적으로 봉사할 수 있는 올바른 마음과 책임의식이 있는 정직하고 성실한 사람으로 반드시 고려하여야 한다.

7. 관리서류 열람 불허 및 회계감사로 진실을 위장

입주자대표 등은 사기분양, 하자보수, 관리비리 등을 은폐하기 위하여 관리서류를 열람하지 못하게 거부하고 검증을 불허한다. 또한 아파트 관리업무가 공정하고 효율적으로 수행되고 있는 것처럼 위장하기 위해 외부에 용역을 주어 회계감사를 실시한다. 그리고 감사 결과가 적정의견이 나오면 비리가 전혀 없다며 은밀하게 속이고 적극적으로 홍보한다. 그러나 외부에 용역을 주어 회계감사를 하는 목적은 대형 사고를 방지하기 위한 사전예방인 것이다. 비록 외부 회계감사로 적정의견을 받았다고 하여 사기분양, 하자보수, 관리비리가 전혀 없다는 의미가 아니다.

입주자대표 등이 공정하게 관리업무를 수행하였는지 확인하기 위해서는 입주자들 중에서 회계전문가가 봉사차원에서 관리서류에 관해 회계감사를 실시하는 것이 가장 효과적이고 실익이 있는 최선의 방법이다. 외부에 용역을 주면 감사비용에 의거 제한된 시간 및 감사기준에 따라 규칙적으로 감사할 수밖에 없다. 마치 문제가 전혀 없는 것처럼 면죄부만 주게 되는 결과를 초래하도록 악용될 소지가 많이 있다.

이를 방지하기 위해서는 입주자들이 수시로 관리서류를 열람하고 입주자대표 등이 언제든지 보여줄 수 있으며 검증할 수 있도록 준비되어 있어야 한다. 그리고 입주자들이 봉사차원에서 재능기부를 통해 전문지식을 활용해 회계감사를 할 수 있다면 관리비에서 많은 감사수수료를 지출하지 않고도 악질적인 비리를 사전에 충분히 방지할 수 있다.

만약, 외부에 용역을 줄 경우에는 감사수수료를 생각보다 많이 지출하더라도 충분한 감사기간이 확보되도록 조정하고 문제점에 관한 집중적인 부문에 대하여 엄격한 감사를 실시하도록 약정하여야 효율적인 감사가 가능하고 감사한 결과에 만족할 수 있게 된다.

8. 입주자들의 관리업무에 대한 무관심

입주자들은 자신들의 생업에 충실하다 보면 사실상 아파트 관리업무에 대한 관심을 가질 여유가 없다. 그러나 입주자대표 등은 분양 당시부터 회원을 모집한 다음 카페를 통해 열심히 봉사하는 것처럼 위장하며 홍보하였기 때문에 입주자들이 전혀 의심하지 않고 전적으로 신뢰하였다. 그래서 입주자들은 입주자대표 등이 아파트 관리업무를 성실하게 수행할 것으로 굳게 믿고 봉사자로 선출해 주었다. 이와 같은 수법으로 입주자대표 등은 주택법 및 관리규약 등에 의한 법적보호를 받기 위하여 입주자들에게 모든 권한을 자연스럽게 위임받았다.

이에 더하여 관리소장은 입주자들이 입주하기 이전에 H건설에 의해 선임되었기 때문에 H건설과 한원광장의 이익을 대변할 수 있는 입주자대표 등을 선출하는 음모를 꾀했다. 그리하여 관리소장과 입주자대표 등은 공모해 정보전달수단을 완전히 통제하고 사기분양, 하자보수, 관리비리 등을 감쪽같이 속이면서 입주자들에게 막대한 재산피해를 입혔다. 그런데도 입주자들은 입주자대표 등이 자신들의 이익을 위해 대변하며 성실하게 봉사해 주는 것으로 착각하고 관리업무에 소홀하였기 때문에 아파트 비리가 자연스럽게 발생할 수밖에 없었다.

이를 방지하기 위해서는 입주자대표 등이 주택법과 관리규약에 의거해 입주자들의 의사와 이익을 위하여 관리업무가 성실하게 수행되고 있는지 수시로 점검하여야 한다. 또한 입주자대표 등이 정보전달수단을 통제하지 않는지 또는 진실을 정확하게 알려주고 있는지 꼼꼼하게 확인하여야 한다. 그리고 수시로 관리서류를 열람하면서 입주자들의 의사와 이익을 위하여 관리비를 공정하고 효율적으로 집행하며 투명하게 수행되는지에 관해 관리감독을 철저하게 하여야 한다.

지금까지 입주자대표 등은 불법선거로 승계한 선거인명부를 검증해주지 않으면서 정보전달수단을 완전히 통제하고 관리서류를 공개하지 않았다. 또한 외부에 회계감사를 의뢰하여 아무런 문제가 없는 것처럼 감쪽같이 속이면서 관리업무가 잘 수행되는 것처럼 홍보하였다. 그리고 잘못한 결과가 명확하게 밝혀지면 모든 책임을 입주자들에게 전가시키는 수법을 사용하였기 때문에 입주자들은 의사와 이익에 반하는 관리업무가 이루어지지 않도록 많은 관심을 가지고 철저히 감시하여야 한다.

9. 입주자들의 여론조작 및 문서 허위작성

입주자대표 등은 아파트의 정보전달수단을 완전히 통제하며 사기분양, 하자보수, 관리비리 등을 감쪽같이 속이고 진실을 전혀 알려주지 않으면서 여론을 조작하였다. 또한 정보전달수단을 완전히 속이고 교묘하게 통제할 수 있기 때문에 자신들의 의도대로 결과가 나오게 여론을 마음대로 유도해 조작하는 것이다. 그렇게 조작된 여론으로 입주자들에게 찬반을 묻고 동의서를 받게 되면 입주자대표 등이 당초 원하고 계획했던 결과대로 자연스럽게 완성되는 것이다.

그리고 당초 계획한대로 투표 및 설문결과가 나오지 않는다고 생각되면 선거인명부를 허위로 작성하고 유도하여 목표한 대로 결과가 나오도록 감쪽같이 속였다. 그래도 원하는 결과가 안 나오면 결과가 나온 것처럼 발표하면 그만인 것이다. 그 결과에 승복할 수 없는 입주자들이 선거한 절차, 과정, 결과에 대한 검증을 요구하면 무조건 무시하고 검증에 응하지 않았다. 입주자대표 등은 검증에 응하면 당장 거짓말이 탄로 날 것이 몹시 두려웠던 것이다. 그러므로 입주자대표 등이 검증에 응하지 않는 것은 미리 예고된 당연한 수순인 것이다.

이를 방지하기 위해서는 입주자대표 등이 여론을 조작한 것과 허위로 작성한 문서를 어떻게 하든지 적극적으로 확보해 반드시 검증을 하여야 한다. 거짓으로 속인 것이 있으면 끝까지 추적해 반드시 확인해야 유사한 사건이 다시 재발하지 않는다. 잘못을 저지르면 언젠가는 규명이 될 수밖에 없다고 확고한 인식을 강력하게 심어주어야 향후 어떠한 비리도 저지르지 못하도록 사전에 예방할 수 있다. 이와 같은 효율적인 대책의 소문이 널리 퍼질수록 입주자대표 등은 사기분양, 하자보수, 관리비리 등을 악질적으로 저지르면서 시행사와 시공사의 이익을 마음대로 대변할 수 없다고 생각하게 된다. 이와 같이 입주자대표 등이 입주자들을 속이고 비리를 저지르는 것을 포기하도록 분위기를 조성하여야 한다.

10. 관리사무소 및 커뮤니티센터를 이용해 진실을 은폐

입주자대표 등은 분양 당시부터 입주예정자들에게 부실공사를 철저히 막는다고 홍보하며 다음 카페에 가입을 유도하여 신뢰를 쌓고 자신들을 봉사자로 선출되게 하였다. 이러한 수법으로 선출된 입주자대표 등은 관리사무소 직원, 커뮤니티센터 직원, 경비원, 청소원을 장악하고 정보전달수단을 완전히 통제하며 감쪽같이 속였다.

이들은 아파트의 단지에서 관리업무를 수행하면서 입주자들과 어느 곳에서든지 수시로 접촉하고 만나게 된다. 때문에 관리사무소 및 커뮤니티센터 직원 등은 그동안의 익숙한 안면을 적극적이고 효율적으로 활용하여 입주자들이 자연스럽게 자신들이 원하는 방향으로 동조할 수 있도록 수시로 홍보하면서 유도하려고 시도하였다.

이를 방지하기 위해서는 입주자들이 입주자대표 등의 꼬임에 넘어가지 않게 적극적으로 진실을 정확히 알려주도록 노력하여야 하고, 하자보수를 철저하게 받아야 하며, 관리비리를 발생하지 못하도록 지속적인 관심을 가지고 차단하여야 한다. 그것만이 입주자대표 등이 저지를 수 있는 위법행위와 갑질을 사전에 근절하는 길이고 고질적인 아파트 비리의 적폐가 척결되도록 정확하게 알려주는 것이다.

무엇보다 지속적인 대화를 통해 서로 신뢰를 쌓고 진정으로 입주자들에게 성실하게 봉사를 할 수 있도록 분위기를 조성하여야 한다. 이와 같이 현안문제를 서로 공유하고 깊은 유대관계를 유지하면서 협력하여야 어려운 난관을 효율적으로 극복할 수 있다.

제13부

입주자들이 겪었던 영원히 지울 수 없는 상처

1. 가족들이 겪었던 영원히 지울 수 없는 상처

가. 대기업이 사기분양한 것에 대한 놀라운 충격

빌라(1층)에 당첨된 비대위원장 부부는 사생활에 대한 침해가 매우 우려되었다. 따라서 당첨되어 분양계약을 체결할 때까지 모델하우스에 3회 방문하며 주변 환경을 자세하게 확인하였다. 박 소장은 비대위원장 부부에게 빌라의 주변 환경에 관한 질문에 대하여 모형, 카탈로그, 설계도를 보면서 상세하게 답변해 주었다.

1404동 빌라 뒤에는 수직옹벽을 설치하고, 3면을 화단으로 1면을 필로티로 시공하며 앞에 중앙공원과 어린이 놀이터가 있고, 뒤에 강○성산교회가 있으며, 옆에 어린이집이 있는 것을 설명하면서 입주자들의 출입이 전혀 없고, 전원주택처럼 조용하게 살 수 있다며 설명해 주어 믿게 되었다.

그러나 비대위원장은 2012.3.28. 사용검사승인을 받기 7개월 이전인 2011. 9월경. 빌라 뒤에 수직옹벽이 아닌 분양계약을 위반해 계단과 산책로를 시공한 것을 발견하였다. 입주자들이 계단과 산책로를 이용하여 밤낮으로 빌라 뒤를 오갈 것을 생각하니 걱정이 앞서 밤에 잠이 오지 않았다. 그래서 비대위원장은 박 소장과 입주자대표 등(입주자 예정자 모임)에게 분양계약을 체결한 대로 수직옹벽으로 시정해 달라고 요구하였다. 그렇지만 박 소장과 입주자대표 등은 계단을 2단 산벽으로만 변경하고 산책로를 그대로 둔 채로 2012.3.28. 사용검사승인을 받았다.

따라서 비대위원장은 빌라 뒤에 대해 분양계약을 체결한 대로 2단 산벽을 수직옹벽으로 시정하고 산책로를 철거하라고 수없이 요구하였는데 박 소장과 입주자대표 등은 시정은커녕 듣는 척도 하지 않았다. 하는 수 없이 비대위원장은 분양계약을 명백하게 위반한 것이므로 빌라에 대한 계약을 해지하여 달라고 H건설에 요구하였다.

그러자 H건설은 이미 중도금을 납부하였기 때문에 해지가 절대로 불가능하다고 거절하였다. 분양계약을 위반하고도 계약 해지가 안 된다고 하니 억울하고 분한 마음을 달랠 길이 없었다. 비대위원장은 거주하던 아파트를 이미 매각하였기 때문에 부득이하게 분양계약 당시 계획한 것을 변경해 전매기한이 경과한 후에 분양권 상태로 매각하려던 아파트(14층)로 2012.5.1. 이사를 할 수밖에 없었다.

H건설은 2012.3.28. 사용검사승인을 받은 이후에도 1404동 빌라 뒤를 수직옹벽으로 시정하지 않았고, 산책로를 철거하지 않았기 때문에 어쩔 수 없는 선택이었다. 박 소장과 입주자대표 등은 사기분양한 토지 636.8 ㎡를 은폐할 목적으로 1404동 빌라 뒤로 경계까지 수직옹벽을 시공하지 않고 계단과 산책로를 시공해 사용과 출입을 하지 못하게 하였다.

왜냐하면 분양계약대로 펜스 밖의 서쪽 경계와 일치하도록 수직옹벽을 시공하면 사기분양한 것이 탄로 나기 때문에 사기분양한 서쪽 경계 펜스 밖의 토지 636.8 ㎡를 은폐하기 위한 목적으로 입주자들을 감쪽같이 속이려고 펜스 안쪽에 계단과 산책로를 설치한 것이다.

이와 같이 박 소장과 입주자대표 등은 분양 당시부터 사기분양을 하고 분양대금 82억 원을 받아 챙긴 서쪽 경계 펜스 밖의 토지 636.8 ㎡를 돌려주지 않을 계획이었던 것이다, 이미 분양 당시 설계, 모형, 카탈로그에 서쪽 경계 펜스 밖의 토지 636.8 ㎡를 사용과 출입을 하지 못하게 빼고 표시해 공지한 만큼 그대로 시공하고 위법행위를 저질러 사기분양한 것을 완전범죄로 영원히 은폐하려고 계획한 것이다.

따라서 비대위원장의 가족은 대기업인 H건설이 기업윤리를 명백하게 어기고 광진구청 및 입주자대표 등과 서로 공모해 고의로 악질적인 위법행위를 저질렀다는 확신이 들었다. 그리고 H건설이 불법 점유한 토지 161 ㎡를 원상회복하지 않고, 오히려 636.8 ㎡까지 빼고 설계해 속이는 것에 놀랐다.

더구나 입주자대표 등은 함께 더불어 살아갈 이웃에게 정보전달수단을 완전히 차단하며 통제하고 속였다. H건설, 광진구청, 입주자대표 등이 서로 공모해 사기분양한 토지 636.8 ㎡를 위법행위로 영원히 속여 완전범죄로 은폐하려고 하였다는 것이 매우 큰 충격이 아닐 수 없었다.

나. 보금자리가 아닌 전쟁터에서 매일 생활

가정이 가족의 안락한 휴식처가 되기를 바라는 마음은 누구나의 바램이다. 그러나 비대위원장의 가족은 입주자대표 등이 감쪽같이 속이고 저지른 사기분양, 하자보수, 관리비리 등을 잘 알고 있었다. 그리고 그 사실을 분양 당시부터 완전범죄로 영원히 은폐할 목적으로 정보전달수단을 완전히 통제하고 다른 입주자들이 모르게 속인 것을 잘 알고 있었기 때문에 나 몰라라 방관하고 지나치기엔 양심이 도저히 허락하지 않았다.

따라서 비대위원장의 가족은 입주자대표 등에게 더 이상 이웃에게 나쁜 짓을 하지 말라고 설득하였지만 귀담아 들으려 하지 않으면서 완전히 외면하였다. 오히려 입주자대표 등은 사기분양, 하자보수, 관리비리를 은폐하는 것에 대하여 비대위원장이 크게 걸림돌이 된다고 생각하였다.

따라서 비대위원장의 가족을 방해꾼으로 여기며 입주자대표 등이 서슴없이 다양한 수법으로 위법행위와 갑질을 저지르고 비대위원장의 정당방위와 정당행위를 약화시키기 위해 조직적으로 음해하며 방해하였다. 그리고 관리소장과 경비원을 시켜 비대위원장 가족의 동향을 파악하였다.

그러나 비대위원장은 꿋꿋하게 공공의 이익을 위해 우선한다는 것에 의의를 두고 더사모 카페를 2015.8.24. 개설하여 입주자들에게 합법적으로 진실을 알리고, 입주자대표 등의 위법행위와 갑질에 맞서 정정당당하게 대처하려고 최선의 노력을 하면서 헌신적으로 봉사를 하였다.

비대위원장의 가정은 지난 9년 동안 안락한 보금자리가 아닌 치열한 전쟁터가 될 수밖에 없었다. 어느 한 개인의 일이 아니라 공공의 이익을 우선했던 비대위원장의 가족은 경제적 손실과 물질적으로 견딜 수 없이 힘든 나날을 지낼 수밖에 없었다. 그리고 그 무엇보다 고질적인 적폐를 정신적으로 느끼는 고달픔이 비대위원장의 가족을 가장 아프게 상처를 주었다.

비대위원장은 악질적이며 비인간적인 아파트 비리를 이대로 방치한다면 좀 벌레처럼 파고들며 잠식하여 영원히 막을 수 없는 고질적인 적폐가 된다고 판단하였다. 고질적인 적폐는 반드시 청산해야 한다는 굳은 신념으로 목숨을 내놓고서라도 입주자대표 등과 정면으로 싸워야겠다고 굳게 마음을 먹을 수밖에 없었다. 그러나 입주자대표 등은 악질적이며 조직적으로 위법행위와 갑질을 저지르며 비대위원장의 평범했던 일상생활을 한 순간에 완전히 뒤흔들어 놓았다.

전쟁터처럼 불안하고 불규칙한 생활이 지속되도록 유인하며 비대위원장이 스스로 포기하도록 온갖 방해공작을 시도하였다. 이와 같은 불합리하고 온당치 못한 지속적이며 불규칙적인 생활을 겪으면서 비대위원장의 가족은 악질적인 아파트 비리를 반드시 척결하여야 하는 원인과 이유를 종합적으로 정확하게 알게 되었다.

다. 지옥 같은 비틀어진 세상

입주자대표 등은 H건설에게 분양대금 82억 원을 납부한 서쪽 경계 펜스 밖의 토지 636.8 ㎡를 찾아야 하는데 찾으려고 하지 않았고, 1404동 빌라 뒤를 수직옹벽으로 서쪽 경계까지 시공하여야 하는데 분양계약을 위반해 2단 산벽을 시공한 것을 시정하라고 요구하지 않았다.

따라서 비대위원장은 입주자대표 등이 입주자들이 내는 관리비로 급여, 수당, 판공비, 회의비, 업무추진비, 격려금 등을 수령하면서 함께 더불어 살아가는 이웃에게 악질적인 위법행위와 갑질을 일삼는 잘못을 도저히 이해할 수 없었다. 더구나 입주자들의 이익을 대변하지 않고 오히려 사기분양한 토지 636.8 ㎡를 찾지 못하게 조직적이며 집단적으로 방해하는 이중인격의 행동에 크게 놀라지 않을 수 없었다.

비대위원장의 가족은 입주자대표 등이 앞에서는 입주자들을 위해 열심히 돕는 봉사자처럼 위장하고 뒤로는 악질적인 행동을 계속하는 것을 목격하면서 비틀어진 세상의 말세가 느껴지는 것 같았다. 평상시 비대위원장의 가족은 성실하고 정의롭게 살고자 최선의 노력을 하였기 때문에 생전 처음으로 악질적인 광경을 보았다.

미국에 살 때 거짓말은 죄질이 가장 나쁜 죄라고 은연중 믿어 왔기에 솔선수범하며 성실하게 살려고 최선을 다했다. 그런데 입주자대표 등이 이웃을 은밀하게 속이고도 전혀 그렇지 않은 것처럼 위장하며 태연하게 행동하는 것을 목격하고 매우 큰 충격을 받게 되었다.

모든 것을 긍정적으로 바라보고 희망찬 생각을 하면서 작은 행복이라도 소중히 여기며 살아왔었는데 한 순간에 극악한 상황을 맞닥뜨리자 무엇이 옳고 그른지 혼란스럽기 짝이 없었다. 비대위원장의 가족은 입주자대표 등의 위법행위와 갑질을 보면서 하루에도 열두 번씩 부정과 절망적인 생각으로 일상을 비관하게 되었다.

라. 더불어 살아가는 세상에 대한 동경

입주자대표 등이 사기분양, 하자보수, 관리비리 등을 완전범죄로 영원히 은폐하기 위하여 불법선거로 승계한 선거인명부를 검증해 주지 않았고, 더불어 살아가는 이웃에게 사기분양한 서쪽 경계 펜스 밖의 토지 636.8 ㎡에 대한 진실을 알려주지 않으면서 감쪽같이 속이는 것에 대해 비대위원장의 가족은 전혀 이해할 수 없었다.

더구나 비대위원장의 가족은 분양대금 82억 원을 납부한 토지 636.8 ㎡가 서쪽 경계 펜스 밖에 현장보존이 잘 되어 있고, 재건축할 때까지 증거인멸의 우려도 없으며, 입주자들이 수시로 감시하고 있는데도 위법행위와 갑질을 저질러 못 찾게 방해하는 것을 목격하면서 커다란 괴리감을 느끼지 않을 수 없었다. 악질적인 아파트 비리가 하루빨리 척결되어 이웃과 함께 더불어 살아가는 화목한 세상에서 편안하고 안락하게 살 수 있도록 밝고 맑으며 투명한 사회를 만들어 달라고 간절히 기도하였다.

그리고 비대위원장의 가족은 하루빨리 모든 입주자들이 정의롭고 공정한 사회에서 이웃과 함께 더불어 정을 나누며 행복하게 살 수 있길 바라고 있었다. 또한 살기 좋고 비리 없는 아파트로 신속히 변모하여 즐겁고 신바람 나게 살 수 있도록 새로운 변화가 시작되길 소망하였다.

마. 자녀들의 충격적인 직장 사퇴

비대위원장의 가족은 입주자대표 등이 불법선거로 승계하면서 정보전달수단을 완전히 통제하고 입주자들을 감쪽같이 속이는 것을 수시로 목격하였다. 또한 사기분양, 하자보수, 관리비리 등을 영원히 은폐하기 위해 수단방법을 가리지 않고 위법행위와 갑질을 저지르는 것을 직접 목격하면서 지옥이 따로 없다는 것을 실감하게 되었다. 그동안 우리 사회가 매우 빠르게 혼탁하도록 급변한 것에 대하여 비대위원장의 가족은 많은 실망과 원망을 하면서 큰 충격을 받았다.

더구나 비대위원장의 가족은 공공의 이익을 위하여 사기분양, 하자보수, 관리비리 등을 척결하기 위해 최선을 다하였음에도 입주자대표 등이 정보전달수단을 완전히 통제하면서 악질적이고 끈질기게 위법행위와 갑질을 서슴지 않고 저지르는 것에 큰 실망을 감출 수가 없었다.

아들은 대원외국어고등학교와 버지니아대학교를 졸업하고 국방부에서 통역장교로 근무한 후에 예편해 S그룹에 다녔는데 악질적인 아파트 비리를 척결하기 위한 것을 돕기 위해 사퇴하였다. 그리고 딸은 대원외국어고등학교와 워싱턴대학교를 졸업한 후에 S회계법인에서 근무하였는데 역시 고질적인 아파트 비리를 척결하는 것을 돕기 위해 사퇴하였다.

그리고 배우자도 비대위원장의 정의롭고 공정한 사회를 만들기 위한 불굴의 용기에 적극적으로 동참하며 모든 일을 접고 불철주야 전력을 다해 조직적으로 방해하는 아파트 비리의 척결에 매진하였다. 입주자대표 해임안, 위임장, 동의서를 받고 찬반투표, 비상대책위원회 회의를 주관하는 등 모든 일에 앞장서서 솔선수범하며 봉사를 하였다.

비대위원장의 가족은 일제 강점기시대에 독립운동을 하는 순수한 애국자의 심경으로 밤낮을 가리지 않고, 입주자들에게 사기분양한 토지 636.8 ㎡를 찾아주기 위하여 열과 성의를 더해 최선을 다했다. 직접 독립운동에 참여해 어려움을 겪어보지는 않았으나 지금 자신들이 겪는 일이 독립운동보다 더 힘들지 않을까 하는 생각이 들었다.

왜냐하면 독립운동은 같은 동포가 한마음이 되어 동일한 목표를 향해 똘똘 뭉칠 수 있었지만 아파트 비리의 척결은 공공재의 성격으로써 누구 하나 동조하여 내 일처럼 생각하며 애쓰려 하지 않았다. 그것은 입주자대표 등이 정보전달수단을 완전히 통제하고 진실을 전혀 알려주지 않고 속인데 기인한 것이었지만 조직적이며 악질적인 방해공작은 때때로 비대위원장의 가족을 매우 외롭고 슬프게 만드는 것이었다.

또한 입주자대표 등은 비대위원장의 가족에 대하여 다음 카페 등 정보전달수단에서 인신공격과 날조된 유언비어를 퍼트리고 회복할 수 없는 심각한 마음의 상처를 주며 명예훼손을 일삼았다. 사기분양한 서쪽 경계펜스 밖의 토지 636.8㎡에 대한 진실을 감추기 위해 조직적이고 집단적으로 행동하였기 때문에 입주자들과 다함께 뭉치기 어려워 속수무책으로 당할 수밖에 없는 현실 또한 어려운 일 중 하나였다.

따라서 비대위원장의 가족은 공공의 이익을 위해 올바른 일로 최선을 다하고 정의를 위해 앞장을 서고서도 입주자대표 등의 악질적이며 조직적인 위법행위와 갑질로 인해 아무런 진전 없이 반복되는 실패를 속수무책으로 겪을 때마다 비참한 절망의 나락으로 떨어질 수밖에 없었다.

비대위원장은 무엇을 위해 아이들까지 사지로 몰았을까 싶은 심정에 뜬눈으로 밤을 새운 적이 한 두 번이 아니었다. 그러나 이제 와서 그만두기엔 너무 많은 일을 겪었고, 너무 멀리 오랜 기간 동안 달려와 있었다. 따라서 반드시 정의가 승리하는 좋은 날이 올 것이라는 굳은 믿음과 희망을 생각하며 늘 다시 의지를 불태우곤 했다.

바. 가족 모두의 건강 이상

입주자대표 등은 사기분양한 토지 636.8㎡를 못 찾게 방해할 목적으로 온갖 위법행위와 갑질을 저질러 고소, 고발, 수사, 재판 등을 야기하고 비대위원장의 가족을 교묘하게 괴롭히면서 혼란에 빠뜨렸다. 특히, 사기분양한 진실을 입주자들에게 순순히 알리도록 내버려 두지 않았다.

불법선거로 승계하면서 정보전달수단을 완전히 통제하며 속였고 자신들의 비리를 교묘하게 감추며 H건설의 이익만 대변하고자 매진했다. 이 같은 사실에 비대위원장의 가족은 공공의 이익을 위하여 더 이상 방관할 수 없다고 판단해 불철주야 입주자대표 등의 위협적인 방해에 맞서 정당방위와 정당행위를 하며 열심히 싸웠다.

그로 인해 비대위원장의 가족은 9년 동안이나 억울하게 겪은 여러 가지 충격으로 건강을 해치고 신경쇠약 등으로 병원신세를 질 수밖에 없었다. 따라서 비대위원장의 가족은 양방병원과 한방병원을 번갈아 가며 치료를 받으면서도 오뚝이처럼 혼신의 힘을 다하는 비대위원장을 위해 마지막의 힘이라도 아끼지 않고 보태려고 애썼다.

이를 지켜본 비대위원장은 가족의 건강이 매우 악화되는 것을 생각하면서 부득이 사기분양한 서쪽 경계 펜스 밖의 토지 636.8 ㎡를 찾는 것을 포기할까하고 매일같이 수없이 고심에 고심을 거듭할 수밖에 없는 심신이 몹시 괴로운 나날을 세월 가는 줄도 모르게 보냈다.

그러나 비록 가족에게 불행한 일이 생겼다 하더라도 절대로 포기하지 않고 불의와 대항해 끝까지 싸울 것을 다짐하며 정의롭게 올바른 일을 할 수 있도록 용기를 달라고 하루도 빠짐없이 기도하였다. 가족도 비대위원장의 결심과 끈기에 찬동하며 어려운 상황을 정신력으로 극복하려고 무진 애를 썼다. 비대위원장은 다행히 가족들이 잘 버티며 중병에 걸리지 않고 지난 장시간 동안 한마음으로 굳게 단결하며 버티어 준 것을 천만다행으로 여기면서 매우 감사하게 생각하고 있다.

돌이켜 생각하면 비대위원장의 가족은 견디기 매우 힘든 온갖 역경 속에서도 오직 정의가 반드시 승리할 수밖에 없다는 정신력 하나만으로 서로 위로하며 버팀목이 되어준 덕분이라고 기억한다. 그 결과 전국의 아파트 비리를 완전히 척결할 수 있는 국가적인 보물인 가장 소중한 책(숨겨진 아파트 비리 완전정복)까지 정리할 수 있었다는 생각으로 과거의 참기 힘든 고통을 모두 털며 위안 삼고 싶다.

사. 비대위원장의 직장 사퇴 결심

비대위원장은 금융감독원에서 국장으로 정년퇴직을 한 후 금융기관에 감사 및 고문으로 취업하여 선진 금융산업의 발전을 위해 축적된 경험을 사회에 환원하려는 것을 모두 접을 수밖에 없었다. 대신 사기분양한 서쪽 경계 펜스 밖의 토지 636.8 ㎡를 찾는 일에 몰두하였다.

왜냐하면 입주자대표 등은 전자투표를 악용해 대리투표로 불법선거를 하여 승계하면서 선거인명부를 검증해 주지 않았고, 정보전달수단을 완전히 통제하며 사기분양, 하자보수, 관리비리 등을 완전범죄로 영원히 은폐하고 사기분양한 서쪽 경계 펜스 밖의 토지 636.8 ㎡를 못 찾게 방해하고 있기 때문에 공공의 이익을 위해 아파트 비리에 관한 적폐를 척결하는데 일조하겠다며 굳게 결심하였다.

비대위원장은 공공의 이익을 위하여 사기분양한 토지 636.8 ㎡를 찾아야 한다고 더사모 카페에 알려주자 입주자대표 등이 명예훼손을 하였다고 위장하며 비대위원장을 고소하였기 때문에 재판준비로 바쁜 생활의 연속이 계속 되었다. 비대위원장은 2015.6.23. 대법원에서 확정판결을 받고, 대한지적공사에서 측량하여 토지 636.8 ㎡가 사기분양된 것을 확실하게 증명을 해냈다. 그러고 1년 정도 지난 후에 금융감독원에서 연락이 왔는데 H자동차그룹의 금융부문에 고문을 맡아 선진 경영기법으로 가장 모범적이고 더 크게 지도해 발전시켜 달라는 주문이었다.

H자동차그룹은 재계 2위이지만 금융부문에서 재계 1위인 삼성그룹에 비해 현격한 차이를 보이고 있었다. 그러나 비대위원장은 금융감독원에 근무할 때 삼성그룹의 금융부분을 오랜 기간 동안 선진적인 기법으로 지도해 모범적인 성과를 내었고, 한화그룹의 금융부문을 체질 개선하여 대폭 확장시켰으며, 신한금융그룹의 보험사업을 도입할 때 영업기획, 상품개발, 소비자보호, 자산운용, 인사관리에 관해 선진 경영기법으로 조직해 건전경영을 정착하도록 기여한 풍부한 경험을 가지고 있었다.

미국에서 공부하며 배워온 선진기법의 노하우와 평소 금융기법의 지대한 관심을 가지고 삼성금융그룹, 한화금융그룹, 신한금융그룹을 위해 성공적인 지도 감독을 실시한 경험이 있었기 때문에 H자동차그룹의 금융부문을 위해 숙달된 경험을 바탕으로 효율적인 지도 감독을 하여 건전하게 발전시켜 달라는 간곡한 요청이었다.

따라서 H자동차그룹의 상근고문으로 근무하면서 사주들과 자주 만날 수 있었는데 기업윤리 차원에서 현장보존이 잘 되어 있는 사기분양한 636.8 ㎡를 반드시 돌려주어야 한다고 강력히 조언하였다. 또한 H건설의 법무실 전○영 변호사 등에게 사법농단을 저지른 잘못된 심각성을 자세히 지적하며 올바로 시정하여 반드시 선진적인 경영을 할 수 있도록 설명해 주었다. 이와 같은 비대위원장의 지속적이고 강력한 설득을 받고 H자동차그룹의 사주 및 H건설의 사장 등 경영진들은 과거 경영진들이 저지른 잘못을 비대위원장이 조언한 대로 해결하려고 변화하였다.

그러나 입주자대표 등은 잘못이 시정될 경우 거짓이 입주자들에게 들통날까봐 악질적인 위법행위를 강행하며 해결하지 못 하게 조직적으로 방해하였다. H건설의 소비자보호 담당임원들은 비대위원장의 심각한 설명을 듣고 현장을 직접 방문해 해결하기로 약속하였다. 그런데도 불구하고 입주자대표 김○복과 임○익 등은 비대위원장의 조언을 들어 사기분양한 토지 636.8 ㎡를 해결해주면 하자보수를 종결해 주지 않겠다고 H건설의 임원들을 협박하며 현장 확인을 못하게 강력히 막았다.

그러자 H건설의 임원들은 비대위원장에게 직접 현장방문을 하여 심각성을 정확하게 확인하여 곧바로 해결하려고 시도하였는데 입주자대표 등의 강력한 거부와 방해로 인해 약속한 대로 현장에 갈 수 없게 되어 대단히 죄송하다며 사정을 널리 이해하여 달라고 하소연까지 하였다.

그러는 과정에서 비대위원장은 대법원에서 확정판결을 받고, 대한지적공사에서 측량해 사기분양한 것을 증명하였음에도 입주자대표 등이 불필요하게 야기한 고소, 고발, 수사, 재판에 전념하기 위해 사퇴할 수밖에 없었다. 왜냐하면 비대위원장은 전국적인 아파트 비리의 적폐를 척결하는 것이 최우선의 목표이기 때문이었다. 사퇴한 후에 비대위원장이 고문으로 있었던 H자동차그룹의 금융부분의 일부는 안타깝게도 경영에 어려움을 겪게 되었고 대만의 푸본그룹에 매각되어 미안하게 생각한다.

그렇지만 비대위원장은 선진적인 우수한 외국기업에서 인수하여 다행이며 건전하게 성장하기를 간절히 기원하고 있다. 지금 생각해 보면 입주자대표 등이 고집불통으로 비대위원장의 조언을 완전히 거부하고 비인간적인 위법행위와 갑질을 저지른데 기인하여 '숨겨진 아파트 비리 완전정복'의 값진 책을 정리해 발간할 수 있었기 때문에 한편으로는 악질적인 입주자대표 등에게 고마운 생각을 가지려고 한다.

아. 충격적 유언비어 및 명예훼손 난무

입주자대표 등은 사기분양한 서쪽 경계 펜스 밖의 토지 636.8㎡를 못 찾게 방해할 목적으로 다음 카페 등 정보전달수단에서 비대위원장과 가족에 관해 유언비어를 퍼트리며 비인간적인 인신공격을 하고 명예훼손을 하였다. 또한 비대위원장이 사기분양한 진실을 입주자들에게 정확하게 알리는 것을 완전히 차단하고, 비대위원장을 다음 카페에 들어오지 못하게 2015.7.18. 강제로 퇴출시켰다. 그리고 비상대책위원회의 활동을 하지 못하게 조직적이며 집단적으로 저지하고 방해하였다.

이에 대하여 비대위원장은 다음 카페에서 강퇴를 당한 후에 더사모 카페를 2015.8.24. 개설해 다음 카페에서 강퇴하여 글과 댓글을 읽고 쓸 수 없다는 것을 확실하게 밝혔다. 그리고 입주자대표 등에게 비대위원장을 인신공격하고 유언비어를 퍼트려 명예훼손을 하려면 더사모 카페에 들어와서 언제든지 마음껏 하여도 좋다고 허용하였다.

그러나 입주자대표 등은 다음 카페에서만 계속 글과 댓글을 쓰면서 비대위원장의 인신공격과 유어비어를 퍼트리고 명예훼손을 하였다. 이와 같이 정보전달수단을 완전히 통제하며 속이고 위법행위와 갑질을 저지르면서 사기분양한 토지 636.8㎡를 못 찾게 방해하며 막대한 피해를 입히고 있기 때문에 입주자들은 위법행위와 갑질에 대하여 전혀 이해되지 않는 나쁜 짓을 하는 것이라고 생각하고 있다.

자. 입주자대표 등이 거짓의 탄원서 제출

입주자대표 등은 사기분양, 하자보수, 관리비리 등을 은폐할 목적으로 비대위원장을 상대로 불필요한 고소, 고발, 수사, 재판을 야기하고, 변호사를 앞세워 거짓의 진술, 준비서면, 증거자료, 탄원서를 제출하여 경찰, 검찰, 법원이 감쪽같이 속아서 오판하도록 악질적인 사법농단을 계속 저질러 사기분양한 토지 636.8 ㎡를 못 찾게 방해하였다.

특히, 비대위원장이 다음 카페에서 강제로 퇴출을 당해 더사모 카페를 2015.8.24. 개설하여 사기분양한 진실을 정확하게 알려주자 입주자대표 등은 명예훼손을 하였다고 경찰, 검찰, 법원에 거짓으로 탄원서를 제출하면서 토지 636.8 ㎡를 못 찾게 음해하였다.

또한 입주자대표 등은 자신들이 위법행위와 갑질을 일삼으면서도 오히려 비대위원장에게 입주자들 간에 심각한 화합을 저해하고 위법행동을 저질렀다며 진실을 교묘히 왜곡한 거짓의 탄원서를 경찰, 검찰, 법원에 수없이 제출하면서 사기분양한 서쪽 경계 펜스 밖의 토지 636.8 ㎡를 못 찾게 조직적이며 집단적으로 방해하였다.

이와 같이 입주자대표 등은 고의로 자신들이 저지른 중대한 잘못을 마치 비대위원장과 입주자들이 잘못하여 야기시킨 것처럼 감쪽같이 속이며 모든 책임을 악질적인 수법으로 전가시켰다. 더구나 함께 살고 있는 입주자들에게 도저히 해서는 안 될 매우 비인간적인 위법행위와 갑질을 저지르고 교묘한 수법으로 사기분양한 서쪽 경계 펜스 밖의 토지 636.8 ㎡를 못 찾게 조직적으로 방해하였다.

차. 비대위원장이 지출한 직 · 간접적 피해

비대위원장의 부부는 분양 당시 H아파트가 경쟁률이 매우 높을 것으로 예상하여 빌라와 아파트를 신청하였는데 모두 당첨이 되었다. 따라서 그 중에서 하나를 선택하여 계약하고자 분양계약을 체결할 때까지 모델하우스에 3회를 방문해 박 소장에게 빌라의 주변 환경에 대하여 자세하게 질문하면서 구체적인 설명을 들었다.

박 소장은 비대위원장의 부부에게 빌라가 1층이지만 모형, 카탈로그, 설계도에 표시한대로 1404동 뒤를 수직옹벽으로 시공하고 주변을 3면이 화단 및 1면이 필로티로 시공해 전원주택처럼 아주 조용하게 살 수 있다고 설명해 주었다. 그러면서 빌라(1층)에 거주하고 아파트(14층)를 입주하기 이전에 분양권 상태로 매각하라고 비대위원장의 부부에게 자세히 설명하며 당첨을 포기하지 말라고 설득하였다.

비대위원장의 부부는 박 소장의 설명을 전혀 의심 없이 믿고 그대로 실행할 계획으로 2009.11.3. 빌라와 아파트를 모두 계약하였다. 그러나 H건설은 계약 체결한 후에 1404동 빌라 뒤를 수직옹벽으로 시공하지 않고 분양계약을 위반해 계단과 산책로를 시공하였다. 왜냐하면 서쪽 경계 펜스 밖의 토지 636.8 ㎡를 출입과 사용을 하지 못하게 완전히 차단하고 사기분양한 것을 은폐할 목적이었기 때문이다.

그런데도 H건설은 입주자대표 등이 요구해 분양계약을 위반하여 수직옹벽대신 계단과 산책로를 시공하였고, 토지 636.8 ㎡를 분양 당시 속이고 만든 설계, 모형, 카탈로그를 보여주면서 그대로 시공하였다고 변명하였다. 그러나 광진구청은 사기분양을 하도록 묵인하고 사업허가, 제척승인, 사용검사승인을 해주었다. 이에 대하여 입주자대표 등은 입주자들의 이익을 대변하지 않고 정보전달수단을 완전히 통제하며 사기분양한 토지 636.8 ㎡를 완전범죄로 영원히 못 찾게 방해하였다.

따라서 비대위원장은 공공의 이익을 위하여 토지 636.8 ㎡가 사기분양된 것을 증명하고자 개인적으로 소송을 제기할 수밖에 없었다. 그리고 2015.2.10. 서울고등법원에서 203 ㎡를 인정받았고(대법원에서 2015.6.23. 확정), 이를 근거로 대한지적공사에서 203 ㎡를 분할하여 제척해 매각한 후의 경계부터 펜스까지 측량하여 불용토지 433.8㎡가 아파트의 소유라는 것을 확인함으로써 분양대금 82억 원을 납부한 636.8㎡가 사기분양된 것을 확실히 증명하였다.

더구나 입주자대표 등의 임기가 2016.6.21. 만료되어 권한이 완전히 상실되었기 때문에 입주자들은 2016.6.26. 52%가 참여한 비밀투표로 제3기 입주자대표회의를 선출하였는데 입주자대표 등이 불법으로 업무를 인계하지 않았다. 오히려 입주자대표 등은 2016.8.11. 불법선거로 제3기 입주자대표회의를 다시 선출해 승계하였다. 그리고 비대위원장이 더사모 카페에서 명예훼손을 하였다고 민·형사상 고소를 하였고, 관리서류를 열람해 주지 않았으며, 내용증명을 수취거절하거나 답변하지 않고 사기분양한 636.8㎡를 못 찾게 방해하였다.

이와 같이 입주자대표 등은 불필요한 고소, 고발, 수사, 재판 등을 야기하고, 변호사를 앞세워 거짓의 진술, 준비서면, 증거자료, 탄원서를 제출해 광진경찰서, 서울동부지검, 서울고검, 서울동부지방법원, 서울중앙지방법원, 서울고등법원, 대법원이 속아서 오판하도록 악질적인 사법농단을 저질러 토지 636.8㎡를 못 찾게 방해하였다.

그러는 과정에서 비대위원장은 공공의 이익을 위하여 재판을 18회 받았고 현재 3건이 진행 중이며, 수사와 조사를 10회 이상 받을 수밖에 없는 매우 힘든 나날을 겪어야만 했다. 그러나 사기분양, 하자보수, 관리비리 등에 대한 고질적이며 악질적인 적폐를 반드시 척결하겠다는 각오로 지난 10년이 지나도록 묵묵히 외길을 향해 걸어왔다.

비대위원장은 사기분양한 토지 636.8㎡를 찾으면 개인적으로 1천8백만 원의 손해배상을 받게 된다. 그렇지만 적폐를 척결하기 위해 변호사 수임료, 감정수수료, 소송비용, 비상대책위원회 운영비, 인쇄비, 업무추진비, 치료비, 물적·정신적 기회비용 등 무려 18억을 지출하면서 싸워야 했다. 이는 H건설이 부당하게 갈취한 공공의 이익(분양대금 82억)을 찾기 위해 지출한 필수경비로 생각하였다.

그러나 입주자대표 등이 불법선거로 계속 승계하며 재건축할 때까지 속이는 공공의 손실은 82억 원의 몇 백배 이상이 될 것이다. 아니 그것보다 더 많은 금액이 될 수도 있다. 더구나 전국적으로 은폐하며 숨겨진 사기분양, 하자보수, 관리비리 등의 고질적이며 악질적인 적폐를 척결하는 데 소요 비용은 82억 원의 몇 만 배 이상으로 판단하였기 때문에 18억 원을 지출할 가치가 충분히 있다고 생각하였다.

특히, 전국적으로 건설사들과 입주자대표 등이 악질적인 위법행위와 갑질을 저지른 사기분양, 하자보수, 관리비리 등이 기하급수적이라고 검증되었기 때문에 이번 기회에 전국적인 아파트 비리의 적폐를 반드시 척결하는 것에 일조하겠다고 굳게 결심을 하였다.

선량한 국민의 한 사람으로서 지금까지 행정부, 입법부, 사법부가 척결하지 못한 사기분양, 하자보수, 아파트 비리의 고질적이고 악질적인 적폐를 지난 10년 동안 밤잠을 설치면서 연구해 근본적인 해결을 할 수 있다면 절대로 포기하지 않고 몰두하여도 평생 후회하지 않는다는 각오로 기꺼이 18억 원을 지출해도 전혀 아깝지 않았다.

2. 입주자들이 겪은 지울 수 없는 상처

가. 입주자대표 등에 대한 배신감

입주자대표 등은 분양계약을 체결하는 모델하우스 안에서 다음 카페를 개설하여 H건설에서 부실공사를 많이 하기 때문에 함께 방지하자며 입주예정자를 상대로 회원을 모집하였다. 그리고 아파트에 입주한 이후에도 입주자들을 위해 헌신적인 봉사를 다짐하며 홍보해 의심 없이 입주자대표, 선거관리위원, 봉사회원, 통장이 될 수 있었다.

그러나 입주자대표 등은 선출된 이후부터 안면몰수하면서 입주자들의 이익을 전혀 대변하지 않았고, 사기분양, 하자보수, 관리비리 등을 완전범죄로 영원히 은폐할 목적으로 정보전달수단을 완전히 차단하며 통제하고 감쪽같이 속였으며, 불법선거로 승계한 선거인명부를 검증해 주지 않고 사기분양한 토지 636.8 ㎡를 못 찾게 조직적으로 방해하였다.

하는 수 없이 비대위원장은 공공의 이익을 위해 개인적으로 소송을 제기하였고, 대법원에서 확정판결을 받아 203 ㎡를 인정받았다. 이를 근거로 대한지적공사에서 203 ㎡부터 펜스까지 측량해 불용토지 433.8 ㎡가 입주자들의 소유라는 것을 증명한 후에 찾아달라고 요구하였다.

그러나 입주자대표 등은 사기분양한 진실이 드러날까 두려워 명예훼손을 하였다며 비대위원장을 광진경찰서에 5차례 고소하여 사기분양, 하자보수, 아파트 관리비리를 완전범죄로 은폐해 못 찾게 방해하려고 괴롭혔으며, 함께 더불어 살아가야 할 이웃에게 위법행위를 저질렀다.

따라서 입주자들은 입주자대표 등이 악질적이고 고질적인 위법행위와 갑질을 저지르며 사기분양한 토지 636.8 ㎡를 못 찾게 방해한 그들의 나쁜 짓을 직접 목격하고 체험을 하였기 때문에 입주자대표 등의 관리업무를 전혀 신뢰하지 않는다. 따라서 입주자들은 입주자대표 등이 제시하는 모든 일에 대하여 전부 거부할 수밖에 없었다.

나. 이웃 간에 심각한 신뢰 파기

입주자대표 등이 정보전달수단을 완전히 통제하고 진실을 전혀 알려주지 않으면서 집단적이며 조직적으로 입주자들을 속였고, 사기분양한 토지 636.8 ㎡를 못 찾게 방해하였는데 입주자들은 그들이 위법행위와 갑질을 저지르는 것을 직접 목격할 수 있었다.

입주자들은 입주자대표 등이 조직적으로 자신들을 속이는 것을 수없이 겪으면서 오랜 기간 동안 함께 살았고, 입주자들 중에서도 입주자대표 등과 서로 내통하며 진실을 감쪽같이 속였기 때문에 누가 진실한 행동을 하는지 구별하기가 매우 어려워 이웃 간에도 서로 높은 성벽을 쌓고 지내면서 상호간에 신뢰하지 못하고 있다.

입주자대표 등은 사기분양한 서쪽 경계 펜스 밖의 토지 636.8 ㎡가 현장보존이 잘 되어 있고, 재건축할 때까지 증거인멸의 우려도 없기 때문에 반드시 찾을 수밖에 없다는 것을 잘 알고 있었음에도 정보전달수단을 완전히 통제하고 못 찾게 조직적으로 방해하였다.

따라서 입주자들은 입주자대표 등이 정보전달수단을 완전히 통제하면서 진실을 정확하게 알려주지 않고 악질적이며 끈질기게 위법행위와 갑질을 저질러 사업부지를 분할하여 매각한 203 ㎡를 못 찾았고, 203 ㎡를 분할한 후의 불용토지 433.8 ㎡를 매년 재산세만 납부하면서 사용과 출입을 못하고 있는 것을 지켜보고 있기 때문에 이웃 간에 신뢰가 완전히 무너져 도저히 회복할 수 없는 최악의 상황이 지속될 수밖에 없다.

다. 웃음이 완전히 사라진 아파트 단지

입주자들은 분양대금 82억 원을 납부한 서쪽 경계 펜스 밖의 사기분양한 토지 636.8 ㎡를 수시로 감시하고 있지만, 입주자대표 등이 사기분양한지 10년이 지나도록 찾아주지 않고 오히려 불법으로 계속 승계하면서 못 찾게 조직적으로 방해하고 있기 때문에 서로 의심만 증폭하는 가운데 웃음기를 완전히 잃어버릴 수밖에 없었다.

반면에 입주자대표 등은 불법선거로 계속 승계하면서도 선거인명부를 전혀 검증해 주지 않았고, 정보전달수단을 완전히 통제하면서 진실을 감쪽같이 속이고 전혀 알려주지 않았으며, 입주자들에게 막대한 재산적 및 정신적 피해를 현격하게 입혔기 때문에 신뢰를 완전히 잃었다.

일부 입주자들은 비대위원장의 도움을 받아서 사기분양한 서쪽 경계 펜스 밖의 토지 636.8 ㎡를 찾기 위해 2017.2.28. 서울중앙지방법원에 소송을 제기할 수 있었다. 그러나 소송이 H건설에서 선임한 변호사의 교묘한 방해공작으로 인해 장기간 지연되어 선고가 많이 늦어졌다.

그렇지만 측량감정, 건축 및 임료감정이 끝났고 2019.12.19. 선고되었다. 그러나 진실을 완전히 왜곡해 203 ㎡만 인정하였고, 433.8 ㎡를 이해할 수 없는 불분명한 사유로 인정하지 않았다. 이는 입주자들이 현장검증을 강력하게 요구하였는데 재판장님께서 현장검증을 하지 않았기 때문에 현장의 심각성을 전혀 인식하지 못한데 기인해 중대한 오판을 하기에 이르렀다. 그러나 사기분양한 토지 433.8 ㎡를 반드시 찾을 수밖에 없기 때문에 2020.1.3. 서울고등법원에 항소하였다(2020나2003046).

그때는 입주자들이 H건설, 광진구청, 입주자대표 등과 지난 10년이 지나도록 오랜 싸움에서 이긴 승리의 기쁨을 서로 마음껏 나누며 적막이 감돌았던 곳에 밝은 웃음이 되살아날 것으로 기대한다. 입주자들은 그동안 무너졌던 신뢰를 완전히 회복하고 살기 좋고 비리 없는 새로운 H아파트로 거듭날 것으로 굳게 믿으며 함께 더불어 살아가는 훈훈한 정이 넘치는 사이좋은 이웃이 되길 간절히 기원하고 있다.

라. 관리비리 등에 대한 심각한 두려움

입주자들은 입주자대표 등이 불법선거로 승계하면서 정보전달수단을 완전히 통제하고, 사기분양, 하자보수, 관리비리 등을 완전범죄로 영원히 은폐하기 위해 사법농단을 저지른 것을 직접 목격하였다. 또한 악질적인 위법행위와 갑질을 하면서 관리서류를 공개하지 않고 진실을 감쪽같이 속이며 조직적인 비리를 저지른 것을 직접 경험하였다.

더구나 입주자대표 등은 사기분양한 토지 636.8 ㎡를 못 찾게 방해할 목적으로 불법선거를 하면서 승계한 선거인명부를 검증해 주지 않았고, 악질적인 위법행위와 갑질을 저지르며 완전범죄를 노리고 은폐하였다. 이로 인해 입주자들은 입주자대표 등의 고질적인 아파트 비리에 대한 불신과 두려움에서 오랫동안 헤어나지 못하고 있다.

또한 입주자들은 55%가 서명해 비대위원장에게 회계감사를 실시하라고 통보하였는데도 입주자대표 등은 입주자들의 명령을 무시하고 관리서류의 열람을 해주지 않고 거부하였다. 따라서 입주자들은 관리비리에 대한 불신과 두려움이 전혀 해소되지 않았기 때문에 아파트 비리에 대한 고질적이며 악질적인 적폐를 척결해 달라는 요구가 훨씬 더 강해졌다.

3. 기초적인 민주주의 파괴

가. 불법선거로 계속 승계

입주자대표 등은 사기분양한 토지 636.8㎡를 못 찾게 방해할 목적으로 불법선거로 계속 승계하였고, 전자투표를 악용해 허위 휴대폰번호를 기재한 선거인명부를 입주자들에게 검증해 주지 않았다. 특히, 입주자들은 제2기 입주자대표 등의 임기가 2016.6.21. 만료되었기 때문에 2016.6.26. 제3기 입주자대표회의를 합법적인 방법으로 선출해 구성하였음에도 입주자대표 등이 불법으로 업무를 인계하지 않았다.

더구나 제2기 입주자대표 등은 임기가 만료되어 권한이 완전히 상실되었는데 불법으로 2016.7.14. 제3기 선거관리위원회(위원장 최○호)를 지명하였고, 제3기 선거관리위원회가 2016.8.11. 불법선거로 제3기 입주자대표회의(유○운, 공○미, 임○익)를 다시 선출하였다. 이에 대하여 입주자들은 불법선거한 선거인명부의 검증을 요구하였는데 입주자대표 등이 검증해 주지 않고 636.8㎡를 못 찾게 방해하였다.

이와 같이 불법선거로 선출된 제3기 입주자대표회의와 선거관리위원회, 그들이 불법으로 선임한 관리소장은 선거인명부 및 관리서류를 전혀 열람해 주지 않았고, 입주자들이 위임한 비대위원장의 회계감사를 받지 않았으며, 자신들의 비리를 영원히 은폐하는 것에만 몰두하였다.

더구나 입주자대표 등은 입주자들의 의사와 이익에 반해 불법선거로 계속 선출되었음에도 구의원, 시의원, 구청장, 시장, 국회의원, 대통령 등을 선출하는 것에 자신들의 비리를 은폐하도록 도와주었던 후보자를 앞장서 홍보하며 민주주의 선거에 완전히 반하도록 관여하였다.

이처럼 입주자대표 등이 민주주의 선거에 의도적으로 관여하면 공정한 선거의 결과를 기대할 수 없고, 그 잘못된 영향을 받을 수밖에 없기 때문에 당선이 되어도 공정한 업무수행을 기대하기 어렵다. 따라서 입주자대표 등이 불법선거로 당선되었음에도 국가적인 중대한 선거에 관여하기 때문에 민주주의의 기초가 완전히 흔들리게 된다. 결과적으로 민주주의가 역행하고 심각하게 파괴되는 문제를 초래할 수밖에 없다.

나. 불법으로 관리규약 개정

관리규약은 국가의 헌법과 같은 성격으로써 아파트를 관리하는데 가장 중요한 규범인 것이다. 그런데도 입주자대표, 선거관리위원, 관리소장은 관리규약을 개정하는데 입주자들의 의견을 전혀 반영하지 않았고, 입주자총회 또는 공청회에서 상세한 설명을 하지도 않았다. 자신들의 구미에 맞게 마음대로 관리규약을 만들어 일방적인 통과의례로 찬반을 묻고, 무조건 서명을 하라며 강요해 동의를 받았다.

더구나 입주자대표 등은 관리규약 개정 동의서에 서명한 것을 검증해 주지 않고 무조건 과반수 이상 찬성하였다며 공지한 후에 자신들의 결정을 믿으라고 일방적으로 통보하였다. 그러므로 입주자들은 동의서를 검증해 과반수 이상 서명하였는지 명확히 확인하여야 한다. 또한 입주자들이 관리규약의 개정 내용을 정확하게 이해하고 올바로 서명을 하였는지 반드시 검증해 확인하는 절차를 거쳐야 한다.

왜냐하면 입주자들에게 관리규약 개정을 하기 위한 동의서에 서명을 받지 않았는데도 받았다고 속였고, 각종 설문조사에서도 답변한 결과와 반대로 발표하여 피해를 주는 경우가 있었기 때문이다. 또한 사기분양한 서쪽 경계 펜스 밖의 토지 636.8 ㎡를 찾지 못하게 정보전달수단을 완전히 통제하고 진실을 정확하게 알려주지 않고 감쪽같이 속였기 때문에 입주자들의 의사를 반드시 검증하여야 한다.

이와 같이 입주자대표 등은 자신들의 잘못을 전혀 인정하지 않았고, 사기분양한 사실을 감추기에 급급하였다. 입주자들에게 사기분양한 진실을 감쪽같이 속이기 위해 정보전달수단을 완전히 통제하였음에도 입주자들이 결정한 것이라고 모든 책임을 전가하며 위법행위를 저질렀다.

다. 민주주의 질서 파괴

입주자대표 등은 민주주의가 올바르게 정착되도록 하기 위해서는 불법선거로 승계한 선거인명부를 반드시 검증해 주어야 한다. 그리고 불법으로 입주자들의 의사와 이익에 반하는 관리업무를 수행하는 것을 중단하고 이제부터라도 올바로 잡아 시정해 나가야 한다.

또한 입주자대표 등은 관리규약을 입주자들의 이익을 위해 대변하도록 공정하고 투명하게 개정하여야 한다. 그러나 불법선거로 선출되어 입주자대표회의와 선거관리위원회를 구성하였기 때문에 무자격자임에도 불구하고 불법으로 관리소장을 선임해 관리업무를 수행하도록 위임하였다. 이는 입주자들의 의사와 이익에 반하고 민주주의 발전을 심각하게 저해하는 위법행위로써 공정하게 관리업무를 수행할 수 없다.

더구나 입주자대표 등은 비인간적으로 위법행위와 갑질을 저질러 입주자들의 이익에 반하는 결과를 가져오게 유도하기 때문에 올바른 민주주의의 발전에 역행하고 민주주의를 심각하게 파괴할 수밖에 없다. 따라서 지금까지 분산되어 지도 감독하고 있는 아파트 관리업무를 한 곳에서 총괄적인 문제점과 개선책을 마련해 효율적인 지도감독을 할 수 있도록 '아파트 감독청'을 설치해 운영하여야 할 것이다.

제14부

완전범죄로 영원히 은폐가 가능할까?

〈사기분양을 완전범죄로 은폐한 수법〉

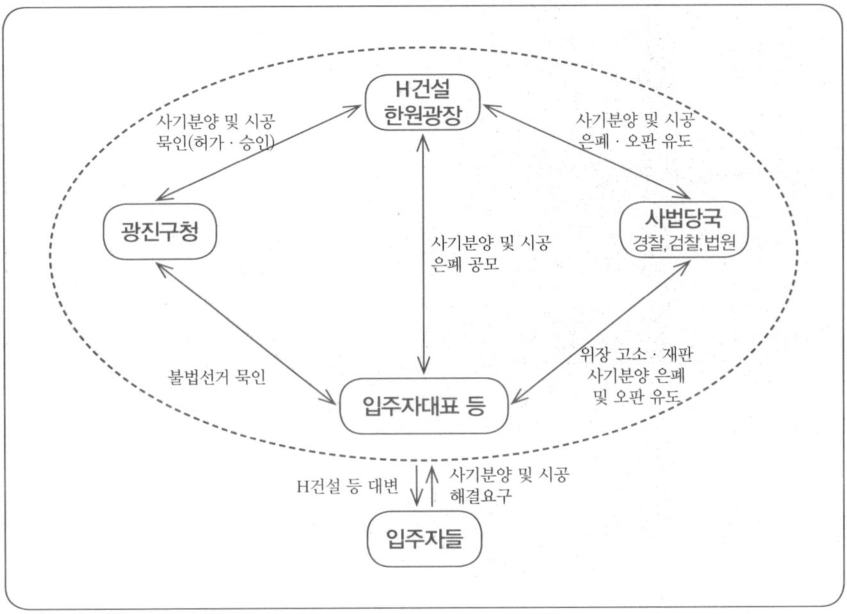

각자의 역할

1. H건설, 한원광장: 아파트 부지 24,734 ㎡ 중 203 ㎡를 분할하여 제척하고, 433.8 ㎡를 사용과 출입을 하지 못하게 빼고 시공하였는데, 636.8 ㎡에 대한 분양대금을 받아감. 사기분양 및 시공을 함(완전범죄 시작).
2. 광진구청: 위 사기분양을 할 수 있도록 사업허가, 제척승인, 사용검사승인을 함(완전범죄 공조).
3. 입주자들: 위 사기분양 및 시공, 불법 매각한 사실을 전혀 모른 채 분양대금을 납부하고 입주함.
4. 입주자대표 등: 봉사한다며 선출된 후에는 불법선거로 승계하면서 정보전달 수단을 완전히 통제하고, 분양 당시 속여 만든 설계, 모형, 카탈로그를 보여주며 그대로 시공하였다면서 H건설을 대변(완전범죄 공조).
5. 사법당국: 입주자대표 등이 위장해 고소, 고발, 수사, 재판을 하고 사법농단을 저질러 경찰, 검찰, 법원이 속아서 오판을 함(완전범죄 완성).
6. 변호사: H건설 및 한원광장, 입주자대표 등을 대리하여 사기분양, 불법선거, 명예훼손 등 은폐 및 사법당국의 오판을 유도(완전범죄 공조).

제척토지 및 불용토지 현장 사진

[제척토지 90㎡ 부근]

[제척토지 113㎡ 부근]

필자는 비대위원장으로서 지난 10년 동안 연구한 바에 의하면 과연 '아파트 비리를 완전범죄로 영원히 은폐가 가능할까?'에 대하여 살펴보고자 한다. 여기서 '아파트 비리'라고 하면 아파트를 분양할 때부터 입주하여 하자보수를 제대로 받고 관리하며 거주하면서 발생한 사기분양, 하자보수, 관리비리에 대한 총체적인 비리를 말한다.

결론부터 말하면 '아파트 비리는 완전범죄가 가능하다.' 그러나 필자에 의해 H아파트에서 모든 덜미가 완전히 잡혔다. 왜냐하면 지금까지 전국적으로 발생하는 아파트 비리에 관해 심층적인 원인과 수법을 찾아낼 수 없었고, 악질적인 적폐를 근본적인 방법으로 완전히 척결하기 위한 종합적인 대책을 마련하지 못했다. 이는 사건이 발생하면 근본적인 해결보다 땜질식으로 처벌하였기 때문이다. 따라서 독자들의 이해를 돕기 위하여 악질적인 아파트 비리의 수법을 간단히 요약해 설명하고자 한다.

H건설은 H아파트의 사업부지를 2017.11.14. 대한지적공사에서 측량하였는데 토지 161 ㎡(나○용 48 ㎡, 김○석 113 ㎡)가 불법 점유된 것을 확인하였다. 그런데도 H건설은 H아파트를 2009.10.12. 분양하면서 불법 점유한 161 ㎡를 원상복구하지 않았고, 오히려 636.8 ㎡까지 사용과 출입을 하지 못하게 빼고 설계, 모형, 카탈로그에 표시하여 시공하고 사용검사 승인을 받았는데 분양대금 82억 원을 받아가는 사기분양을 하였다.

그리고 사기분양한 토지 636.8 ㎡ 중에서 203 ㎡는 사업부지에서 분할하여 제척해 90 ㎡를 한원광장이 편취하였고, 113 ㎡를 김○석에게 558백만 원에 매각하였다. 또한 433.8 ㎡는 한원광장과 김○석이 사용과 출입을 하도록 203 ㎡를 분할하여 제척한 후의 경계 안쪽 4 m 지점에 펜스를 시공해 입주자들이 사용과 출입을 하지 못하면서 매년 재산세만 납부하게 끼워 팔기의 수법으로 사기분양을 하였다.

그런데도 광진구청은 H건설이 636.8 ㎡를 사기분양하도록 사업승인을 해 주었고, 203 ㎡를 사업부지에서 분할하여 매각하도록 제척승인을 해 주었으며, 433.8 ㎡를 끼워 팔기의 수법으로 매각하도록 빼고 펜스를 시공하였는데 사용검사승인을 해 주었다. 이로써 H건설은 입주자들을 마음대로 속이고 사기분양을 하였다.

더구나 입주자대표 등은 정보전달수단을 완전히 통제하고 입주한 2012.3.30. 이후로 단 한 번도 사기분양한 토지 636.8㎡를 찾아야 한다며 알려주지 않고 못 찾게 조직적으로 방해하였다. 오히려 사기분양한 토지 636.8㎡를 못 찾게 방해할 목적으로 불법선거를 하며 승계하면서 고소, 고발, 수사, 재판을 유도하고, 변호사를 앞세워 거짓의 진술, 준비서면, 증거자료, 탄원서를 제출해 경찰, 검찰, 법원이 속아서 오판하도록 악질적인 사법농단을 저질렀다. 이에 더하여 사기분양한 토지 636.8㎡를 찾아주려는 비대위원장을 선량한 피해자에서 악질적인 가해자로 뒤바꿔 놓은 비인간적인 위법행위를 저질러 괴롭히고 사기분양한지 10년이 지나도록 636.8㎡를 못 찾게 방해하였다.

설상가상으로 광진경찰서는 H건설, 광진구청, 입주자대표 등이 서로 공모해 사기분양한 토지 636.8㎡를 완전범죄로 영원히 은폐해 못 찾게 방해한 비리를 잘 알면서도 처벌하지 않았다. 왜냐하면 비대위원장이 공공의 이익을 위해 토지 636.8㎡를 찾아주고자 진실을 알려준 것에 대하여 입주자대표 등이 명예훼손을 한 것이라며 5차례나 고소하였는데 광진경찰서는 부실 및 편파수사, 표적 및 별건수사를 하면서 기소의견으로 송치하였다. 반면에 입주자대표 등이 불법선거로 승계하면서 토지 636.8㎡를 못 찾게 방해한 것에 대하여 비대위원장이 업무방해로 고소하였는데 광진경찰서는 부실 및 편파수사, 표적 및 별건수사를 하면서 입주자대표 등을 불기소 의견으로 송치하였다.

서울동부지검은 광진경찰서에서 부실 및 편파수사, 표적 및 별건수사를 함으로써 결과가 뒤바뀐 것을 잘 알면서도 사기분양한 토지 636.8㎡에 대한 비리를 수사하지도 처벌하지도 않았다. 더구나 사기분양한 토지 636.8㎡를 찾고자 공공의 이익을 위해 진실을 알려준 비대위원장을 명예훼손을 한 것이라며 3차례나 기소하여 억울한 누명을 벗기 위해 대법원까지 재판을 받았거나 현재 재판을 진행하고 있다. 반면에 입주자대표 등이 불법선거로 승계하면서 사기분양한 토지 636.8 ㎡를 못 찾게 조직적으로 업무방해를 하였는데도 증거불충분으로 불기소 처분을 하여 2020.2.27. 서울고검에 항고하였는데 기각되었다(2020년 고불항 2443). 따라서 불법선거로 업무방해한 것을 인정받기 위해 서울고등법원에 2020.4.14. 재정신청을 하였는데 2020.5.26. 기각하였다(2020년 초재1530). 그래서 대리투표로 불법선거를 하여 업무방해한 것을 인정받고자 대법원에 2020.6.2. 재항고를 하였다(2020모1798).

서울동부지방법원은 비대위원장이 공공의 이익을 위해 토지 636.8 ㎡를 찾고자 더사모 카페에서 진실을 알려 준 것을 무죄가 아닌 선고유예로 판결하였다. 반면에 입주자대표 등이 사기분양한 토지 636.8 ㎡를 못 찾게 방해할 목적으로 불법선거를 하여 승계한 선거인명부를 검증해 주지 않았는데도 기각판결을 하였다. 이는 증거주의에 의한 공정한 재판을 하지 않은데 기인한 것이고 중대한 오판으로 인한 결과이다.

이와 같이 입주자대표 등이 악질적인 사법농단을 저질러 사법당국의 중대한 오판으로 인해 H건설, 광진구청, 입주자대표 등은 사기분양한 비리를 완전범죄로 영원히 은폐할 수 있었다. 반면에 비대위원장과 입주자들은 선량한 피해자에서 악질적인 가해자로 뒤바뀌었다. 따라서 완전범죄로 영원히 은폐시킬 수 있는 문제점과 대책을 자세하게 설명하여 고질적이며 악질적인 적폐를 근본적으로 척결하기 위해 고위공직자범죄수사처(공수처)에서 첫 번째로 수사할 매우 중대한 수법의 사건이다.

1. 완전범죄가 가능한 과정 및 절차

H건설은 H아파트를 건축할 사업부지 6필지에 대하여 2017.11.14. 대한지적공사에 의뢰하여 측량하였는데, 불법 점유된 토지 161 ㎡(나○용 427번지 중 48 ㎡, 김○석 427-8번지 중 113 ㎡)를 확인하였다. 그런데

도 H건설은 2009.10.12. 분양하며 불법 점유한 토지 161㎡를 원상복구 하지 않았고, 오히려 토지 636.8㎡까지 사용과 출입을 하지 못하게 빼고 설계, 모형, 카탈로그에 표시하여 시공하고 사용검사승인을 받았는데 분양대금 82억 원을 받아가는 사기분양을 하였다.

이와 같이 H건설은 분양 당시 입주자들에게 돌려주지 않을 목적으로 토지 636.8㎡를 사용과 출입을 하지 못하게 빼고 설계, 모형, 카탈로그에 표시하여 공지해 시공하고 사용검사승인을 받았는데 분양대금 82억 원을 받아가는 끼워 팔기의 수법으로 사기분양을 하였다.

그리고 사기분양한 토지 636.8㎡ 중에서 203㎡는 분할하여 체척해 90㎡(427-21번지)를 한원광장이 편취하였고, 113㎡(427-22)를 김○석에게 558백만 원에 매각하였다. 또한 433.8㎡는 한원광장과 김○석이 사용과 출입을 하도록 203㎡를 분할한 후의 경계 안쪽 4m 지점에 펜스를 시공해 입주자들이 매년 재산세만 납부하고 있다.

그러나 입주자들은 분양 당시 분양대금 82억 원을 납부한 토지 636.8㎡가 사기분양된 것을 몰랐고 2012.3.30. 입주해 돌려받지도 못했다. 하지만 비대위원장은 사기분양한 것을 발견하고 H건설, 광진구청, 입주자대표 등에게 토지 636.8㎡를 돌려달라고 호소하였다. 그런데도 이들은 분양 당시 속이고 만든 설계, 모형, 카탈로그를 보여주면서 그대로 시공하였는데 웬 사기분양이냐고 뻔뻔스럽게 속였다.

하는 수 없이 비대위원장은 공공의 이익을 위해 토지 636.8㎡가 사기분양된 것을 증명하기 위해 개인적으로 소송을 제기할 수밖에 없었다. 그리고 2015.2.10. 서울고등법원에서 203㎡를 인정받았다(대법원에서 2015.6.23. 확정). 이를 근거로 대한지적공사에서 203㎡를 분할하여 제척한 후의 경계부터 펜스까지 측량해 불용토지 433.8㎡가 아파트의 소유라는 것을 확인함으로써 서쪽 경계 펜스 밖의 636.8㎡가 사기분양된 것을 증명하였다. 그런데도 H건설, 광진구청, 입주자대표 등은 사기분양한 토지 636.8㎡를 못 찾게 조직적으로 방해하였다.

또한, 입주자대표 등은 사기분양한 토지 636.8 ㎡를 완전범죄로 영원히 못 찾게 방해할 목적으로 정보전달수단을 완전히 통제하고 절차와 과정을 철저히 이행한 것으로 위장하면서 결과가 입주자들의 이익에 반하도록 유도한 후에 모든 책임을 입주자들에게 돌렸다. 그로 인해 사기분양한지 10년이 지나도록 토지 636.8 ㎡를 못 찾고 있다.

더구나 입주자대표 등은 불법선거한 선거인명부를 검증해 주지 않았고, 비대위원장이 공공의 이익을 위해 더사모 카페에서 알려주었는데 명예훼손을 하였다고 감쪽같이 속이는 등 고소, 고발, 수사, 재판을 유도하고, 변호사를 앞세워 거짓의 진술, 준비서면, 증거자료, 탄원서를 제출해 광진경찰서, 서울동부지검, 서울고검, 서울동부지방법원, 서울중앙지방법원, 서울고등법원, 대법원이 감쪽같이 속아서 오판을 하도록 악질적인 사법농단을 저질렀다. 그 결과, 비대위원장은 공공의 이익을 위해 알려주었는데 명예훼손을 하였다며 선고유예로 판결하였고, 입주자대표 등은 불법선거를 하였는데 안했다며 무혐의 처분을 하였으며, H건설은 사기분양한 것을 안했다고 무혐의 처분하였다.

2. 완전범죄가 가능한 이유

가. 아파트 비리는 분양 당시부터 완전범죄를 계획하였음.

H건설과 한원광장은 분양 당시부터 모델하우스에서 수분양자들을 상대로 토지 636.8 ㎡를 사용과 출입을 하지 못하게 빼고 설계, 모형, 카탈로그에 표시하여 시공하고 사용검사승인을 받았는데 분양대금 82억 원을 받아갔다. 그리고 입주자대표 등은 입주한 후에 분양 당시 속이고 만든 설계, 모형, 카탈로그를 보여주면서 그대로 시공하였는데 웬 사기분양이냐고 H건설의 거짓주장을 대변하였다. 아무도 분양 당시 설명이 확실하기 때문에 순진하게 의심하지 않았다. 누가 분양 당시 모델하우스에서 속일 것을 상상이나 하였겠는가? 내 집을 마련하고 싶은 선량하기 짝이 없는

수분양자들은 자신들을 속일 수 있다는 생각을 애초부터 갖고 있지 않고 믿었다. 그만큼 대기업의 이미지를 굳게 신뢰하였다고 말할 수 있다.

그러나 H건설은 분양 당시 고의로 설계, 모형, 카탈로그에 토지 636.8 ㎡를 사용과 출입을 하지 못하게 빼고 표시해 시공하였는데 분양대금 82억 원을 받아갔다. 그리고 입주한 후에 설계, 모형, 카탈로그에 표시한 대로 시공하였는데 웬 사기분양이냐고 완전범죄를 노렸다. 이처럼 분양 당시 계획해 완전범죄를 노리고 위법행위를 저질러 사기분양과 부실시공을 하면 영원히 은폐하는 것이 얼마든지 가능하다. 특히, H건설, 광진구청, 입주자대표 등이 공모해 사기분양한 것을 악질적인 사법농단을 저질러 완전범죄로 은폐하면 입주자들이 감쪽같이 속을 수밖에 없다.

나. 행위자와 감독자가 공조해 완전범죄로 은폐하였음.

행위자인 H건설은 분양 당시부터 토지 636.8 ㎡에 대한 사기분양, 부실공사를 하려고 계획하였고, 감독자인 광진구청은 토지 636.8 ㎡에 대한 사기분양, 부실공사를 하도록 묵인하며 눈감아 주었다. 더구나 광진구청은 아무런 문제가 전혀 없는 것처럼 비리를 모두 은폐하고 사업허가, 제척승인, 사용검사승인을 해 주면서 완전범죄를 저질러 영원히 은폐할 수 있도록 완벽하게 공모하며 협력하였다.

입주자들이 사기분양한 것을 발견하고 책임을 추궁하여도 광진구청은 분양계약을 위반하지 않았다며 온갖 감언이설을 동원하여 회유하고 감쪽같이 속이며 사기분양한 토지 636.8 ㎡를 못 찾게 방해하였다. 이에 더하여 입주자대표 등이 H건설의 이익을 대변할 목적으로 불법선거로 승계한 선거인명부를 검증해 주지 않았고, 불법 과정과 절차, 입주자들의 이익에 반하는 중대한 위법행위를 저지른 것을 잘 알고 있었음에도 불구하고 광진구청은 공정선거라며 무조건 승인해 주었다.

더구나 입주자대표 등은 정보전달수단을 완전히 통제하고 불법선거로 승계하면서 입주한 2012.3.30. 이후로 단 한 번도 사기분양한 토지

636.8 ㎡를 찾아야 한다고 알려주지 않았고, 비대위원장에게 관리서류를 열람해 주거나 회계감사를 받지 않으며 잘못이 없다고 636.8 ㎡를 못 찾게 방해하였음에도 광진구청이 잘못이 없다며 무조건 묵인하였다.

이에 대하여 입주자들은 제2기 입주자대표 등의 임기가 2016.6.21. 만료되어 권한이 완전히 상실되었기 때문에 2016.6.26. 52%가 참여한 비밀투표로 제3기 입주자대표를 선출하였는데 제2기 입주자대표 등이 불법으로 업무를 인계하지 않았다. 오히려 불법선거로 2016.8.11. 제3기 입주자대표를 다시 선출해 사기분양한 토지 636.8 ㎡를 못 찾게 방해하였음에도 광진구청은 공정선거라며 승인해 주었다.

또한 입주자대표 등이 관리비를 집행한 관리서류를 일체 공개하지 않고 다양한 수법으로 악질적인 위법행위를 저질러 아파트 비리를 완전히 은폐한 것을 잘 알면서도 광진구청은 관리감독을 하지 않았고 어떠한 조치도 하지 않으며 완전범죄로 완벽하게 은폐시켜 주었다.

다. 입주자들이 피해 구제에 효율적으로 대처하지 못했음.

입주자들은 일상생활에 바쁘다보니 아파트 비리에 관심을 가질 마음의 여유나 시간적인 여력을 충분히 낼 수 없는 것이 사실이다. 더구나 아파트 비리는 입주자들이 개인적으로 보면 소규모의 피해액이지만 단지 전체로 보면 엄청난 거액의 손해액인데도 누가 책임지고 적극적으로 규명하려고 하지 않는다. 왜냐하면 아파트 비리가 공공재의 성격으로써 입주자들은 개인적으로 피해액을 감수하는 것이 오히려 방어하기 위한 총 손해액을 혼자 지출하는 것보다 훨씬 더 이익이라고 생각이 들어 할 수 없이 속수무책으로 당할 수밖에 없기 때문이다.

따라서 입주자들은 각자가 공공의 이익을 저해하는 아파트 비리를 척결해야 한다는 투철한 사명감을 가지고 대처하지 않으면 문제점을 심층적으로 찾아내기 어렵고, 해결방안을 제시하기도 쉽지 않다. 이와 같은 이유로 아파트 비리는 반드시 정부와 지방자치단체에서 고질적이며 악질적으로 발생하는 심각한 문제점을 좌시하지 말고 효율적인 대책을 강구하여 선제적으로 해결하여야 할 가장 시급한 정책과제인 것이다.

필자가 H아파트의 비상대책위원장을 하면서 지난 10년 동안 수집한 모든 비리를 파묻고 뒤로 한 채 심층 분석하여 해결방안을 찾으려고 혼신의 노력을 하지 않았으면 전국적으로 만연한 아파트 비리가 매우 심각한 수준인 것조차 알지 못했을 것이라고 확신한다.

더구나 필자는 금융감독원에 근무하면서 금융기관과 대기업을 상대로 약 40년 동안 정책감사업무를 수행한 베테랑 감사관이며 경영학 박사로서 사전에 풍부한 전문지식을 보유하였음에도 아파트 비리에 대한 엉킨 실타래의 끝을 완전히 찾는데 10년 이상이 걸렸으니 일반 국민들이 비리를 찾아내어 대처하기에는 불가능한 것이 현실이다. 이런 점을 악용해 입주자대표 등을 앞세워 완전범죄를 노리고 조직적으로 은폐한 것이다.

라. 입주자대표 등이 완전범죄로 적극적인 은폐를 하였음.

입주자대표 등은 최종 소비자인 입주자의 편에 서서 이익을 성실히 대변하여야 할 막중한 책임과 의무가 있다. 여기서 '입주자대표 등'이라 함은 입주자대표, 선거관리위원, 봉사회원, 노인회원, 통장, 관리소장과 직원, 경비원, 청소원, 커뮤니티센터 직원 등을 말한다. 이들은 입주자들이 납부하는 관리비에서 급여, 수당, 판공비, 회의비, 업무추진비, 격려금 등을 받는다. 따라서 입주자들의 이익을 위해 반드시 앞장을 서야 하는 책임과 의무가 있다. 그런데도 H건설의 이익을 위해 대변하며 사기분양, 하자보수, 관리비리 등을 외면하고 그들의 비리를 적극 은폐하였다.

H건설은 분양 당시부터 모델하우스에서 입주자대표 등(분양 당시 입주자예정자 대표)이 수분양자들을 상대로 다음 카페를 개설해 가입하도록 홍보할 수 있는 장소 등 편의를 제공하였다. 그리고 입주자대표 등은 H건설의 부실공사를 막는다며 회유해 입주예정자들에게 다음 카페를 홍보하며 가입을 도모하였다. 그러고 나서 마치 수분양자들을 위해 열심히

봉사하는 것처럼 위장하며 인정받고 입주한 후에 자연스럽게 입주자대표 등에 선출되었다. 더구나 관리소장과 직원 등은 입주하기 이전부터 H건설에서 관리업체로 국제경보산업(H건설 및 계열사의 퇴직자로 구성)을 선정해 이미 H건설의 이익을 대변하게 선제 조치를 하였다.

따라서 입주자대표 등은 입주자들의 의사와 이익을 대변하기 위해 선출된 것이 아니고, H건설의 이익을 대변하기 위해 조직된 것이다. 그런데도 입주자들은 입주자대표 등이 입주자들의 의사와 이익을 위하여 헌신적으로 봉사하는 것으로 순박하게 믿고 있었다. 더구나 입주자대표 등은 정보전달수단을 완전히 통제하고 계획적으로 입주자들의 귀와 입을 막고 눈뜬 봉사로 만들었다. 또한 입주자대표 등은 입주자들이 스스로 결정한 것처럼 완벽하게 위장하기 위하여 모든 과정과 절차를 철저히 지키며 관련 증거자료를 보관하고 문제가 발생하면 차후 사법당국에 제시해 자기들의 책임을 입주자들에게 감쪽같이 전가하였다.

그러나 H아파트의 경우에는 비대위원장이 10년 동안 끈질기게 추적해 중요한 증거자료를 확보함으로써 거짓을 명확히 밝힐 수 있었다. 즉 H건설이 분양대금 82억 원을 받아갔는데 돌려주지 않은 서쪽 경계 펜스 밖의 636.8 ㎡, 분양 당시 636.8 ㎡를 빼고 표시해 공지한 설계 모형 카탈로그, 불법 침범하지 않았던 42 ㎡, 한원광장이 편취한 90 ㎡, 김○석에게 매각한 113 ㎡, 한원광장과 김○석이 사용과 출입을 하도록 시공한 펜스 밖의 433.8 ㎡, 사기분양한 현장, 하자보수를 받지 않은 것, 관리비를 부당지출한 것, H건설에게 보낸 내용증명서, 녹취록, 준비서면, 탄원서, 판결문, 더사모 카페에 게시한 글, 불법선거를 한 선거인명부(USB) 등 수많은 증거자료를 확보해 보관하고 있다.

또한 입주자대표 등이 서쪽 경계 펜스 밖의 토지 636.8 ㎡를 악질적이며 조직적으로 못 찾게 방해하였기 때문에 입주자들은 636.8 ㎡를 찾기 위해 2015.10.15. 입주자대표 해임안에 75%가 서명하였다. 그러나 입주자대표가 사퇴하지 않았고, 선거관리위원이 해임투표를 실시하지 않고

636.8㎡를 못 찾게 악질적인 위법행위를 저질러 방해하였다.

하는 수 없이 입주자들은 2016.4월. 위임장에 55%가 서명해 제2기 입주자대표 등에게 선거관리업무에 일체 관여하지 말라고 통보하였고, 비대위원장에게 관리규약에 상관없이 선거관리업무 일체를 수행해 달라고 위임하였다. 이는 입주자들이 입주자대표 등에게 선거관리업무를 수행하지 못하게 권한을 중지시킨 강력한 조치이다.

그런 후에 입주자들은 관리규약, 입주자대표 해임안, 위임장에 근거하여 합법적인 방법으로 제2기 입주자대표 등의 임기가 2016.6.21. 만료되어 권한이 완전히 상실되었기 때문에 2016.6.26. 입주자들의 52%가 참여한 비밀투표로 제3기 입주자대표를 선출하여 제3기 입주자대표회의(회장 소○영)를 합법적으로 구성하였다. 그러나 제2기 입주자대표는 불법으로 제3기 입주자대표회의에 업무를 인계해 주지 않았다.

더구나 제2기 입주자대표는 2016.6.21. 임기 만료된 이후, 입주자들이 공정하고 적법한 절차에 의해 선출된 제3기 입주자대표회의와 선거관리위원회가 확실히 존재하고 있음에도, 불법으로 2017. 7.14. 선거관리위원을 다시 지명해 제3기 선거관리위원회(위원장 최○호)를 구성하였고, 불법선거로 2016.8.11. 입주자대표를 다시 선출하여 제3기 입주자대표회의(회장 유○운)를 구성하였다.

그런 후에 제2기 입주자대표 등은 불법선거로 승계한 선거인명부를 검증해 주지 않았다. 이후에도 불법으로 제4기 입주자대표 등을 선출하여 버젓이 관리업무를 수행하고 있다. 특히, 선거인명부를 허위 휴대폰번호로 작성하였는데도 검증해 주지 않고는 불법선거가 아니라고 뻔뻔스럽게 거짓주장을 하면서 사기분양한 토지 636.8㎡를 영원히 못 찾게 완전범죄를 저질러 방해하였다. 비대위원장은 이와 같은 불법행위를 광진구청에 감사해 달라고 요구하였고, 감사결과보고서를 보관하고 있다. 뿐만 아니라, 불법선거와 관련된 증거자료를 모두 확보하여 보관하고 있는데도 입주자대표 등은 여전히 불법으로 관리업무를 계속 수행하면서 사기분양한 토지 636.8 m²를 못 찾게 방해하고 있다.

2019년 우리나라 국민들의 부패인식지수(corruption perceptions index, CPI)는 59점으로 세계 39위이다. 1인당 국민소득 3만 불이 넘는 선진국을 자처하는데 형편없이 낮다. 이런 원인은 부정부패가 서민들이 살아가는데 얼마나 악영향을 미치는지 실질적으로 너무 모르고 있기 때문이다. 사법기관의 공명정대한 수사와 판결이 제일 중요하다. 더구나 무엇보다 서민들이 처한 현실을 정확히 인식하고 그것이 올바르게 제대로 처리될 수 있도록 지대한 관심을 가지고 공정하며 효율적으로 행동해야 하는 것도 매우 필요한 과제이다.

마. 사법당국이 완전범죄가 가능하도록 은폐해 주었음.

입주자대표 등은 사기분양한 서쪽 경계 펜스 밖의 636.8 m²가 현장보존이 잘 되어 있고, 재건축할 때까지 증거인멸을 할 수 없는데도 못 찾게 조직적으로 방해하였다. 또한 203 m²를 분할하여 제척해, 한원광장이 편취하거나 김○석에게 매각한 후의 경계에 펜스를 시공하지 않고 경계 안쪽 4 m 지점에 시공해 입주자들이 사용과 출입을 하지 못하는 부실공사인 것이 확실하게 규명되었는데도 하자보수를 못 받도록 방해하였다. 그리고 관리서류를 투명하게 열람하거나 공개해 주어야 함에도 열람하거나 공개를 거부하고 아파트 관리비리를 감쪽같이 속이며 은폐하였다.

더구나 입주자대표 등은 사기분양한 서쪽 경계 펜스 밖의 토지 636.8 m²를 못 찾게 방해할 목적으로 비대위원장이 더사모 카페에서 진실을 알려주지 못하도록 명예훼손을 하였다고 거짓으로 위장하면서 불필요한 고소, 고발, 수사, 재판을 유도하였다. 그리고 변호사를 앞세워 거짓의 진술, 준비서면, 증거자료, 탄원서를 제출해 광진경찰서, 서울동부지검, 서울고검, 서울동부지방법원, 서울중앙지방법원, 서울고등법원, 대법원이 속아서 오판하도록 악질적인 사법농단을 저질렀다.

그렇지만 비대위원장은 공공의 이익을 위하여 토지 636.8 m²가 사기분양된 것을 증명하고자 개인적으로 소송을 제기하였다. 서울고등법원에서 2015.2.10. 판결을 받고 대한지적공사에서 측량한 것을 근거로 더사모 카페에서 사기분양한 토지 636.8 ㎡에 대한 진실을 정확히 알려 준 것뿐이다. 따라서 명예훼손을 할 필요가 전혀 없고, 명예훼손을 하지도 않았다며 사법당국인 경찰, 검찰, 법원에 솔직히 진술하였다.

그럼에도 불구하고 최종적으로 수문장 역할을 제대로 하여야 할 사법당국은 저들의 간악한 거짓에 속아 오판함으로써 비대위원장을 선량한 피해자에서 악질적인 가해자로 뒤바꿔 놓았을 뿐만 아니라, 그로 인해 입주자들이 636.8 ㎡를 사기당한지 10년이 지나도록 못 찾고 있다. 이는 사법당국이 공정하게 수사와 재판을 하지 않았기 때문에 사기분양한 것을 찾지 못해 H아파트의 입주자들이 막대한 피해를 입고 있다.

바. 공직자의 조직적 집단적 비리를 수사할 기관이 없음.

지금까지 살펴본 바와 같이 H아파트에서 발생한 악질적이며 조직적인 비리는 전국의 아파트에서 유사한 수법으로 계속해서 발생하고 있는 사건들이다. 왜냐하면 건설회사에서 계획적으로 고질적이며 악질적인 위법행위를 저질렀음에도 입주자대표 등, 변호사, 고문, 자문위원들을 앞세워 비리를 은폐하려고 경찰, 검찰, 법원을 감쪽같이 속이며 악질적인 사법농단을 저질러 완전범죄로 영원히 은폐할 수 있기 때문이다.

그런데도 이러한 범죄를 사전과 사후에 체계적으로 예방하고 처벌할 정부조직이 전혀 없는 것이 큰 걸림돌인 것이다. 각 사법당국이 공정하게 수사와 재판을 수행하였다면 벌써 해결될 사건이었지만 이들은 사방에 뚫린 허점을 악용하고 서로 공조해 조직적으로 위법행위를 저지르며 비리를 숨기는 것에만 혈안이니 그 억울하게 당한 피해를 국민들이 고스란히 떠안는데도 마땅한 해결방법과 효율적인 대책이 없다.

따라서 H건설, 광진구청, 입주자대표 등은 조직적으로 저지른 비리를 합법적인 방법을 통해 완전범죄로 은폐할 수 있도록 성공할 수 있는 반면, 비대위원장과 입주자들은 억울하게 누명을 쓰고 악질적인 범법자로 몰렸다. 이는 고질적이며 조직적인 비리를 공정하게 수사하고 처벌할 광진경찰서, 서울동부지검, 서울중앙지검, 서울동부지방법원, 서울중앙지방법원이 오히려 공정한 업무처리를 한 것이라며 오판하여 입주자들은 억울하게 통곡하며 손해배상을 받지도 못했다.

더구나 공공의 이익을 위해 사기분양한 토지 636.8 ㎡를 찾아주려고 했던 비대위원장은 선량한 피해자에서 악질적인 가해자로 몰려 억울하게 민·형사상 책임까지 지어야만 했다. 분명히 분양대금 82억 원을 납부한 서쪽 경계 펜스 밖의 토지 636.8 ㎡의 확실한 증거가 현장에 잘 보존되어 있고 재건축할 때까지 증거인멸이 불가능한 데도 어느 누구에게 전혀 책임을 묻지 않았다. 그렇다면 국민들은 과연 어디에서 누구에게 하소연하여야 해결할 수 있는 것인가? 행정부를 책임지는 문재인 대통령님, 입법부를 책임지는 박병석 국회의장님, 사법부를 책임지는 김명수 대법원장님, 이분들께 국민을 대신해 정중하게 솔직히 묻고 싶다.

더 큰 문제는 법치국가에서 악질적인 아파트 비리가 대기업의 전략으로 언론조차 외면하며 수면 아래로 묻히고, 이해할 수 없이 은폐되며, 억울한 누명을 뒤집어쓰는 것이 현실이다. 이렇게 억울하게 사기를 당한 국민만 땅을 치며 하늘을 원망하고 있다. 정부는 전국적으로 좀 도둑처럼 퍼져있는 아파트 비리의 고질적이며 악질적인 적폐를 반드시 척결하여야 한다. 고위공직자범죄수사처(공수처)가 첫 번째로 아파트 비리를 수사해 토착화된 악질적인 적폐를 완전히 척결하여야 한다.

사. 모든 국민을 대신해 사법당국에 꼭 묻고 싶은 질문

입주자들은 분양대금 82억 원을 납부하였는데 토지 636.8 ㎡를 돌려받지 못해서 사용과 출입을 못하고 있다. 그러나 사기분양한 토지 636.8 ㎡는 서쪽 경계 펜스 밖에 현장이 잘 보존되어 있고, 재건축할 때까지 증거인멸을 할 수도 없다. 그런데도 H건설, 광진구청, 입주자대표 등은 불법선거로 승계하면서 정보전달수단을 완전히 통제하고 못 찾게 방해하였다. 입주자들이 사기분양한 토지 636.8 ㎡를 찾기 위해 증거자료를 제시하며 고소, 고발, 수사, 재판을 수없이 하였는데 사법당국은 사법농단에 속아서 오판하여 토지 636.8 ㎡를 찾아주지 않았고, 오히려 못 찾게 방해까지 하였다. 이처럼 악질적인 사기분양, 부실시공, 아파트 비리가 전국적으로 심각한 실정인데도 사법당국은 법치국가라고 말할 수 있겠는가? 국민들이 사법당국을 골키퍼로서 신뢰할 수 있겠는가? 이 질문에 답변을 해 주시고, 양심상 답변할 확신이 없다면 고위공직자범죄수사처(공수처)가 수사해 답변하여야 한다.

제15부

맺는말

옛말에, 도둑이나 강도는 절대 혼자 막지 못한다고 했다. 온 마을 사람들이 경계하고 조심해야 당하지 않는다. 오늘 내가 당하지 않았다고 해서 안심할 일이 절대로 아니다. 왜냐하면, 다음은 바로 당신 차례일지도 모르기 때문이다. 광진구청과 사법당국은 눈 감고 귀를 막았고, 지금도 건설사들은 마치 암묵적 허가를 받은 듯 사기분양, 부실시공, 관리비리를 멈추지 않고 있으며, 입주자대표 등이 불법선거로 승계하며 정보전달수단을 완전히 통제하고 못 찾게 방해하였다. 어쩌면 우리는 이미 당했거나 곧 당할 일만 남았다. 심각하고 무서운 세상이다. 그들은 호시탐탐 눈먼 입주자들을 노린다. 조직적인 아파트 비리에 재미가 들렸기 때문이다.

지금 대한민국 부동산 시장에서는 현대판 봉이 김선달이 판을 치고 있다. 그들은 평생 허리띠 졸라매고 청춘을 바쳐 장만한 국민들의 소중한 재산을 함부로 빼돌리고 제멋대로 점유하고 그것에 부과된 세금까지 순진한 입주자들에게 몰래 덤터기 씌우고 완전범죄를 노리며 악질적인 위법행위를 저질러 영원히 묻어두려고 끊임없이 시도한다.

이렇듯 정의롭고 공정한 사회를 우롱하는 도둑들이 버젓이 세상을 활보하는데도 골키퍼인 광진구청과 사법당국은 몰라서 속는 것인지 아는데도 귀찮아서 외면하는 것인지 팔짱 낀 채 보고만 있다. 너무나 개탄스럽다. 몰라서 속았다면 통탄할 입주자들이 10년 동안 사기분양으로 수사 및 재판을 받은 이 냉혹한 현실을 이제는 알 만도 할 텐데 지금도 그들은 눈 감고 귀 막고 있다. 그러고도 공무원들은 뻔뻔스럽게 국민들이 낸 피 같은 세금에서 자신들의 월급을 꼬박꼬박 당당하게 챙겨간다.

이들은 더 나아가 사기분양, 부실시공, 관리비리로 법적 분쟁이 야기되면 오히려 건설사들 편에서 암묵적인 힘을 보태고 입주자들에게 피눈물을 흘리게 돕는 모양새다. 우리나라에는 아파트 비리로 인해 선량한 입주자들을 울리고 등쳐먹는 도둑이 많아도 너무 많도록 그냥 방치해 두었다.

선량한 국민을 상대한 건설로 평생 막대한 부를 축적한 H건설! 이 기업은 과연 어떤 기업정신을 바탕으로 건전경영을 하려는 것인지 대한민국 국민을 대표해 엄중히 묻고 싶다. 더 심각한 일은 비단 H건설뿐만이 아닌 것이 더 큰 문제이다. 그 부패한 기업들 뒤에 마치 경찰과 포주처럼 유착된 채 그들을 방조하고 묵인한 광진구청 및 사법당국이 버젓이 버티고 있다. 이것은 정의와 공정에 높은 성벽을 쌓는 끔찍한 일이다.

다시 말하지만 H건설은 H아파트를 분양하면서 입주자들이 서쪽 경계 펜스 밖의 636.8㎡를 사용과 출입을 하지 못하게 빼고 설계, 모형, 카탈로그에 표시해 시공하고 사용검사승인을 받았는데 분양대금 82억 원을 뻔뻔하게 챙겨갔다. 그리고 203㎡는 분할하여 제척해 한원광장이 편취하거나 매각하였고, 433.8㎡는 한원광장 등이 사용과 출입을 하도록 203㎡를 분할하여 제척한 후의 경계 안쪽 4m 지점에 펜스를 시공하여 입주자들이 매년 재산세만 납부하게 끼워 팔기의 수법으로 사기분양을 하였다.

이러한 악질적인 불법행위를 분양 당시 전혀 고지하지도 않았다. 전문지식이 없는 선량한 입주자들을 감쪽같이 속이고, 모델하우스를 방문하는 이들에게 마치 최고의 건설서비스를 책임지겠다는 듯 현란한 친절로 가면을 쓰고, 입주자들의 행복과 꿈을 감쪽같이 기만했으며, 평온하고 안락한 가정을 순식간에 파탄으로 몰아넣었다.

입주자들의 소중한 재산에 대한 권한은 자기들이 갖고 세금납부만 입주자들 몫으로 돌려놓은 파렴치한 짓을 하였다. 이렇게 입주자들은 사용과 출입을 하지 못하는 토지 636.8㎡를 매년 재산세까지 납부하도록 끼워 팔기의 수법으로 사기분양을 당했다. 입주자들을 자기들의 발밑에 놓고 함부로 보지 않고서야 이런 악질적인 범죄를 반복할 수는 없다. 인간이길 포기한 저들이 믿고 활개 치는 그 배후에는 도대체 어떤 또 다른 힘이 버티고 있는 것일까? 이것은 잠시만 생각해도 아주 쉽게 답이 나온다.

광진구청은 토지 636.8㎡를 사기분양하지 못하게 철저히 관리감독하여야 함에도 고의로 묵인했다. 오히려 사기꾼 건설사들에게 활개 치도록 사업허가, 제척승인, 사용검사승인을 해주었다. 이는 살인 전과자들에게 살인면허를 내준 것과 대체 뭐가 다른 것인가? 선량한 국민들을 상대로 마음껏 속이고 사기를 쳐도 좋다고 묵인한 것이 아니고 무엇인가? 광진구청의 공무원들은 한번 진실한 답변을 해보시라.

더구나 입주자대표 등은 불법선거로 승계하면서 정보전달수단을 완전히 통제하며 진실을 감쪽같이 속이고 입주자들의 이익을 전혀 대변하지 않았다. 치안 잘 지키라며 세워둔 경비원이 도둑을 불러들인 것과 같다. 입주자대표 등! 당신들의 책임과 의무는 대체 무엇인지 묻고 싶다. 당신들은 입주자들을 대신해 아파트의 대표를 맡아 성실히 업무를 수행할 사람들이다. 그렇다면 입주자들의 손해를 막고 불이익을 찾아내며 정의를 명명백백히 밝히고 따지는 막중한 책임과 의무가 주어졌다.

그런데 오히려 눈을 부릅뜨고 감시하며 주시해야 할 그들과 손잡고 자신들이 보호했어야 할 입주자들의 목숨 같은 소중한 재산을 멋대로 몰래 밀거래 했다. 더구나 불법선거로 승계한 선거인명부조차 검증해 주지 않으면서 정보전달수단을 완전히 통제하고 입주한 2012.3.30. 이후로 단 한 번도 사기분양한 토지 636.8 ㎡를 찾아야 한다고 알려주지 않았다. 입주자들은 못된 고양이에게 생선을 맡긴 격이 되었다.

조직적인 위법행위를 뻔뻔히 저지르고도 양심의 가책은커녕 사기분양한 토지 636.8 ㎡를 못 찾게 방해공작을 핀 것도 모자라 불필요한 고소, 고발, 수사, 재판을 야기했다. 그리고 변호사를 앞세워 거짓의 진술, 준비서면, 증거자료, 탄원서를 제출해 경찰, 검찰, 법원이 감쪽같이 속아서 오판하도록 악질적인 사법농단을 저질러 완전범죄로 영원히 은폐하였다. 더구나 찾아주려는 비대위원장을 선량한 피해자에서 악질적인 가해자로 뒤바꿔 울리고 기만했다. 악질도 이런 악질이 없다.

광진경찰서, 서울동부지검, 서울고검, 서울동부지방법원, 서울중앙지방법원, 서울고등법원, 대법원 등의 사법당국들! 당신들은 양심의 가책을 전혀 모르는 사람들인가? 당신들은 누구를 위해 일하는 공무원인가? 양심적으로 대답해 보라. 나라의 부정부패를 척결하고 정의와 공정을 올바로 세워 억울한 국민이 없게 해도 모자랄 판에 악질적이며 고질적인 범죄를 조장하고 사기꾼들을 비호해도 되는 것인가! 당신들은 선량한 국민들의 권익을 보호해 주어야 할 막중한 책임과 의무가 있는 최종 감시자로서 국민들이 그 자리에 있게 허락해준 것이다.

그런데도 당신들은 오히려 사기에 가담한 입주자대표 등과 그들이 의뢰한 변호사가 낸 거짓의 진술, 준비서면, 증거자료, 탄원서에 속아서 중대한 실수로 오판을 수없이 했다. 그 결과 H건설, 광진구청, 입주자대표 등은 더 안전하게 감쪽같이 완전범죄로 영원히 은폐할 수 있었다. 국민의 세금으로 밥을 먹으면서도 무지하며 게으르고 양심마저 저버린 당신들 때문에 선량한 입주자들은 서쪽 경계 펜스 밖의 토지 636.8㎡를 사기분양한지 10년이 지났는데 억울하게 못 찾고 있다.

필자인 비대위원장은 조직적인 사법농단의 방해에도 불구하고 '계란으로 바위치기'와 같은 외로운 싸움을 지난 10년 동안 해왔다. 사기분양한 토지 636.8㎡를 찾기 위해 H건설에 대한 손해배상청구소송도 감당했다. 그런데 입주자대표 등의 불법선거에 대한 선거무효확인소송이 선거인명부를 검증해 보지도 못하고 억울하게 법원에서 기각 당했다. 더구나 공공의 이익을 위해 진실을 정확히 알려주었는데 명예훼손을 하였다고 거짓으로 둔갑해 선량한 피해자에서 악질적인 가해자로 뒤바뀌었다. 적반하장도 이 정도면 지나가는 모든 개가 웃을 한심한 일이다.

결국 필자는 사기분양한 토지 636.8㎡를 찾기 위해 민·형사소송 등의 재판을 20회 하였고 아직까지 진행 중이며, 수사기관에 불려가 수사와 조사를 10회 이상 받았으면서 죄 없이 유치장의 신세까지 경험했다. 그리고 현재까지 사법당국의 고의 또는 중대한 오판으로 인해 사기분양을 당한지 10년이 지나도록 636.8㎡를 찾기 위해 싸우고 있다.

따라서 비대위원장은 기필코 공공의 이익을 위하여 '숨겨진 아파트 비리 완전정복'을 만천하에 확실히 밝히고 알릴 각오뿐이다. 순진한 모든 국민들이 저 양아치 파렴치범들에게 억울하게 이용당하지 않기를 바라는 순수한 마음으로 이 책을 썼다. 힘들어도 누군가는 고질적인 적폐를 반드시 척결해야만 한다. 그래야 더는 억울하게 피해보는 국민이 나오지 않는다. 필자가 그동안 고독하게 싸워온 지난 10년 동안의 세월이 억울해서라도 사랑하는 대한민국을 정의롭고 공정한 사회로 만들겠다는 순수한 사명감을 절대 포기하지 않을 것이다. 그래서 사기분양한 636.8 ㎡를 찾기 위해 입주자들을 도와 2017.2.28. 서울중앙지방법원에 소송을 제기하였는데 재판이 교묘히 지연되다가 2019.12.19. 선고되었는데 이번에도 중대한 오판으로 203 ㎡만 인정하고 433.8 ㎡를 거부당했다.

그러나 사기분양한지 10년이 지났지만 아직 찾지 못한 토지 636.8 ㎡가 서쪽 경계 펜스 밖에 현장이 잘 보존되어 있고, 재건축할 때까지 증거인멸을 할 수도 없다. 저들은 불법죄과에 대한 증거가 명백하게 있기에 절대로 발뺌할 수도 없다. 입주자들은 수시로 감시하며 반드시 소중한 재산 636.8 ㎡를 저 사기꾼들의 손아귀에서 되찾고 말 것이다. 그런데도 입주자대표 등은 불법선거로 승계하면서 입주자들의 이익을 대변하기는커녕 입주자들의 재산을 찾아주려고 앞장선 비대위원장에게 조직적인 사법농단을 저지르며 범법자로 뒤바꿔놓고 방해만 하고 있다.

이는 국민들의 정당한 권리를 위해 존재하여야 할 사법당국이 H건설, 한원광장, 광진구청, 입주자대표 등의 악질적인 비리를 고의로 묵인하거나 외면하며 처벌하지 않고 진실을 오판한 중대한 잘못에 기인한 천인 공로할 고질적이며 조직적인 적폐에 기인한다. 비대위원장으로서 지난 10년 동안 감당하기 불가능한 매우 힘든 상황에서도 피눈물 나는 체험을 수없이 했다. 필자는 이런 소중한 경험을 통해 H아파트의 비리를 심층적이며 체계적으로 분석하여 총정리를 할 수 있었다.

강산이 수없이 변하도록 겪어온 이 힘든 경험이 썩을 대로 썩은 이 세상을 새롭고 올바로 바꾸게 될 것으로 굳게 믿는다. 전국적으로 쌓여있는 사기분양, 하자보수, 아파트 비리에 대한 고질적이며 조직적인 적폐가 척결되는 그날까지 목숨 걸고 이 싸움을 절대 멈추지 않을 것이다. 눈이 있고 깨어 있는 국민은 반드시 내 호소와 분노를 실감 있게 이해할 것이고, 모든 국민들이 내게 힘을 실어줄 것으로 굳게 믿는다. 이 싸움은 필자 개인의 싸움이 절대로 아니다. 지금 이 책을 읽고 있는 대한민국 국민의 소중한 재산을 지켜내기 위한 단결된 목표의 싸움인 것이다.

필자 하나의 희생을 발판 삼아 모든 국민들이 정의롭고 공정한 사회에서 이웃과 함께 더불어 행복한 삶을 누리며 살아갈 수 있기를 간절히 기원한다. 끝으로 필자가 수사권이 없어 처벌까지 완결할 수 없기 때문에 국민의 80%가 아파트 등 공동주택에서 살고 있지만 의지할 곳이 없는 억울한 피해자들이므로 고위공직자범죄수사처(공수처)의 첫 번째 과제로 삼아 고질적이고 악질적인 적폐를 척결해 모든 국민이 자랑스러운 대한민국을 영원히 사랑할 수 있기를 간절히 기원하며 맺음말을 대신한다.

[참고] 아파트 비리 관련 사건요약

□ 종결된 재판

- 토지 636.8 ㎡가 사기분양된 것을 증명한 민사판결(p35)
  서울중앙지방법원 2012가합535576 2014.5.14. 선고
  서울고등법원 2014나2017280 2015.2.10. 선고
  대법원 2015다210477 2015.6.23. 선고

- 단체소송에서 오판해 토지 69.3 ㎡만 인정한 민사판결(p177)
  서울동부지방법원 2013가합3123 2014.8.22. 선고

- H건설이 무죄라고 오판한 형사판결(p179)
  서울중앙지방법원 2014고합1495 2015.4.24. 선고
  서울고등법원 2015노1289 2015.7.9. 선고

- 비대위원장이 명예훼손을 하였다고 오판한 형사판결(p184)
  서울동부지방법원 2016고정1717 2016.8.22. 선고
  서울동부지방법원(항소부) 2016노1342 2016.12.22. 선고
  대법원 2018도1201 2018.3.9. 선고

- 비대위원장이 명예훼손을 하였다고 오판한 민사판결(p190)
  서울동부지방법원 2016가단136123 2018.8.31. 선고
  서울동부지방법원(항소부) 2018나28701 2019.6.12. 선고
  대법원 2019다247521 2019.10.31. 선고

- 불법선거를 공정한 선거로 오판한 민사판결(p193)
  서울동부지방법원 2016가합107712 2016.7.20. 선고

서울고등법원 2016나 2043228 2018.7.18. 선고

대법원 2018다262837 2018.11.29. 선고

□ 진행 중인 재판

- 사기분양한 토지 636.8 ㎡를 찾기 위한 민사판결(p199)

  서울중앙지방법원 2017가합554756(2019.12.19. 선고)

  서울고등법원(2020나2003046 2020.1.3. 진행 중)

- 비대위원장이 명예훼손의 누명을 벗기 위한 형사판결(p202)

  서울동부지방법원 2019고정1168(2019.11.7. 진행 중)

- 불법선거로 업무방해를 하여 재정신청

  서울고등법원 2020초재1530(2020.5.28. 기각)

  대법원 2020모1798(2020.6.2. 진행 중)

□ 주요사건

- 청와대의 국민청원 및 국민권익위원회의 신문고 청원
- 입주자대표 등이 더사모 카페를 폐쇄하려고 민원제출(방송통심심의위원회는 2019.4.2. 공공의 이익으로 의결해 거부)
- 입주자대표 등이 더사모 카페에서 명예훼손을 하였다고 위장해 비대위원장을 광진경찰서에 고소 및 고발(5회)
- 비대위원장이 불법선거로 업무 방해한 입주자대표 등을 고소(광진경찰서와 서울동부지검의 무혐의 처분, 서울고검 항고기각, 서울고법 재정신청기각)
- 더사모 카페 http://cafe.naver.com/withneighbors 660편의 글
- 입주자대표 해임안 및 위임장(p299)
- 비대위원장이 입주자대표 및 변호사에게 보낸 내용증명(p302, p331)
- 대검찰청 총장, 경찰청장, 광진구청장에게 진정서 제출(p342)

□ 위법행위 요약

1. 사건 개요

H건설은 H아파트를 2009.10.12. 분양하면서 서쪽 경계 펜스 밖의 토지 636.8 ㎡에 대하여 사용과 출입을 하지 못하게 빼고 설계, 모형, 카탈로그에 표시하여 공지해 시공하고 사용검사승인을 받았는데 분양대금 82억 원을 받아가는 사기분양을 하였다.

그리고 토지 636.8 ㎡ 중에서 203 ㎡는 분할하여 제척해 90 ㎡를 한원광장이 편취하였고, 113 ㎡를 김○석에게 558백만 원에 매각하였다. 또한 433.8 ㎡는 한원광장과 김○석이 사용과 출입을 하도록 203 ㎡를 분할하여 제척한 후의 경계 안쪽 4 m 지점에 펜스를 시공해 입주자들이 매년 재산세만 납부하게 끼워 팔기의 사기분양을 하였다.

더구나 입주한 이후에는 분양 당시 속이고 만든 설계, 모형, 카탈로그를 보여주면서 그대로 시공하였는데 웬 사기분양이냐며 거짓주장을 하고 사기분양한지 10년이 지나도록 636.8 ㎡를 돌려주지 않았다. 그러나 사기분양한 토지 636.8 ㎡는 서쪽 경계 펜스 밖에 현장이 잘 보존되어 있고, 재건축할 때까지 증거인멸을 할 수도 없는데 H건설이 636.8 ㎡를 돌려주지 않고 잘못한 것을 반성조차 하지 않는다.

광진구청은 H건설이 토지 636.8 ㎡를 사기분양하도록 묵인해 사업허가를, 203 ㎡를 분할하여 제외하도록 제척승인을, 433.8 ㎡를 경계 안쪽 4 m 지점에 펜스를 시공하였는데 사용검사승인을 해주었다.

입주자대표 등은 사기분양한 토지 636.8 ㎡를 못 찾게 방해할 목적으로 불법선거를 하면서 계속 승계하였고, 정보전달수단을 완전히 통제하였으며, 입주한 2012.3.30. 이후로 단 한 번도 636.8 ㎡를 찾아야 한다고 알려주지 않고 속였다. 더구나 입주자대표 등은 불필요한 고소, 고발, 수사, 재판을 야기하고, 변호사를 앞세워 거짓의 진술, 준비서면, 증거자료, 탄원서를 제출해 경찰, 검찰, 법원이 속아서 오판하도록 악질적인 사법농단을 저질렀다. 이와 같이 H건설, 광진구청, 입주자대표 등은 서로 공모해 조직적으로 토지 636.8 ㎡를 사기분양하였고, 입주한 이후에도 사기분양한 토지 636.8 ㎡를 못 찾게 조직적으로 방해하였다.

2. H건설의 위법행위

H건설은 2009.10.12. H아파트를 분양하면서 2007.11.14. 이전부터 불법 점유한 토지 161 ㎡를 원상복구하지 않았고, 오히려 토지 636.8 ㎡까지 사용과 출입을 하지 못하게 빼고 설계, 모형, 카탈로그에 표시하여 시공하고 사용검사승인을 받았음에도 분양대금 82억 원을 받아갔다. 그리고 토지 636.8 ㎡ 중에서 203 ㎡는 분할하여 제척해 90 ㎡를 한원광장이 편취하였고, 113 ㎡를 김○석에게 558백만 원에 매각하였다. 또한 433.8 ㎡는 한원광장과 김○석이 사용하도록 203 ㎡를 분할하여 제척한 후의 경계 안쪽 4 m 지점에 펜스를 시공해 입주자들이 매년 재산세만 납부하게 끼워 팔기의 수법으로 사기분양을 하였다. 더구나 입주한 이후에는 분양 당시 속이고 만든 설계, 모형, 카탈로그를 보여주면서 그대로 시공하였는데 웬 사기분양이냐며 거짓주장을 하였고, 사기분양한지 10년이 지나도록 토지 636.8 ㎡를 돌려주지 않았다.

3. 광진구청의 위법행위

광진구청은 H건설이 토지 636.8 ㎡를 사기분양하도록 묵인하며 사업허가, 제척승인, 사용검사승인을 해주었고, 입주자대표 등이 불법선거를 하였는데 공정선거로 인정해 주었으며, 토지 636.8 ㎡를 못 찾게 방해하고자 다음과 같이 직권남용권리행사방해를 하였다.

① 토지 636.8 ㎡를 사기분양하도록 사업허가를 해 주었고, 203 ㎡를 분

할하여 제척하도록 승인해 주었으며, 433.8 ㎡를 사용과 출입을 하지 못하게 경계 안쪽에 펜스를 시공하였는데 사용검사승인을 해 주었다. 더구나 입주자들이 636.8 ㎡를 찾아 달라고 청원하자 도시건설국장, 주택과장, 감사담당관 등 관계자들이 현장을 검증하였음에도 10년이 지나도록 사기분양한 토지 636.8 ㎡를 못 찾게 방해한 점.

② 입주자들은 입주자대표 등의 임기가 2016.6.21. 만료되어 권한이 완전히 상실된 후에 관리규약, 입주자대표 해임안, 위임장에 의거 입주자총회에서 제3기 선거관리위원회(위원장 신○휴)를 선출하였고, 2016.6.26. 52%가 참여한 비밀투표로 제3기 입주자대표회의(회장 소○영)를 합법적인 방법으로 선출하였다. 그런데도 광진구청은 제3기 입주자대표회의 구성신고서를 접수해 주지 않고 반려한 점.

③ 입주자들은 제2기 입주자대표 등의 임기가 2016.6.21. 만료되어 권한이 완전히 상실되었기 때문에 관리규약, 입주자대표 해임안, 위임장에 의거 2016.6.26. 제3기 입주자대표회의를 선출하였음에도, 제2기 입주자대표 등이 사기분양한 토지 636.8 ㎡를 못 찾게 방해할 목적으로 업무를 인계하지 않았고, 2016.7.14. 불법으로 제3기 선거관리위원회(위원장 최○호)를 다시 지명하였는데 승인해 준 점.

④ 불법으로 제2기 입주자대표 등에 의거 지명된 제3기 선거관리위원회(위원장 최○호)가 2016.8.11. 전자투표로 불법선거해 제3기 입주자대표회의(회장 유○운)를 다시 선출하였는데 승인해 준 점.

⑤ 전자투표로 대리투표를 하여 선출된 제3기 및 제4기 입주자대표회의가 선거인명부를 검증해 주지 않았는데 승인해 준 점.

⑥ 서쪽 경계 펜스 밖의 사기분양한 토지 636.8 ㎡, 한원광장이 편취한 90 ㎡, 김○석에게 매각한 113 ㎡. 분할하여 제척한 203 ㎡, 펜스를 잘못 시공한 불용토지 433.8 ㎡의 현장이 잘 보존되어 있는데 입주자들에게 돌려주지 않고 있는 점.

4. 입주자대표 등의 위법행위

① 불법선거로 계속해서 승계

비대위원장은 공공의 이익을 위해 토지 636.8 ㎡가 사기분양된 것을 확실히 증명하였다. 그리고 제2기 입주자대표(전○수, 이○욱, 김○복)와 선거관리위원(박○식, 최○정)에게 사기분양한 토지 636.8 ㎡를 찾아달라고 강력히 요구하였는데 못 찾게 조직적으로 방해하였다.

따라서 입주자들은 사기분양한 토지 636.8 ㎡를 합법적인 방법으로 찾고자 비상대책위원회(위원장 소○영)를 2015.9.2. 결성하였다. 그리고 입주자들은 사기분양한 토지 636.8 ㎡를 찾고자 2015.9.9. 1403동 입주자대표 보궐선거에 비대위원을 단독후보로 출마시켰다. 그러나 입주자대표 등은 고의로 22%만 방문투표를 하고는 과반수에 미달하였다며 낙선시켰다.

하는 수 없이 입주자들은 토지 636.8 ㎡를 찾기 위하여 2015.10월. 입주자대표 해임안에 75%가 서명해 사퇴하라고 통보하였는데 제2기 입주자대표가 사퇴하지 않았고, 제2기 선거관리위원이 해임투표를 하지 않았다. 어쩔 수 없이 입주자들은 2016.4월. 55%가 서명하여 제2기 입주자대표, 선거관리위원, 관리소장에게 선거관리업무에 일체 관여하지 말라고 통보하였다. 그리고 비대위원장에게 관리규약과 상관없이 선거관리업무 일체를 수행해 달라고 위임하였다. 이는 입주자대표 등에게 불법선거를 하지 못하도록 선거관리업무의 권한을 중지시킨 강력한 조치이다.

그런데도 제2기 입주자대표와 선거관리위원은 입주자들의 강력한 지시를 무시하고 불법으로 선거관리업무를 수행하며 불법선거를 하였다. 더구나 제2기 입주자대표와 선거관리위원은 불법으로 2016.6월. 제3기 선거관리위원을 선출하려고 시도하였다. 이에 크게 분개한 입주자들은 강력히 거부하며 전혀 협조하지 않았기 때문에 2016.6.21. 임기가 만료될 때까지 제3기 선거관리위원을 선출하지 못했다.

왜냐하면 제2기 입주자대표와 선거관리위원은 ① 각 단체장들에게 제3

기 선거관리위원을 추천하라고 공지하였는데 거부하며 추천하지 않았다. ② 입주자들에게 제3기 선거관리위원을 신청하라고 공지하였는데 거부하며 신청하지 않았다. ③ 재차 입주자들에게 제3기 선거관리위원을 신청하라고 공지하였는데 또다시 거부하며 신청하지 않았다. ④ 광진구청장에게 제3기 선거관리위원을 선출하여 달라고 요청하였는데 거부하며 입주자들이 스스로 알아서 선출하라고 통보하였다. 결국 제2기 입주자대표와 선거관리위원은 2016.6.21. 임기 만료일까지 선출하지 못했다.

이와 같이 제2기 입주자대표와 선거관리위원은 입주자들의 의사와 이익에 반해 불법으로 제3기 선거관리위원회를 선출하려고 4회에 걸쳐 시도하였지만 입주자들의 강력한 거부로 인해 선출하지 못하고 임기가 2016.6.21. 만료되어 권한이 완전히 상실되었다.

따라서 입주자들은 제2기 입주자대표와 선거관리위원의 임기가 2016.6.21. 만료되어 권한이 완전히 상실되었기 때문에 토지 636.8 ㎡를 찾기 위해 관리규약, 입주자대표 해임안, 위임장에 근거하여 입주자총회를 개최해 선거관리위원을 선출하였고, 제3기 선거관리위원회(위원장 신○휴)를 합법적인 방법으로 구성하였다.

그리고 제3기 선거관리위원회는 제2기 입주자대표와 선거관리위원의 불법적이고 위협적인 방해에도 불구하고 2016.6.26. 입주자들의 52%가 참여한 비밀투표로 입주자대표를 선출하여 제3기 입주자대표회의(회장 소○영)를 합법적인 방법으로 구성하였다. 이처럼 입주자들은 관리규약에 의거 공정하고 합법적인 방법으로 사기분양한 토지 636.8 ㎡를 찾고자 제3기 입주자대표회의를 선출하였다.

그런데도 불구하고 제2기 입주자대표와 선거관리위원은 제3기 입주자대표회의에 업무를 인계하지 않았고, 제3기 입주자대표회의 구성신고서를 접수해 주지 말라고 광진구청에 민원까지 제출하며 방해하였다. 이에 대하여 광진구청 주택과 김○혁 팀장은 사기분양한 토지 636.8 ㎡를 못 찾게 방해할 목적으로 제3기 입주자대표회의가 관리규약에 의거 선출된 것을 잘 알고 있었음에도 불구하고 주택과장이 휴가 중인 사이에 대결해 제3기 입주자대표회의 구성신고서를 반려하였다.

이는 광진구청이 토지 636.8 ㎡를 사기분양하도록 고의로 묵인하며 사업허가, 제척승인, 사용검사승인을 해 주었기 때문에 자신들의 비리가 드러날 것을 우려해 김○혁 팀장은 고의로 입주자대표회의 구성신고서를 접수해 주지 않고 반려하였다. 이처럼 김○혁 팀장이 직권남용권리행사방해로 명명백백한 불법행위를 하였기 때문에 입주자들은 사기분양한 토지 636.8 ㎡를 사기분양한지 10년이 지나도록 못 찾았다.

이상 살펴본바와 같이 제2기 입주자대표 등은 2016.6.21. 임기 만료된 이후에 ① 입주자대표 해임안 및 위임장에 의거 입주자들에게 선거관리업무를 수행할 권한 일체를 위임받지 못했다. ② 임기 만료일까지 제3기 선거관리위원을 위촉하려고 시도하였지만 입주자들이 강력히 거부하여 위촉하지 못했다. ③ 임기 만료된 이후에는 입주자대표와 선거관리위원의 권한이 완전히 상실되었다. ④ 입주자들이 사기분양한 토지 636.8 ㎡를 찾기 위하여 관리규약, 입주자대표 해임안, 위임장에 의거 2016.6.26. 제3기 입주자대표회의를 합법적인 방법으로 선출하였기 때문에 토지 636.8 ㎡를 찾도록 반드시 업무를 인계하여야만 한다.

그러나 제2기 입주자대표는 2016.6.21. 임기 만료되어 권한이 완전히 상실되었음에도, 불법으로 2016.7.14. 제3기 선거관리위원회(위원장 최○호)를 지명하였다. 더구나 제3기 선거관리위원회는 전자투표를 악용해 불법선거로 2016.8.11. 제3기 입주자대표(유○운, 공○미, 임○익)를 선출하였다. 이때 최○호는 선거인명부의 휴대폰번호를 20%만 확인(나머지 80%는 허위로 작성)하여 전자투표를 악용해 대리투표를 실시하였는데 61.86%가 투표를 하였다고 속였고, 사기분양한 토지 636.8 ㎡를 못 찾게 방해한 제3기 입주자대표가 당선되었다고 거짓 발표하였다.

따라서 입주자들은 41.86%가 불법선거를 하였다고 확신하게 되었다. 왜냐하면 입주자들은 최○호가 투표하라며 보낸 문자를 받고 사기분양한 토지 636.8 ㎡를 찾아 주겠다는 비대위원에게 모두 투표하였다. 그러나 최○호는 입주자들이 투표한 것과 반대로 토지 636.8 ㎡를 못 찾게 방해한 자신의 측근들이 당선되었다고 발표하였다. 그렇지만 모든 입주자들은 토지 636.8 ㎡를 찾아 주겠다는 비대위원이 당연히 당선될 것으로 확신하고 있었는데 못 찾게 방해한 제3기 입주자대표가 당선되었다고 발표해 불법선거라는 것을 확신할 수밖에 없었다. 어떤 입주자가 바보같이 토지 636.8 ㎡를 못 찾게 방해한 후보자에게 투표하였겠습니까?

이에 분개한 입주자들은 선거인명부(휴대폰번호), 세대별 투표현황, 관리규약개정 동의서를 검증해 달라고 요구하였다. 빗발치는 입주자들의 강력한 요구에 제3기 선거관리위원장(최○호)이 피신하였다. 그리고 선거관리전담요원(관리과장 김○용)은 비대위원장에게 추후 검증해 주겠다는 확인서와 USB(선거인명부와 입주자카드의 원본과 동일)를 제출하였는데 그후 사퇴하고 검증해 주지 않았다.

그래서 입주자들은 불법선거한 선거인명부 등을 검증하기 위해 소송을 제기할 수밖에 없었다. 그러나 제3기 선거관리위원장(최○호)과 제3기 입주자대표회장(유○운)은 법원에 세대별 투표현황만 제출하고 선거인명부 및 관리규약개정 동의서를 제출하지 않았기 때문에 불법선거를 실시한 USB 등을 검증할 수 없었다.

만약, 제3기 선거관리위원장(최○호)과 제3기 입주자대표회장(유○운)이 불법선거를 하지 않고 공정한 선거로 당선되었으면 법원에 선거인명부(USB)와 관리규약 개정 동의서를 제출하여 검증해 주었을 것이다. 그랬으면 입주자들은 불법선거를 실시하였다는 것을 확실히 규명하였고, 이미 사기분양한 토지 636.8 ㎡를 찾았다.

하는 수 없이 비대위원장은 선거인명부를 검증하고자 선거관리위원장(최○호)과 선거관리전담요원(관리과장 김○용)을 2019.3.22. 광진경찰서에 업무방해로 고소하였는데도 선거인명부(USB)의 비밀번호를 알려주지 않았다. 따라서 경찰청 사이버디지털포렌식센터 조○기 수사관이

약 3개월 동안 비밀번호를 확인하였지만 찾지 못했다고 하였다.

이에 대하여 광진경찰서와 서울동부지검은 불법선거한 증거자료들이 수없이 많은데도 증거부족하다고 불기소 처분하였다. 이와 같이 입주자대표 등은 불법선거로 승계한 선거인명부를 검증해 주지 않으면서 사기분양한 토지 636.8 ㎡를 못 찾게 조직적으로 방해하였다.

② 정보전달수단을 완전히 통제하고 의사 결정

H건설은 설계, 모형, 카탈로그에 토지 636.8 ㎡를 사용과 출입을 하지 못하게 빼고 표시해 시공하였는데 마치 토지 636.8 ㎡를 포함해 표시하여 시공한 것처럼 감쪽같이 속이며 완전범죄를 노리고 사기분양을 하였다. 그런데도 입주자대표 등은 불법선거로 승계하면서 선거인명부를 검증해 주지 않고 정보전달수단을 완전히 통제하였다.

더구나 비대위원장이 입주초기에 등기면적이 분양면적보다 69.3 ㎡가 적은 것을 밝혀내자 입주자대표 등은 세대별로 보면 소수점 이하이므로 정산하지 않는다고 속였다. 그리고 203 ㎡를 분할하여 매각한 것을 찾아내자 차일피일 미루며 찾아주지 않았다. 이처럼 정보전달수단을 완전히 통제하며 속이고 토지 636.8 ㎡를 못 찾게 방해하였다.

또한 H건설이 사기분양한 토지 636.8 ㎡를 완전범죄로 은폐할 목적으로 1404동 빌라 뒤를 수직옹벽으로 시공하지 않고 분양계약을 위반해 경계 안쪽에 계단과 산책로를 시공하였다. 그러나 입주자대표 등은 자신들이 요구한 것처럼 위장해 사기분양한 토지 636.8 ㎡를 은폐하였다.

이에 대해 비대위원장이 분양계약대로 시정하라고 강력히 요구한 이후에도 H건설은 산책로를 그대로 방치한 채 계단만 2단 산벽으로 변경하여 2012.3.28. 사용검사승인을 받았다. 그러다가 H건설은 2012.8월. 산책로를 철거하였지만 비대위원장이 2단 산벽을 수직옹벽으로 시정하라고 요구한 것에 대하여는 계속 시정하지 않았다.

그런데도 입주자대표 등은 636.8 ㎡를 못 찾게 방해할 목적으로 2018.9

월. 기존에 시공해 있던 2단 산벽 위에 불법으로 계단과 산책로를 설치하였다. 그리고 입주자들에게 공사비 약 3천만 원을 관리비로 부담시켰다. 이와 같이 정보전달수단을 완전히 통제하고 입주자들이 동의해 계단과 산책로를 설치하였다고 핑계를 대면서 악질적인 위법행위를 저질렀다.

③ H건설에게 민 · 형사상의 책임이 없다며 면죄부 부여

비대위원장이 사기분양한 토지 636.8 ㎡를 찾기 위해 H건설을 고소하자고 강력히 요구하였는데 입주자대표 등은 분양 당시 속이고 만든 설계, 모형, 카탈로그를 보여주면서 그대로 시공하였는데 웬 사기분양이냐며 H건설의 거짓주장을 대변하고 고소하지 않았다.

그러나 비대위원장의 독촉에 의거 입주자대표 2명(전○수, 유○운)은 H건설이 사기분양을 하였다고 형식적으로 광진경찰서에 고소를 하였는데 고소를 원했던 비대위원장을 제외하였고, 강남경찰서로 이첩이 되었다. 이는 H건설이 사업부지를 2007.11.14. 대한지적공사에서 측량하여 나○용과 김○석이 토지 161 ㎡를 불법 점유한 것. 사기분양한 636.8 ㎡를 빼고 설계, 모형, 카탈로그를 표시해 시공하였는데 분양대금 82억 원을 받아간 것, 불법 점유하지 않은 42 ㎡를 추가한 203 ㎡를 분할하여 제척해 매각한 것, 433.8 ㎡를 사용과 출입을 하지 못하게 펜스를 시공해 끼워 팔기로 매각한 것, 한원광장이 90 ㎡를 편취한 것, 김○석에게 113 ㎡를 558백만 원에 매각한 것에 관해 입주자대표 등이 수사 및 재판과정에서 진술하지 않아서 무혐의 처분 및 무죄를 받았다.

그렇지만 비대위원장은 공공의 이익을 위하여 사기분양한 토지 636.8 ㎡를 찾기 위해 개인적으로 소송을 재기한 서울고등법원의 항소심이 203 ㎡를 인정할 수밖에 없도록 진행되었다. 이때 입주자대표 등은 잘못한 것이 들통날까봐 H건설에 대한 재수사를 요구하였는데 서울고검이 사기분양한 것에 대해 재수사를 명령하였다. 이에 대하여 서울중앙지검은 한원광장(대표이사 고○현)을 배임혐의로 기소하였고, H건설에 대하여 무혐의 처분하였다.

그런데도 입주자대표 등은 H건설의 무혐의 처분에 대하여 전혀 항의하지 않았고, 한원광장(대표이사 고○현)을 재판하는 법정에도 출석하지 않았다. 그러나 비대위원장은 매번 법정에 참석해 공판부 박○영 검사의 증언을 하며 2년 6월을 구형하도록 도움을 주었다. 이와 같이 입주자대표 등은 형식적으로 고소만 해놓고 악질적인 위법행위를 저지른 것에 관해 진술하지 않았기 때문에 H건설이 무혐의 처분을 받았고, 한원광장(대표이사 고○현)이 무죄를 선고받게 되었다.

또한 입주자대표 등은 H건설이 분양대금 82억 원을 받아간 서쪽 경계펜스 밖의 토지 636.8 ㎡를 사용과 출입을 하지 못하게 빼고 설계, 모형, 카탈로그에 표시하여 시공한 후에 203 ㎡를 매각하거나 433.8 ㎡를 끼워팔기의 수법으로 매각하였는데 단체소송을 제기하였다. 그리고 입주자들에게 모든 권리를 위임받고는 중대한 위법행위를 설명하지 않거나 적극 대처하지 않았다. 따라서 서울동부지방법원은 사기분양한 토지 636.8 ㎡ 중에서 69.3 ㎡만 한원광장에게 손해배상책임을 인정하였고, H건설에는 손해배상책임이 전혀 없다고 잘못 판결하였다.

그런데도 박수부대까지 동원해 일사천리로 항소를 포기하였다. 이는 입주자대표 등이 고소, 고발, 수사, 재판을 야기하고 변호사를 앞세워 거짓의 진술, 준비서면, 증거자료, 탄원서를 제출해 경찰, 검찰, 법원이 속아서 오판을 하도록 악질적인 사법농단을 저질러 민 · 형사상의 면죄부만 주었으므로 입주자들이 전혀 신뢰하지 않는다.

④ 명예훼손 및 업무방해를 하였다고 위장해 고소

비대위원장은 공공의 이익을 위해 개인적으로 2015.2.10. 서울고등법원에서 판결을 받고(대법원에서 2015.6.23. 확정), 대한지적공사에서 측량하여 토지 636.8 ㎡가 사기분양된 것을 확실히 증명하였음에도 입주자대표 등이 찾아주지 않았기 때문에 다음 카페에서 사기분양한 토지

636.8 ㎡를 찾아야 한다고 알려주었다. 그런데 입주자대표 등은 사기분양한 진실이 밝혀질까 두려워 알려주지 못하도록 2015.7.18. 비대위원장을 다음 카페에서 회원자격을 박탈하고 강제로 퇴출시켰다.

그렇지만 비대위원장은 입주자대표 등의 방해에도 전혀 굽히지 않고 네이버에서 2015.8.24. 더사모 카페를 개설하여 사기분양한 토지 636.8 ㎡를 찾아야 한다고 목소리를 높여 진실을 정확하게 알려주었다. 그러자 입주자대표 등은 비대위원장이 자신들의 명예훼손을 한 것이라고 위장하여 2016.3.14. 광진경찰서에 고소하였다.

그러나 비대위원장은 공공의 이익을 위해 입주자들에게 사기분양한 토지 636.8 ㎡를 찾아주기 위한 목적이며 그 과정에서 입주자대표 등의 명예훼손을 할 필요가 없고, 명예훼손을 하지도 않았다며 광진경찰서에 출두해 진술하였다. 더구나 비대위원장은 사이버수사팀장 박○환 경위에게 사기분양한 토지 636.8 ㎡가 현장이 잘 보존되어 있고, 재건축할 때까지 증거인멸을 할 우려도 전혀 없으므로 현장을 확인하면 정확히 알 수 있다고 설명하며 공정한 수사를 요구하였는데 거절당했다.

오히려 박○환 경위는 부실 및 편파수사, 표적 및 별건수사를 하면서 명예훼손을 한 것이라며 기소의견으로 송치하였다. 이에 대해 서울동부지검 최○석 검사는 비대위원장이 공공의 이익을 위하여 진실을 알려주는 과정에서 발생한 것이었음을 호소한 진정서를 전혀 수사하지 않았다. 더구나 광진경찰서에서 보낸 입주자대표 등의 허위 사실에 대한 주장만을 믿고 명예훼손을 하였다며 약식기소(벌금 5백만 원)하였다. 이때 박○환 경위가 비대위원장의 솔직하고 정확한 진술을 믿고 공정한 수사만 하였으면 무혐의 처분을 하였고, 입주자들이 사기분양한 서쪽 경계 펜스 밖의 토지 636.8 ㎡를 이미 찾았다.

하는 수 없이 비대위원장은 억울하게 누명을 쓴 진실을 확실하게 밝히기 위해 정식재판을 청구할 수밖에 없었다. 그러나 서울동부지방법원은 비대위원장이 공공의 이익을 위해 사기분양한 토지 636.8 ㎡를 찾기 위하여 진실을 알려주었고, 명예훼손을 하지 않았으며, 할 필요가 없다는 것을 정확하게 인정하면서도 무죄가 아닌 선고유예(벌금 3백만 원)로 잘못 판결하였다(2016고정1717 2016.8.22. 선고).

그리고 서울동부지방법원(항소부)은 원심의 판단이 옳다며 무죄로 선고하지 않고 기각 판결하였고(2016노1342 2016.12.22. 선고), 대법원은 상고이유가 되지 않는다며 기각 판결하였다(2018도1201 2018.3.9. 선고). 이와 같이 비대위원장의 공공의 이익을 위한 진실은 변형되고 완전히 왜곡된 채 공정한 수사와 재판이 이루어지지 않았기 때문에 입주자들은 사기분양한 토지 636.8 ㎡를 찾지 못했다.

설상가상으로 입주자대표 등은 기다렸다는 듯이 명예훼손에 대한 형사재판이 선고유예(벌금 3백만 원)로 판결하였다며 뻔뻔스럽게도 비대위원장에게 1억 원의 손해배상을 하라고 민사소송을 제기하였다. 비대위원장은 다음 카페에서 강제로 퇴출을 당해 2015.8.24. 더사모 카페를 개설하여 사기분양한 진실을 알리고 사기분양한 토지 636.8 ㎡를 찾으려고 정당방위와 정당행위를 했던 것뿐이라며 솔직하게 진술하였다.

그런데도 서울동부지방법원은 비대위원장이 입주자대표 등에게 8백만 원을 지급하는 반면, 입주자대표 등이 비대위원장에게 소송비용의 9/10를 지급하라고 판결하였다(2016가단136123 2018.8.31. 선고).

이에 대하여 서울동부지방법원(항소부)은 원심의 판단이 옳다며 입주자대표 등과 비대위원장의 항소를 모두 기각하였다. 그리고 입주자대표 등에게 항소한 소송비용의 50%를 부담하라고 선고하였다(2018나28701 2019.6.12. 선고). 이어서 대법원은 원심의 판결이 옳다며 2019.10.31. 기각 판결하였다(2019다247521).

이에 더하여 입주자대표 등은 더사모 카페에서 명예훼손을 하였다며 비대위원장을 2018.10.8. 및 2019.3.14. 또다시 광진경찰서에 고소하였다. 이외에도 엘리베이터 안에서 협박하였고, 관리사무소에서 폭행하였다는 등 5차례 고소하였다. 그러나 이 중 2건은 무혐의 또는 각하되었다. 명예훼손 사건으로 2016.3.14. 고소한 것은 서울동부지법에서 선고유예를 선고하여 대법원에서 확정되었다. 이번 사건은 광진경찰서 박○현 경사가 더사모 카페에 올린 전체의 글을 수사하였음에도 명예훼손을 하였다고 오판하여 기소의견으로 송치하였다. 서울동부지검 양○필 부부장검사는 비대위원장의 억울하다는 수많은 진정서와 면담요청을 거부하며 오판해 약식기소(벌금 5백만 원)하였다. 따라서 비대위원장은 공공의 이익을 위한 진실을 명확히 밝히기 위해 서울동부지법에 정식 재판을 청구하여 재판이 진행 중에 있다(2019고정1168).

이와 같이 입주자대표 등은 사기분양한 토지 636.8㎡를 못 찾게 방해할 목적으로 비대위원장이 명예훼손을 한 것이라고 위장해 민·형사상 고소를 하면서 괴롭힌 것이다. 그렇지만 비대위원장은 재판과정에서 공공의 이익을 위한 것을 인정받은 반면에 입주자대표 등이 사기분양한 토지 636.8㎡를 못 찾게 방해한 것을 증명하였다.

⑤ 권한 없는 무자격자가 불법으로 관리업무 수행

제2기 입주자대표 등은 2016.6.21. 임기 만료되어 권한이 완전히 상실된 이후에도 불법으로 전자투표를 악용해 대리투표로 불법선거를 실시하였다. 이는 입주자대표 등이 과거에 저지른 사기분양, 하자보수, 관리비리 등을 수단방법을 가리지 않고 완전범죄로 영원히 은폐하려고 시도하려는 것에 목적이 있다. 만약 비대위원장이 토지 636.8㎡가 사기분양된 것을 발견하지 못했고, 더사모 카페를 개설하여 진실을 알려주지 않았다면 완전범죄로 영원히 묻혔을 악질적인 사건이다.

따라서 비대위원장은 언제든지 더사모 카페에 들어와서 글과 댓글을 쓰고 잘못이 있으면 지적하라고 공지하였는데 입주자대표 등이 감히 더사모 카페에 들어와 비방하지 못했다. 그러나 다음 카페 등 정보전달수단을 완전히 통제하고 거짓으로 글과 댓글을 쓰며 입주자들을 감쪽같이 속였다. 그리고 입주자대표 등은 비대위원장이 636.8㎡를 못 찾게 방해할 목적으로 더사모 카페를 폐쇄해 달라고 민원을 제출하였다. 그러나 네이버는 더사모 카페에서 공지한 모든 글들이 공공의 이익을 위한 것으로 인정해 더사모 카페를 폐쇄할 수 없다고 거부하였다.

이와 같이 입주자대표 등은 네이버에서 더사모 카페를 폐쇄하는 것을 거부하자 다음에는 방송통신심의위원회에 폐쇄해 달라고 민원을 제출하였다. 그러나 방송통신심의위원회는 2019.4.12. 심의위원회의를 개최하여 더사모 카페가 공공의 이익을 위해 진실을 알려준 것이 인정된다며 의결하였고, 더사모 카페를 폐쇄할 수 없다며 통보하였다.

그런데도 입주자대표 등은 더사모 카페에서 명예훼손을 하였다며 광진경찰서에 비대위원장을 2016.3.14., 2018.10.8., 2019.3.14. 고소하였다. 이외에도 엘리베이터 안에서 협박하였고, 관리사무소에서 폭행하였다는 등 5차례 고소하였다. 이와 같이 입주자대표 등은 2016.6.21. 임기가 만료되었기 때문에 권한이 상실되었는데도 무자격자로서 정보전달수단을 완전히 통제하며 감쪽같이 속이고 악질적인 위법행위를 저지르며 불법으로 관리업무를 계속 수행하고 있다.

⑥ 서울고법의 판결 이후에도 못 찾게 방해

입주자대표 등은 사기분양한 토지 636.8㎡를 못 찾게 방해할 목적으로 정보전달수단을 완전히 통제하고 분양 당시 속이고 만든 설계, 모형, 카탈로그를 보여주면서 그대로 시공하였는데 웬 사기분양이냐며 속였다. 하는 수 없이 비대위원장은 공공의 이익을 위하여 636.8㎡가 사기분양된 것을 증명하고자 개인적으로 소송을 제기하였다. 그리고 서울고등법원은 2015.2.10. 한원광장에게 203㎡를 손해배상하고 H건설에는 손해배상책임이 없다며 잘못 판결하였다(대법원에서 2015.6.23. 확정).

그렇지만 비대위원장은 한원광장에게 203㎡를 인정한 판결을 근거로 대한지적공사에서 측량해 203㎡를 분할하여 제척한 후의 경계부터 펜스까지 433.8㎡가 불용토지인데 입주자들의 소유라는 것을 확인하였다. 따라서 비대위원장은 토지 636.8 ㎡가 사기분양된 것을 확실하게 증명하였다.

그러나 입주자대표 등은 사기분양한 토지 636.8 ㎡를 못 찾게 방해할 목적으로 2015.2.10. 서울고등법원에서 판결을 받은 이후에도 불필요하게 비대위원장이 명예훼손을 하였다고 고소하거나 불법선거로 계속 승계하면서 악질적인 위법행위를 저질러 636.8 ㎡를 못 찾게 조직적으로 방해하였기 때문에 이러한 모든 귀책사유가 입주자대표 등에게 있다.

더구나 입주자대표 등은 비대위원장이 보낸 현안문제에 관한 내용증명을 수취거절하거나 답변하지 않았고, 더사모 카페에 지속적으로 게시하여 토지 636.8 ㎡를 찾자고 요구한 것을 거부하였다. 이처럼 입주자대표 등은 2015.2.10. 서울고등법원의 판결로 토지 636.8 ㎡가 사기분양된 것을 증명한 이후에도 위법행위를 저질러 못 찾게 방해하였다.

⑦ 기타 위법행위

비대위원장이 사기분양한 토지 636.8 ㎡를 발견하지 못했고, 사기분양한 것을 은폐할 목적으로 분양계약을 위반해 수직옹벽이 아닌 계단과 산책로를 시공한 것을 찾아내지 못했으며, 다음 카페에서 2015.7.18. 강제로 퇴출을 당한 후에 더사모 카페를 2015.8.24. 개설해 진실을 알려주지 않았으면 입주자들은 토지 636.8 ㎡가 사기분양된 것을 몰랐고 완전범죄로 영원히 묻힐 수밖에 없었던 악질적인 사건이라고 생각한다.

비대위원장은 공공의 이익을 위해 사기분양한 토지 636.8 ㎡를 찾고자 억울하게 광진경찰서와 서울동부지검에서 수사와 조사를 10회 이상 받았고, 법원에서 재판을 18회하였으며 지금도 3건을 진행하고 있다. 그러나 사기분양한지 10년이 지났는데 분양대금 82억 원을 납부한 서쪽 경계 펜스 밖의 토지 636.8 ㎡를 찾지 못했다. 왜냐하면 입주자대표 등은 H건설 및 광진구청과 서로 공모하며 입주자들의 이익을 전혀 대변하지 않았고, 불법선거로 계속 승계하면서 정보전달수단을 완전히 통제하며 완전범죄로 영원히 못 찾게 조직적으로 방해하였기 때문이다.

5. 사법당국이 입주자대표 등의 거짓에 속아서 계속 오판

H건설은 토지 636.8 ㎡를 사용과 출입을 하지 못하게 빼고 설계, 모형, 카탈로그에 표시하여 시공하고 사용검사승인을 받았는데 분양대금 82억 원을 받아갔다. 그리고 203 ㎡는 분할하여 제척해 90 ㎡를 한원광장이 편취하거나 매각하였다. 또한 433.8 ㎡는 한원광장 등이 사용과 출입을 하도록 경계 안쪽 4 m 지점에 펜스를 시공해 입주자들이 매년 재산세만 납부하게 끼워 팔기의 사기분양을 하였다.

광진구청은 토지 636.8 ㎡를 사기분양하도록 묵인하며 사업허가, 제척승인, 사용검사승인을 해 주었고, 입주자대표 등이 불법선거로 승계한 선거인명부를 검증해 주지 않았는데 공정선거라고 승인해 주었다.

더구나 입주자대표 등은 비대위원장이 2015.2.10. 서울고등법원에서 판결을 받고, 대한지적공사에서 측량하여 636.8 ㎡가 사기분양된 것을 증명한 후에 찾아달라고 하였는데 못 찾게 방해하였다. 이처럼 불필요한 고소, 고발, 수사, 재판을 야기하고, 변호사를 앞세워 거짓의 진술, 준비서면, 증거자료, 탄원서를 제출해 경찰, 검찰, 법원이 속아서 오판하였다.

특히, 사법당국은 사기분양한 것과 불법선거로 승계한 것을 처벌하지 않은 반면, 공공의 이익을 위해 진실을 알려준 것을 명예훼손한 것으로 처벌하였기 때문에 입주자들이 사기분양한 토지 636.8 ㎡를 찾지 못했다.

이와 같이 H건설, 광진구청, 입주자대표 등은 서로 공모해 사기분양한 토지 636.8 ㎡를 못 찾게 방해할 목적으로 천인공노할 위법행위를 저질러 완전범죄로 은폐하려고 하였다. 반면에 비대위원장은 공공의 이익을 위해 사기분양한 토지 636.8 ㎡를 찾고자 최선을 다하였는데 모함을 당해 선량한 피해자에서 악질적인 가해자로 뒤바뀌었다. 이는 고질적인 아파트 비리의 적폐로써 고위공직자범죄수사처에서 반드시 척결하여야 한다.

6. 종합 의견

H건설은 사기분양한 토지 636.8㎡를 고의로 사용과 출입을 하지 못하게 빼고 설계, 모형, 카탈로그에 표시해 시공하였는데 분양대금 82억 원을 받아가는 사기분양을 하였다. 광진구청은 토지 636.8㎡에 대해 사기분양을 하도록 고의로 사업허가, 제척승인, 사용검사승인을 해 주었다. 더구나 입주자대표 등은 불법선거로 승계하면서 정보전달수단을 완전히 통제하고 사기분양한 토지 636.8㎡를 못 찾게 조직적으로 방해하였다.

이와 같이 H건설, 광진구청, 입주자대표 등은 서로 공모해 사기분양한 토지 636.8㎡를 못 찾게 방해하며 완전범죄로 영원히 은폐하려고 위법행위와 갑질을 저질렀다. 그러나 고질적인 비리를 처벌하여야 할 사법당국인 경찰, 검찰, 법원은 입주자대표 등이 변호사를 앞세워 거짓의 진술, 준비서면, 증거자료, 탄원서를 제출한 악질적인 사법농단에 속아서 오판하였다. 그 결과 악질적인 비리를 척결하지 못했고, 오히려 비대위원장을 선량한 피해자에서 악질적인 가해자로 뒤바꿔 놓았다.

이처럼 H건설, 광진구청, 입주자대표 등, 사법당국은 모두 각자의 역할을 충실히 수행하지 않았거나 고의로 묵인하며 고질적인 아파트 비리를 은폐한 악질적인 사법농단을 저질렀다. 특히, 선량한 국민들의 권익을 보호할 사법당국이 수문장 역할을 성실히 수행하였더라면 벌써 정의롭고 공정하며 살기 좋고 비리 없는 아파트가 될 수 있었다.

결론적으로 고질적이며 악질적인 아파트 비리를 척결하기 위해서는 감독관청인 광진구청 및 사법당국인 광진경찰서, 서울동부지검, 서울동부지방법원 등이 각자의 정의롭고 공정한 감독, 수사, 재판을 하여야 한다. 앞으로 아파트 비리를 저지르면 반드시 적발되어 엄중한 처벌을 받고 척결될 수밖에 없다는 강력한 인식을 심어주어야 한다.

그러한 인식은 국민에게 봉사하는 공직자들이 스스로 성찰하고 자각하는 것이 최우선되어야 하며, 감독관청의 철저한 관리감독과 사법당국의 공정한 수사와 판결이 수반되어야 체계적으로 완성될 수 있다. 따라서 고위공직자범죄수사처(공수처)가 설치되면 첫 번째로 수사하여 전국적으로 퍼져있는 고질적이며 악질적인 적폐를 최우선적으로 척결해야 한다. 이것이 선량한 국민의 80%가 아파트 등 집단공동주택에서 사기분양, 하자보수, 관리비리에 대하여 아무런 걱정 없이 행복하게 살아갈 수 있는 건전하고 희망찬 법치국가로 진입하기 위한 지름길이라고 확신한다.

입주자대표 해임안

입주자 일동은 입주자대표(전○수, 이○욱, 김○복)의 중대한 잘못으로 인해 다음과 같은 막대한 손해를 입었기 때문에 자진사퇴를 권고하였는데, 자진사퇴는커녕 봉사자로서 반성조차 않고 거짓말로 변명을 하며 오히려 입주자에게 책임을 전가하였습니다. 이는 관리규약 제20조 제1항(제1호 및 제4호)에 해당되기 때문에 살기 좋고 비리 없는 H아파트 로 거듭날 수 있도록 하기 위해 해임하기로 동의하고, 해임안에 서명하는 바입니다.

다 음

1. H건설과 한원광장은 분양당시 서쪽경계 토지 623.8㎡에 대한 분양대금 82억원을 받아갔음에도, 설계도 모형도 카달로그에 623.8㎡를 빼고 표시하고, 준공검사도 빼고 승인받았습니다. 그 623.8㎡ 중 90㎡는 한원광장이 몰래 가져갔고, 113㎡는 김○석에게 불법 매각하였으며, 420.8㎡은 담장을 사용 못하게 설치해 매년 재산세만 납부하고 있습니다.

2. 따라서 입주자대표는 민사소송을 제기하였는데, 서울지방법원 동부지원에서 토지 69.3㎡만을 배상하라는 잘 못된 판결을 하였습니다. 그러나 입주자대표는 ① 토지 554.5㎡(623.8㎡-69.3㎡)가 공유부지로써 항소를 포기하면 안 되며, ② 90㎡는 한원광장이 몰래 가져갔고 113㎡는 김○석에게 매각하였으며, ③ 총회 참석자가 과반수에 미달(소송자 365명중 84명 참석)하여 성원이 안 되었고, ④ 총회장에서 항소하면 반드시 승소한다는 참석자(4명)의 중요한 설명이 있었으며, ⑤ 박수부대까지 동원해 항소포기를 유도하였고, ⑥ 비대위원장(소박사)은 동일 건으로 항소하고 나서 반드시 항소하면 승소한다고 알려 주었음에도 불구하고 고의로 항소를 포기해 막대한 손해를 끼쳤습니다.

3. 또한, 비대위원장(소박사)은 개인적으로 민사소송을 제기하여 서울고등법원과 대법원에서 토지 203㎡에 대해 배상받도록 판결을 받았습니다. 따라서 203㎡와 H아파트 의 담장사이에 위치한 토지 420.8㎡는 사용도 출입도 못하게 담장을 설치해 매년 재산세만 납부하고 있는데, 이와 같이 사업부지에서 제외한 토지 420.8㎡에 대하여 손해배상금을 받아야 정당한 것입니다.

4. 입주자대표는 토지 623.8㎡에 대한 분양대금 82억원(세대당 1천8백만원)을 배상받아야 함에도, 소송자에게 69.3㎡에 대한 배상금만 받고 소송비용(7천만원)까지 부담시켰고, 미 소송자에게 토지 203㎡에 대한 배상금만 받고 소송하지도 않은 소송비용까지 부담시키며 민·형사상 어떠한 책임을 묻지 않겠다는 각서와 확약서까지 써주게 하여 법적구제를 완전히 못 받게 하였습니다.

5. 만약, 입주자대표는 자신들이 주장하는 대로 토지 69.3㎡만 배상받고 항소를 포기한 것이 정당한 처리이었다면, 이를 제외한 554.5㎡(623.8㎡-69.3㎡)에 대하여 사용 못하게 담장을 설치함으로써 1403동 앞 어린이놀이터와 1404동 앞과 뒤의 공용화단이 축소되도록 손해를 끼친 것입니다.

6. 입주자대표는 대부분의 입주자가 원하지도 않는 가을음악회 행사비용(3천만원) 및 공동전기료(2015.9월분 1천만원)를 부담시켰고, 비대위원장의 법적대응 자문료(75만원) 및 관리직원 체력단련비와 휴가비 변칙지급 등 관리비를 방만하게 집행하였으며, 지하주차장 크랙 등 하자보수를 준공한지 4년이 경과하도록 제대로 받지 않아 손해를 끼쳤습니다.

7. 1403동 입주자대표 보궐선거에 단독후보자가 출마하였는데, 방문투표를 유권자 100세대 중 22세대만 하고 고의로 중단한 후 과반수 미달이라며 부정선거를 하였고, 선거관리규정을 위반하면서 재선거하자고 하였으며, 중단한 찬반투표를 속행하지 않고 광진구청 및 서울시청에 질의하며 시간만 끌고 당선인을 발표하지 않고 낙선시키는 등 부정선거를 하였습니다.

8. 또한, 1401동(1~4호)은 1개 선거구로 편성해 입주자대표 1명만 선출하여야 함에도, 2명(1.2호 전○수대표, 3.4호 이○욱대표)을 선출하기위해 고의로 선거구를 1.2호 및 3.4호로 각각 분리해 관리규약을 제정하여 부당하게 입주자대표 2명을 선출한 사실이 있고, 그 다음선거도 잘 못된 관리규약을 개정하지 않았으며, 선관위원을 해임할 수 있는 관리규약의 관련 조항을 개정하지 아니한 사실이 있습니다.

2015.10.

H아파트 **입주자 일동**

위 임 장

우리 주민일동은 살기 좋고 비리 없는 H아파트 에서 서로 사이좋고 평온하며 안락한 생활을 영위하기를 한결같은 마음으로 원하고 있습니다.

그러나 관리소장은 주민들에게 관리서류를 안 보여주며 비리를 은폐하고 있고, 주민들이 재능기부로 회계감사를 하여 관리비 절감 및 비리척결을 하려고해도 외부에 용역을 주어 관리비를 부과하였습니다. (앞으로 관리비 20% 절약가능)

입주자대표(3명)는 비리를 저질러 주민의 75%가 해임안에 서명하였는데 사퇴하지 않고 카페에서 거짓말로 주민들을 감쪽같이 속이고, 오히려 자신의 비리를 감추려고 주민들에게 헌신적으로 봉사한 비대위원장을 고소하고도 고소장을 공개하지 않는 등 차기 입주자대표 선거에 개입하고 있습니다.

선관위원은 입주자대표의 해임투표(주민 75%서명)를 하지 않았고, 1403동 입주자대표 보궐선거(단독후보)시 유권자 100세대 중 22세대만 찬반을 묻는 등 부정선거를 하여 낙선시키고도 반성조차 않고 사퇴하지 않고 있습니다.

입주자대표가 2016년 6월에 임기 만료되어 차기 입주자대표(5명)를 선출하여야 합니다. 그러나 엄청난 비리를 저지르고 부정선거를 실시한 입주자대표, 선관위원, 관리소장이 차기 입주자대표를 선출하는 선거관리업무를 수행하면 이번에도 과거에 한 것처럼 부정선거를 할 것이 뻔합니다.

따라서 입주자들이 원하는 대로 차기 입주자대표를 공정하게 선출하고 재능기부로 회계감사를 실시하여 관리비 절감 및 비리를 척결하고자 관리규약 및 선거관리규정에 불구하고 선거관리 및 회계감사업무를 수행할 모든 권한을 비상대책위원장에게 위임하고, 이에 동의 및 승인을 합니다.

2016.4.15.

성명: 핸드폰번호: 140 동 호 소유or세입

수신: **입주자대표회장 전○수**

(광진구 아차산로 537-17, H아파트 **관리사무소 내)**

참조: 관리사무소장 최○현

발신: 더불어 사는 이웃을 위한 모임(박사 소○영)

(광진구 아차산로 537-17, H아파트 **1404동 104호)**

제목: 분양계약위반 향후대책 및 총회개최 재촉구(5차)

서울광진우체국 제3101858000329(2015.8.3), 제3101805065529(2015.8.10), 제3101842066368(2015.8.17), 제3101805065705(2015.8.24)로 보낸 내용증명과 관련해 **입주자대표 전○수, 김○복, 이○옥, 김○섭씨에게 전달하는 것**입니다. 우리 소유자분은 분양계약위반으로 인해 82억원의 손해를 보았습니다(소송자분의 경우 1세대당 평균 손해액이 1천8백만원인데 1백8십만원만 받았음). 소유자분의 이익을 위해서 향후대책 및 소유자총회 개최를 4회에 걸쳐 요구하였음에도 불구하고 이행하지 않고 있어 재촉구합니다.

1. 소송자분은 불법 매각한 토지 203㎡(62평)에 대한 손해액 27억원을 전액 배상 받을 수 있습니다. 그러나 입주자대표는 항소하면 전액 배상받을 수 있다는 것을 알고도 고의로 항소를 포기해 소송자분에게 1/3(9억원)만 배상받도록 하였습니다. 따라서 **입주자대표는 어떻게 책임을 질 것이며, 향후대책을 말씀해 주십시오**?

2. 소유자분은 분양당시 토지 421㎡(128평)에 대해 55억원을 지급하였습니다. 그러나 불법 매각한 토지 203㎡(62평)과 연결된 토지 421㎡(128평)를 출입도 사용도 못하게 담장을 시공하였습니다. 따라서 소유자분은 토지 421㎡를 출입도 사용도 못해 55억원을 손해보고 매년 재산세까지 납부하고 있습니다(반면 한원광장외 1인은 토지 203㎡를 매수하여 추가로 토지 421㎡까지 사용할 수 있습니다). 또한, 토지 421㎡를 포함한 경계에 경계표시를 명확히 하도록 규정되어 있음에도, 토지 421㎡를 제외하고 경계표시를 하여 출입도 사용도 못하게 한 것은 건축법, 수로측량·수로조사 및 지적에 관한 법률, 대법원판례 등을 명백하게 위반한 것입니다. 그러나 입주자대표는 이에 대하여 시정해 달라는 요구조차 않고 고의로 방치하고 있습니다. 따라서 **입주자대표는 어떻게**

책임을 질 것이며, 향후대책을 말씀해 주십시오?

3. 소유자분은 위 1호 및 2호의 분양계약위반으로 인해 토지 624㎡(190평)를 이용할 수 없게 됨으로써 정문도로 4차선이 3차선으로 축소되었고, 1404동 앞 중앙공원의 화단면적이 현격히 축소되었습니다. 그러나 입주자대표는 고의로 손해배상을 받지 못하도록 저의 조언을 전혀 듣지 않고 피하며 항소를 포기하였습니다. 따라서 입주자대표는 어떻게 책임을 질 것이며, 향후대책을 말씀해 주십시오?

4. 입주자대표 전○수, 유○운은 피고를 형사고발하였는데, 입주자대표는 형사재판이 시작되기 직전에 미 소송자분에게 각서와 확약서(피고에게 손해액 1/10만 받고 민.형사상 어떠한 책임을 묻지 않겠음)를 받았습니다. 또한, 각서와 확약서를 받고나서 형사재판에 출석하지 않는 등 적극 대처하지 않아 사기와 배임죄로 처벌받아야 함에도 무죄를 선고받게 하였고, 피고에게 당연히 받아올 수 있는 소송비용 7천만원까지 지출하였습니다. 따라서 입주자대표는 어떻게 책임을 질 것이며, 향후대책을 말씀해 주십시오?

5. 입주자대표는 미 소송자분에게 "항소하면 반드시 승소한다"는 사실을 알려주지 않고 피고에게 제출하려고 각서와 확약서를 받았습니다. 저는 각서와 확약서를 받기 전에는 받으면 안 된다고 강력히 조언하였고, 받은 뒤에도 제출하면 안 된다고 강력히 항의하였습니다. 그렇지 않았다면 이미 손해액의 1/10만 받았을 것입니다(입주자대표는 1/10만 받아주겠다고 하였음으로 앞으로 완전히 손을 떼고 저에게 이관하십시오. 제가 대법원 확정판결을 받은 것을 근거로 미 소송자분에게 약속한대로 전액을 배상받아 주겠습니다). 따라서 입주자대표는 어떻게 책임을 질 것이며, 향후대책을 말씀해 주십시오?

6. 위 1호~3호의 분양계약위반은 토지 203㎡을 불법 매각하여 발생한 것입니다. 왜냐하면, 토지 203㎡을 불법매각하지 않고 분양계약대로 이행하였다면 토지 624㎡까지 화단으로 조성되며, 정문도로는 4차선으로 시공되고, 1404동 앞 중앙공원의 화단도 제대로 시공되기 때문입니다[토지 203㎡에 대해 27억원을 지급하였음으로 토지 203㎡을 돌려받던지 아니면 27억원을 배상받아야함에도, 9억원(토지 69.3㎡)만 받고 고의로 항소를 포기한 것은 매우 중대한 잘 못입니다]. 따라서 입주자대표는 어떻게 책임을 질 것이며, 향후대

책을 말씀해 주십시오?

7. 저는 입주자대표에게 위 사항들을 소유자분께서 자세히 알 수 있도록 향후대책 등을 알려주고 피해를 최소화할 것을 조언하였는데 전혀 이행되지 않았습니다. 하는 수 없이 소유자분의 이익을 보호할 목적으로 카페(회원은 소유자 및 세입자임)에 사실대로 글을 올렸습니다. 그러나 입주자대표(카페지기 이○욱)는 자신의 비리를 은폐할 목적으로 저를 카페에서 강제로 탈퇴시키고 나서 저에 관한 사실과 전혀 다른 비방의 글을 올려 카페회원에게 알리며 명예를 훼손시키고 있습니다. 하지만 카페에 들어갈 수도 없어 사실이 아니라는 댓글조차 달 수 없는 심각한 피해를 입고 있습니다. 따라서 **입주자대표는 어떻게 책임을 질 것이며, 향후대책을 말씀해 주십시오**?

결론적으로 소유자분들은 대법원 확정판결에 의거 손해액 82억원을 배상받을 수 있습니다. 왜냐하면 한원광장과 H건설은 재판 전부터 분양계약을 전혀 위반하지 않았다고 거짓말을 함으로써 재판을 하였고, 재판에서도 거짓으로 일관해 1심 재판결과가 잘 못되었으며, 이에 대해 입주자대표는 고의로 항소를 포기하였기 때문입니다. 따라서 입주자대표는 자신의 잘 못을 은폐할 목적으로 계속 내용증명에 답변하지 않고 소유자 총회도 개최하지 않고 있어, 하는 수 없이 향후대책을 강구하기 위해 소유자 스스로 총회를 개최하려는데 협조하지 않으며 방해하고 있습니다.

입주자대표 및 관리사무소장께서는 소유자분의 이익을 위해 총회가 원만하게 개최될 수 있도록 다음사항을 적극 협조해 주시기 바랍니다.

첫째, 아파트 모든 게시판에 "소유자총회 소집공고"를 부착하고, 이를 매일 2회 이상 안내 방송하여 주시기 바라며,

둘째, 총회개최를 알려줄 소유자(소송자, 미소송자) 주소 및 연락처, 소송자별 수령금액, 재판경비집행내역을 알려주시기 바라고,

셋째, 총회장 정리(의자, 방송시설, 컴퓨터 설치 등), 총회 시 녹음 및 사진촬영 등의 철저한 사전준비를 하여 주시기 바랍니다.

만약, 입주자대표 및 관리소장께서 협조하지 않아 총회개최를 못해 손해액 82억원을 되돌려 받지 못할 경우에는 부득이 입주자대표 및 관리소장에게

손해액을 청구할 수 있음을 알려드립니다. 또한 카페에서 입주자분에게 알리는 글을 통제하고, 저를 강제로 탈퇴시켜 입주자분의 귀와 입과 눈을 막고 입주자대표의 비리를 은폐하며 총회개최를 방해하고 있는데, 입주자분들의 이익을 대변하는 봉사자로서 할 정당한 행위가 아님으로 시정하기 바랍니다.

그리고 입주자대표는 고의 또는 중대하게 업무를 잘 못 수행하였습니다.

① 토지 421㎡에 대한 경계표시가 없는데도 방치하여 손해를 끼친 것

② 내용증명을 보낸 것에 답변 않고 총회개최를 방해하여 손해를 끼친 것

③ 입주자의 피해 최소화 및 향후대책을 강구하지 않아 손해를 끼친 것

④ 입주자의 권리를 위해 카페에 사실대로 알렸는데 강퇴시켜 손해를 끼친 것

⑤ 대법원확정판결로 피해액을 받을 수 있는데 못 받게 하여 손해를 끼친 것

⑥ 토지 69.3㎡만 인정(1/10만 수령)받고 항소를 포기해 손해를 끼친 것

⑦ 미소송자에게 민·형사상 책임을 묻지 않는다는 각서와 확약서를 받은 것

⑧ 형사재판에 출석하지 않는 등 적극 대처하지 않아 무죄판결을 받은 것

이는 입주자대표의 해임사유에 해당합니다(H아파트 관리규약 제20조 제1 및 4호에 해당). 그러나 명예를 보호하는 차원에서 자진사퇴를 권유하였던 것임을 알려드립니다.

관리규약 제20조(동별 대표자 등의 해임 및 결격사유 등)

1. 주택법령 및 공동주택관리에 관계된 법령을 위반한 때
4. 고의 또는 중대한 과실로 공용시설물을 없어지게 하거나 훼손 또는 부수어 입주자에게 손해를 끼친 때

제가 거듭 강조하지만 소유자분께서 납부한 분양대금 82억원을 받아주던지 아니면 자진사퇴해 다른 분께서 대신 받아주게 하든지 양자택일하고 앞으로 더불어 사는 이웃을 위한 모임에 동참하기를 간절히 기원합니다.

2015.8.28.

더불어 사는 이웃을 위한 모임(박사 소○영) 올림

이 우편물은 2015-08-28
제 3101805065863호에 의하여
내용증명우편물로 발송하였음을 증명함
서울광진우체국장

수 신: 관리소장 임○화

(서울 광진구 아차산로 537-17 H아파트 관리사무소)

참 조: 입주자대표회장 김○연, 선거관리위원장 최○호, 힐사모회장 조○영,

통장 성○남 등 봉사자 전원

발 신: 비상대책위원장 소○영

(서울 광진구 아차산로 537-17 H아파트 1404동 104호)

제목: 선거인명부 검증 및 사기분양 토지환수 등 현안문제 관련

여러분들은 입주자들에게 자진해서 봉사하겠다며 약속한 후 관리업무를 수행합니다. 따라서 입주자들의 의사와 이익을 대변할 막중한 책임과 의무가 있습니다. 그러나 법과 원칙을 어겼고 갑질을 하였으며, 입주한 후 7년간 아파트의 정보전달수단인 게시판, 엘리베이터 공지, 다음카페, 안내방송, 유인물, 개인정보(핸드폰번호, e메일, 동·호수)를 독점하고 통제하며 진실을 전혀 알려주지 않고 거짓으로 속였습니다.

아울러 H 건설(한원광장)은 사기 분양한 토지 623.8㎡을 빼고 설계하였고, 모형, 카달로그에도 빼고 표시하였는데 분양대금 82억원을 받아갔습니다. 그런 후 몰래 203㎡을 제척해 ① 90㎡는 한원광장이 가져갔고, ② 113㎡는 제3자에게 매각하였음은 물론, 420.8㎡는 고의로 담장(펜스)을 경계안쪽 4m지점에 설치하여 사용과 출입을 못하며 매년 재산세만 납부하게 불용토지로 방치하였습니다.

더구나 비대위원장은 모델하우스에서 1404동 104호에 대한 분양계약을 체결할 때 설명을 듣고 확인한 결과, 어린이 집 뒤쪽에는 설계, 모형, 카달로그에 표시한대로 623.8㎡와 연결하여 수직옹벽을 시공해 사람들이 출입하지 않고, 3면이 화단으로 둘러싸여 프라이버시의 침해가 전혀 없으며, 전원주택과 같이 조용한 분위기에서 살 수 있다는 것을 점검한 후에 당첨 포기를 접고 계약하였습니다.

그러나 봉사자(제1기, 제2기 입주자대표와 선거관리위원)와 H 건설은 분양계약을 위반하여 준공당시 계단과 산책로를 설치하였는데 비대위원장이 지적하자, 계단은 2단 산벽을 설치하였고, 산책로는 철거하였습니다. 따라서 비대위원장은 분양계약대로 수직옹벽 설치를 요구하였고, 일부 입주자들도 623.8㎡을 찾기 위한 서울중앙지법의 소송에서 분양계약대로 수직옹벽 설치를 요구한 것입니다.

이와 같이 봉사자는 사기 분양한 623.8㎡에 대하여 ① 입주초기 분양계약을 위반하지 않았다며 속였고, ② 분양면적과 등기면적의 차이가 소수점이하로써 정산하지 않는다고 속였으며, ③ 거짓이 탄로 나자 소송하여 찾자고 유도한 후 한원광장에 69.3㎡만 손해배상책임이 있고, H 건설에는 전혀 손해배상책임이 없다고 잘 못된 판결을 하였음에도 고의로 항소를 포기하였으며, ④ 미소송자에게는 203㎡에 대한 손해배상금만 받아주며 420.8㎡에 대하여 민.형사상의 포기각서를 받았고, ⑤ 미 수령자에게는 623.8㎡를 못 찾게 방해한 것입니다.

더구나 봉사자는 2016.6.21. 임기 만료되어 자격이 상실되었고, 입주자들이 2016.6.26. 제3기 입주자대표회의를 구성하였음에도 623.8㎡를 못 찾게 하기 위해 불법 및 부정선거로 다시 선거관리위원을 위촉하였으며, 2016.8.11. 제3기 입주자대표를 선출한 선거인명부를 검증해 주지 않았습니다. 그 후 불법선거로 승계해 623.8㎡와 수직옹벽을 해결할 수 없게 방해하고 있는 것입니다.

우리 입주자들은 2016.4.경 위임장과 입주자대표 해임안에 근거해 선거관리업무 일체를 비대위원장에게 위임하였고, 고소인의 임기만료(2016.6.21) 이후에 봉사자에게 선거관리업무를 위임한 사실이 전혀 없습니다. 따라서 봉사자는 선거인명부 검증, 623.8㎡ 환수, 비대위원장의 회계감사 수검, 수직옹벽 설치를 하여 주시기 바라며, 자세한 사항은 '더사모카페'를 참고해 답변하시기 바랍니다. 끝.

수 신: 관리소장 임○화

(서울 광진구 아차산로 537-17 H아파트 관리사무소)

참 조: 입주자대표회장 김○연, 선거관리위원장 최○호, 힐사모회장 조○영, 통장 성○남 등 봉사자 전원

발 신: 비상대책위원장 소○영

(서울 광진구 아차산로 537-17 H아파트 1404동 104호)

제목: 선거인명부 검증 및 사기분양 토지환수 등 현안문제 관련

서울광진우체국 제3101831052260(2018.9.27)와 관련된 사항입니다. 여러분들은 자진해서 봉사하겠다며 약속하고 관리업무를 수행하여 입주자들의 의사와 이익을 대변할 막중한 책임과 의무가 있습니다. 그러나 법과 원칙을 어기며 갑질을 하였고, 입주한 후 7년간 정보전달수단을 독점하고 통제하며 거짓으로 속였습니다.

1. 선거인명부(핸드폰번호) 및 동의서(원본) 검증 관련

입주자들은 사기 분양한 토지 623.8㎡을 찾기 위해 2016.6.21. 이후 관리규약에 불구하고 선거관리업무 일체를 비대위원장에게만 위임하였고, 2016.6.26. 제3기 입주자대표를 선출하였는데 업무를 안계 받지 못했습니다. 더구나 여러분은 불법 및 부정선거한 선거인명부 및 동의서를 검증해 주지 않았습니다.

2. 사기 분양한 623.8㎡ 환수 관련

입주자들은 서쪽 담장(펜스)밖에 토지 623.8㎡을 빼고 설계하였고, 모형, 카달로그에도 빼고 표시한 것에 대해 분양대금 82억원을 납부하였습니다. 그러나 봉사자들은 69.3㎡만 찾았고 나머지는 현장이 보존되어 있는데 못 찾고 있습니다.

이 우편물은 2018-10-04
제 3101831052314호에 의하여
내용증명우편물로 발송하였음을 증명함
서울광진우체국장

3. 비대위원장의 회계감사 수검 관련

입주자들은 55%가 서명하여 관리서류 일체를 감사해 달라고 비대위원장에게 위임하였습니다. 그러나 봉사자들은 입주자들의 명령을 어기고 감사를 받지 않았고, 더구나 실익이 없는 회계감사를 외부에 의뢰하여 관리비를 지출하였습니다.

4. 수직옹벽 설치 관련

어린이 집 뒤쪽에는 분양당시 설계, 모형, 카달로그에 수직옹벽으로 사기 분양한 623.8㎡와 연결하게 표시되어 있고, 비대위원장이 직접 설명을 듣고 확인해 계약을 체결하였습니다. 더구나 준공당시 계단과 산책로를 설치하여 계약위반을 지적하자, 2단산벽 설치와 산책로 철거를 하였지만, 계약대로 수직옹벽 설치를 요구하였습니다. 그런데 봉사자들은 2018.9.21. 계단과 산책로를 설치한 것입니다. 이건 분양계약을 위반해 설치한 경위 및 적법성과 효과, 절차와 과정, 세대별 설문내역, 공사비용 및 부담액, 계약위반에 대한 대책을 알려주기 바랍니다.

5. 힐사모 및 통장 관련

힐사모와 통장은 입주자들의 의사와 이익을 위해 봉사하여야 함에도 반하는 활동만 하여 피해를 입혔습니다. 힐사모 회장(조○영)과 총무(최○정)는 선거관리위원으로 불법 및 부정 선거한 선거인명부를 검증해 주지 않았고, 통장(성○남)은 힐사모 회원과 통장을 하며 입주자들에게 피해를 입혔으며, 이들은 알뜰시장을 개최하는데 개입 및 623.8㎡을 못 찾게 집단적으로 방해를 하였습니다.

봉사자들은 자진해서 입주자들의 의사와 이익을 위하여 봉사하겠다고 약속하였습니다. 따라서 '위 사항을 이행해 주던지' 또는 '입주자들이 스스로 찾도록 사퇴를 하던지' 결정해 주기 바라며, 위법행위에 대해서는 반드시 책임을 물을 수밖에 없음으로, 자세한 사항은 '더사모카페'를 참고해 즉시 답변하시기 바랍니다. 끝.

수 신: 관리소장 임○화

(서울 광진구 아차산로 537-17 H아파트 관리사무소)

참 조: 입주자대표회장 김○연, 선거관리위원장 최○호, 힐사모회장 조○영, 통장 성○남 등 봉사자 전원

발 신: 비상대책위원장 소○영

(서울 광진구 아차산로 537-17 H아파트 1404동 104호)

제목: 부정선거한 선거인명부 검증 및 사기분양 토지환수 등 현안문제 해결

서울광진우체국 제3101831052260(2018.9.27) 및 제3101831052314(2018.10.4) 관련 사항입니다. 여러분은 자진해서 관리업무를 수행하였고, 봉사한다며 약속하였기 때문에 입주자들의 의사와 이익을 대변할 막중한 책임과 의무가 있습니다. 그런데도 법과 원칙을 어기며 갑질을 하였고, 입주한 후 7년간 정보전달수단을 독점하며 통제하고 감쪽같이 속이며 입주자들에게 막대한 피해만 주고 있습니다.

1. 선거인명부(핸드폰번호) 및 동의서(원본) 미 검증

우리 입주자들은 사기 분양한 토지 623.8㎡을 찾기 위해 2016.6.21. 이후 관리규약에 불구하고 선거관리업무 일체를 비대위원장에게만 위임하였고, 제3기 입주자대표를 2016.6.26. 선출하였음에도 업무를 안계 받지 못했습니다. 더구나 봉사자는 불법 및 부정선거한 선거인명부와 동의서를 검증해 주지 않았습니다.

2. 사기 분양한 623.8㎡ 미 환수

서쪽 담장(펜스)밖에 토지 623.8㎡을 빼고 설계하였고, 모형, 카달로그에도 빼고 표시한 것에 대하여 입주자들이 분양대금 82억원을 납부하였습니다. 그런데도 봉사자들은 69.3㎡만 찾아주었고 나머지는 못 찾게 집단적으로 방해하였습니다.

이 우편물은 2018-10-16
제 3101842073951호에 의하여
내용증명우편물로 발송하였음을 증명함
서울광진우체국장

3. 비대위원장 회계감사 방해

입주자들은 55%가 서명하여 비대위원장에게 관리서류 일체를 감사해 달라고 위임하였습니다. 그러나 봉사자들은 입주자들의 명령을 어기고 감사를 받지 않았고, 더구나 도움도 않되는 회계감사를 외부에 의뢰해 관리비를 지출하였습니다.

4. 수직옹벽 불법 설치

분양당시 설계, 모형, 카달로그에는 어린이 집 뒤쪽에 사기 분양한 623.8㎡와 수직옹벽으로 연결하도록 표시되어 있고, 비대위원장이 설명을 듣고 확인하였습니다. 더구나 준공당시 계단과 산책로를 설치한 것을 비대위원장이 위반하였다고 지적하자 인정하여 철거한 것입니다. 그런데도 봉사자들은 2018.9.21. 불법 계단과 산책로를 다시 설치한 것임으로 피해가 없도록 즉시 시정하기 바랍니다.

5. 힐사모 및 통장 위법행위

힐사모와 통장은 자진해서 봉사를 하겠다고 약속하였음에도 입주자들의 의사와 이익에 반하는 활동만 하며 피해를 입혔습니다. 힐사모 회장(조○영)과 총무(최○정)는 선거관리위원으로 부정 선거한 선거인명부를 검증해 주지 않았고, 통장(성○남)은 입주자들이 전혀 원하지 않는 봉사활동을 하며 피해를 입혔습니다. 더구나 입주자들은 관리비를 지출해 실시하기 때문에 원하지 않는데 이들은 녹색장터를 개최하였고 623.8㎡을 못 찾게 집단적으로 방해하였습니다.

이와 같이 봉사자들은 자진해서 집단적으로 봉사하겠다고 하였음으로, '위 사항 등을 이행해 주던지' 또는 '입주자들이 스스로 찾도록 사퇴를 하던지' 결정하기 바랍니다. 더구나 봉사자들은 사기분양 등 위법행위인 것을 알면서 방해하는데 '더사모카페'를 참고하여 피해가 없도록 시정을 요구하였음에도 회신조차 하지 않았습니다. 원상회복을 안 해주면 부득이 법적절차를 밟을 수밖에 없습니다. 끝.

수 신: 관리소장 임○화

(서울 광진구 아차산로 537-17 H아파트 관리사무소)

참 조: 입주자대표회장 김○연, 선거관리위원장 최○호, 힐사모회장 조○영, 통장 성○남 등 봉사자 전원

발 신: 비상대책위원장 소○영

(서울 광진구 아차산로 537-17 H아파트 1404동 104호)

제목: 선거인명부 검증 및 사기분양 토지환수 등 현안문제 해결 재촉구

서울광진우체국 제3101831052260(2018.9.27), 제3101831052314(2018.10.4), 제3101842073951(2018.10.16)와 관련사항입니다. 여러분은 자진해서 봉사한다며 약속하고 관리업무를 수행하기 때문에 입주자들의 의사와 이익을 대변할 막중한 책임과 의무가 있습니다. 그런데도 법과 원칙을 어기며 갑질을 하였고, 입주한 후 7년간 정보전달수단을 장악하고 속이며 현안문제에 관한 내용증명에 대하여 답변조차 않고 입주자들이 스스로 해결하지도 못하게 집단적으로 방해하였습니다.

1. 선거인명부(핸드폰번호) 및 동의서(원본) 검증 요구

우리 입주자들은 사기 분양한 토지 623.8㎡을 찾기 위해 2016.6.21. 이후 관리규약에 불구하고 선거관리업무 일체를 비대위원장에게만 위임하였고, 제3기 입주자대표를 2016.6.26. 선출하였음에도 업무를 안계 받지 못했습니다. 더구나 봉사자는 불법 및 부정선거한 선거인명부와 동의서를 검증해 주지 않았습니다.

2. 사기 분양한 623.8㎡ 환수 요구

서쪽 담장(펜스)밖에 토지 623.8㎡을 빼고 설계하였고, 모형, 카탈로그에도 빼고 표시한 것에 대하여 입주자들이 분양대금 82억원을 납부하였습니다. 그런데도 봉사자들은 69.3㎡만 찾아주었고 나머지는 집단적으로 방해하여 못 찾았습니다.

이 우편물은 2018-10-24
제 3101831052372호에 의하여
내용증명우편물로 발송하였음을 증명함
서울광진우체국장

3. 비대위원장의 회계감사 수검 요구

입주자들은 55%가 서명해 비대위원장에게 관리서류 일체를 감사하라고 위임하였습니다. 그러나 봉사자들은 입주자들의 명령을 어기며 비대위원장의 감사를 받지 않았고, 도움이 안 되는 회계감사를 외부에 의뢰해 관리비까지 지출하였습니다.

4. 수직옹벽 설치 요구

어린이 집 뒤쪽에는 분양당시 설계, 모형, 카달로그에 사기 분양한 623.8㎡와 수직옹벽으로 연결하게 표시되었고, 비대위원장이 확인해 계약하였습니다. 더구나 준공당시 계단과 산책로를 설치하였다가 위반한 것을 인정하고 철거하였습니다. 그런데도 봉사자들은 2018.9.21. 불법 계단과 산책로를 다시 설치하였고, 입주자들의 동의서를 검증해 주지 않았으며, 설치비용 3천만원을 지출하였습니다.

5. 힐사모 및 통장의 위법행위 금지

힐사모와 통장은 자진해서 봉사를 하겠다고 약속하였음에도 입주자들의 의사와 이익에 반하는 활동을 하였습니다. 힐사모 회장(조○영)과 총무(최○정), 통장(성○남)은 부정 선거한 선거인명부를 검증해 주지 않는 등 입주자들이 원하지 않는 위장된 봉사를 하며 피해만 입혔습니다. 더구나 입주자들은 관리비가 지출되기 때문에 전혀 원하지 않은 녹색장터를 개최하였고, 사기분양 전망대에서 보면 서쪽경계 펜스밖의 623.8㎡을 집단적으로 방해하여 못 찾았습니다.

이와 같이 봉사자들은 자진해서 봉사하겠다고 약속하였음으로, '위 현안문제 등을 해결하여 주던지' 또는 '입주자들이 스스로 찾게 사퇴를 하던지' 결정하기 바랍니다. 더구나 봉사자들은 사기분양 등 위법행위인 것을 알면서 방해하고 있는데 '더사모카페'를 참고해 피해가 없도록 시정을 요구하였음에도 회신조차 하지 않았습니다. 원상회복을 안 해주면 부득이 법적절차를 밟을 수밖에 없습니다. 끝.

수 신: 관리소장 임○화

(서울 광진구 아차산로 537-17 H아파트 관리사무소)

참 조: 입주자대표회장 김○연, 선거관리위원장 최○호, 힐사모회장 조○영, 통장 성○남 등 봉사자 전원

발 신: 비상대책위원장 소○영

(서울 광진구 아차산로 537-17 H아파트 1404동 104호)

제목: 선거인명부 검증 및 사기분양 토지환수 등 현안문제 해결 재촉구(5차)

서울광진우체국 제3101831052260(2018.9.27), 제3101831052314(2018.10.4), 제3101842073951(2018.10.16), 제3101831052372(2018.10.24)로 보낸 내용증명과 관련된 사항입니다. 여러분은 봉사한다며 자진해서 약속하고 관리업무를 수행하기 때문에 입주자들의 의사와 이익을 위해 대변할 막중한 책임과 의무가 있습니다.

그러나 불법 및 부정선거로 계속 승계하고 법과 원칙을 어기며 갑질을 하였고, 입주한 후 7년간 아파트의 정보전달수단을 독점하며 진실을 숨기고 속였으며, 입주자들이 현안문제를 해결하려고 하였는데 집단적으로 방해하였고, 5회에 걸쳐 보낸 내용증명에 대해 전혀 답변조차 하지 않고 막대한 피해만 입혔습니다.

우리 입주자들은 여러분에게 선거인명부 및 동의서 검증, 사기 분양한 623.8㎡ 회수, 비대위원장의 회계감사 수검, 수직옹벽 설치, 힐사모 및 통장의 위법행위 금지 등을 요구하였는데 이행하지 않으며 못 찾게 집단적으로 방해하였습니다.

더구나 임기 만료된 2016.6.21. 이후에 무자격자임에도 찾아주려는 비대위원장의 집 앞뒤와 옆에 불법 계단(산책로), 의자와 파라솔까지 설치해 다른 단지의 어른과 아이들의 놀이터로써 소음, 공해, 프라이버시 침해를 입도록 하였습니다. 끝.

이 우편물은 2018-11-01
제 3101856014176호에 의하여
내용증명우편물로 발송하였음을 증명함
서울광진우체국장

수 신: 관리소장 서○태

(서울 광진구 아차산로 537-17 H아파트 관리사무소)

참 조: 입주자대표회장 김○연, 선거관리위원장 최○호, 힐사모회장 조○영, 통장 성○남 등 봉사자 전원

발 신: 비상대책위원장 소○영

(서울 광진구 아차산로 537-17 H아파트 1404동 104호)

제목: 선거인명부 검증 및 사기분양 토지환수 등 현안문제 해결 재촉구(6차)

서울광진우체국 제3101831052260(2018.9.27), 제3101831052314(2018.10.4), 제3101842073951(2018.10.16), 제3101831052372(2018.10.24), 제3101858014176(2018.11.1)로 보낸 내용증명과 관련된 사항입니다. 2018.11.9. 새로 온 서○태 관리소장 등 여러분은 자진해서 봉사한다며 약속하고 관리업무를 수행하기 때문에 입주자들의 의사와 이익을 위해 대변할 막중한 책임과 의무가 있습니다.

그런데도 법과 원칙을 어기며 불법 및 부정선거로 승계해 갑질을 하였고, 입주한 후 7년간 아파트의 정보전달수단을 통제하고 속였으며, 현안문제를 해결하지 못하게 집단적으로 방해하였고, 6회에 걸친 내용증명조차 답변하지 않았습니다.

입주자들은 여러분에게 선거인명부 및 동의서 검증, 사기 분양한 623.8㎡ 환수, 비대위원장의 회계감사 수검, 수직옹벽 설치, 힐사모 및 통장 등 위법행위를 금지할 것을 요구하였는데 집단적으로 방해하며 피해만 주고 이행하지 않았습니다.

더구나 임기 만료된 2016.6.21.이후 무자격자임에도 해결하려는 비대위원장의 집 앞뒤와 옆에 불법 계단(산책로), 파라솔, 책상, 의자를 설치해 다른 단지의 어른과 아이들의 놀이터로 만들어 소음, 공해, 프라이버시 침해만 입고 있습니다. 끝.

이 우편물은 2018-11-15
제 3101842074159호에 의하여
내용증명우편물로 발송하였음을 증명함
서울광진우체국장

수 신: 관리소장 서○태

(서울 광진구 아차산로 537-17 H아파트 관리사무소)

참 조: 입주자대표회장 김○연, 선거관리위원장 최○호, 힐사모회장 조○영,

통장 성○남 등 봉사자 전원

발 신: 비상대책위원장 소○영

(서울 광진구 아차산로 537-17 H아파트 1404동 104호)

제목: 선거인명부 검증 및 사기분양 토지환수 등 현안문제 해결 재촉구(7차)

서울광진우체국 제3101831052260(2018.9.27), 제3101831052314, 제3101842073951, 제3101831052372, 제3101858014176, 제3101842074159호 등 7회에 걸쳐 보낸 내용증명과 관련된 사항입니다. 2018.11.9. 새로 온 서○태 관리소장 등 봉사자 여러분은 자진해서 봉사한다며 약속하고 관리업무를 수행하기 때문에 입주자들의 의사와 이익을 위하여 대변할 막중한 책임과 의무가 있습니다.

그런데도 법과 원칙을 어기며 불법 및 부정선거로 승계해 갑질을 하였고, 사기분양한지 10년이 지났는데도 아파트의 정보전달수단을 통제하며, 현안문제를 해결하지 않고 집단적으로 방해하였으며, 내용증명에 답변조차 하지 않았습니다.

입주자들은 여러분에게 선거인명부 및 동의서 검증, 사기 분양한 623.8㎡ 환수, 비대위원장의 회계감사 수검, 수직옹벽 설치, 힐사모 및 통장 등의 위법행위를 중단하라고 요구하였는데 찾지 못하게 집단적으로 방해하며 피해만 주었습니다.

더구나 임기 만료된 2016.6.21.이후 무자격자임에도 사퇴하지 않고 비대위원장의 집 앞뒤와 옆에 불법 계단(산책로), 파라솔, 책상, 의자를 설치해 입주자이외의 놀이터가 되어 소음, 공해, 프라이버시 침해만 입는데 시정하지 않았습니다. 끝.

이 우편물은 2018-12-03
제 3101856016538호에 의하여
내용증명우편물로 발송하였음을 증명함
서울광진우체국장

수 신: 관리소장 서○태

(서울 광진구 아차산로 537-17 H아파트 관리사무소)

전 달: 입주자대표회장 김○연, 선거관리위원장 최○호, 힐사모회장 조○영, 통장 성○남 등 모든 봉사자에게 꼭 전달해 주십시요.

발 신: 비상대책위원장 소○영

(서울 광진구 아차산로 537-17 H아파트 1404동 104호)

제목: 사기분양 토지환수 및 선거인명부 검증 등 현안문제 해결 재촉구(8차)

귀 센터에 서울광진우체국 제3101831052260(2018.9.27), 제3101831052314, 제3101842073951, 제3101858014176, 제3101842074159, 제3101856016538호 등 8회에 걸쳐 보낸 내용증명과 관련된 사항입니다. 2018.11.9. 새로 온 서○태 관리소장 등 모든 봉사자는 자진해서 봉사한다며 약속하고 관리업무를 수행하고 있기 때문에 입주자들의 의사와 이익을 위하여 대변할 막중한 책임과 의무가 있습니다.

그런데도 불법 및 부정선거로 승계해 법과 원칙을 어기며 갑질을 하였고, 사기분양한지 10년이 지났는데도 아파트의 정보전달수단을 통제하며, 현안문제를 해결하지 않고 집단적으로 방해하였으며, 내용증명에 답변조차 하지 않았습니다.

입주자들은 여러분에게 선거인명부 및 관리규약개정 동의서 검증, 사기 분양한 623.8㎡ 환수, 비대위원장의 회계감사 수검, 수직옹벽 설치 등의 위법사항을 시정하라고 요구하였는데 이행하지 않고 집단적으로 방해하며 피해만 주었습니다.

더구나 임기 만료된 2016.6.21.이후 무자격자임에도 사퇴하지 않고 비대위원장의 집 앞뒤와 옆에 불법계단(산책로), 파라솔, 책상, 의자를 설치해 입주자외의 놀이터로 변해 소음, 공해, 프라이버시 침해를 당하는데도 시정하지 않았습니다. 끝.

이 우편물은 2018-12-20
제 3101858014806호에 의하여
내용증명우편물로 발송하였음을 증명함
서울광진우체국장

수 신: 관리소장 서○태

(서울 광진구 아차산로 537-17 H아파트 관리사무소)

참 조: 입주자대표회장(김○연), 선거관리위원장(최○호), 힐사모회장(조○영), 통장(성○남) 등 모든 봉사자에게 반드시 전달하고 즉시 회답해주기 바랍니다.

발 신: 비상대책위원장 소○영

(서울 광진구 아차산로 537-17 H아파트 1404동 104호)

제목: 사기분양 623.8㎡환수 및 선거인명부 검증 등 현안문제해결 재촉구(10차)

귀 센터에 서울광진우체국 제3101831052260(2018.9.27), 제3101831052314, 제3101842073951, 제3101858014806, 제3101831052812(2019.1.8)호 등 내용증명(10회) 및 더사모카페(85회)를 통해 통보하였는데 회답이 전혀 없습니다. 서○태관리소장등 모든 봉사자는 무자격자인데 불법행위와 갑질을 지지르며 관리업무를 수행하였고, 입주자의 의사와 이익에 반한 의사결정을 하며 대변하지 않았습니다.

더구나 2016.6.21.임기 만료되어 자격이 상실되었는데 불법 및 부정선거로 승계한 선거인명부를 검증해 주지 않았고, 사기분양한지 10년이 지나도록 아파트의 정보전달수단을 통제하며 속이고, 현안문제를 전혀 해결해 주지 않았습니다.

입주자들은 여러분에게 선거인명부 및 관리규약개정 동의서 검증, 사기 분양한 623.8㎡ 환수, 비대위원장의 회계감사 수검, 관리서류 열람, 수직옹벽 설치 등 시정을 요구하였는데 전혀 이행하지 않고 불법행위를 하여 피해만 주었습니다.

바대위원장은 모든 봉사자들에게 그동안 관리소장을 통해 지속적으로 내용증명과 더사모카페의 공지사항을 전달했음에도 현안문제가 전혀 시정되지 않고 있어, 구체적인 이유, 전달경위, 해결방안을 꼭 회신해 줄 것을 간곡히 부탁합니다. 끝.

이 우편물은 2019-01-28
제 3101810004178호에 의하여
내용증명우편물로 발송하였음을 증명함

서울광진우체국장

수 신: 관리소장 서○태

(서울 광진구 아차산로 537-17 H아파트 관리사무소)

참 조: 입주자대표회장(김○연), 선거관리위원장(최○호), 힐사모회장(조○영), 통장(성○남) 등 봉사자들에게 반드시 전달하고 즉시 회답하시기 바랍니다.

발 신: 비상대책위원장 소○영

(서울 광진구 아차산로 537-17 H아파트 1404동 104호)

제목: 사기분양 623.8㎡환수, 선거인명부 검증 등 현안문제 해결 재촉구(11차)

귀 센터에 서울광진우체국 제3101831052260(2018.9.27), 제3101831052314, 제3101842073951, 제3101858014806, 제3101810004178(2019.1.28)호 등 내용증명(11회) 및 더사모카페를 통해 수없이 통보하였는데 회답이 전혀 없습니다. 서○태관리소장 등 봉사자들은 무자격자임에도 불법행위와 갑질을 저지르며 관리업무를 수행하였고, 입주자들의 의사와 이익에 반해 의사결정을 하며 대변하지 않았습니다.

더구나 2016.6.21.임기 만료되어 무자격자임에도 불법 및 부정선거로 승계하였고, 선거인명부를 검증해 주지 않았으며, 사기분양한지 10년이 지나도록 아파트의 정보전달수단을 통제하며 속이고, 현안문제를 해결하여 주지 않았습니다.

입주자들은 봉사자들에게 선거인명부 및 관리규약개정 동의서 검증, 사기 분양한 623.8㎡ 환수, 비대위원장의 회계감사 수검, 관리서류 열람, 수직옹벽 설치 등 시정을 요구하였음에도 이행하지 않고, 불법행위를 하며 피해만 주었습니다.

바대위원장은 관리소장을 통해 봉사자들에게 지속적으로 내용증명과 더사모카페의 공지사항을 전달하였음에도 현안문제가 시정되지 않았습니다. 구체적인 전달경위 및 이유, 해결방안에 관해 회신을 요구하였는데 회답도 전혀 없습니다. 끝.

이 우편물은 2019-03-11
제 3101810004591호에 의하여
내용증명우편물로 발송하였음을 증명함
서울광진우체국장

수 신: 관리소장 서○태

(서울 광진구 아차산로 537-17 H아파트 관리사무소)

발 신: 비상대책위원장 소○영

(서울 광진구 아차산로 537-17 H아파트 1404동 104호)

제목: 사기 분양한 623.8㎡환수, 선거인명부 검증 등 현안문제해결 재촉구(12차)

이 내용증명은 모든 입주자들이 해결을 원하는 현안문제이오니 입주자대표회장(김○연), 선거관리위원장(최○호), 힐사모회장(조○영), 통장(성○남) 등 봉사자들에게 꼭 전달하고 즉시 회답함은 물론 게시판에 공지해 주시기 바랍니다.

귀 관리사무소에 서울광진우체국 3101831052260(2018.9.27), 3101831052314, 3101842073951, 3101858014806, 3101810004178, 3101810004591(2019.3.11)호 등 내용증명(12회) 및 더사모카페(7백회)를 통해 현안문제를 해결하여 달라고 지속적으로 통보하였는데 해결하지 않았고, 회답조차 않으며 방해하였습니다.

더구나 비대위원장은 개인적으로 대법원에서 확정판결을 받고 대한지적공사에서 측량하여 입주자들이 서쪽경계 펜스밖의 토지 623.8㎡에 대한 분양대금 82억원을 납부하였는데 출입과 사용을 못하며 매년 재산세만 납부한다고 확실히 증명하였음에도 봉사자들이 찾아주기는커녕 못 찾게 집단적으로 방해한 것입니다.

따라서 입주자들은 봉사자들이 2016.6.21.임기 만료된 후, 주민총회와 비밀투표에 의거 제3기 입주자대표회의와 선거관리위원회를 합법적으로 구성하였음에도 봉사자들이 623.8㎡을 못 찾게 방해할 목적으로 업무를 인계하지 않았고, 불법 및 부정선거로 승계한 선거인명부를 검증해 주지 않았으며, 정보전달수단을 통제하고 속이며 입주한 이후 단 한 번도 찾아야 한다고 알려주지 않았습니다.

- 1 -

이 우편물은 2019-05-15
제 3101831053063호에 의하여
내용증명우편물로 발송하였음을 증명함
서울광진우체국장

관리소장 서○태 등 봉사자들은 입주자들의 의사와 이익에 반하는 불법 및 부정선거로 선출되었거나 선임된 무자격자임에도 위법행위와 갑질로 관리업무를 수행하며 입주자들의 이익을 전혀 대변하지 않았고, 입주자들의 의사에 반하는 막대한 피해만 입혔습니다.

봉사자들은 입주자들의 의사를 존중하고 이익을 대변한다며 자진해서 봉사하겠다고 약속하였습니다. 그러나 비대위원장에게 제출한 선거인명부(USB) 및 관리규약개정 동의서(원본) 검증, 사기 분양한 토지 623.8㎡ 환수, 비대위원장에게 회계감사 수검, 관리서류 열람, 분양계약대로 수직옹벽 설치 등의 현안문제를 해결하여 주어야 함에도 전혀 해결하여 주지 않으면서 오히려 방해만 하였습니다.

또한, 비대위원장은 623.8㎡을 찾아야 한다고 다음카페에서 알려주었는데 봉사자들이 알려주지 못하게 강제로 퇴출시켰습니다. 비대위원장은 공공의 이익을 위해 더사모카페를 개설하여 623.8㎡을 찾아야 한다고 알려주었는데 명예훼손을 하였다고 광진경찰서에 고소하였습니다. 그러나 법원에서는 공공의 이익을 위해 알려주었다며 선고유예의 판결을 하였는데도 2차례 더 고소한 것입니다.

그러함에도 봉사자들은 네이버와 방송통신심의위원회에 더사모카페를 폐쇄해 달라고 하였지만 공공의 이익을 위해 알려주었다고 거절하였습니다. 더구나 법정에서 선거인명부(USB)를 개인정보보호를 위해 검증할 수 없다고 하였다가, 광진경찰서에서 수사를 하자 비밀번호를 잊어먹었다고 하였지만 입주자들은 623.8㎡가 현장보존이 되어 있고, 증거 인멸할 수 없어 찾을 수밖에 없습니다.

비대위원장은 봉사자들에게 내용증명을 보냈는데 수취거절하고 방해하였기 때문에 내용증명을 관리소장을 통해 보내며 더사모카페에서 공지하고 있음에도 모든 봉사자들이 숙원사업인 현안문제들을 해결하지 않았습니다. 봉사자들은 현안문제에 대한 구체적인 경위와 이유, 해결방안을 즉시 회답하여 주시기 바랍니다. 끝.

- 2 -

수 신: 관리소장 서○태

(서울 광진구 아차산로 537-17 H아파트 관리사무소)

발 신: 비상대책위원장 소○영

(서울 광진구 아차산로 537-17 H아파트 1404동 104호)

제목: 불법 및 부정선거한 선거인명부 검증 등 현안문제해결 재촉구(13차)

이 내용증명은 모든 입주자들이 해결을 원하는 현안문제이오니 입주자대표회장(김○연), 선거관리위원장(최○호), 힐사모회장(조○영), 통장(성○남) 등 봉사자 전원에게 전달하고 즉시 회답함은 물론 게시판에 공지해 주시기 바랍니다.

귀 관리사무소에 서울광진우체국 3101831052260(2018.9.27), 3101831052314, 3101842073951, 3101810004178, 3101810004591, 3101831053963(2019.5.15)호 등 내용증명(13회) 및 더사모카페(7백회)를 통해 현안문제를 해결하여 달라고 계속 통보하였음에도 고의로 회답조차 안했고, 해결하지도 아니한 사항입니다.

따라서 비대위원장은 공공의 이익을 위하여 개인적으로 대법원에서 확정판결을 받고 대한지적공사에서 측량하여 623.8㎡에 대한 분양대금 82억원을 납부하였는데 출입과 사용을 못하며 매년 재산세만 납부하는 것을 증명하였음에도 봉사자들이 불법 및 부정선거로 계속 승계하며 위법행위를 저질러 못 찾았습니다.

더구나 봉사자들이 2016.6.21.임기 만료된 후, 입주자들은 합법적으로 주민총회와 비밀투표에 의거 제3기 입주자대표회의와 선거관리위원회를 구성하였음에도 봉사자들이 623,8㎡을 못 찾게 방해할 목적으로 업무를 인계하지 않았고, 이후에도 불법 및 부정선거로 승계한 선거인명부를 검증해 주지 않았으며, 정보전달 수단을 통제하고 입주한 이후 단 한 번도 찾아야 한다고 알려주지 않았습니다.

이 우편물은 2019-07-04
제 3101858018261호에 의하여
내용증명우편물로 발송하였음을 증명함
서울광진우체국장

- 1 -

관리소장 서○태 등 봉사자들은 입주자들의 이익과 정반대로 불법 및 부정선거에 의거 선출되었거나 선임된 무자격자임에도 불법으로 계속 관리업무를 수행하면서 입주자들의 이익을 전혀 대변하지 않았고, 관리서류를 열람과 공개를 하지 않으며 속이고 있습니다.

봉사자들은 불법 및 부정선거로 계속 승계하였음에도, 선거인명부(USB) 및 관리규약개정 동의서 검증, 사기 분양한 토지 623.8㎡ 회수, 비대위원장에게 회계감사 수검, 관리서류 열람 및 공개, 1404동 뒤 수직옹벽 설치, 파라솔 및 책상과 걸상 철거 등 현안문제를 해결해 주지 않았고 해결을 못하게 방해를 하였습니다.

또한, 비대위원장은 공공의 이익을 위해 623.8㎡을 찾아야 한다고 다음카페에서 알려주었는데 봉사자들이 알려주지 못하게 강제로 퇴출시켰기 때문에, 더사모 카페를 개설해 알려주었는데 명예훼손을 하였다고 광진경찰서에 3차례 고소하였고, 법원에 소송해 1억원의 손해배상을 청구하며 못 찾게 방해하였습니다.

더구나 봉사자들은 비대위원장이 더사모 카페에서 진실을 알려주지 못하게 할 목적으로 네이버와 방송통신심의위원회에 폐쇄해 달라고 민원을 제출하였고, 청와대 및 국민신문고에 청원을 못하게 하려고 광진경찰서에 고소하였습니다.

봉사자들은 법정에서 선거인명부를 개인정보보호를 위해 검증해 줄 수 없다고 한 반면, 광진경찰서에서 수사를 하자 비밀번호를 모른다며 검증해 주지 않았고, 1404동 놀이터에 책걸상을 비치해 외부인의 놀이터로 바꾸어 놓았습니다..

바대위원장은 내용증명을 보냈는데 봉사자들이 수취 거절하여 관리소장을 통해 보냈고, 더사모 카페에 공지까지 하였음에도 답변하지 않고 해결하지 않았습니다. 봉사자들은 현안문제에 대한 구체적인 경위, 해결방안을 회답하고, 입주자들이 스스로 해결하도록 정중히 사과한 후에 사퇴할 것을 진정으로 조언합니다. 끝.

- 2 -

수 신: **관리소장 서○태**

(서울 광진구 아차산로 537-17 H아파트 관리사무소)

발 신: **비상대책위원장 소○영**

(서울 광진구 아차산로 537-17 H아파트 1404동 104호)

제목: **불법 및 부정선거에 의한 승계 등 현안문제해결 재촉구(14차)**

이 내용증명은 모든 입주자들이 간절히 원하는 현안문제이오니 입주자대표회장(김○연), 선거관리위원장(최○호), 힐사모회장(조○영), 통장(성○남) 등 모든 봉사자에게 전달하고 즉시 회답함은 물론 게시판에 공지해 주시기 바랍니다.

귀 관리사무소에 서울광진우체국 3101831052260(2018.9.27), 3101831052314, 3101842073951, 3101810004591, 3101831053963, 3101858018261(2019.9.16)호 등 내용증명(14회) 및 더사모카페(7백회)를 통해 현안문제를 해결하여 달라고 통보하였음에도 고의로 회답조차 안하면서 해결을 못하게 방해하였습니다.

따라서 비대위원장은 공공의 이익을 위하여 개인적으로 대법원에서 확정판결을 받고 대한지적공사에서 측량하여 623.8㎡에 대한 분양대금 82억원을 납부하였는데 출입과 사용을 못하며 매년 재산세만 납부하는 것까지 증명하였음에도 봉사자들이 불법 및 부정선거로 승계하면서 위법행위를 저질러 못 찾았습니다.

더구나 입주자들은 봉사자들이 2016.6.21.임기가 만료된 후에, 합법적으로 제3기 입주자대표회의와 선거관리위원회를 구성하였음에도 봉사자들이 사기분양한 623,8㎡을 못 찾게 방해하였고, 이후에도 불법 및 부정선거로 승계한 선거인명부를 검증해 주지 않았으며, 정보전달수단을 통제하고 2012.3.30. 입주한 이후에 단 한 번도 찾아야 한다며 알려주지 않고 방해하였습니다.

이 우편물은 2019-09-16
제 3101831065005호에 의하여
내용증명우편물로 발송하였음을 증명함
서울광진우체국장

- 1 -

관리소장 서○태 등 봉사자들은 입주자들의 이익과 정반대로 불법 및 부정선거에 의거 선출되었거나 선임된 무자격자임에도 불구하고 불법 및 부정선거로 관리업무를 지속적으로 수행하며 입주자들의 이익을 전혀 대변하지 않았고, 관리서류를 열람하거나 공개를 해주지 않으며 잘못한 것을 은폐하였습니다.

봉사자들은 불법행위로 승계하였음에도, 선거인명부(USB) 및 관리규약개정동의서 검증, 사기 분양한 623.8㎡ 회수, 비대위원장에게 회계감사 수검, 관리서류 열람 및 공개, 1404동 뒤 수직옹벽 설치, 파라솔 및 책상과 걸상 철거 등 현안문제를 해결하지 않았고 입주자들이 해결하려는데 방해하였습니다.

또한, 비대위원장은 공공의 이익을 위해 623.8㎡을 찾아야 한다고 다음카페에서 알려주었는데 봉사자들이 알려주지 못하게 강제로 퇴출시켰기 때문에 더사모 카페를 개설해 알려주었는데 명예훼손을 하였다고 광진경찰서에 3차례 고소하였고, 법원에 소송해 1억원의 손해배상을 청구해 못 찾게 방해하였습니다.

더구나 봉사자들은 비대위원장이 더사모 카페에서 진실을 알려주지 못하게 할 목적으로 네이버와 방송통신심의위원회에 폐쇄하라고 민원을 제출하였고, 청와대 및 국민신문고에 청원을 못하게 광진경찰서에 고소해 방해하였습니다.

봉사자들은 법정에서 선거인명부를 개인정보보호를 위하여 검증해 줄 수 없다고 하다가, 광진경찰서에서 수사하자 비밀번호를 모른다며 검증해 주지 않았고, 1404동 놀이터에 책상과 의자를 비치해 외부 놀이터로 바꾸어 놓았습니다.

비대위원장은 내용증명을 보냈는데 봉사자들이 수취 거절하였기 때문에 관리소장을 통해 보냈고, 더사모 카페에 공지까지 하였음에도 해결하지 않고 못 찾게 방해하였습니다. 봉사자들은 현안문제에 대한 구체적인 경위, 해결방안을 회답하고, 입주자들에게 정중히 사과한 후에 사퇴할 것을 강력하게 통보합니다. 끝.

- 2 -

수 신: **관리소장 서○태**

(서울 광진구 아차산로 537-17 H아파트 관리사무소)

발 신: **비상대책위원장 소○영**

(서울 광진구 아차산로 537-17 H아파트 1404동 104호)

제목: **불법 및 부정선거로 승계해 못 찾게 방해한 현안문제 해결 재촉구(15차)**

이 내용증명은 모든 입주자들이 623.8㎡를 찾고자 간절히 원하는 현안문제이오니 입주자대표회장(김○연), 선거관리위원장(최○호), 힐사모회장(조○영), 통장(성○남) 등에게 반드시 전달하고 게시판 등에 공지해 알려주시기 바랍니다.

귀 관리사무소에 서울광진우체국 3101831052260(2018.9.27), 3101842074159(2018.11.15.), 3101831065006(2019.9.16.)로 보낸 내용증명(15회) 및 더사모카페(750회)를 통해 현안문제를 해결하여 달라고 요구하였는데, 입주자대표 등은 고의로 회답하지 않았고, 해결하지 못하게 조직적으로 방해까지 하였습니다.

따라서 비대위원장은 공공의 이익을 위하여 개인적으로 대법원에서 확정판결을 받고 대한지적공사에서 측량하여 분양대금 82억원을 납부한 서쪽경계 펜스 밖의 토지 623.8㎡가 사기분양된 것을 확실히 증명한 후에 입주자대표 등에게 출입과 사용을 못하는데 매년 재산세만 납부하므로 찾아달라고 요구하였습니다.

그런데도 입주자대표 등은 다음 카페 등 정보전달수단을 완전히 통제하며 사기분양을 안했다고 감쪽같이 속였고, 불법 및 부정선거로 계속 승계하면서 불법으로 관리업무를 수행하였으며, 고소, 고발, 재판을 유도하고 변호사를 앞세워 거짓의 진술, 준비서면, 증거자료, 탄원서를 제출하여 광진경찰서, 서울동부지검, 서울고검, 서울동부지법, 서울중앙지법, 서울고법, 대법원이 오판하도록

이 우편물은 2019-12-10
제 3101842076216호에 의하여
내용증명우편물로 발송하였음을 증명함
서울광진우체국장

- 1 -

조직적으로 사법농단을 저질러 10년이 지나도록 623.8㎡를 못 찾고 있습니다.

더구나 입주자들은 제2기 입주자대표 등이 2016.6.21.임기 만료된 후에, 합법적으로 제3기 선거관리위원회를 구성해 2016.6.26. 제3기 입주자대표회의를 선출하였음에도 불구하고, 제2기 입주자대표 등이 업무를 인계하지 않았습니다. 오히려 제2기 입주자대표 등은 불법 및 부정선거로 제3기 선거관리위원회를 다시 구성하였고, 2016.8.11. 제3기 입주자대표회의를 다시 선출한 후에 사기 분양한 623,8㎡을 못 찾게 불법으로 계속 방해하고 있습니다.

이와 같이 입주자대표 등은 정보전달수단을 완전히 통제하고 속이면서 불법 및 부정선거로 승계해 관리소장을 불법으로 선임하며 관리서류를 열람해 주지 않았고, 입주자들의 55%가 요구한 비대위원장의 회계감사를 수검하지 않았습니다. 특히, 관리소장 서○태 등은 비대위원장이 내용증명 및 더사모 카페를 통해 게시판 등 정보전달수단에 내용증명을 공지해 달라고 요구하였는데 이행을 하지 않았고, "감춰진 아파트비리 완전해부"를 수취 거절하였습니다.

입주자대표 등은 불법 및 부정선거로 선출된 무자격자임에도 관리업무를 불법으로 계속 수행하면서 선거인명부(USB) 및 관리규약개정 동의서 미 검증, 사기 분양한 623.8㎡ 미 회수, 비대위원장의 회계감사 미 수검, 관리서류 미 공개, 1404동 뒤 수직옹벽 미 설치, 파라솔 및 책·걸상 미 철거 등 현안문제를 해결하지 않았고, 오히려 입주자들이 해결하지도 못하게 방해하였습니다.

관리소장 서○태 등은 입주자대표 등에게 내용증명을 전달하지도 않았고, 게시판 등 정보전달수단에 공지해 알려주지도 않았으며, 현안문제에 대한 구체적인 경위, 해결방안을 제시하여 주지도 않았습니다. 이와 같이 그동안 입주자들의 이익을 위해 현안문제를 전혀 해결하지 못한 책임을 지고 사퇴하기 바랍니다. 끝.

- 2 -

수 신: **관리소장 서○태**

(서울 광진구 아차산로 537-17 H아파트 관리사무소)

발 신: **비상대책위원장 소○영**

(서울 광진구 아차산로 537-17 H아파트 1404동 104호)

제목: **불법선거로 승계한 선거인명부 검증 등 현안문제 해결 재촉구(16차)**

이 내용증명은 입주자대표 등이 불법선거로 승계한 선거인명부 검증, 사기 분양한 636.8㎡ 회수, 1404동 뒤 수직옹벽 설치, 관리서류 회계감사 및 열람, 파라솔 및 책·걸상 철거 등의 현안문제가 아직까지도 실행되지 않았기 때문에 입주자대표회장(김○연), 선거관리위원장(최○호), 힐사모회장(조○영), 통장(성○남) 등에게 꼭 전달하고 게시판 등에 공지하여 조속히 실행되도록 조치해 주시기 바랍니다.

귀 관리사무소에 서울광진우체국 3101831052260(2018.9.27.)호 등 내용증명(16회) 및 더사모카페(760회)를 통해 현안문제를 반드시 해결하여 달라고 계속 요구하였는데 입주자대표 등은 고의로 회답하지 않았고, 정보전달수단을 완전히 통제하면서 진실을 은폐하였으며, 고소 고발 수사 재판을 야기하고 변호사를 앞세워 거짓의 진술, 준비서면, 증거자료, 탄원서를 제출해 경찰, 검찰, 법원이 속아서 오판하도록 악질적인 사법농단을 저지르며 해결하지도 못하게 방해까지 하였습니다.

더구나 입주자들은 입주자대표 등의 임기가 2016.6.21. 만료되어 권한이 상실되었기 때문에 2016.6.26. 입주자대표 해임안, 위임장, 관리규약에 의거 비밀투표로 52%가 참여해 제3기 입주자대표회의를 선출하였음에도 입주자대표 등이 업무를 인계하지 않았고, 2016.8.11. 불법선거로 제3기 입주자대표회의를 다시 선출해 승계한 선거인명부조차 검증해 주지 않았습니다. 이후에도 전자투표로 제4기 입주자대표회의를 선출한 선거인명부를 검증해 주지 않고 진실을 은폐하였습니다.

관리소장 서○태 등은 입주자대표 등에게 내용증명을 전달하지도 않았고, 게시판 등 정보전달수단에 공지해 알려주지도 않았으며, 현안문제에 대한 해결방안을 제시해 주지도 않았습니다. 반면에 비대위원장은 현안문제를 해결하고자 진실을 정확히 알리기 위해 2016.8.24. 더사모 카페를 개설하여 실천하고 있습니다. 그런데도 입주자대표 등은 다음 카페, 게시판, 엘리베이터 공지, 안내방송 등 정보전달수단을 통해 진실을 속이며 현안문제를 해결하지 못한 책임을 지고 사퇴하시기 바랍니다. 끝.

울 광 진
.04. 27.
KOREA
GWANGJIN

수 신: **관리소장 서○태**
(서울 광진구 아차산로 537-17 H아파트 관리사무소)

발 신: **비상대책위원장 소○영**
(서울 광진구 아차산로 537-17 H아파트 1404동 104호)

제 목: **불법선거를 즉시 중지하고 사퇴할 것을 재촉구(17차)**

이 내용증명은 입주자대표 등이 불법선거로 승계한 선거인명부 검증, 사기 분양한 636.8㎡ 회수, 1404동 뒤 수직옹벽 설치, 관리서류 회계감사 및 열람, 파라솔 및 책·걸상 철거 등의 현안문제가 아직까지도 이행되지 않았기 때문에 입주자대표회장(김○연), 선거관리위원장(최○호), 힐사모회장(조○영), 통장(성○남) 등에게 꼭 전달하고 게시판 등에 공지하며 불법선거를 즉시 중지한 후 사퇴하기 바랍니다.

귀 관리사무소에 서울광진우체국 3101831052260(2018.9.27.)호 등 내용증명(17회) 및 더사모카페(760회)를 통해 현안문제를 해결하여 달라고 수없이 요구하였는데도 입주자대표 등은 전혀 해결하지 않았고, 불법선거로 계속 승계한 선거인명부(USB)를 검증해 주지 않았으며, 정보전달수단을 완전히 통제하면서 진실을 속였고, 고소 고발 수사 재판을 야기하며 변호사를 앞세워 거짓의 진술, 준비서면, 증거자료, 탄원서를 제출해 경찰, 검찰, 법원이 속아서 오판하도록 악질적인 사법농단을 저지르고 사기 분양한 토지 636.8㎡를 못 찾게 방해하며 막대한 손해를 입혔습니다.

따라서 입주자들은 입주자대표 해임안, 위임장, 관리규약에 의거, 입주자대표 등의 임기가 2016.6.21. 만료되어 권한이 상실되었기 때문에, 2016.6.26. 52%가 참여해 비밀투표로 제3기 입주자대표회의를 선출하였음에도 입주자대표 등이 업무를 인계하지 않았습니다. 더구나 불법 선출된 최○호는 2016.8.11. 제3기 입주자대표회의를 다시 선출하고도 선거인명부를 검증해 주지 않았고, 불법으로 제4기 입주자대표회의를 선출하였으며, 현재 불법으로 제5기 입주자대표회의를 선출하고 있습니다.

입주자들은 입주자대표 해임안 및 위임장에 서명해 관리규약에 의거 선거관리업무의 일체를 비대위원장(소○영)에게 위임하였습니다. 따라서 선거관리위원장(최○호)와 관리소장(서○태)는 2016.6.21. 권한이 상실된 입주자대표 등에 의해 불법으로 선출되어 무자격자이므로 선거관리업무를 수행할 권한이 전혀 없습니다. 그런데도 불법으로 제5기 입주자대표 선거를 수행하고 있으므로 즉시 중지하고 사퇴하기 바랍니다. 끝.

이 우편물은 2020-04-27
제 3101831057126호에 의하여
내용증명우편물로 발송하였음을 증명함
서울광진우체국장
대한민국 KOREA

수 신: **관리소장 서○태**

(서울 광진구 아차산로 537-17 H아파트 **관리사무소**)

발 신: **비상대책위원장 소○영**

(서울 광진구 아차산로 537-17 H아파트 1404동 104호)

제 목: **무자격자인 선거관리위원은 불법선거를 즉시 중지하고 사퇴할 것(18차)**

이 내용증명은 입주자대표 등이 불법선거로 승계한 선거인명부 검증, 사기 분양한 토지 636.8㎡ 회수, 1404동 뒤 수직옹벽 설치, 관리사무소 회계감사 실시, 파라솔 및 책·걸상 철거 등의 현안문제를 현재까지 전혀 이행하지 않고 있기 때문에 선거관리위원장(유○운), 선거관리위원(김○섭, 권○화, 유○라, 장○희)에게 꼭 전달하고 게시판 등에 공지함은 물론 불법선거를 즉시 중지하고 사퇴하기 바랍니다.

귀 관리사무소에 서울광진우체국 3101831052260(2018.9.27.)호 등 내용증명(18회) 및 더사모카페(760회)를 통해 현안문제를 해결하여 달라고 수차례 요구하였는데도 입주자대표 등은 전혀 해결하지 않았고, 불법선거로 승계한 선거인명부(USB)를 검증해 주지 않았습니다. 또한 정보전달수단을 완전히 통제하고 진실을 속이며 고소 고발 수사 재판을 야기하고 변호사를 앞세워 거짓의 진술, 준비서면, 증거자료, 탄원서를 제출해 경찰, 검찰, 법원이 속아서 오판하도록 악질적인 사법농단을 저질러 사기 분양한 토지 636.8㎡를 못 찾게 방해하며 막대한 손해를 입혔습니다.

따라서 입주자들은 관리규약, 입주자대표 해임안, 위임장에 의거, 입주자대표 등의 임기가 2016.6.21. 만료되어 권한이 상실되었기 때문에, 2016.6.26. 52%가 참여한 비밀투표로 제3기 입주자대표(5명)를 선출하였음에도 입주자대표 등이 업무를 인계하지 않았습니다. 더구나 2016.8.11. 불법선거로 제3기 입주자대표회장에 선출된 유근운은 불법선거한 선거인명부를 검증해 주지 않았고, 이번에 제5기 선거관리위원장에 불법으로 지명되었음에도 불법으로 제5기 입주자대표를 선출하고 있습니다.

입주자들은 관리규약, 입주자대표 해임안 및 위임장에 의거 선거관리업무 일체를 비대위원장(소박사)에게만 위임하였습니다. 이처럼 선거관리위원장(유○운)과 관리소장(서○태)은 2016.6.21. 이후 불법으로 지명된 무자격자이기 때문에 선거관리업무를 수행할 권한이 없습니다. 그런데도 불법으로 제5기 입주자대표 선거를 수행하는 것이므로 "숨겨진 아파트 비리 완전정복"을 읽고 즉시 중지한 후 사퇴하기 바랍니다. 끝.

이 우편물은 2020-07-27
제 3101831057871호에 의하여
내용증명우편물로 발송하였음을 증명함
서울광진우체국장
대한민국 KOREA

수 신: 변호사 최○웅

서울 강남구 강남대로 442 7층 (역삼동, 흥○생명빌딩) 법무법인 덕○

제 목: 소송비용 청구에 대한 답변

서울역삼우체국 제 3110303026448(2019.3.18)와 관련된 시항입니다. 귀하께서는 우리 H 아파트 입주자대표회의 담당변호사로서 선거무효확인의 소 사건에 대한 소송비용 청구를 위임받았다고 하면서 2019.3.30.까지 소송비용 2,360,880원을 송금해 달라고 통보하였습니다.

그러나 그동안 H아파트와 관련한 선거무효 확인시건, 명예훼손 고소사건(2건), 더사모 카페 폐쇄사건(네이버 및 방송통신심의위원회의 민원) 등을 담당한 변호사로서 입주자대표회의와 선거관리위원회의 잘못을 대변하였기 때문에 비대위가 공공의 이익을 위해 사기 분양한 토지 623.8㎡을 찾기 위한 목적으로 봉사할 수밖에 없는 것을 잘 이해하실 것입니다.

H 건설은 623.8㎡을 빼고 설계하고, 모형과 카달로그에도 빼고 표시해 시공하였는데 분양대금 82억원을 받아갔습니다. 그리고 203㎡는 제척한 후 90㎡을 한원광장이 슬쩍 가져갔고, 113㎡을 제3자에게 매각하였습니다. 또한 420.8㎡는 한원광장과 제3자가 사용하게 펜스를 경계안쪽 4m지점에 설치하였고, 비대위원장의 빌라 뒤에 수직옹벽을 설치해야 함에도 계단과 산책로를 설치하였습니다.

따라서 비대위원장은 입주자대표회의 등에게 623.8㎡을 찾아달라고 하였는데 사기분양을 안했다고 속였습니다. 따라서 비대위원장은 사기분양을 증명하기 위해 개인적으로 소송을 제기하였고, 2015.6.23. 대법원에서 확정판결을 받고 대한지적공사에서 측량하여 623.8㎡가 사기분양된 것을 입증하였는데 부정선거로 승계해 못 찾게 하였습니다.

입주자대표회의 등은 불법 및 부정선거한 선거인명부를 검증해 주지 않았고, 위법행위와 갑질을 저질러 623.8㎡을 못 찾게 방해하였습니다. 입주초기에는 사기분양을 안했다고 속였고, 등기면적이 분양면적보다 69.3㎡가 적다고 밝혀지자 세대별로 소수점이

- 1 -

이 우편물은 2019-03-27
제 3101842074804호에 의하여
내용증명우편물로 발송하였음을 증명함
서울광진우체국장

하로써 정산하지 않는다고 속였으며, 203㎡을 제척해 한원광장이 슬쩍 가져가고 제3자에게 매각한 것이 밝혀지자 못 찾게 방해하였고, 비대위원장이 2015.6.23. 사기분양된 것을 증명하였는데 위법행위와 갑질을 저질러 부정선거를 실시하고 명예훼손을 하였다며 비대위원장을 고소하였습니다(더사모카페 7백편의 글 참조).

더구나 비대위원장이 다음카페에서 623.8㎡을 찾자고 알려주었는데 강제로 퇴출시킨 점, 공공의 이익을 위하여 더사모카페를 개설해 찾고자 알려주었는데 명예훼손을 하였다며 2회에 걸쳐 광진경찰서에 고소한 점, 고소사건이 대법원에서 공공의 이익을 위해 알려주었다고 선고유예의 판결을 하였는데 민사소송을 제기(손해배상금 1억원 청구)한 점, 입주자들이 2015.10.경. 입주자대표 해임안에 75%가 서명하였는데 사퇴하지 않은 점 2016.4.경 입주자대표회의 등에 선거관리업무 일체를 관여하지 말라고 통보하였고, 비대위원장에게 관리규약에 불구하고 선거관리업무 일체를 수행하라고 위임해 2016.6.26. 제3기 입주자대표회의를 구성하였는데 업무를 인계하지 않은 점, 선거인명부의 핸드폰번호를 20%만 확인하고 80%를 허위로 작성했는데 2016.8.11. 62%가 투표해 제3기 입주자대표로 당선되었다고 발표한 점, 비대위원장에게 USB(원본과 동일)을 제출하고 추후 검증해 주겠다는 약속을 이행하지 않은 점, 법정에서조차 선거인명부를 검증해 주지 않았습니다.

결론적으로 입주자대표회의 등은 사기 분양한 623.8㎡을 못 찾게 방해할 목적으로 불법 및 부정선거한 선거인명부를 검증해주지 않았고, 법정에서조차 검증해 주지 않았는바, 검증해주면 소송비용을 지급할 것입니다. 법과 양심과 공익을 위해 변론하는 담당변호사로서 선거인명부를 꼭 검증해 주실 것을 부탁드립니다.

2019.3.27.

서울 광진구 아차산로 537-17 1404동 104호 (광○동, H아파트)

비대위원장 소○영 올림

- 2 -

이 우편물은 2019-04-05
제 3101810004858호에 의하여
내용증명우편물로 발송하였음을 증명함
서울광진우체국장

수 신: 변호사 최○웅 (전○수 등 5명 대리인)

서울 강남구 강남대로 442 7층 (역삼동, 흥○생명빌딩) 법무법인 덕○

제 목: 소송비용 청구에 대한 답변(2차)

서울광진
2019. 04. 05.
KOREA
S.GWANGJIN

귀하께서는 서울역삼우체국 제3110303026448(2019.3.18)로 보낸 내용증명에 광진우체국 제3101842074804(2019.3.27)로 답변하였는데 제3110306125085(2019.4.2)로 내용증명을 보내 압류 등 조치를 한다고 통보하였습니다. 그러나 비대위원장은 입주자들이 분양대금 82억원을 납부한 펜스밖의 토지 623.8㎡을 사기분양한지 10년이 지나도록 못 찾았는데도 선거인명부를 검증해 주지 않았기 때문에 검증해 주는 대로 지급하였습니다.

고소인 전○수 등 5명(입주자대표와 선거관리위원)은 그동안 H아파트 입주자들의 이익에 반해 명예훼손 고소 및 소송, 손해배상소송, 선거무효 확인소송, 더샤모카페 폐쇄 사건(네이버 및 방송통신심의위원회의 민원) 등을 발생하게 하였고, 귀하께서는 이를 변론한 변호사로서 H건설(한원광장)이 623.8㎡을 빼고 설계, 모형, 카달로그에 표시해 시공한 후 203㎡을 매각하거나 420.8㎡을 출입과 사용을 못하게 하고 매년 재산세만 납부하게 사기 분양한 것과 이와 관련해 발생된 사건들을 수임한 것을 잘 알고 있습니다.

따라서 비대위원장은 고소인과 관리소장이 정보전달수단을 통제하고 속여 H 건설의 이익을 대변하며 623.8㎡을 못 찾게 방해하였기 때문에 개인적으로 2015.2.10. 서울고법에서 판결을 받고(2015.6.23. 대법원 확정) 대한지적공사에서 측량하여 사기분양된 것을 증명한 것입니다. 그러나 고소인은 토지 623.8㎡을 못 찾게 방해할 목적으로 입주자들의 의사에 반해 불법 및 부정선거한 선거인명부를 검증해 주지 않은 것입니다.

그렇지만 입주자들은 623.8㎡을 찾기 위해 비상대책위원회를 결성하여 합법적으로 활동한 반면에 고소인과 관리소장은 입주자들의 이익을 대변하지 않고 못 찾게 방해할 목적으로 위법행위와 갑질을 저지르며 정보전달수단을 통제하고 사기분양한 후 10년 동안 못 찾게 하였으며, 공익을 위해 찾아주려는 비대위원장을 피해자에서 가

- 1 -

해자로 바꾸어 놓았습니다. 하지만 비대위원장은 인내심을 최대한 발휘하고 준법정신을 철저히 지키며 623.8㎡을 찾기 위해 유종의 미를 거두려고 노력한 것입니다.

이 사건은 기업윤리에 반한데서 발생한 사건입니다. H 건설은 서쪽경계 펜스밖의 토지 623.8㎡을 출입과 사용을 못하게 시공한 후 203㎡을 제척해 매각하였고, 420.8㎡을 한원광장과 제3자가 사용하게 불용토지로 만든 잘못이 있고, 광진구청은 감독을 않고 사업승인, 제척승인, 사용검사승인을 해준 잘못이 있으며, 고소인과 관리소장은 불법 및 부정선거로 승계하며 정보전달수단을 통제하고 H 건설의 이익만 대변해 623.8㎡을 못 찾게 방해한 잘못뿐만 아니라 고소, 수사, 재판을 하며 거짓 진술로 사법당국을 감쪽같이 속여 판단을 잘못하게 유도한 중대한 잘못이 있습니다.

더구나 고소인과 관리소장은 자진해서 봉사한다고 하였고, 623.8㎡을 찾으면 자신에게 이익이 되고 입주자들에게 이익이 돌아가는데도 불구하고 비대위원장이 찾아주자고 내용증명을 보내면 수취 거절하였고, 더사모카페를 통해 통보를 하여도 답변조차 않고 못 찾게 방해한 것입니다. 또한, 봉사자들은 입주자들이 서명한 해임안(75%)과 위임장(55%), 제3기 입주자대표회의를 구성(52%투표)하였음에도 2016.6.21. 임기 만료된 후 무자격자로서 입주자들의 의사에 반해 관리업무를 수행합니다. 비대위원장은 위법행위와 갑질에 관한 증거를 확보해 보관하고 있습니다. 입주자들은 고소인 등이 위법행위와 갑질로 속이며 피해를 주고 있는데도 변호사로서 전○수 등 5명의 변론을 법과 양심과 공익에 반해하시면 적극 대처할 것입니다. 입주자들이 사기 분양한 623.8㎡을 찾도록 고소인들의 부당한 변론을 더 이상 안 하시길 부탁드립니다.

2019.4.5.

서울 광진구 아차산로 537-17 1404동 104호 (광○동, H아파트)

비대위원장 소○영 올림

- 2 -

수 신: 변호사 최○웅 (전○수 등 5명 대리인)

서울 강남구 강남대로 442 7층 (역삼동, 흥○생명빌딩) 법무법인 덕○

제 목: 전○수 등 5명에 대한 부당변론 중단요청

귀하께서는 역삼우체국 제3110303026448(2019.3.18)와 3110306125085(2019.4.2)로 내용증명을 보내 압류 등 조치를 한다고 통보하였습니다. 따라서 본인과 우리 입주자들은 광진우체국 제3101842074804(2019.3.27)와 3101810004858(2019.4.5)로 답변하면서 전○수 등 5명이 경찰, 검찰, 법원에서 허위 진술해 왜곡된 판결에 기인하여 법정에서 선거인명부를 검증하지 못하였기 때문에 물질적 정신적 시간적인 막대한 피해를 입었는바, 선거인명부를 검증해 주면 소송비용을 지급하겠다고 하였습니다.

우리 입주자들은 전○수 등 5명(입주자대표와 선거관리위원)으로 인해 분양대금 82억원을 납부한 서쪽경계 펜스밖의 토지 623.8㎡을 사기분양한지 10년이 지나도록 못 찾았고, 찾기 위해 서울중앙지법에서 소송을 진행하고 있습니다. 전○수 등은 그동안 H 아파트 입주자들의 이익에 반한 위법행위와 갑질을 하면서 명예훼손 고소 및 소송, 손해배상소송, 선거무효 확인소송, 더사모카페 폐쇄사건(네이버 및 방송통신심의위원회의 민원) 등을 야기하였고, 귀하께서는 이들의 거짓 진술에 속아서 변론해 승소하였습니다.

광 진 29. 1 GJIN

H 건설(한원광장)은 서쪽경계 펜스밖의 토지 623.8㎡을 빼고 설계하였고, 모형과 카달로그에도 빼고 표시해 시공한 후 203㎡을 매각하거나 420.8㎡을 출입과 사용을 못하게 불용토지로 만들어 매년 재산세만 납부하게 사기 분양하였는데 귀하께서는 이와 관련된 사건들을 수임하여 수사와 재판과정에서 진실을 왜곡하도록 변론하였습니다.

더구나 전○수 등과 관리소장은 정보전달수단을 통제하고 속이며 H 건설의 이익만 대변해 623.8㎡을 못 찾게 방해하였기 때문에 비대위원장이 개인적으로 2015.2.10. 서울고법에서 판결을 받고(2015.6.23. 대법원에서 확정), 대한지적공사에서 측량해 사기분양된 것을 증명하였습니다. 그러나 전○수 등은 623.8㎡을 못 찾게 방해할 목적으로

이 우편물은 2019-04-29
제 3101842074996호에 의하여
내용증명우편물로 발송하였음을 증명함
서울광진우체국장

- 1 -

불법과 부정선거로 승계한 선거인명부를 검증해 주지 않으며 피해를 입혔습니다.

그러나 입주자들은 623.8㎡을 찾기 위해 비상대책위원회를 결성하여 합법적으로 활동한 반면, 전○수 등은 위법행위와 갑질을 저지르며 입주자들의 이익을 대변하지 않았고, 사기분양한지 10년이 지나도록 못 찾게 방해하였으며, 공익을 위해 찾아주려는 비대위원장을 피해자인데 가해자로 바꾸었고, 비대위원장이 준법정신을 철저히 지키며 623.8㎡을 찾기 위한 유종의 미를 거두려는데 끈질기게 방해하였습니다.

이 사건은 기업윤리를 어긴 사법농단에 기인한 것입니다. H 건설은 고의로 623.8㎡을 빼고 설계해 시공한 후 203㎡을 매각하고, 420.8㎡을 불용토지로 시공한 것입니다. 광진구청은 사업승인, 제척승인, 사용검사승인을 해주었습니다. 전○수 등은 위법행위와 갑질을 저질러 정보전달수단을 통제하며 불법 및 부정선거로 승계하였고, 수사와 재판으로 유도한 후 거짓 진술로 사법당국이 오판하도록 속인 사건입니다.

결론적으로 전○수 등은 623.8㎡을 찾으면 자신은 물론 입주자들에게 이익이 되는데도 못 찾게 방해하였고, 비대위원장이 찾자고 내용증명을 보냈는데 수취거절하며 답변조차 않고 방해하였습니다. 입주자들은 입주자대표 해임안(75%)과 위임장(55%)에 서명하였고, 제3기 입주자대표회의를 구성(52%투표)하였는데 전○수 등이 임기만료된 후 업무를 인계하지 않았으며, 수많은 증거를 확보하고 있습니다. 귀하께서는 전○수 등이 거짓으로 속인 것을 잘 알고 있으면서도 법과 양심과 공익에 반하는 변론을 함으로써 막대한 피해를 입혔는바 변론을 중단하시길 간곡히 부탁드립니다.

2019.4.29.

서울 광진구 아차산로 537-17 1404동 104호 (광○동, H아파트)

비대위원장 소○영 올림

- 2 -

수 신: 변호사 최○웅 (전○수 등 5명 대리인)

서울 강남구 강남대로 442 7층 (역삼동, 흥○생명빌딩) 법무법인 덕○

제 목: 부당변론 중단 및 압류집행 철회 요청

귀하께서는 역삼우체국 제3110303026448(2019.3.18), 3110306125085(2019.4.2)로 내용증명을 보내 압류 등 조치를 한다고 통보하였습니다. 따라서 저와 입주자들은 귀하에게 광진우체국 제3101842074804(2019.3.27), 3101810004858(2019.4.5), 3101842074996(2019.4.29)로 답변하였고, 전○수 등 5명이 경찰, 검찰, 법원에서 허위진술하여 왜곡된 판결로 선거인명부를 검증하지 못한데 기인해 발생하였는바, 선거인명부를 검증하면 소송비용을 즉시 지급하겠고, 부당한 변론을 중단해 달라고 답변하였습니다.

H 건설(한원광장)은 서쪽경계 펜스밖의 토지 623.8㎡을 빼고 설계하였고, 모형과 카달로그에도 빼고 표시해 시공한 후 203㎡을 매각하거나 420.8㎡을 출입과 사용을 못하게 경계안쪽 4m지점에 펜스를 설치해 매년 재산세만 납부하게 사기 분양하였습니다. 광진구청은 사업승인, 제척승인, 사용검사승인을 해주었고, 입주자들의 의사에 따른 제3기 입주자대표회의를 구성하였는데 신고서를 고의로 접수하지 않고 거부했습니다.

입주자들은 토지 623.8㎡을 찾기 위해 서울중앙지법에서 소송을 진행하고 있는데, 전○수 등 5명(입주자대표와 선거관리위원)과 관리소장은 입주자들이 분양대금 82억원을 납부한 623.8㎡을 사기분양한지 10년이 지나도록 못 찾게 방해하였고, 그동안 입주자들의 이익에 반한 위법행위와 갑질을 저지르며 명예훼손 고소 및 소송, 손해배상소송, 선거무효 확인소송, 더사모카페 폐쇄사건(네이버 및 방송통신심의위원회의 민원) 등을 유발시키면서 방해하였고, 귀하께서는 이들의 거짓 진술에 속아 변론하여 승소하였습니다.

더구나 전○수 등과 관리소장은 정보전달수단을 통제하고 속이며 2012.3.30. 입주한 이후 단 한 번도 623.8㎡을 찾아야 한다고 알려주지 않았습니다. 그러나 저는 비대위원장으로서 개인적으로 2015.2.10. 서울고법에서 판결을 받고(2015.6.23. 대법원에서 확정),

이 우편물은 2019-05-23
제 3101856016706호에 의하여
내용증명우편물로 발송하였음을 증명함
서울광진우체국장

- 1 -

대한지적공사에서 측량해 사기분양된 것을 증명하였으며, 입주자대표 해임인(75%)과 위임장(55%)에 의거 2016.6.26. 제3기 입주자대표회의를 구성(52%투표)하였는데 전○수 등이 623.8㎡을 못 찾게 방해할 목적으로 임기만료(2016.6.21)된 무자격자임에도 2016.8.11. 불법과 부정선거로 승계한 선거인명부를 검증해 주지 않았습니다.

이와 같이 입주자들은 623.8㎡을 찾고자 비상대책위원회를 결성하여 합법적으로 활동한 반면, 전○수 등은 위법행위와 갑질을 저지르며 입주자들의 이익을 전혀 대변하지 않았고, 사기분양한지 10년이 지나도록 못 찾게 방해하였으며, 공익을 위해 찾아주려는 비대위원장을 피해자인데 가해자로 바꾸었고, 비대위원장이 준법정신을 지키며 623.8㎡을 찾아 주려고 하는데 다음카페에서 강퇴를 시켰으며, 하는 수 없이 더사모카페를 개설해 찾아주려고 하는데 방송통신심의위원회에 폐쇄하라고 청원하였지만 2019.4.12. 비대위원장이 공공의 이익을 위해 알려주었다고 의결하였습니다.

위 사건은 기업윤리를 어긴 사법농단에 기인합니다. 전○수 등은 정보전달수단을 통제하며 위법행위를 저질러 불법 및 부정선거로 승계하면서 거짓 진술로 사법당국을 오판하도록 속였습니다. 더구나 623.8㎡을 찾으면 자신은 물론 입주자들에게 이익이 되는데도 찾아주지 않았고, 비대위원장이 찾자고 내용증명을 보냈는데 수취 거절하였으며, 더사모카페를 통해 통보하였는데도 답변조차 하지 않았습니다. 또한, 광진경찰서에서 압수수색영장을 발부받아 선거인명부를 수사하면서 검증하고 있으며, 검증을 마치는 대로 소송비용 2.300.000원을 지급하겠다고 통보하였음에도 623.8㎡을 못 찾게 집행관을 시켜 압류하려고 시도하는데 즉시 철회해 줄 것을 간곡히 부탁드립니다.

2019.5.3.

서울 광진구 아차산로 537-17 1404동 104호 (광○동, H아파트)

비대위원장 소○영 올림

수 신: 변호사 최○웅

서울 강남구 강남대로 442 7층 (역삼동, 흥○생명빌딩) 법무법인 덕○

제 목: 판결문 청구에 대한 회신

귀하께서는 전○수 등 5명(입주자대표 및 선거관리위원)의 사건을 수임한 담당변호사로서 역삼우체국 제3110315050611(2020.1.13)로 판결금을 청구하였습니다. 우리 입주자들은 분양대금 82억 원을 납부한 토지 623.8㎡을 돌려받지 못해 사용과 출입을 못하고 있습니다. 이와 관련한 명예훼손 형사 및 민사사건, 불법 및 부정선거사건을 수임해 대법원까지 변론하였기 때문에 전○수 등이 잘못한 것을 잘 알고 있습니다.

전○수 등은 입주자들의 이익을 대변하여야 함에도 사기 분양한 623.8㎡을 못 찾게 방해할 목적으로 H 건설과 광진구청의 잘못을 대변하면서 고소, 고발, 수사, 재판을 야기하고, 거짓의 진술, 준비서면, 증거서류, 탄원서를 제출해 경찰, 검찰, 법원이 속아서 오판하도록 악질적인 사법농단을 저질러 비대위원장과 입주자들을 선량한 피해자에서 가해자로 뒤바꿔 놓으며 623.8㎡을 못 찾게 방해하였습니다.

돌이켜보면, 비대위원장이 대법원에서 확정판결을 받고 대한지적공사에서 측량하여 623.8㎡가 사기분양된 것을 증명한 후에 찾아달라고 하였는데 전○수 등은 못 찾게 방해할 목적으로 비대위원장을 다음 카페에서 강제로 탈퇴를 시켰습니다. 따라서 비대위원장은 공공의 이익을 위하여 더사모 카페를 개설해 623.8㎡를 찾아야 한다고 알려준 것에 대해 명예훼손을 하였다고 고소하였는데 선고유예의 판결을 하였습니다. 그런데도 전○수 등이 1억원의 손해배상금을 청구하였는데 서울동부지방법원은 비대위원장이 전○수 등에게 8백만원을 배상하고 전○수 등이 비대위원장에서 소송비용의 9/10를 지급하라고 판결하였습니다(대법원에서 그대로 확정). 따라서 귀하께서는 판결금을 청구하며 송금하라고 통보하였습니다.

본인은 법원의 판결문에 의거 당연히 지급하겠습니다. 다만, 판결문에서 소송비용

- 1 -

의 9/10를 전○수 등에게 부담하라고 결정하였으므로 소송비용을 공제하고 송금하겠습니다. 따라서 **귀하께서는 본인이 지급할 판결금(기 통보함)에서 전○수 등이 부담할 소송비용을 공제하여 청구하시면 알려준 구좌번호로 송금하겠습니다**.

이 사건을 살펴보면, H건설은 623.8㎡을 사용과 출입을 못하게 빼고 설계하였고, 모형과 카달로그에도 623.8㎡을 빼고 표시해 시공하였는데 분양대금 82억원을 받아갔습니다. 그리고 623.8㎡중에서 203㎡는 제외해 90㎡를 한원광장이 편취하였고, 113㎡를 김○석에게 558백만 원에 매각하였습니다. 또한, 420.8㎡는 한원광장과 김○석이 사용과 출입을 하도록 203㎡를 제외한 경계의 안쪽 4m지점에 펜스를 시공해 입주자들이 사용과 출입을 못하면서 매년 재산세만 납부하게 끼워 팔기식의 수법으로 사기 분양하였습니다. 광진구청은 사기 분양하도록 사업허가, 제척승인, 사용검사승인을 해주었고, 전○수 등은 623.8㎡를 못 찾게 방해할 목적으로 불법 및 부정선거로 승계한 선거인명부를 검증해 주지 않았으며, 비대위원장이 명예훼손을 하였다며 고소, 고발, 수사, 재판을 야기하고, 거짓의 진술, 준비서면, 증거자료, 탄원서를 제출해 경찰, 검찰, 법원이 오판하도록 악질적인 사법농단을 하였습니다.

그렇지만 비대위원장은 623.8㎡가 서쪽경계 펜스 밖에 현장보존이 잘 되어 있고, 재건축할 때까지 증거인멸을 할 수도 없기 때문에 찾고자 소송을 하고 있습니다. 아울러 **'감춰진 아파트비리 완전해부'**를 정리해 책을 완성하였습니다. 이는 H건설이 사기분양을 하였고, 광진구청이 묵인해 사업허가, 제척승인, 사용검사승인을 해주었으며, 전○수 등은 불법 및 부정선거로 승계하면서 정보전달수단을 완전히 통제하며 속였고, 경찰, 검찰, 법원이 거짓에 속아서 오판한 악질적인 적폐임으로 반드시 척결되어야 할 중대한 사건이며 공수처의 첫 번째 사건인 것입니다.

2020.1.20.

서울 광진구 아차산로 537-17 1404동 104호 (광○동, H아파트)

비대위원장 소○영 올림

- 2 -

수 신: **변호사 최○웅**

서울 강남구 강남대로 442 7층 (역삼동, 흥○생명빌딩) 법무법인 덕○

제 목: 판결문 청구에 대한 회신(2차)

귀하께서는 전○수 등 5명의 사건을 수임해 역삼우체국 제3110315050611(2020.1.13)로 판결금을 청구하였습니다. 따라서 본인은 광진우체국 제3101858020028(2020.1.20.)로 회신하면서 판결문에 의거 손해배상금과 소송비용을 상계한 후 지급하겠다고 통보하였습니다.

이후에도 본인의 담당변호사님은 귀하에게 연락하였는데 전○수 등과 협의한다고 하고는 정산금액을 확정하지 않았습니다. 또한, 본인도 귀하에게 내용증명을 보냈는데 회신이 없습니다. 따라서 **귀하는 2020.1.23. 까지 송금을 해달라고 한 후에 확정을 안 해주고 있어 '소송비용 계산서'와 같이 알려준 구좌번호로 송금합니다**.

이 사건과 관련해 귀하께서는 본인이 더사모 카페에서 명예훼손을 하였다는 형사 및 민사사건, 전○수 등이 불법 및 부정선거를 한 사건을 수임해 대법원까지 변론하였고, 네이버와 방송통신심의위원회에 더사모 카페의 폐쇄를 요구하는 민원을 제출한 사건 등을 변론하였는데, 입주자들이 전○수 등의 위법행위로 인한 방해로 억울하게 분양대금 82억 원을 납부한 623.8㎡을 돌려받지 못한 것을 알고 있습니다.

전○수 등은 불법 및 부정선거로 승계하고 정보전달수단을 완전히 통제하며 광진구청과 공모하여 경찰, 검찰, 법원이 감쪽같이 속아서 진실을 오판하도록 사법농단을 저질러 비대위원장과 입주자들에게 막대한 피해를 입혔습니다. 이런 불법행위는 정의롭고 공정한 사회를 심각히 저해하므로 귀하께서 알려 주시기 바랍니다.

2020.1.23.

서울 광진구 아차산로 537-17 1404동 104호 (광○동, H아파트)

비대위원장 소○영 올림

이 우편물은 2020-01-23
제 3101856017335호에 의하여
내용증명우편물로 발송하였음을 증명함
서울광진우체국장
대한민국 KOREA

수신: 대검찰청 총장(윤○열), 경찰청장(김○룡), 광진구청장(김○갑)

참조: 비서실장

제목: 불법선거 등 조직적인 아파트 비리 수사 및 감사

이 사건은 **대검찰청총장(윤○열), 경찰청장(김○룡), 광진구청장(김○갑)님께 직접 전달해 주십시요("친전"사항)**. 저희 입주자들은 국민신문고를 통해 2019.6.7. 1AA-1906-215638 등 21회, 2019.1.23. 1AA-1901-423916 등 24회, 2020.4.27. 1AA-2004-0679824 등 15회에 걸쳐 진정서를 제출하였는데 해결이 안 되었습니다.

H건설, 광진구청, 입주자대표 등이 조직적으로 공모해 분양대금 82억원을 납부한 서쪽경계 펜스 밖의 토지 636.8㎡에 대하여 2009.10.12. 사기분양을 하였고, 입주한 이후에는 불법선거로 승계하며 완전범죄를 노리고 은폐하였기 때문에 사기분양한지 10년이 지나도록 억울하게 못 찾았습니다.

1. H건설은 분양당시 설계, 모형, 카달로그에 토지 636.8㎡를 사용과 출입을 하지 못하게 빼고 표시해 시공하였는데 분양대금 82억원을 받아갔습니다. 그리고 토지 636.8㎡중에서 203㎡는 분할하여 제척해 한원광장이 편취하거나 매각하였고, 433.8㎡는 한원광장 등이 사용과 출입을 하도록 203㎡를 분할한 후의 경계 안쪽 4m지점에 펜스를 시공하여 입주자들이 매년 재산세만 납부하고 있습니다. 더구나 입주한 이후에는 사기분양한 토지 636.8㎡를 빼고 만든 설계, 모형, 카달로그를 보여주면서 그대로 시공하였는데 웬 사기분양이냐며 완전범죄를 하려고 속였습니다.

2. 입주자대표 등은 입주자들의 이익을 전혀 대변하지 않고 아파트의 정보전달수단을 완전히 통제하며 속였습니다. 그리고 H건설이 분양당시 토

지 636.8㎡를 빼고 만든 설계, 모형, 카달로그를 보여주면서 그대로 시공하였는데 웬 사기분양이냐며 완전범죄를 하려고 은폐하였습니다. 더구나 전자투표를 악용해 대리투표로 불법선거를 하여 승계하면서 선거인명부를 검증해 주지도 않았습니다. 이에 더하여 비대위원장이 공공의 이익을 위해 2016.6.23. 대법원에서 확정판결을 받고 대한지적공사에서 측량하여 토지 636.8㎡가 사기분양된 것을 증명한 후에 다음 카페에서 찾아야 한다고 알려주었는데 입주자대표 등이 못 찾게 2016.7.18. 강제로 탈퇴시켰습니다.

그러나 비대위원장은 공공의 이익을 위하여 2016.8.24. 네이버에서 더사모 카페를 개설해 사기분양한 토지 636.8㎡를 찾아야 한다고 진실을 정확히 알려주었습니다. 그런데도 입주자대표 등은 못 찾게 방해할 목적으로 비대위원장이 명예훼손을 하였다고 위장하여 5차례 광진경찰서에 고소해 괴롭혔습니다. 또한 명예훼손을 하였다는 고소사건이 대법원에서 공공의 이익을 위한 것이라며 선고유예로 판결하였는데도 1억원의 손해배상을 하라고 소송을 제기해 토지 636.8㎡를 못 찾게 방해하였습니다.

3. **광진구청**은 H건설이 토지 636.8㎡에 대하여 사기분양을 하도록 사업허가를 해주었고, 203㎡를 분할하여 한원광장이 편취하거나 매각하도록 제척승인을 해주었으며, 433.8㎡를 한원광장 등이 사용하면서 입주자들이 매년 재산세만 납부하도록 경계 안쪽 4m지점에 펜스를 시공하였는데 사용검사승인을 해주었습니다. 더구나 입주자대표 등이 토지 636.8㎡를 못 찾게 방해하기 위해 불법선거로 승계하였는데도 공정선거라고 승인해 주었습니다. 이처럼 광진구청은 고의로 H건설이 사기분양을 하도록 허가와 승인을 해주었고, 입주자대표 등이 불법선거로 승계하면서 토지 636.8㎡를 못 찾게 방해할 수 있도록 직권남용권리행사방해를 하였습니다.

이와 같이 H건설, 광진구청, 입주자대표 등은 서로 조직적으로 공모해 악질적인 수법으로 토지 636.8㎡를 사기 분양하였고, 입주한 이후에는 완전범죄로 은폐하며 못 찾게 방해하였기 때문에 입주자들은 사기분양한 토지 636.8㎡를 못 찾았습니다. 따라서 입주자들은 사기분양한 토지 636.8㎡를 찾기 위하여 2015.9.2. 비상대책위원회를 결성해 합법적인 방법으로 정당방위와 정당행위를 하면서 찾으려고 다음과 같이 최선을 다했습니다.

입주자들은 2015.9.9. 1403동 입주자대표 보궐선거에 비대위원을 단독후보로 출마시켜 당선을 확보하였습니다. 그러나 입주자대표 등은 고의로 유권자의 22%만 찬반을 묻고 과반수에 미달되었다며 낙선시켜 사기분양한 토지 636.8㎡를 못 찾게 방해하였습니다.

하는 수 없이 입주자들은 2015.10월. 입주자대표 해임안에 75%가 서명하였는데 서명하는 중에 입주자대표 2명(김○섭과 전○정)이 사퇴하거나 이사를 갔고, 3명(전○수, 이○욱, 김○복)은 사퇴하지 않으며 못 찾게 방해하였습니다. 더구나 선거관리위원장은 해임투표를 하려고 하였는데 선거관리위원 2명(박○식과 최○정)이 해임투표를 하지 못하게 방해하였기 때문에 입주자들이 사기분양한 토지 636.8㎡를 못 찾았습니다.

어쩔 수 없이 입주자들은 2016.4월. 위임장에 55%가 서명해 입주자대표, 선거관리위원, 관리소장에게 선거관리업무에 일체 관여하지 말라며 통보하였고, 비대위원장에게 선거관리업무 일체를 수행함은 물론 회계감사를 실시해 달라고 위임하였습니다. 이는 입주자대표, 선거관리위원, 관리소장이 선거관리업무를 수행하지 못하도록 권한을 완전히 중지시킨 것입니다. 이로 인해 입주자대표 등은 2016.6.21. 임기가 만료되었기 때문에 관리규약, 입주자대표 해임안, 위임장에 의거 권한이 완전히 상실되었습니다.

따라서 입주자들은 사기분양한 토지 636.8㎡를 찾기 위해 관리규약, 입주자대표 해임안, 위임장에 의거 2016.6.26. 52%가 참여한 비밀투표로 제3기 입주자대표를 합법적인 방법으로 선출하였습니다. 그런데도 제2기 입주자대표는 불법으로 업무를 인계하지 않았습니다. 오히려 제2기 입주자대표는 권한이 완전히 상실되었음에도 불법으로 2016.7.14. 최○호를 선거관리위원장에, 김○용을 선거관리전담요원에 지명하였고, 2016.8.11. 전자투표를 악용한 대리투표로 불법선거를 하여 제3기 입주자대표를 선출하였습니다. 이때 최○호가 투표하라는 문자를 보낸 경우 입주자들은 사기분양한 토지 636.8㎡를 찾아줄 비대위원에게 모두 투표를 하였습니다. 그런데도 최○호는 못 찾게 방해한 자신의 측근들이 모두 당선되었다고 속였습니다.

그래서 입주자들은 어떤 입주자가 바보처럼 못 찾게 방해한 후보자에게 투표를 하였겠느냐고 강력히 항의하였습니다. 아울러 입주자들은 대리투표한 것을 확신한 후 최○호와 김○용에게 선거인명부를 검증해 달라며 요구하였습니다. 그러나 최○호는 도피하였고, 김○용은 선거인명부의 20%만 확인하고 선거를 하였는데 61.86%가 투표를 하였다며 고백하면서 추후 검증해 주겠다는 확인서와 USB(선거인명부의 복사분)를 비대위원장에게 제출하였습니다. 그런데도 법원의 선거무효소송 및 수사과정(광진경찰서와 서울동부지검)에서 USB(선거인명부)의 휴대폰번호를 검증해 주지 않았습니다.

더구나 광진구청 주택과 김○혁 팀장은 입주자들이 2016.6.26. 합법적으로 선출한 제3기 입주자대표회의 구성신고서를 접수해 주지 않고 반려하였습니다. 이때 입주자들이 관리규약, 입주자대표 해임안, 위임장에 의거 공정한 선거를 하였기 때문에 당연히 접수해 주어야 정당한 것입니다. 이는 김○혁 팀장이 토지 636.8㎡를 못 찾게 직권남용권리행사방해를 한 것입니다. 만약 접수해 주었으면 이미 사기분양한 토지 636.8㎡를 찾았습니다.

반면에 입주자대표 등은 사기분양한 토지 636.8㎡를 못 찾게 방해할 목적으로 2016.8.11. 대리투표로 불법선거를 하여 제3기 입주자대표회의를 선출하였고, 불법선거한 선거인명부를 검증해 주지도 않았습니다. 그러나 김○혁 팀장은 입주자대표 등이 불법선거한 제3기 입주자대표회의 구성신고서를 공정한 선거라고 하면서 접수해 주었습니다.

이와 같이 입주자대표 등은 불법선거로 승계하면서 아파트의 정보전달수단을 완전히 통제하고 속이며 사기분양한 토지 636.8㎡를 못 찾게 방해하였습니다. 더구나 비대위원장이 2015.2.10. 서울고등법원에서 판결을 받고 대한지적공사에서 측량하여 토지 636.8㎡가 사기분양된 것을 확실히 증명한 이후에도 못 찾게 방해할 목적으로 고소, 수사, 재판을 유도하고 변호사를 앞세워 거짓의 진술, 준비서면, 증거서류, 탄원서를 제출해 경찰, 검찰, 법원이 오판하도록 속이고 악질적인 사법농단을 저질러 비대위원장과 입주자들을 선량한 피해자에서 악질적인 가해자로 뒤바꿔 놓았습니다.

그렇지만 사기분양한 토지 636.8㎡는 서쪽경계 펜스밖에 현장이 잘 보존되어 있고, 재건축할 때까지 증거인멸을 할 수도 없습니다. 그런데도 입주자대표 등은 전자투표를 악용해 대리투표로 불법선거를 하여 승계하면서 정보전달수단을 완전히 통제하고 토지 636.8㎡를 못 찾게 방해하였습니다.

따라서 저희 입주자들은 "숨겨진 아파트 비리 완전정복"의 책자를 정리하기에 이르렀습니다. 그리고 국민권익위원회, 광진구청, 경찰청, 대검찰청, 대법원에 정의롭고 공정한 업무처리를 요구하였고, 전국의 고질적인 아파트 비리를 척결하기 위해 최선을 다하였습니다. 또한 광진구청의 책임자들 및 광진경찰서의 수사관들에게 현장검증을 요구하여 사기분양한 것, 불법선거로 승계해 못 찾게 방해하는 것, 더사모 카페에서 명예훼손을 하지 않고 공공의 이익을 위해 진실을 알려준 것을 설명해 주어 잘 알고 있습니다.

그런데도 입주자대표 등은 무자격자임에도 현재 불법선거를 계속하고 있습니다. 따라서 비대위원장은 진정서를 제출하며 해결하여 줄 것을 호소하였는데 광진경찰서 박○준 경사 및 서울동부지검 송○숙 검사는 수사를 하지 않고 묵인하였습니다. 현재 입주자대표 등이 불법으로 계속 승계하기 위해 불법선거를 하는 것을 즉시 수사하여 비리를 척결해 주시기 바랍니다.

이와 같이 H건설, 광진구청, 입주자대표 등, 광진경찰서, 서울동부지검, 서울동부지법 등은 정의롭고 공정하게 각자의 책임과 의무를 성실히 수행하지 않았기 때문에 사기 분양한 것을 완전범죄로 은폐한 것입니다. 다음은 완전범죄로 은폐했던 조직적이며 악질적인 수법과 각자의 중대한 잘못에 대해 기술하였습니다. 그런데도 다음과 같은 악질적인 비리에 대하여 수사하지 않는다면 공직자범죄수사처에서 처리하여야 하는 매우 중대한 사건입니다.

[중점적으로 수사 및 감사할 사항]

1. H건설의 비리

- 2007.11.14. 사업부지를 대한지적공사에서 측량하였는데, 토지 161㎡가 나○용(427번지 48㎡) 및 김○석(427-8번지 113㎡)이 불법 점유한 것을 확인하였습니다. 그런데도 2009.10.12. 분양하며 161㎡를 원상복구하지 않고 오히려 636.8㎡까지 사용과 출입을 하지 못하게 빼고 설계, 모형, 카달로그에 표시하여 공지해 사용검사승인을 받았음에도 분양대금 82억원을 받아간 점.

- 사기 분양한 토지 636.8㎡중에서 203㎡를 분할하여 제척해 한원광장이 편취하거나 매각하였고, 433.8㎡를 한원광장 등이 사용과 출입을 하도록 고

의로 203㎡를 분할하여 제척한 후의 경계안쪽 4m지점에 펜스를 시공해 입주자들이 매년 재산세만 납부하고 있는 점.

- 입주자들이 2012.3.30. 입주한 이후에 사기 분양한 토지 636.8㎡를 돌려달라고 요구하였음에도 분양당시 속이고 만든 설계, 모형, 카달로그를 보여주면서 그대로 시공하였는데 웬 사기분양이냐며 억지주장만 하였고, 사법농단을 저질러 오판하게 속여 사기 분양한 토지 636.8㎡를 돌려주지 않은 점.

2. 광진구청의 비리

- H건설이 토지 636.8㎡를 사용과 출입을 하지 못하게 빼고 설계, 모형, 카달로그에 표시해 공지하고 시공하여 분양대금 82억원을 받아갈 수 있도록 사업허가, 제척승인, 사용검사승인을 해 준 점.

- 입주자들이 사기 분양한 토지 636.8㎡를 찾아달라고 요구하였는데 도시관리국장, 주택과장, 감사담당관 등은 서쪽경계 펜스 밖의 현장검증을 하여 악질적으로 사기 분양한 것을 직접 확인하였음에도 해결하지 않았고, 입주자대표 등이 불법선거로 승계한 선거인명부를 검증해주지 않았는데 공정선거라고 승인해 636.8㎡를 못 찾게 방해한 점.

- 입주자들이 사기 분양한 토지 636.8㎡를 찾기 위해 입주자대표 등의 임기가 2016.6.21. 만료되어 권한이 완전히 상실되었기 때문에, 관리규약, 입주자대표 해임안, 위임장에 의거, 2016.6.26. 제3기 입주자대표를 합법적인 방법으로 선출하였음에도 주택과 김○혁 팀장은 불법으로 입주자대표회의 구성신고서를 접수해 주지 않고 고의로 반려한 점.

- 입주자들이 2016.6.26. 제3기 입주자대표를 합법적으로 선출하였음에도 제2기 입주자대표는 불법으로 업무를 인계하지 않았고, 오히려 2016.7.14. 불법으로 최○호를 선거관리위원장에, 김○용을 선거관리전담요원에 지정하였는데 승인해 준 점.

- 입주자들의 강력한 요구에 의해 2016.7.27.부터 2016.7.29.까지 3일동안 불법선거를 실시하는 것을 감사하였는데, 입주자들이 사기 분양한 토지 636.8㎡를 찾기 위해 입주자대표 해임안에 75%서명(사퇴·전출한 대표의 세대에 서명한 것은 미확인) 및 위임장에 55%서명, 비대위원이 2015.9.9. 1403동 입주자대표 보궐선거에서 부정선거로 낙선, 입주자들이 2016.6.26. 제3기 입주자대표를 합법적인 방법으로 선출한 것 등에 관해 감사한 결과, 모두가 정확하다고 감사보고서를 보내준 점.

- 감사관실의 감사 결과에 의거, 2016.7.29. 최○호에게 제3기 입주자대표 선거관리업무를 중지하라고 통보하였는데 최○호가 거부하고 불법선거를 계속 강행한 점.

- 제2기 입주자대표 등에 의해 2016.7.14. 불법으로 지명된 최○호와 김○용이 2016.8.11. 전자투표를 악용해 대리투표로 불법선거를 하여 자신의 측근들이 모두 당선되었다며 속였고, 불법선거한 선거인명부(USB)를 검증해 주지 않았음에도 주택과 김○혁 팀장은 공정한 선거를 하였다며 승인해 준 점.

- 최○호는 무자격자임에도 불법선거로 제3기 및 제4기 입주자대표를 선출하였고, 불법으로 선출한 제5기 선거관리위원장(유○운)이 현재 불법으로 제5기 입주자대표를 선출하고 있는 점.

- 제5기 선거관리위원장(유○운)은 불법으로 선출되어 현재 제5기 입주자대표 선거를 실시하고 있는데 주택과 심○홍 팀장 및 백○준 주무관이 불법선거를 중지시키지 않고 방치하고 있는 점.

3. 입주자대표의 비리

- H건설이 2009.10.12. 분양하면서 불법 점유한 토지 161㎡(나○용 48㎡, 김○석 113㎡)를 사업부지로 원상복구하지 않고, 오히려 636.8㎡까지 사용과 출입을 하지 못하게 빼고 설계, 모형, 카달로그에 표시하여 공지해 사용검사승인을 받았는데 분양대금 82억원을 받아갔습니다. 그런데도 2012.3.30. 입주한 이후에 H건설이 속이고 만든 설계, 모형, 카달로그를 보여주면서 웬 사기분양이냐며 억지주장을 하고 찾아주지 않은 점.

- 사기 분양한 토지 636.8㎡중에서 203㎡를 분할하여 제척해 한원광장이 편취하거나 매각하였고, 433.8㎡를 한원광장 등이 사용과 출입을 하도록 펜스를 203㎡를 분할하여 제척한 후의 경계안쪽 4m지점에 시공해 입주자들이 매년 재산세만 납부하고 있음에도 서울동부지법이 한원광장에게 69.3㎡만 손해배상책임을 인정하였고, H건설에는 전혀 손해배상책임이 없다고 잘못 판결하였는데 박수부대를 동원해 항소를 포기한 점.

- 소송자에게 사기 분양한 636.8㎡중에서 69.3㎡만 찾아준 이후에 미소송자에게도 69.3㎡만 찾아주려고 하다가 비대위원장이 강력히 항의하여 미소송자 총회를 취소하였고, 이후에는 203㎡만 찾아주면서 433.8㎡에 대한 포기 각서를 써주게 하며 433.8㎡를 못 찾게 방해한 점.

- 사기 분양한 토지 636.8㎡에 대해 손해배상을 받는다며 형식적으로 광진

경찰서에 고소한 후에(강남경찰서로 이첩), 중대한 위법행위를 전혀 진술하지 아니하였기 때문에 **H건설**이 무혐의 처분을 받았고, 한원광장이 무죄를 선고받게 된 점.

- 비대위원장이 2015.6.23. 대법원에서 확정판결을 받고 대한지적공사에서 측량하여 토지 636.8㎡가 사기분양된 것을 확실히 증명한 후에 다음 카페에서 찾아야 한다고 알려주었는데 못 찾게 방해할 목적으로 진실을 알려주지 못하게 2015.7.18. 비대위원장을 강제로 탈퇴시킨 점.

- 비대위원장이 다음 카페에서 2015.7.18. 강제로 퇴출된 후에 공공의 이익을 위하여 2015.8.24. 네이버에 더사모 카페를 개설하여 사기 분양한 토지 636.8㎡를 찾아야 한다고 진실을 알려주었는데 못 찾게 방해할 목적으로 명예훼손을 하였다고 위장해 2016.3.14. 광진경찰서에 고소한 점.

- 비대위원이 사기 분양한 토지 636.8㎡를 찾기 위해 2015.9.9. 1403동 입주자대표 보궐선거에 단독후보로 출마하였는데 고의로 유권자의 22%만 방문해 찬반투표를 하고는 과반수에 미달되었다며 낙선시킨 점.

- 입주자들이 사기 분양한 토지 636.8㎡를 찾기 위해 2015.10월. 입주자대표 해임안에 75%가 서명하여 입주자대표 등에게 사퇴하라고 하였는데 3명(전○수, 이○욱, 김○복)이 사퇴하지 않았고, 선거관리위원 2명(박○식, 최○정)이 해임투표를 실시하지 않고 토지 636.8㎡를 못 찾게 방해한 점.

- 입주자들이 2016.4월. 위임장에 55%가 서명하여 입주자대표, 선거관리위원, 관리소장에게 선거관리업무에 일체 관여하지 말라고 통보하였고, 비대위원장에게 관리규약에 상관없이 선거관리업무 일체를 수행해 달라고 통보함

으로써 비대위원장에게만 선거관리업무를 수행할 권한을 부여하였음에도 입주자대표 등이 2016.6.21. 임기 만료된 이후에 불법으로 선거관리업무에 관여해 불법선거를 실시한 점.

- 입주자들이 입주자대표 등의 임기가 2016.6.21. 만료되어 권한이 완전히 상실된 후에 관리규약, 입주자대표 해임안, 위임장에 의거, 입주자총회를 개최해 제3기 선거관리위원회(위원장 신○휴)를 합법적인 방법으로 선출한 점.

- 제3기 선거관리위원회는 2016.6.26. 입주자들의 52%가 참여한 비밀투표로 제3기 입주자대표회의를 합법적인 방법으로 선출하였음에도 입주자대표 등이 불법으로 제3기 입주자대표회의에 업무를 인계하지 않은 점.

- 입주자대표 등의 임기가 2016.6.21. 만료된 이후, 입주자들이 2016.6.26. 제3기 입주자대표회의를 합법적인 방법으로 선출하였음에도 2016.7.14. 불법으로 선거관리업무에 관여해 최○호를 선거관리위원장에, 김○용을 선거관리전담요원에 지명한 점.

- 불법으로 지명된 최○호와 김○용은 사기 분양한 토지 636.8㎡를 못 찾게 방해할 목적으로 2016.8.11. 전자투표를 악용해 대리투표로 불법선거를 하여 제3기 입주자대표회의(회장 유○운)를 다시 선출한 점.

- 제3기 입주자대표 선거 시 입주자들은 사기 분양한 토지 636.8㎡를 찾아줄 비대위원에게 모두 투표를 하였는데, 선거관리위원장이 못 찾게 방해한 자신의 측근들이 당선되었다고 거짓으로 속인 점(어떤 입주자가 바보처럼 못 찾게 방해한 후보자에게 투표를 하였겠습니까? 새빨간 거짓말입니다).

- 최○호와 김○용이 제3기 입주자대표회의 당선자 발표 직후 대리투표로 불법선거를 한 선거인명부(20%만 휴대폰번호 확인)를 검증해 주겠다는 확인서와 USB(선거인명부와 동일)를 비대위원장에게 제출하였음에도 그 후에 불법선거를 한 선거인명부(USB), 세대별 투표현황, 관리규약 개정 동의서를 검증해 주지 않은 점.

- 최○호는 제2기 입주자대표가 임기 만료된 이후에 불법으로 2016.7.14. 지명한 무자격자임에도 제3기 및 제4기 입주자대표회의를 선출하였고, 제5기 선거관리위원장(유○운)을 선출하였습니다. 유○운은 현재 제5기 입주자대표를 선출하기 위해 불법선거를 하고 있는 점.

- 입주자들이 서울고등법원에서 판결을 받고(대법원에서 2015.6.23. 확정), 대한지적공사에서 측량하여 토지 636.8㎡가 사기분양된 것을 확실히 증명한 이후에도 입주자대표 등은 토지 636.8㎡를 못 찾게 방해할 목적으로 불필요한 고소, 고발, 수사, 재판을 야기하고 변호사를 앞세워 거짓의 진술, 준비서면, 증거서류, 탄원서를 제출해 경찰, 검찰, 법원이 속아서 오판하도록 악질적인 사법농단을 저질러 찾아주려는 비대위원장을 선량한 피해자에서 악질적인 가해자로 뒤바꿔 놓은 점.

- 비대위원장이 공공의 이익을 위해 알려준 것을 인정해 선거유예(벌금 3백만 원)로 판결을 받았는데 입주자대표 등은 1억원의 손해배상을 하라고 민사소송을 제기하였지만 서울동부지법은 비대위원장이 입주자대표 등에게 8백만 원을 배상하고, 입주자대표 등이 비대위원장에게 소송비용의 9/10를 배상하라고 선고해 서로 정산하게 판결함으로써 더사모카페에서 공공의 이익을 위해 진실을 알려준 것을 인정한 점.

- 입주자대표 등은 입주자들이 서명한 입주자대표 해임안 및 위임장, 관리규약에 의거, 2016.6.21. 임기 만료되어 권한이 완전히 상실되었음에도 불법선거로 승계하면서 2016년부터 2019년까지(4년 동안) 업무추진비 등 54,558,092원을 불법사용한 점(업무추진비 8,289.334원, 입주자대표회의비 31,059,798원, 선거처리운영비 7,635,440원, 회계감사비용 7,573,520원).

4. 입주자대표가 선임한 변호사의 비리

- 입주자대표가 입주자들의 이익을 대변할 목적으로 변호사를 선임하였음에도, 변호사가 공공의 이익을 위해 입주자들이 사기 분양한 토지 636.8㎡를 찾을 수 있도록 대변하지 않았고, H건설과 광진구청의 이익을 위해 비리를 방어할 목적으로 대변한 점.

- 공공의 이익에 반해 사기분양이 아니라고 진실을 왜곡한 변론을 함으로써 한원광장이 토지 636.8㎡중에서 69.3㎡만 손해배상책임이 있고 H건설이 전혀 손해배상책임이 없다며 판결하였고, H건설과 한원광장이 무혐의 및 무죄를 선고 받았으며, 입주자대표 등이 전자투표를 악용해 대리투표로 불법선거한 것을 공정선거로 판결을 받았고, 비대위원장이 공공의 이익을 위해 진실을 알려준 것을 명예훼손을 하였다며 오판해 판결을 받았기 때문에 입주자들은 사기 분양한 토지 636.8㎡를 못 찾게 된 점.

- 입주자대표, H건설, 광진구청이 잘못한 위법행위에 관해 거짓의 진술, 준비서면, 증거서류, 탄원서를 제출해 광진경찰서, 서울동부지검, 서울동부지법이 감쪽같이 속아서 오판하도록 진실을 완전히 왜곡한 변론을 함으로써 입주자들이 사기 분양한 토지 636.8㎡를 못 찾게 된 점.

5. 광진구 선거관리위원회의 비리

- KT에서 대리투표로 불법선거를 할 수 있도록 전자투표(K-voting) 시스템을 개발하였는데 입주자대표 선거를 하게 허용하였고, 특히, 공인인증서가 아닌 동·호수 확인방법을 허용함으로서 대리투표로 입주자들의 의사와 이익에 반한 결과가 나오도록 불법선거를 할 수 있게 허용한 점.

- 전자투표(K-voting) 시스템은 입주자들의 의사와 이익을 위해 공정한 투표과정 및 결과를 검증할 수 없고, 검찰에서 이미 수사해 불법선거로 악용한 문제점을 증명하였으며, KBS에서도 불법선거로 악용한 것을 보도한 점.

- 입주자들은 제2기 입주자대표 등의 임기가 2016.6.21. 만료되어 권한이 완전히 상실되었기 때문에, 2016.6.26. 관리규약, 입주자대표 해임안, 위임장에 의거 제3기 입주자대표를 선출하였음에도 제2기 입주자대표 등이 업무를 인계하지 않았고, 2016.7.14. 불법으로 최○호를 선거관리위원장에, 김○용을 선거관리전담요원에 지명한 점.

- 불법으로 지명된 최○호는 2016.8.11. 제3기 입주자대표회의(회장 유○운)를 다시 선출하였고, 제4기 입주자대표회의(회장 김○연)를 선출하였습니다. 그리고 제5기 선거관리위원장(유○운)을 선출하였는데 유○운은 현재 불법으로 제5기 입주자대표를 선출하고 있는 점.

- 최○호는 제2기 입주자대표가 2016.6.21. 임기 만료된 이후, 불법으로 2016.7.14. 지명한 무자격자이기 때문에 선거관리업무를 수행할 권한이 전혀 없는데도 입주자들의 의사와 이익에 반해 불법으로 선거관리업무를 수행하면서 온라인투표를 실시한 점.

- 최○호는 중앙선거관리위원회에서 공정하게 관리하는 전자투표(K-voting) 시스템이라며 속였고, 공인인증서가 아닌 동·호수 확인방법을 선택해 선거인명부의 휴대폰번호를 허위로 기재하여 대리투표를 하였으며, 정확한 휴대폰 번호를 기재하였더라도 선거마감시간 직전에 투표하지 않은 세대의 휴대폰 번호를 변경해 대리투표를 하는 수법으로 불법선거를 허용한 점.

- 입주자들이 토지 636.8㎡를 찾아줄 비대위원에게 모두 투표하였음에도 선거관리위원장은 못 찾게 방해한 자신의 측근들이 당선되었다고 속인 점(어떤 입주자가 바보처럼 못 찾게 방해한 후보자에게 투표를 하였겠습니까?).

- 입주자들이 대리투표로 불법선거를 실시한 선거인명부의 휴대폰번호를 검증하자고 요구하자, 최○호가 도피하였고, 김○용은 검증해 주겠다며 확인서와 USB(선거인명부의 원본과 동일)를 비대위원장에게 제출하였음에도 최○호와 김○용이 불법선거를 은폐할 목적으로 검증해 주지 않은 점(USB를 검증하면 대리투표로 불법선거를 실시한 것이 즉시 확인됨).

- 제3기 입주자대표 선거 당시 발견된 전자투표(K-voting) 시스템을 악용해 불법선거한 문제점을 중앙선거관리위원회(선거2과)와 광진구 선거관리위원회(사무국장)에 통보하여 동·호수 확인방법을 중지할 것을 강력히 요구하였는데 그 이후에도 시정하지 않았기 때문에 제4기 입주자대표를 불법선거로 실시하였고 현재도 제5기 입주자대표를 불법선거를 하고 있는 점(즉시 중지해 불법선거로 인한 막대한 피해를 막아야 함).

- 최○호는 불법으로 2016.7.14. 지명된 무자격자임에도 전자투표(K-voting) 시스템을 악용해 제3기 입주자대표(2016년) 및 제4기 입주자대표(2018년)를 불법선거로 선출하였고, 제5기 선거관리위원장(유○운)을 선출하였는데

유○운은 현재 제5기 입주자대표(2020년)를 불법선거를 실시하기 위해 선거관리업무를 수행하고 있는 점.

6. 광진경찰서, 서울동부지검의 비리

- H건설, 광진구청, 입주자대표 등이 공모해 토지 636.8㎡에 관해 사용과 출입을 하지 못하게 빼고 설계, 모형, 카달로그에 표시해 공지하여 시공하였음에도 분양대금 82억 원을 받아갔고, 사기분양을 한 것이 명백히 밝혀진 이후에도 입주자들에게 토지 636.8㎡를 돌려주지 않고 속였는데 처벌하지 않은 점.

- 입주자대표 등은 광진구청과 공모해 전자투표를 악용해 대리투표로 불법선거를 하여 승계하였고, 불법선거한 선거인명부를 검증해주지 않았으며 사기 분양한 토지 636.8㎡를 못 찾게 방해한 악질적인 위법행위를 저질렀는데 처벌하지 않은 점.

- 비대위원장이 공공의 이익을 위해 사기 분양한 토지 636.8㎡를 찾아주고자 더사모 카페에서 진실을 정확히 알려주었는데 명예훼손을 하였다며 선량한 피해자에서 악질적인 가해자로 뒤바꿔 놓고 처벌한 점.

- H건설이 토지 636.8㎡를 사기 분양한 비리 및 입주자대표 등이 불법선거로 승계한 선거인명부를 검증해 주지 않고 승계한 비리에 대하여 처벌하지 않은 반면, 비대위원장이 공공의 이익을 위해 진실을 알려준 것을 명예훼손을 하였다고 처벌하였기 때문에 입주자들이 사기 분양한 토지 636.8㎡를 완전범죄로 영원히 못 찾게 된 점.

7. 서울동부지법 및 서울중앙지법의 비리

- H건설과 광진구청이 공모해 토지 636.8㎡에 관해 사용과 출입을 하지 못하게 빼고 설계, 모형, 카달로그에 표시해 공지하여 시공하였음에도 분양대금 82억 원을 받아갔고, 사기분양을 한 것이 명백히 밝혀진 이후에도 입주자들에게 토지 636.8㎡를 돌려주지 않고 속였는데 무죄로 판결한 점.

- 입주자대표 등과 광진구청이 공모해 전자투표를 악용해 대리투표로 불법선거를 하여 승계하였고, 불법선거한 선거인명부(USB)를 검증해 주지 않았는데 불법선거가 아니라고 무죄로 판결한 점.

- 비대위원장이 공공의 이익을 위해 대법원에서 확정판결을 받고 대한지적공사에서 측량하여 토지 636.8㎡가 사기분양된 것을 증명한 후에 찾아야 한다고 더사모 카페에서 진실을 정확히 알려주었는데 명예훼손을 하였다며 선량한 피해자에서 악질적인 가해자로 뒤바꿔 놓고 잘못 판결한 점.

- H건설이 토지 636.8㎡를 사기 분양한 비리 및 입주자대표 등이 불법선거로 승계한 선거인명부를 검증해 주지 않고 불법으로 승계한 비리에 대하여 무죄로 판결한 반면, 비대위원장이 공공의 이익을 위해 진실을 알려준 것을 명예훼손을 하였다고 오판해 유죄로 판결하였기 때문에 입주자들이 사기분양한 토지 636.8㎡를 완전범죄로 영원히 못 찾게 된 점.

이와 같이 H건설, 광진구청, 입주자대표 등은 공모해 토지 636.8㎡를 사기 분양하였고, 못 찾게 방해할 목적으로 불법선거로 승계하면서 정보전달수단을 완전히 통제하고, 불필요한 고소, 고발, 수사, 재판을 야기하며 변호사를 앞세워 거짓의 진술, 준비서면, 증거서류, 탄원서를 제출해 경찰, 검찰,

법원이 감쪽같이 속아서 오판하도록 조직적인 사법농단을 저질렀습니다.

그러나 광진경찰서와 서울동부지검은 H건설, 광진구청, 입주자대표 등이 사기 분양한 비리 및 불법 선거로 승계한 비리를 처벌하지 않았고, 비대위원장이 공공의 이익을 위해 진실을 알려준 것을 명예훼손을 하였다고 처벌하였습니다. 이러한 잘못을 재수사하여 올바로 시정하지 않으면 사기분양한 토지 636.8㎡를 완전범죄로 은폐되어 영원히 찾을 수 없는 악질적인 사건입니다.

비대위에서는 지난 10년 동안 직접 체험한 조직적인 아파트 비리의 수법을 정리해 '**숨겨진 아파트 비리 완전정복**'의 책자를 만들었습니다. 이 사건은 각자의 책임과 의무를 성실히 수행하지 않은데 기인해 고질적인 비리를 척결하지 못했습니다. 따라서 과거 잘못한 것을 재수사해 올바로 시정하고, 현재 무자격자임에도 불법으로 대리투표를 하여 승계하려는 불법선거를 즉시 중지시켜 주시고, 수사하여 주시기 바랍니다. 그래야만 사기분양한 토지 636.8㎡를 찾고, 아파트 관리비리를 완전히 척결할 수 있습니다.

첨부: 숨겨진 아파트 비리 완전정복 1부.

2020.7.29.

비상대책위원장 소○영 올림

저자소개

소주영 蘇周永

- 국민대학교(경영학 박사)
- 연세대학교(경제학 석사)
- 한국방송통신대학교(경제학 학사)
- 덕수상업고등학교(졸업)
- 콜로라도대학교(경제학 수료)
- 서울대학교(경영대학 AMP수료)

- 품격아파트문화연구원장
- 금융감독원국장
- H아파트 비상대책위원장
- 금융연구원 초빙연구위원
- 한화그룹 및 현대자동차그룹 고문

- 경영지도사·손해사정사·신용분석사·법정관리사·경영분석사
- 우수감사원 표창(금융감독원 원장 및 기획재정부 장관)

✉ jyso417@naver.com
더사모 카페 http://cafe.naver.com/withneighbors

적폐 1호 H아파트를 중심으로

숨겨진 아파트 비리 완전정복

발행일. 2020년 8월 15일 발행 | **지은이.** 소주영

발행인. 윤진영 | **발행처.** 도서출판 대학서림
주소. 03076 서울특별시 종로구 혜화로2길 8
전화. 02.745.1220 02.763.1220 | **팩스.** 02.744.1210
홈페이지. http://www.daihaks.com | **등록번호.** 제1-88호
정가. 18,000원
ISBN. 978-89-6940-236-3 13320